道教典籍選刊

南華真經副墨

〔明〕陸西星 撰
蔣門馬 點校

中華書局

圖書在版編目(CIP)數據

南華真經副墨/(明)陸西星撰;蔣門馬點校. —北京:中華書局,2010. 3(2022. 10 重印)
(道教典籍選刊)
ISBN 978-7-101-06947-1

Ⅰ. 南… Ⅱ. ①陸…②蔣… Ⅲ. ①道家②莊子-研究 Ⅳ. B223. 55

中國版本圖書館 CIP 數據核字(2009)第 142831 號

責任編輯:朱立峰
責任印製:管　斌

道教典籍選刊
南華真經副墨
〔明〕陸西星 撰
蔣門馬 點校
*
中華書局出版發行
(北京市豐臺區太平橋西里 38 號 100073)
http://www.zhbc.com.cn
E-mail:zhbc@zhbc.com.cn
三河市宏盛印務有限公司印刷
*
850×1168 毫米 1/32 · 17½印張 · 4 插頁 · 299 千字
2010 年 3 月第 1 版 2022 年 10 月第 5 次印刷
印數:10501-12000 冊 定價:68.00 元

ISBN 978-7-101-06947-1

鄉賢陸山人西星遺像

（採自民國三十二年續修興化縣志）

道教典籍選刊緣起

道教是我國土生土長的宗教，歷史悠久，可以溯源到戰國時期的方術，甚至更古的巫術，而正式形成於東漢時期。它是我國傳統文化的重要組成部分，對我國人民的思維方式、生活方式，對古代科學、技術的發展，都産生過重大影響，並波及社會政治、經濟等各方面。

道教典籍極爲豐富，就道藏而言，多達五千餘卷，是有待進一步發掘、清理和利用的文化遺産之一。爲便於國内外學術界對道教及其影響的研究，便於廣大讀者瞭解道教的概貌，我們初步擬訂了道教典籍選刊的整理出版計劃。其中既有道教最基本的典籍，也包括各種流派的代表作，有不少書與哲學、思想史關係密切。所有項目，都選用較好的版本作爲底本，進行校勘標點。

由於我們缺乏經驗，工作中難免有失誤之處，亟盼關心此項工作的專家和廣大讀者給以指導與幫助。

中華書局編輯部

一九八八年二月

目録

序

仙道本一，法門不二。夫老莊者，原始大道也，根本丹道也，乃吾人求得安身立命、了脱生死、終極究竟、徹頭徹尾之積極大學術也。夫道之出口，淡乎其無味，況大知閑閑、小知閒閒，大言炎炎、小言詹詹哉？而顯密之間，尤多有不可爲外人説者。莊周自言：「萬世之後而一遇大聖，知其解者，是旦暮遇之也。」

余識南華，肇自初中第三年，浪跡陽明山華岡文化大學時，爲兄長代課考試而背誦逍遥、齊物、秋水、天下，通讀則伊始於大學一年級。數十年來，尋字解句，囫圇吞棗，雖過目者不知凡幾，然皆識而不達，難登大雅。惟於莊子鬳齋口義、南華真經正義稍事用功。至陸翁之南華真經副墨，以文義幽微奥妙，屢起屢仆。陸翁之南華真經副墨，自問世以來，風不起，雲不湧，問津乏人，遂至明珠蒙塵，毫光隱蔽，良有以也。

蔣君門馬，偶聞其名於自由出版社蕭兄大可處，後得其所校註黄元吉道德經講義、樂育堂語録書（宗教文化出版社，二〇〇三年），精讀兩過，見其心懷磊落，至性空豁，文筆明達率真，引述精確，不禁捻捋，額手慶快。蔣君文質渾厚，誠道家學術界之俊傑賢才也。

去歲，蔣君謂另已校註有陸翁南華真經副墨書，並將電子原稿寄來，乃得先睹爲快。今日重讀陸翁之南華真經副墨，宛若飲美酒而沁人心脾，睹美景而心曠神怡，深憾當初未曾用心。陸翁以鴻儒入道，得至人指授，精修道家内外丹法，造詣高超，又深通佛家内典，而融會三家要旨，述爲副墨，故其書宛若風掃落葉，一清世俗偏見，誠超世仙才之美文，人間少有之傑作。蔣君亦誠陸翁之知音，其前言陸氏之超勝獨知的思想中稍發數端，可見一斑。

蔣君之點校南華真經副墨，字字必較，句句細讀，一絲不苟。道不遠人，明慧者獨具巨眼。余以爲今日蔣君門馬之點校，功同副墨。峰之蕪雜臚述，特專爲蔣君整理本之出版慶賀耳，樂爲是序。

二〇〇六年三月五日洪碩峰敬序於臺北土城砂崗文筆山下

前言

南華真經副墨，明陸西星著。

陸西星爲道家一代學養兼深之宗師，以其精修内外丹法，融通儒釋道三家要旨，造詣高超，深契道妙，故於南華經之義藴，剖析詳明，多發前人所未發，於世人理解莊學及道家大有裨益，且於今時亦有振聾發聵之意義。太初散人孫大綬謂：「惟是註釋一出，前無古人。」臺灣道學大家蕭天石先生謂：「蓋陸子爲東派之開祖，徹道德之本源，因陰陽之大順，悟天地之樞機，入丹家之神室，又獲深窺二氏之最上了義，自證真如，故其註斯經也，得能補偏救弊，去蕪存真，發先賢之所未發，而匡歷代解家之所未逮也。」

陸西星（一五二〇——一六〇六），字長庚，道號潛虚，又號天放翁、三劍道人、藴空居士，又自稱方壺外史，明代揚州府興化縣（今江蘇省興化市）人，爲道家内丹學東派創始人，著有方壺外史、南華真經副墨、三藏真詮、楞伽要旨、楞嚴經説約、楞嚴經述旨等流傳於世，明史藝文志有著録〔一〕，並參與興化縣

〔一〕明史卷九八藝文三著録：「陸長庚老子玄覽二卷，南華副墨八卷，陰符經測疏一卷，周易參同契測疏一卷，金丹就正篇一卷，張紫陽金丹四百字測疏一卷，方壺外史八卷……陸長庚楞嚴述旨十卷。」按：方壺外史又名方壺外史叢編，包含無上玉皇心印妙經測疏、黄帝陰符經測疏、崔公入藥鏡測疏、純陽吕公百字碑測疏、紫陽真人金丹四百字測疏、龍眉子金丹印證詩測疏、邱真人青天歌測疏、悟真篇註、玄膚論、金丹就正篇、金丹大旨圖、七破論、老子道德經玄覽、周易參同契測疏、周易參同契口義，共十五種著作。

志的修纂。另據孫楷第、張政烺、柳存仁等學者考證，陸西星當是封神演義的作者。

據重修興化縣志文苑傳記載：

> 陸西星，字長庚，生而穎異，有逸才。束髮受書，輒悟「性與天道」之旨。爲名諸生，九試不遇，遂棄儒服，冠黄冠，爲方外遊。數遇異人，受真訣，乃纂仙釋書數十種。其南華副墨，爲近代註莊者所不及。西星於書無所不窺，嫻工文詞，兼工書畫。同時宗臣最以才名，而著作之富獨推西星。

其侄陸律於南華真經副墨序中謂：

> 吾叔氏方壺先生，天誕之靈，夙有異骨，才雄學博，洞百氏外家語。童時即志仙遊，嘗曰：「人世浮華石火耳！安用名爲？」

據陸西星自著金丹就正篇序，陸西星於二十八歲時遇純陽真人呂洞賓，次年立誓告盟，始受丹道口訣，至年四十五歲時方始有得：

> 嘉靖丁未（一五四七），偶以因緣遭際，得遇法祖呂公於北海之草堂，彌留款洽，賜以玄醴，慰以甘言。三生之遇，千載希覯！……間嘗授以結胎之歌、入室之旨，微言奥論，動盈卷帙，筆而藏之，顧旨其言而未能暢也。因循廿載，幾負師恩。甲子（嘉靖四十三年，一五六四）嘉平……復感恩師示夢，去彼掛此，遂大感悟，追憶曩所授語，十得八九；參以契論經歌，反覆紬繹，寤寐之間，性靈豁

暢，恍若有得。

陸西星自此開始著述。清代高道傅金銓於證道祕書赤水吟覆紀司馬書中謂：

> 近世陸潛虛、陶素耜、仇滄柱（兆鰲），三君子之文章德業，冠絶一時。其所著書，可謂「黄河之水天上來」矣！貫澈陰陽，洞明金石，内外胥融，安得不愛之重之？

南華真經副墨，陸西星始撰於五十七歲時，「起草於萬曆丙子（一五七六）六月六日，脱藁於戊寅八月八日」，歷時三載方告完竣。十三年後（一五八八），大學者焦竑莊子翼刊刻，書中共計引用陸註三十大段，七千四百餘字，爲引用最多的五大註家之一，蓋實見得此書之非同尋常也。

明沈一貫莊子通序亦稱：

> 余讀莊三十年，頗有所會……既得陸長庚副墨，爲之斂衽。

清林雲銘增註莊子因一書亦多有借鑑。清末佛學家楊仁山（文會）南華經發隱叙則謂：

> 唯明之陸西星、憨山（德）清二家以佛理釋之。

陸西星於佛學固有甚深研究，其自序曰：

> 二氏（佛道）之學，載之末年（從事以終其身也），頗窺堂奥，乃復添註是經，補救偏弊，以匡昔賢之不逮，名之副墨。

「副墨」兩字出自大宗師，陸西星自註：

副墨，文字也。蓋言道理得之言語文字，而領之以心，會之以神。

註名副墨，蓋寓以註文闡發南華真經之義蘊，兼以闡明大道之理，冀後學者心領神會耳。

一、全書總體結構

全書編次一準郭象本，定爲三十三篇，以「虚静恬淡寂寞無爲」八字爲名，分爲八卷，内篇七篇二卷，外篇十五篇三卷，雜篇十一篇三卷。書前有全書之篇目、經文之音義法、批點法，並讀經雜説一篇。駢拇前有内篇和外篇之簡略總述一段，庚桑楚前有雜篇之總述一段。除二十二、二十六、二十七篇外，其餘各篇前均有提綱挈領之評述一段。每篇逐節註疏，字解句釋，義理詳明；唯三十篇説劍「但爲釋其字義，讀其句章」，三十一篇漁父「辭旨明白，無勞箋解」。每篇末有「亂辭」，重宣一篇之義，但二十四至三十一共四篇所謂「贋入」者，及天下篇，則無「亂辭」。全書唯逍遥遊、齊物論、養生主三篇，於「亂辭」外另有「文評」。

内篇七篇，爲莊子有題目之文，備言性命、道德、内聖、外王之旨。外篇十五篇，標取篇首兩字而次第編之，蓋所以羽翼内篇而盡其未盡之義藴者。雜篇十一篇，爲莊子之雜著，章句有長有短，莊子平生緒言，疑掇拾於此。寓言爲莊子自叙立言之意。列禦寇爲莊子著述將畢之語，篇終一段分明檃栝全經。天下篇爲南華經之後序，歷叙古今道術淵源之所自，而以自己承之，即孟子終篇之意。

二、全書要旨及讀法

南華經分明是道德經之註疏。欲讀南華經，先須讀道德經，認清道德二字，並要識其立言宗旨。道者，無名無相，混然而成，自然無爲，天地人物所得以生成者，聖人不得已而强名之曰道。德者，物得（道）以生謂之德。古之至人，以其真治身，以其緒餘理天下，不起情識，墮肢黜聰，絕聖棄知，守宗保始，虛静恬淡，寂寞無爲，性修反德，復歸於樸，與道合真。

荀子譏莊子「蔽於天而不知人」，莊子固曰：「知天之所爲，知人之所爲者，至矣！」莊子豈真不知人者？熟讀深味南華經全書，可以想見莊子極慟當時世俗之離其真性而流於人欲人僞，「皆以其有爲，不可加矣」，竟至禍患無極而猶不自覺，故悲天憫人，極言「天」言「無爲」，以破執而糾謬，以期還真返樸，回歸自然。惜乎陸西星限於註解而未能闡發，「盡人合天」之學，猶賴讀者探究。

南華經，其書難讀，其理難測，當大其胸襟，虛心領受，不得以習見參之，尤不得以儒家見解例之；當悟其詆侮聖賢處，正如禪宗中呵佛駡祖，旨在破除天下之迷執。畢竟道家學問非比尋常，貴在切己爲己，身體力行，不得其修養口訣、身心體悟有不及，其有不可解者，理所宜然，不可强爲致詰，更不得肆意曲解〔一〕。

〔一〕胡遠濬（淵如）莊子詮詁序例：「莊子所謂玄旨，固非徒得之仰觀俯察、遠取諸物者也。其所爲盡性之學，一本之身心，實有致功次第，不得其門，無由洞窺其層折，固宜訪尋一二道友，從之傳授心法，身體而力行之，庶於其洗心退藏於密之旨方易了然。」

三、陸氏之超勝獨知的思想

陸西星謂：「昔晉人郭象首註此經，影響支理，多涉夢語；鬳齋口義頗稱疏暢，而通方未徹，掛漏仍多。」陸註出類拔萃，確非尋常註家所能望其項背。今擇要列舉數條以見陸西星超勝獨知之一斑，然陸註之優勝實非僅止於此。

（一）齊物論「真君」一詞，諸註家皆含糊其詞，不知所謂，陸西星則直言：

真君即真宰，禪家謂之真主人，道家謂之元神。

真主人或元神，又稱己之本來面目、本心、本來人、主人翁、真人、真我等等異名，近代著名道教學者、養生學家陳攖寧於靈源大道歌白話註解中解釋得最爲清楚明白：

真人即是真我。吾人肉體有生有死，不能算是真我，只可以叫做假我。除掉有形質的肉體，尚剩下那箇無形質的念頭，是否可以叫作真我？然而亦不是真我，因爲那箇念頭亦是忽起忽滅，不能由自己做主的。再除掉忽起忽滅的念頭，另外再尋出一箇無生無死萬劫長存的實體，這箇方是真我，又名爲真人。

這箇「真人」或「真君」，絶非宗教之迷信，亦非純理論之虛構難以言喻，無形無象而實有，見到自己的「本來面目」亦真有其事。佛教禪宗的實例自不消列舉，只看明儒陳白沙（獻章）覆趙提學中之自述即能明白：

> 於是捨彼之繁，求吾之約，惟在静坐。久之，然後見吾此心之體隱然呈露，常若有物，日用間種種應酬隨吾所欲，如馬之御銜勒也；體認物理，稽諸聖訓，各有頭緒來歷，如水之有源委也。於是涣然自信曰：作聖之功，其在茲乎！

此非箇人的獨特體驗或發現，而是儒釋道三家的共同體悟和真知卓識，從古至今代代相傳，並由後人不斷證實，所謂「人同此心，心同此理」，「你既如此，我亦如此」，實是中國傳統文化中頗爲獨特的一部分。亦唯有得此「真君」，而後纔能「無往而不相宜，無入而不自得」，而臻於逍遥遊，方能明瞭在宥篇廣成子鄙黄帝問治天下而善其問治身、大學言「自天子以至於庶人，壹是皆以修身爲本」之的旨，方能理解古聖人「務内不務外」、「爲己不爲人」之深旨。「長生久視」、「參贊化育」，無不以得此「真君」爲根本。然而世人一自迷失「真君」，既不知其有，更不信其有，至死而茫然不知所歸，陸西星曰：

> 令人惕然有深省處。讀莊子至此，自是不忍釋手，不敢以異説誣之。
>
> 夫人從少得壯，從壯得衰，從衰得白，從白得老，其形化矣，賴有箇不亡待盡者在。古來聖真仙佛，只存得此箇，是以空劫之外，超然獨存，足以自慰。
>
> 蓋必平日於性命根宗力到功深，的知此身假合不常，四大分散之後，有箇不受變滅、超然獨存者在，然後可以言樂。古之至人所以旁日月、挾宇宙，乘雲氣，御飛龍，而遊乎四海之外者，蓋是物也。

（二）道家向來以「我命由我不由天」的積極人生態度聞名於世，其對於長生不死的執著追求而衍生的醫學化學等科技成就早已舉世公認。中醫學的奠基之作黄帝内經素問上古天真論篇第一即言：

夫上古聖人之教下也，皆謂之：「虚邪賊風，避之有時。恬惔虚無，真氣從之，精神内守，病安從來？」黄帝曰：「余聞上古有真人者，提挈天地，把握陰陽，呼吸精氣，獨立守神，肌肉若一，故能壽敝天地，無有終時，此其道生。」（唐王冰注：敝，盡也。）

「真氣從之，精神内守，病安從來」，與道教心印經所説「上藥三品，神與氣精」有何差别？「壽敝天地，無有終時」，比之於道家「長生不死」之説，更是有過之而無不及。道家固長於養生學術，更有何疑？在宥篇記載黄帝至於空同山，拜問廣成子「治身柰何而可以長久？」即是求教長生的方法。廣成子曰：

至道之精，窈窈冥冥。至道之極，昏昏默默。無視無聽，抱神以静，形將自正。必静必清，無勞汝形，無摇汝精，乃可以長生。目無所見，耳無所聞，心無所知，汝神將守形，形乃長生。慎汝内，閉汝外，多知爲敗。我爲汝遂於大明之上矣，至彼至陽之原也；爲汝入於窈冥之門矣，至彼至陰之原也。天地有官，陰陽有藏，慎守汝身，物將自壯。我守其一，以處其和，故我修身千二百歲矣，吾形未嘗衰。

陳攖寧於口訣鉤玄録第四章口訣之來源中評曰：

這段文章將長生不死的道理和盤托出，玄妙無倫。凡後世丹經所言煉己、築基、周天、火候之説，無不在此。黄帝爲道家之祖，而廣成子又是黄帝之師，其言如此顯露，如此切實……

此種學問，即今生命科學中之最尖端技術，古人極其祕惜，必擇人而授。陸西星得方外異人之祕傳，親身修煉三十年而後註此書，自是非同尋常。其解廣成子語最末一句，簡潔明瞭，直洩道妙：

蓋「守一」「處和」四字，又肯綮中之肯綮。林鬳齋自謂看莊子頗精到，到此漫爾説過，蓋緣此老不曾於丹書上究心，是以茫無印證，只將南華作爲言語文字等閒讀過，大是可惜。吾今爲人抉破，直洩天機亦所不恤。曰：何謂守一？老子云：「得其一，萬事畢。」所謂「一」者，先天真一之炁，即所謂「天地之精，互藏於陰陽之宅」者也。何以守之？亦曰：慎内閉外而已。何謂處和？處和者，調陰陽氣序之和也。參同契云：「賞罰應春秋，昏明順寒暑。」又云：「候視加謹密，審察調寒温。」是處和也。「和」即丹家所謂「火候」也，「一」即丹家所謂「藥物」也。以之修身，則形神妙而道合真矣。度千二百歲而形不衰也，宜哉！

(三)莊子之書固多寓言，如逍遥遊藐姑射山神人一節，自古註家多以爲寓言而不甚措意，尤以「其神凝，使物不疵癘而年穀熟」一句，皆不解或不得其解，獨陸西星一語點破：

神人，蓋專氣而食母者……且形神俱妙，出入冥無……其神凝，則中致而和亦致矣，故天地自位，萬物自育；和氣薰蒸，物無疵癘，而年穀熟。此皆理之可信者。

後世唯宣穎南華經解及胡遠濬莊子詮詁節引此註。黄帝内經素問所謂「上古有真人者，提挈天地，把握陰陽」，其義與此何異？考中庸「致中和，天地位焉，萬物育焉」，朱熹註：

蓋天地萬物本吾一體，吾之心正則天地之心亦正矣，吾之氣順則天地之氣亦順矣，故其效驗至於如此。此學問之極功、聖人之能事，初非有待於外，而修道之教亦在其中矣。

據二程遺書卷二記載，程明道（程顥）曰：

醫書言手足痿痺爲不仁，此言最善名狀。仁者以天地萬物爲一體，莫非己也。認得爲己，何所不至？

清代全真高道閔一得於讀呂祖師三尼醫世説述管窺中説得明白：

三才一氣，原是一物，言其形則有三焉。

人稟天地之氣，故通天地之氣而能運天地之氣，人氣爲天地二氣之樞紐。性命之功未圓則氣不靈，性命之功既圓而四大已空則無所依據以有爲，故天亦讓其權於人，此人所以爲三才之一也。

然而此種參贊天地化育之學問，猶如空谷足音，即在孔子當日，子貢已謂：「夫子之言性與天道，不可得而聞也。」即驟而聞之，亦必以爲誕語而不信也。「大聲不入於里耳……高言不止於衆人之心」，「天下沈濁不可與莊語」，莊子固知之矣，故「寓言十九」，以俟「萬世之後而一遇大聖，知其解者」。陸西星者，其斯人歟？

四、版本情况

南華真經副墨的版本，今可見者，最主要的有：

（一）明萬曆六年（一五七八）李齊芳刻本，見有四庫全書存目叢書子部第二五六——二五七册以及續修四庫全書第一二九一册；對比之下，兩書屬同一版本，都署名：「方壺外史陸西星長庚述。青霞外史李齊芳子蕃、從吾山人陸律子和、蓬萊侣人陸鎬宗京、太和散人徐棟隆夫同校。」有李齊芳、陸律序各一篇，鄭材、李茂年跋各一篇。南華真經有音叶，有批點法。

（二）明萬曆十三年（一五八五）孫大綬重刻重校本，現有湯一介主編、九洲圖書出版社出版的道書集成，和臺灣蕭天石編纂、自由出版社出版的道藏精華第十二集之一，都署名：「方壺外史陸西星長庚述，太初散人孫大綬伯符重校。」有孫大綬序一篇。蕭天石據以影刊，又作序一篇。此本據唐陸德明經典釋文莊子音義，於南華真經之音叶有所增加。然據欽定天禄琳琅書目（卷九明版子部）：「南華真經副墨，一函六册，周莊周著，明陸西星註，八卷。前明程涓序，次西星自序，次篇目，次讀南華真經雜説，次批點法，次論音叶，次論字畫，後明孫大綬序。按，西星自序稱『南華爲道德經之註疏，妙竅同玄，並通大乘之祕，故爲是註，以匡昔賢之不逮』云云，蓋合二家之説而參訂一書也。其以『副墨』爲名者，即取莊子『副墨之子聞諸洛頌之孫』句。考郭象注，副墨即文字之謂。西星序作於萬曆戊寅。涓與大綬二序俱作於萬曆乙酉。涓字巨源，新安人，大綬字伯符，各見本序。西星爵里無考。是書紙墨雅潔，可稱明版佳本。」程涓序，未見。

（三）藏外道書第二册中有南華真經副墨，署名「太初散人孫大綬伯符重校」，無孫大綬序，與嚴靈峰編輯、臺北藝文印書館影印的無求備齋莊子集成續編本版本相同。續編謂：「南華真經副墨三十三卷，明陸西星撰，明孫大綬重校，萬曆六年刊本。」顯然刊刻時間有誤。萬曆六年是初刻本，孫大綬重刻於萬曆十三年。此本實係據孫大綬本重刻，但重刻之後不免滋生錯誤，且於南華真經音叶亦有增加，未知所據。

（四）此外尚有朝鮮據明萬曆六年天台館刊本鈔五册，清光緒十一年興化傳薪書室覆本、歙西黄鉛刊本、民國刊本等。

在本書的點校過程中，中國道教協會副會長黄信陽道長給予了大力支持；臺灣著名學者洪碩峰先生熱心賦序以推介；周全彬先生提供陸西星年表並慨允作爲附録刊於書後。此外，蕭進銘、李劍鋒、郭惠文、滕樹軍、朱雲玲、盛克琦、李巴特、蒲曉鋒、羅淩波、夏永富、朱中人、許亞南、丁振華、陳曉紅、趙霞、毛東輝、梁旭東、裘偉廷、祁峰、周亞琴、蔣瀟逸諸君，都在不同方面給予了支持和幫助；尤其是巴蜀書社謝正强先生，曾向中華書局鼎力推薦本書。對於上述諸位的雅情高誼，在此表示衷心的感謝！

二〇〇七年十二月六日　蔣門馬於寧波

點校凡例

一、此次點校，以明萬曆六年李齊芳刻本爲底本，以明萬曆十三年孫大綬重刻重校本爲校本。藏外道書本（以下簡稱「藏外本」），經認真校對之後發現錯誤較多，故未採用。另有清光緒十一年傳薪書室刻本，謂「讓王、盜跖、漁父、説劍四篇，實係贋本，故置未刻」，僅作參考。莊子原文，據古逸叢書三編影印南宋初年湖北刻本南華真經（簡稱「宋本」）酌情作了校勘。

二、南華真經副墨註文與經文用字有時並不完全一致，如經文作「坳堂」、「且而」、「翣資」等，註文則兩字次序相反；如經文作「淖約」、「秕糠」、「逕庭」、「糟魄」、「不失於兑」，註文則作「綽約」、「粃糠」、「徑庭」、「糟粕」、「不失其兑」。凡此之類，校本時或依經文改正，然細味之，似非誤刊者，則仍從底本，不改。然而有些不宜顛倒次序者，如「丘首」作「首丘」之類，則徑從校本改正，不出校記。

三、南華真經經文文字，各本均有音叶，底本用雙行小字附於經文段落末尾，校本、藏外本則隨文用雙行夾註；校本兼參以唐陸德明音義，較底本音叶略有增補；藏外本之音叶亦較校本多有增加。今全録底本音叶，不收録校本及藏外本之音叶，以保持陸著原貌，改爲單行小字附於經文段落末尾。底本大宗師篇無音叶。底本的音叶，前作「蜩，音條」、「隱，去聲」、「噫，乙戒反」等，甚爲明白，而後省略作「莛，庭」、「幾，平」、「洼，於花」等，可依前體例類推。今仍保留底本音叶簡潔的原貌，按出現先後次序排列，未據校本統一體例。另有一些根本不屬音叶，或是註解，或是校勘語，今亦仍之。

四、南華真經經文文字，各本均有批點。校本、藏外本的批點與底本略有不同，均以底本爲準。

五、經文與註文的句讀標點，經文參考通行本標點，並仔細推敲陸西星註文而確定，則與通行本固有所不同。註文中，凡屬緊接於經文後加以註解而引用的經文文字，大多未加引號；凡引用他處或他人的文字，則加引號。凡底本節引他書而不失原意者，皆保持原貌並加引號，不作校改；凡有改動，則出校記。

六、關於用字情況，底本、校本、藏外本皆係用顏體書法刻印，除了顏體書法所特有的字形外，俗體字、異體字、古字、訛字及一般的筆劃小誤，實在不少。本書根據中華書局整理古籍的體例，進行整理。凡俗體字、異體字直接改作通行字，間有例外；明顯訛誤及一般筆畫小誤者徑予改正，不出校記。

七、對書中出現的典故或疑難字詞，酌情註釋。

八、本書在整理校勘過程中，參考過儒、釋、道、醫、書法、文字學等類衆多書籍。這裏僅列舉部分參考書目：

莊子集釋，世界書局諸子集成本，上海書店出版社影印，一九八六年。
南華真經註疏，曹礎基、黄蘭發點校，中華出局，一九九八年。
莊子鬳齋口義校註，周啓成校註，中華書局，一九九七年。
日藏宋本莊子音義，黄華珍編校，上海古籍出版社，一九九六年。

顔真卿字典，日本石橋鯉城編，天津人民美術出版社，二〇〇四年。
顔真卿書干禄字書，施安昌編，紫禁城出版社，一九九二年。
康熙字典，清王引之校改本，上海古籍出版社，二〇〇四年。
説文解字註，清段玉裁註，上海古籍出版社，二〇〇一年。
漢語大字典（縮印本），四川辭書出版社、湖北辭書出版社，一九九六年。
故訓匯纂，宗福邦、陳世鐃、蕭海波主編，商務印書館，二〇〇三年。
虚詞詁林，謝紀鋒編纂，黑龍江人民出版社，一九九二年。
辭源（合訂本），商務印書館，一九九五年。
訂正六書通，明閔齊伋輯、清畢弘述篆訂，上海書店出版社，一九九六年。
説文解字句讀，清王筠撰，中華書局，一九八八年。
説文通訓定聲，清朱駿聲撰，武漢市古籍書店影印，一九八三年。
異體字字典（網絡版）。

南華真經副墨序

方壺外史陸西星長庚　著

外史既測道德經已，廼復測南華。南華者，道德經之註疏也。其説建之以常無有，而出爲於不爲，以破天下之貪執者。

去聖遠，道德之風微，儒墨並起，各持其似以相是非，上仁義，崇聖智，而首亂之民爰竊之以嚆矢天下。以故，識者病焉，以爲先疾而施劑，則君參佐者〔一〕適以滋毒而戕人，善攝生者不輕試以无妄之藥。故曰，「上德爲之而無以爲」，「失道而後德，失德而後仁」，「仁可爲也，義可虧也」，「見素抱朴，少思寡欲」，「淡寞而天下治矣」。且夫「天下不可爲也」，「將欲取天下而爲之，吾知其不得已」。若乃虚静恬淡〔二〕、寂寞無爲，則其於道也，幾乎！古之至人，守宗保始，欲爲而爲之以不爲，世出世法莫不繇此，所謂「以其真治身，而出其緒餘以理天下」。蓋自几蘧以逮羲軒，莫不通於道而合於德，退仁義而賓禮樂，

〔一〕「君參佐者」：中醫用藥講究「君臣佐使」，此處指用人參爲君，黄耆爲佐。

〔二〕「恬淡」：校本作「恬澹」。目録及卷名，各本作「恬澹」，但天道、刻意中，底本作「恬淡」，校本則分别作「恬淡」、「恬惔」。各本澹淡混用，至口味濃淡字亦作澹，今統一作「恬淡」。

明於本度，係於末數，理之所以窮也，性之所以盡也，命之所以至也。明此者，謂之大道；迕此者，謂之俗學。

若乃斷言語，絶名相，混溟茫沕，迥出思議之表，則竺乾先生譚之西方，未始相襲也，而符契若合。故予嘗謂，震旦之有南華，竺西之貝典也。貝典專譚實相，而此則兼之命宗，蓋妙竅同玄，實大乘之祕旨。學二氏者，烏可以不讀南華？緣督守中，則衛生之經也；地文天壤，則止觀之淵也；藏神守氣，則食母之學也；忘言絶慮，則總持之要也；有情有信，則重玄之祕也；無實無虚，則實相之理也；因是，則玄同之德也；忘我，則無相之宗也；生死一條，可不可一貫，則解脱之門也。若乃采其文擷藝圃之華，資其辯給懸河之口，則操觚揮麈之倫又多取焉。

嗚呼！文字上起唐虞以逮鄒魯，稱性之譚，精絶閎肆，孰逾南華矣？亦其矢口寓言，正而若反，從心曼衍，廢而中權，以通神明之德，以類萬物之情，則惠施呿口，公龍結舌，季真、接子之徒又烏能測其涯涘哉？昔晉人郭象首註此經，影響支離，多涉夢語；膚齋口義頗稱疏暢，而通方未徹，掛漏仍多。是知千慮一失，在賢知猶不能免；商賜啓予，回非助我〔一〕，仲尼大聖，不無望于人人，而況其散焉者乎？

〔一〕「商」：即子夏，姓卜名商，字子夏；「賜」：即子貢，姓端木名賜，字子貢。「回」：即顔回。論語八佾：「曰：『起予者商也！始可與言詩已矣。』」先進：「子曰：『回也非助我者也，於吾言無所不説。』」

星款啓〔一〕寡聞，素無前識，而二氏之學，載之末年，頗窺堂奥，乃復添註是經，補救偏弊，以匡昔賢之不逮，名之副墨，相與二家之説，參訂異同，而一二同志僉謂發所未發，勉令卒業。游歷江海，佩之奚囊，三易歲乃脱草。

嗚呼！批導熟，則庖丁之目無全牛；察認真，則九皐〔二〕之肆無留良。千載而下，知莊叟者誰歟？若謂侮聖畔道，言大而無當，則星也與叟均之不白於天下矣！

萬曆戊寅四月望日

〔一〕「款啓」：各本作「啓款」，據達生篇改。

〔二〕「九皐」：春秋時人，善相馬。他不辨毛色雌雄，而觀察馬的内神，因得天下良馬。伯樂稱他「得其精而忘其粗，在其内而忘其外」。見淮南子道應訓、列子説符。

南華真經副墨序

吾少讀南華經，意謂是陳芻狗、資章句耳。頃讀其書，心目大駭！讀之七日，恍見其人，乘龍鞭霆，逍遥于赫胥氏，左玄冥，右參寥，演天遊天放之奥；三十三篇，語語皆道德性命、自然之情；有問及仁義禮樂者，三問而三不答；創爲不必有之人、不必有之物，又或世所必無之事，玩弄百出，自五帝三王而下，往往遭其戲劇；如顛如狂，聽者逡巡而不敢進。彼何爲者？又聆其咳唾，如懸河天上，在阬滿阬，在谷滿谷，酌之莫可涯竟。無論其他，即西來大藏，衣被而紬繹者何限？又詞人數百家，獵其精英，如入海煮鹽，倚山鑄銅。嘻！世安從得此語也？世儒或詆其掊斗折衡，不經之甚，或謂其意與孔聖争衡而卑孟子專言仁義，太史公則曰：「善屬書離詞，剽剥儒墨，雖當時宿學不能自解免也。」

嗟夫！南華！其人不易知，書〔一〕亦不易讀。古有至人，遊于方之外者，虚静恬淡，寂寞無爲，以道德自然爲宗，乘雲氣，騎日月，長于上古而不爲老，與大椿齊齡而不爲壽，將無非其人歟？彼以步虚御空之姿，適弗逢世，下視大盜攘攘，竊聖人仁義聖智以濟其篡奪之謀，曰：「世喪道，道喪世矣。柰何哉？必聖人死而後混沌復。」蓋深念至德不可見，而深嘆仁義無救于亂亡，險語破膽，而後人遂嚚嚚議之。夫

〔一〕「書」：原無，據下文補。

酒之流生禍，有不罪酒人而罪上世之始爲酒者人，曰：「吾必黥其人！」其將信之乎？吾竊謂其人不易知，書亦不易讀。

吾叔氏方壺先生，天誕之靈，夙有異骨，才雄學博，洞百氏外家語。童時即志仙遊，嘗曰：「人世浮華石火耳！安用名爲？」一日，即謝去親知，長嘯入棲霞山，彷徨乎塵垢之外，逍遥乎無爲之業，鶉居鷇食，徐徐于于。舊註陰符、道德、參同、玄膚等書，頃著南華。吾鄉壒村李先生，博洽群書，一見愛而讀之，曰：「吾當與世人傳之。」命余序之。

陸子律曰：自先生註出，而諸家註可盡廢矣。何者？南華經汪洋恣肆，語多險怪，讀者要在悟其宗旨，不必字解句裂如諸訓詁語。先生逍遥若鯤鵬，怒揚若戲蝶，直悟性靈，不假言詮，非註南華，註先生也；自聞自見，自煖自寒，自飲自知，又烏知南華註先生耶？先生註南華耶？予之讀先生註也，蓋欣然大有當于心者終日，適一蝴蝶翩翩而下，予異之；甫文成，孟夏廿有三日也，蝶復來。嘻！大異哉！汝奚自兩來哉？汝奚自兩來哉！豈栩栩者夢蝶耶？抑蘧蘧者南華仙耶？吾願乘成以隨先生遊，相與徜徉於寥天一也。

萬曆戊寅孟夏　從子從吾律頓首書

刻南華真經副墨序

青霞外史李齊芳子蕃　撰

李子蕃曰：南華經，吾讀郭註，憾已；讀口義、通義，憾少已，而更憾；讀方壺外史，而後洒然暢然，知外史氏之發吾覆也。外史氏，予里閈先生也，聞性命之學于溟涬先生，遂屣棄舊所，棲真乎攝山之陽，註南華、道德，以適己志，明大道之要，俾後來者知鄉方。書成，予爲梓之，僭序其首。

序曰：夫天下事，有大難二，作、述是已。作之者之謂聖，述之者之謂明。明也者，明也，謂以己意明〔一〕作者所以也。作者之意明，則知言之功與立言等。夫爲南華述者，更難之難耳。何以故？非等見故。南華後仁義，首道德，左先王之法言。經生學士驟而聞之，强者仇，餒者懼，蹇淺者廢，譬彼芥蔕，困慘中顡，黄口不嗛也，迺狄牙、俞兒善而羞之，且以餌客而稱旨。故南華經有不可讀者三，不可不讀者三。束於教，不可讀也；内外韄，不可讀也；法眼不具，不可讀也。不可不讀者三：一、卷舒變化，雲龍天鬼；二、屬辭比事，善體物情；三、兼綜條貫，集二氏之大成。故通人旨南華，而曲士守邊見。衆謂侮聖

〔一〕「明」：上兩句原如此，其餘各處校改爲「明」字。

畔道，非然矣。夫作者繼緒往聖，梯筏後昆，俾誕登于岸，仁天下不薄也。廼今視其言，如烏喙之瞑痃，而莫之敢試，則「不得于言，勿求于心」之過耳。天下不盡瞶瞶也，而希不以其書覆瓿。夫粱肉天下，則六經尚矣，若廼郊祀上下，則臓胲廢而玄酒陳。其故何？以道之入口，淡乎其無味，用之不可既，其出口也亦然。將使斯世斯民，淡漠無爲，虚緣葆真，去排治化而入于寥天，則南華、道德之所稱述，此其謂歟？古之爲道者準此。故先堯舜而帝，道德有升降；後堯舜而師，功業有差等。儒者立極于堯舜，而萬世師仲尼，止矣！然而未出於非人，不止于盡慮，則至矣，而又有至焉者。所謂神堯窅喪於姑射，仲尼往後於兀駘，彼讓德者固不自大也。夫至道，聖人不能盡也。天地之大也，人猶有所憾。稱理而論，胡謂乎侮大聖、畔大道耶？夫小知不及大知，則蜩與鷽鳩群大鵬而笑之，且也守圭竇而窺容光，微拾芥粟，細察毫芒，自謂明之至矣，若與登日觀而眺滄海，紅紫互飛，光耀無極，一時耳目何如哉？又况乎乘雲氣、挾日月，倒景而下視者焉？夫學然後知不足也，人恨不自廣耳。有能得外史氏之書而讀之，相與解執情而融習見，若之何其不洒然暢然，若發蒙覆而覯寥廓乎？而某也又得公之四方，亦大雅君子所樂聞也。

萬曆戊寅端陽日

讀南華真〔一〕經雜説

南華經分明是道德經註疏。欲讀南華，先須讀道德經，大要識其立言宗旨。是經篇章雖多，闔闢鼓舞，一意貫串，但其言突兀驚人。其詆侮聖賢，正如禪宗中喝佛罵祖，見釋迦始生，手指天地，作獅子吼，便要一棒打殺，與狗子喫了，貴在天下太平。此中深意如何理會？識者謂其深報佛恩。於此悟入，然後許讀此書。

南華經還是一等戰國文字，爲氣習所使，縱横跌宕，奇氣逼人，却非是他自立一等主意，如公孫龍、惠子之説，讀者但見其恣口横説，以爲荒瀁無當，却不知一字一義祖述道德，正如公孫大娘舞劍，左右揮霍，皆合草書。熟於道德者，始可以讀南華。

南華經如山肴海錯，别是一種，却不可與菽粟同味者。然使並席而陳，合口而食，亦自不相妨害。今儒者見其突兀，以爲非聖之書，掩卷廢之，殊可惜也。

南華文字中，有平易可解者，有艱澀不可致詰者。讀者但當解其所可解，而不致詰其所不可詰，乃爲得之。若一一爲之曲説，非惟支離破碎、不得其旨，而我會文艱澀之機熟，抽毫臨紙，忽焉入於其中而

〔一〕「真」：原無，據校本補。

不自覺，此害事之不淺者，正如禪宗中謂「鹽可食，却不許汝滿口食也」。南華宗旨，不二法門也。但見有名相分别，心便不喜，以爲竅鑿混沌。其詆侮聖賢，正如司馬公謂「好箇僕，被蘇學士教壞了也」。

一部南華經，止有三等説話：寓言十九，重言十七，卮言日出。寓言者，意在於此，寄言於彼也。重言者，假借古人以自重其言也。寓言〔一〕如大鵬、社樹之類，重言如稱引黄帝、堯、舜、仲尼、顔子之類。卮言者，舊説有味之言，可以飲人，看來只是卮酒間曼衍之語〔二〕。寓言意在言外，卮言味在言内，重言徵在言先。

道德言「爲道者」，「豫兮若冬涉川，猶兮若畏四鄰」。逍遥遊却如此放曠閒適，蓋老子是説心小，莊子是説心空。心小是工夫，心空是體段。

逍遥遊説「生物之以息相吹」，「生物」即造物，但换得字新。「以息相吹」，分明是自老子「天地之間，其猶橐籥乎」化來。

南華經皆自廣大胸中流出，矢口而言，粗而實精，矯俗而論，正而若反。讀南華者，先須大其胸襟，空其我相，不得一以習見參之。子書中第一部醒眼文字，不獨以其文也。

太史公論大道，則先黄老而後六經，的有真見，未可輕議。儒者謂其是非頗謬於聖人，此一邊説也。

〔一〕「寓言」：原作「寄言」，據校本改。
〔二〕「語」：校本作「説」。

莊子所謂「且也相與吾之耳已，詎惡知吾之所謂吾之乎〔一〕？」

告子謂「不得於言，勿求於心」，孟子亦謂之曰「可」。當時有此一段學問，即是二氏了生死、脱輪廻宗旨。莊子説「保始之徵，不懼之實，一夫雄入於九軍」，佛言「不取於相，如如不動」，便是演説金剛、般若。今學者如何看此一句道理，妄加譏貶，大造口業，於己何益？

學問只一个究竟性命是切己的經綸，燮理皆其應迹有爲之法，幻妄不常。顔淵問爲邦，那裏去試？只一心齋坐忘，却終身得力，受用不盡也。一部南華，歸究到此，有爲事相皆粗迹也。

看莊、老書，先要認道德二字。道者，先天道樸，無名無相，所謂「無名天地之始」。德則物得以生，本然之體，一而不分。大要在人不起情識，墮支黜聰，絶聖棄知，則復歸於樸，而道其在是矣。故曰：「性修反德，德至同於初。」又，「失道而後德，失德而後仁，失仁而後義」。又，「仁可爲也，義可虧也，禮相僞也」。「通於道而合於德，退仁義而賓禮樂，古之至人其心有所定矣。」則二書之宗旨也。今儒者直謂不然，往往斥之以爲異説，反以老氏爲見小，是蜩與鷽鳩同其同也。悲夫！

退之原道，以「仁義爲定名，道德爲虚位」，謂道有君子有小人，而德有吉有凶，便是虚位，不若仁義實實在在，故曰「定名」，亦似有理趣。然以性空真體而言，清静之中，一物不着，道亦强名而已，安有仁義？定了名相，是爲太虚生閃電也。論大道者不作是解。佛語説：「金屑雖貴，着之眼中，何殊砂土？」意蓋如此。

〔一〕「且也相與吾之耳已，詎惡知吾之所謂吾之乎」：大宗師作「且也相與吾之耳矣，庸詎知吾所謂吾之乎」。

批點莊子法〔一〕

標題：｜

主意：‖

肯綮：○

精粹：。。。。

段絡：—

批點莊子法

標題 ｜

主意 ‖

肯綮 ○

精粹 。。。

段絡 —

〔一〕「批點莊子法」：校本作「重刻批點南華真經法」。

莊子音叶〔一〕

從四聲等韻，參訂玉篇直音，隨註於本文之下，以便誦讀。有不可以字叶者，但云某平某上，因其字而調之，則其音自出。

〔一〕「莊子音叶」：校本作「南華真經音叶」。

莊子南華真經篇目(原目)

〔一〕「集」:本篇目中皆無,正文中有。據校本補。

爲字集卷之八

列禦寇第三十二　　天下第三十三

按：漢書藝文志「莊子五十二篇」。唐書「四十卷」，即今行於世者。今篇卷既不同，而世代遼遠，不復得見古人之全書，姑準郭本定爲三十三篇，而讓王、盜跖、説劍、漁父亦從其贋入云。

南華真經副墨卷之一　虚字集

内篇逍遥遊第一

夫人必大其心而後可以入道，故内篇首之以逍遥遊。遊，謂心與天遊也。逍遥者，汗漫自適之義。夫人之心體，本自廣大，但以意見自小，横生障礙。此篇極意形容出箇致廣大的道理，令人展拓胸次，空諸所有，不爲一切〔一〕世故所累，然後可進於道。昔人有云：「振衣千仞岡，濯足萬里流，士君子不可無此氣節。海闊從魚躍，天空任鳥飛，大丈夫不可無此度量。」白沙先生亦云：「若無天度量，争得聖胚胎？」意蓋如此。又恐人疑曠蕩而無所用，末復結以大瓠大樗，謂人但不知所以用其大耳。

北冥有魚，其名爲鯤。鯤之大，不知其幾千里也，化而爲鳥，其名爲鵬。鵬之背，不知

〔一〕「不爲一切」：各本作「一切不爲」，據應帝王篇註文改。

其幾千里也，怒而飛，其翼若垂天之雲。是鳥也，海運則將徙於南冥。南冥者，天池也。

夫心之神明，變化莫測；際天地，窮宇宙，無足喻其大者。此篇首以鯤鵬寓言。北冥有魚，其名爲鯤，鯤之大不知其幾千里也，化而爲鵬，鵬之背不知其幾千里也，有時盛氣而飛，其翼若天雲之布於四陲，故曰：怒而飛，其翼若垂天之雲。是鳥也，海運則將徙於南冥。海運者，海氣動也。海氣動則颶風作，故大鵬乘此風力，怒飛而徙於南冥。復自解曰：南冥者，天池也。不曰南海而曰天池，看他文字變化之妙。

齊諧者，志怪者也。諧之言曰：「鵬之徙於南冥也，水擊三千里，摶扶摇而上者九萬里，去以六月息者也。」摶，音團，飛而上也。

又引齊諧以實己言。齊諧，古書名，所言多志怪異之事。扶摇，風名，爾雅云「飆風也」，郭璞云「暴風從下而上也」。蓋鵬翼過大，難以輕舉，必摶扶摇，然後能沖舉而直上。擊海水者，水爲鵬翼所擊也。三千、九萬，皆廣遠之極名。去以六月息者也，與下「以息相吹」之「息」同，謂氣息也。人以一呼一吸爲一息，造化則以四時爲一息。去以六月息者，即海運則將徙南冥之意。去，謂徙而南也。周之六月，夏正之四月也，於後天爲巽，正氣動風起之時，故大鵬乘此徙去。而諸家註皆謂此鳥一去半年，至天池而息，則是以六月爲半年，以息爲止息，而太白鵬賦亦謂：「六月一息，至於海隅。」只爲不曾理會下文「以息相吹」一句，遂使文不相蒙而難於解説耳。

野馬也，塵埃也，生物之以息相吹也。天之蒼蒼，其正色耶？其遠而無所至極耶？

其視下也，亦若是則已矣。一

遂承上文，言天地間待氣而動者，如大鵬，如野馬，如塵埃，皆生物之以息相吹者。野馬，田間游氣也，塵埃，日光中游塵也，皆氣至而後動者，比之大鵬去以六月息〔一〕，其理則同，故曰：生物之以息相吹。「吹息」二字頗奇特。言生物，無大無小，無巨無細，唯此氣機吹嘘鼓舞，乘以出入，有莫知其然而然者。到此分明模寫〔二〕一段造化之妙。「天之蒼蒼」以下，又形容出一氣際天蟠地、絪縕交密之狀。言天之蒼蒼，必非正色，但因遠而無所至極，故下之視上也蒼蒼，而上之視下也，以是爲準，亦蒼蒼焉已矣。正色，猶言定色。則，準則也。一氣蒼茫，充塞無間，混兮闢兮，其無窮兮，夫是以以息相吹而生物莫之能外也。此數句，極精極密，諸解皆輕易説過，至「視下」，皆謂大鵬，淺矣。

且夫水之積也不厚，則負大舟也無力。覆杯水於坳堂之上，則芥爲之舟，置杯焉則膠，水淺而舟大也。風之積也不厚，則其負大翼也無力，故九萬里則風斯在下矣。而後乃今培風，背負青天而莫之夭閼者，而後乃今將圖南。一夫，音扶。覆，音復。坳，音凹。培，音裴。閼，音遏。

「且夫」以下，又自「以息相吹」上轉生一意，言此鵬鳥必得風力之厚者然後能舉，故以堂坳杯

〔一〕「息」：各本無，據義補。
〔二〕「模寫」：原作「摸寫」，其餘各處作「模寫」。據校本改。

水爲喻。堂坳，堂之凹處也。傾杯水於堂坳，以芥爲舟則浮，以杯爲舟則膠。何則？水之力有勝、不勝也。膠，謂黏著於地而不能動。以是知水不厚不能載大舟，風不厚不能負大翼。今也扶摇一舉而能摶鵬翮於九萬里之上，則在下之風其厚何如？非天地間之大吹乎？而後乃今必得培厚之風可以載鵬而上，背負青天而莫之夭閼者，而後可以圖南。夭，折也。閼，不通也。如下決起、控地，即夭閼之義。圖，謀也。南，南徙也。此段意在充積之厚，然後有大運用。若人平日於學問上不曾實用其力，真見得自己有箇高明廣大者在，便欲渺人寰、空宇宙，出門有礙，如何去得？

蜩與鷽鳩笑之曰：「我決起而飛，搶榆枋，時則不至而控於地而已矣，奚以之九萬里而南爲？」適莽蒼者，三飡而反，腹猶果然；適百里者，宿舂糧；適千里者，三月聚糧。之二蟲又何知？蜩，音條。鷽，音學。決，音血。搶，音鏘。枋，音方。飡，音餐。

此喻淺夫之見。蜩，小蟬也。鷽鳩，學飛之小鳩也。決起，疾飛起也。搶，突也。榆、枋，二木名。時則不至，有時而飛，不能上也。控地，投於地也。模寫小蟲力弱不能奮飛之容而已矣，無他能，亦無他願也。蜩、鳩，蓋井蛙、醯雞之徒，不知世界有如許之大者，故其見若此，只緣胸中原無所積。故下復以聚糧設喻。適莽蒼者，三飡而反，腹猶果然。適，往也。莽蒼，近郊林木之色，一望可見者也。三飡，夕飯也。言適至近之地者，朝往夕歸，腹猶果然充實，自謂不消有積。豈知適百里者必宿舂糧[一]，適千里者必三月聚糧，行愈遠者其積當愈厚。彼二蟲者，決起榆枋之下，不過如適莽蒼者耳，豈知大鵬所積者厚而所到者遠哉？「聚糧」意，是自「風積」字面上換來。

小知不及大知，小年不及大年。奚以知其然也？朝菌不知晦朔，蟪蛄不知春秋，此小年也。楚之南有冥靈者，以五百歲爲春，五百歲爲秋；上古有大椿者，以八千歲爲春，八千歲爲秋。而彭祖乃今以久特聞，衆人匹之，不亦悲乎？知，音智。菌，音窘。蟪蛄，如字。

此段又自「二蟲何知」上生下「小知大知」，又自「小知大知」上生下「小年大年」二句，意亦相承，以年小故知小也。朝菌，糞芝也，朝榮而夕瘁，故不知有晦朔；蟪蛄，寒蟬也，夏生而秋死，故不知有春秋：以年小故知小也。若夫楚南之冥靈以千歲爲春秋，上古之大椿以一萬六千歲爲春秋，二木之取於造物者如此之多，其中豈無靈異？謂之大年大知，理固宜然。而世傳彭祖壽年八百，以久特聞，此尚不及冥靈，何望大椿？乃衆人慕而匹之，不亦悲乎？何見之鄙也！教人把胸襟識見擴充一步，不得以所知所歷者而自足也。

湯之問棘也是已：窮髮之北，有冥海者，天池也。有魚焉，其廣數千里，未有知其脩者，其名爲鯤。有鳥焉，其名爲鵬，背若泰山，翼若垂天之雲，摶扶搖羊角而上者九萬里，絶雲氣，負青天，然後圖南，且適南冥也。斥鴳笑之曰：「彼且奚適也？我騰躍而上也，不過

〔一〕「糧」：原無，據校本補。

數仞而下，翱翔蓬蒿之間，此亦飛之至也，而彼且奚適也？」此小大之辨也。

既説齊諧，又引湯之問棘一段以爲符契，事意同而語有變化，是他文字妙處。窮髮，不毛也。羊角，風之旋者。斥鴳，斥澤之小鳥。末句「小大之辨也」，結上意，生下意。

故夫知效一官、行比一鄉、德合一君而徵一國者，其自視亦若此矣，而宋榮子猶然笑之。且舉世譽之而不加勸，舉世非之而不加沮，定乎内外之分，辨乎榮辱之境，斯已矣。彼其於世，未數數然也。雖然，猶有未樹也。夫列子御風而行，泠然善也，旬有五日而後反。彼於致福者，未數數然也。此雖免乎行，猶有所待者也。若夫乘天地之正而御六氣之辨〔一〕以遊無窮者，彼且惡乎待哉？故曰：至人無己，神人無功，聖人無名。知，音智。行，去聲。比，去聲。數，音朔，下同。惡，音烏。己，音紀。

此下正言大小之辨。智可以效一官之職，行可以和一鄉之人，德合一君而徵一國，言上焉獲乎其君，而下焉信於其民，若人自視，亦若斥鴳翱翔於蓬蒿之間，自謂飛之至矣，而不知殆小廉小節也，適爲宋榮子之所笑。蓋榮子，宋之賢人也，其人能忘毀譽之情，定内外之分，辨榮辱之境，斯其所得若是已矣，視彼之智行才德數數然效用於世者固有間也，雖然，樹德猶未廣也。何者？以其

〔一〕「辨」：宋本作「辯」。

能忘矣而不能忘忘，能定矣而不能忘定，能辨矣而不能忘辨，故曰：猶有未樹也。若夫列子御風，旬有五日而後反，非不泠然善也，彼其乘虛馭氣，視世之數數然修德以致福者固有間矣，雖然，能離乎地，而猶待於風也。若夫乘陰陽二氣之正，御六時消息之變，以遊神於無極之先，則彼且惡乎待哉？無所待，則渾然無迹矣，故曰：至人無己，神人無功，聖人無名。己也、功也、名也，皆有所待而後成者。無所待，則無己矣，無功矣，無名矣。至人也，神人也，聖人也，蓋極讚極美之辭。此明小大之辨。榮子未得爲大，列子大而不大也。

堯讓天下於許由，曰：「日月出矣，而爝火不息，其於光也，不亦難乎？時雨降矣，而猶浸灌，其於澤也，不亦勞乎？夫子立而天下治，而我猶尸之，吾自視缺然。請致天下。」許由曰：「子治天下，天下既已治矣，而我猶代子，吾將爲名乎？名者，實之賓也，吾將爲賓乎？鷦鷯巢於深林，不過一枝；偃鼠飲河，不過滿腹。歸休乎君，予無所用天下爲！庖人雖不治庖，尸祝不越樽俎而代之矣。」爝，如字。

上言「至人無己，神人無功，聖人無名」，此則試舉堯、由見意，而後及於藐姑射之神人，蓋堯、由，是亦大而不大者。夫功與名之大者，莫過於有天下。使其有見於己焉，則誰復讓之，誰復辭之？而二聖者，方且視之若傳舍，輕之如棄屣，斯其所見似亦幾於無己、無功而無名者。雖然，不讓不見堯，不辭不見許，是亦列子御風，雖免於行而猶有待者也。且爝火讓明，浸灌讓澤，則是猶未離功也。鷦鷯以巢自安，偃鼠以飲自滿，尸祝不以尊〔一〕俎代庖，則是猶見於己也。故曰：堯、由雖大而不大。堯、由，大年之冥靈也。

肩吾問於連叔曰：「吾聞言於接輿，大而無當，往而不反。吾驚怖其言猶河漢而無極也，大有逕庭，不近人情焉。」連叔曰：「其言謂何哉？」「曰：『藐姑射之山有神人居焉，肌膚若冰雪，淖約若處子，不食五穀，吸風飲露，乘雲氣，御飛龍，而遊乎四海之外，其神凝，使物不疵癘而年穀熟。』吾以是狂而不信也。」連叔曰：「然。瞽者無以與乎文章之觀，聾者無以與乎鐘鼓之聲。豈惟形骸有聾盲哉？夫知亦有之。是其言也，猶時女也。之人也，之德也，將旁礴萬物以爲一世蘄乎亂，孰弊弊焉以天下爲事？之人也，物莫之傷，大浸稽天而不溺，大旱金石流、土山焦而不熱，是其塵垢秕糠將猶陶鑄堯舜者也，孰肯以物爲事？」庭，去聲。射，音夜。淖，音綽。狂，音誑。與，去聲。觀，去聲。女，音汝。

此方形容神人之大。藐姑射，山名。肌膚若冰雪，言肢體清瑩也。綽約若處子，言德性柔好也。神人，蓋專氣而食母者，故能辟五穀而吸風露。黄庭經云：「人皆食穀與五味，獨食太和陰陽氣。」意蓋如此。且形神俱妙，出入冥無，故乘雲氣，御飛龍，而遊乎四海之外。其神凝，則中致而和亦致矣，故天地自位，萬物自育；和氣薰蒸，物無疵癘，而年穀熟。此皆理之可信者，而肩吾誑之，故

〔一〕「尊」：校本作「樽」。

連叔然其言而鄙其見，以爲心有聾盲之病者，是汝之謂也，故曰：猶時女也。之人也，之德也，所過者化，所存者神，舉一世而甄陶之，所謂「我無爲而民自治，我無欲而民自樸，我好靜而民自正」者，故曰：旁礴萬物以爲一世蘄乎亂。蘄之言，求也。亂之言，治也。神人無心於治世，而一世自來求治於神人，是以所過者化，而不見其迹，莫知其然也，孰弊弊焉勞役其神以天下爲事哉？若堯舜之兢兢業業，一日二日萬幾，正弊弊焉以天下爲事者。且之人也，惟以神用而不以形用，故一切外物莫之能傷，大浸稽天而不溺，大旱流金石、焦山土而不熱，神德之妙有如此者。不溺不熱，是極言物不能傷之意。參同契云：「入水不濡，跨火不焦。」非得道者，誠不足以語此。然道以其真治身，而出其緒餘亦足以理天下，故曰：塵垢粃糠猶將陶鑄堯舜。夫塵垢粃糠，皆神人之所不屑者，又況天下外物也，孰肯以物爲事而用此塵垢粃糠爲哉？陶鑄堯舜，謂堯舜事業皆在陶鑄中，却非小了堯舜，語至德者自合如此。徑庭，激過也，皆從去讀。

宋人資章甫而適諸越，越人斷髮文身，無所用之。堯治天下之民，平海內之政，往見四子藐姑射之山，汾水之陽，窅然喪其天下焉。斷，音短。汾，音焚。窅，音窈。喪，去聲。

此數句結上兩段文意。許由自謂鷦鷯偃鼠無所用天下爲，是猶越[一]人斷髮文身，不用章甫也。藐姑射之山神人若此，是以堯見之，歸於汾水之陽，窅然而喪其天下。四子無解，當作許由、齧缺、

[一]「越」：原誤作「宋」，據校本改。

王倪、被衣也。四子道存師友，故堯因許由而往見之。汾陽，堯都也。窅然，茫然之意。

惠子謂莊子曰：「魏王遺〔一〕我大瓠之種，我樹之成而實五石。以盛水漿，其堅不能自舉也。剖之以爲瓢，則瓠落無所容。非不呺然大也，吾爲其無用而掊之。」莊子曰：「夫子固拙於用大矣。宋人有善爲不龜手之藥者，世世以洴澼絖爲事。客聞之，請買其方百金。聚族而謀曰：『我世世爲洴澼絖，不過數金。今一朝而鬻技百金，請與之。』客得之，以説吴王。越有難，吴王使之將。冬，與越人水戰，大敗越人，裂地而封之。能不龜手一也，或以封，或不免於洴澼絖，則所用之異也。今子有五石之瓠，何不慮以爲大樽而浮於江湖？而憂其瓠落無所容，則夫子猶有蓬之心也夫！」一盛，音成。瓠落，音廓落。呺，曉平。掊，剖。龜，音均。洴，音萍。澼，音僻。絖，音曠。説，税。難，去聲。

説到神人，已是大之極了，又恐人疑此種學問離世絶俗，將茫蕩而無所用之，復設大瓠大樽二喻，言是大也，用之涉險可以利濟，置之閒〔二〕曠可以全生。蓋君子之學，無入而不自得者，此所以爲逍遥也。實五石，可以貯五石也。堅，重也。不能自舉，言一人之力不能舉也。瓠落，大貌，猶廓落也。呺然，虚大之貌。掊，擊之也。不龜手藥，以冬月澤手，不文理龜拆也。洴澼，打洗也。絖，絮

〔一〕「遺」：校本作「貽」。
〔二〕「閒」：原作「閑」，據校本改。

也。冬月漂絮以藥，故不龜，世以爲業。慮以爲樽，言何不思以爲浮江之樽乎？浮江者，以大樽繫腰則免沉溺。蓬之心，謂蓬蒿之見，言短小也。

惠子謂莊子曰：「吾有大樹，人謂之樗，其大本擁腫而不中繩墨，其小枝卷曲而不中規矩，立之塗，匠者不顧。今子之言，大而無用，衆所同去也。」莊子曰：「子獨不見狸狌乎？卑身而伏，以候敖者，東西跳梁，不避高下，中於機辟，死於罔罟。今夫斄牛，其大若垂天之雲，此能爲大矣，而不能執鼠。今子有大樹，患其無用，何不樹之無何有之鄉、廣莫之野，彷徨乎無爲其側，逍遥乎寢卧其下，不夭斤斧，物無害者，無所可用，安所困苦哉？」樗，處平。中去聲，二同。卷，音權。去，上聲。狌，音星。跳，音條。辟，音闢。斄，狸。

樗，惡木。大本，木身也。擁腫，盤結輪囷也。狸狌，狐屬。敖，物之閒遊者。機辟，掩取禽獸之機檻也。言小者雖黠，而不免於禍。斄牛，旄牛也。斄牛大矣，而用之以執鼠，則非其所宜，以況有此大樹，則不當更以規矩繩墨斲而小之，何不樹之廣莫之野、無何有之鄉？無何有之鄉，廣莫之野，寂寞虛曠之地，喻道之本鄉也。言有此大樹，自合歸根本鄉，處蔭休影，足以自樂，且免斤斧牛羊之患，故曰：不夭斤斧，物無害者。喻機黠者雖有用而有害，閒曠者雖無用而無害也。

通篇反覆設喻，只是言小知不如大知，末二段却言大用不可小用。只緣識見淺小之徒，僉謂其言大而無用，反起荒唐之譏，故篇末言，此箇廣大學問，煞有用處，但汝自管見蓬心，不知所用。蓋怎地[一]廣大逍遥，原汝合下本體與道相應，用以進道，實爲本地風光。天衢蕩蕩，鳶自能飛，性海淵淵，魚自能躍。自非莊子灼見道體，不能如此形容。若會得此，便舜禹有天下而不與，顔子陋巷簞瓢不改其樂，曾子弘大剛毅、任重道遠，皆是這箇。莊子篇首以「逍遥」名，中間只説大，大之又大，至於無迹而後已。惟大，故能逍遥也。篇末兩段，是説大之用處。須要仔細看他文字眼目。前段大瓠，是憂其無所容，浮之江湖，煞有容他處。後段大樹，是患其無所用，樹之廣莫，寢卧其下，煞有用他處。此便是逍遥，煞合。

於是方壺外史説是篇已，重宣此義而作亂[二]辭：

大鵬上扶摇，九萬立可期。野馬及塵埃，均以息相吹。

斥鴳翔蓬蒿，蜩鳩决枋榆。小知不及大，嗤笑理則宜。

見大自遺小，二蟲爾何知？所以堯與由，萬乘固讓辭。

大哉藐姑人，至德安可跂？氣沖腹不枵，神全民無疵。

粃糠鑄堯舜，詎以天下爲？神人乃無己，汾陽喪其巍。

大小固有量，蓬心苦憂疑。大瓠浮江湖，利涉無傾危。

[一]「怎地」：校本作「怎的」。

[二]「亂」：辭賦篇末總括全篇要旨之語。楚辭離騷王逸註：「亂，理也，所以發理辭指，總撮其要也。」顔師古曰：「亂，理也，總理賦中之意。」

大樗樹廣莫，斤斧安所施？ 願封龜手藥，不學候敖狸。
用大豈無當？ 大用始爲奇。 博哉逍遥翁，萬古開群迷！

文評：

意中生意，言外立言。 絖中線引，草裏蛇眠。
雲破月映，藕斷絲連。 作是觀者，許讀此篇。

内篇齊物論第二

夫知有大小，見有淺深，物論之所由以不齊也。小知間間，日以心鬬，主司是非，意見起而道益虧矣。不知彼亦一是非，此亦一是非，果且有彼是乎哉？果且無彼是乎哉？所以至人憫其死心，灰其勝心，解其鬬心，爲是不用，而照之以天，教之以因是，語之以滑疑，欲其泯物我、忘是非，和之以天倪，休之以天均，因之以曼衍，嗒然如南郭子綦之喪我，猶然如莊周之蝶化，然後與物渾化，而逍遥之遊可遂也。此等議論見識，蓋自老子「玄同」上得來。

南郭子綦隱几而坐，仰天而噓，嗒焉似喪其耦。顔成子游立侍乎前，曰：「何居乎？形固可使如槁木，而心固可使如死灰乎？今之隱几者，非昔之隱几者也。」子綦曰：「偃，不亦善乎而問之也！今者吾喪我，女知之乎？綦，其。隱，去聲。嗒，塔。喪，去聲，下同。

隱几，憑几也。嗒然，解體之貌。喪耦，即喪我，謂忘形也，蓋神與形爲耦，忘其形，是喪其耦也。形如槁木，無生氣也，心若死灰，無煙焰也，皆嗒然喪耦之情狀。昔，前此也。子游言：前此見人隱几，未有若夫子今日者，蓋人人皆自形骸軀殼上起念，而子綦不然，迥出常態，故子游異而問之。子綦答言：今者吾喪我，女知之乎？「喪我」二字，又是自前篇「至人無己」上生下，蓋喪我，則可與忘物，可以忘我，可與忘忘，而優入於聖域矣。

「女聞人籟而未聞地籟，女聞地籟而聞未天籟夫！」

夫喪我者，忘我也。忘我則天矣。遊以天者，知而未始有知，言而未始有言，故以三籟啓教，推本聲氣所出之原，而歸極於天籟。籟，簫管也，比竹而成。管有長短，聲有高下，吹萬不同，正以暗喻物論之不齊者乃人所爲，故曰人籟。地籟，則木之衆竅感噫氣而成聲者。天籟，則無聲而能聲天下之聲，所謂「若有真宰而特不得其朕」，故歸之曰天。其意見下。

子游曰：「敢問其方？」子綦曰：「夫大塊噫氣，其名爲風。是惟無作，作則萬竅怒呺。而獨不聞之翏翏乎？山林之畏佳[一]，大木百圍之竅穴，似鼻，似口，似耳，似枅，似圈，似臼，似洼者，似汙者。激者、謞者、叱者、吸者、叫者、譹者、宎者、咬者，前者唱于而隨者唱喁，泠風則小和，飄風則大和，厲風濟則衆竅爲虛。而獨不見之調調之刁刁乎？」噫，乙戒反。翏，六收。畏佳，上於鬼，下諸鬼。枅，雞。洼，於花。汙，烏。謞，孝。譹，豪。宎，杳。喁，愚。

子游一聞三籟，便要討箇道理，故曰：請聞其方。於是子綦先爲形容地籟。大塊，天地也。蓋天地間之有風，如人之鬱將暢而有噫氣者。翏翏，長風聲也。畏佳，林木搖動之貌。大木百圍之竅穴，有兩孔而似鼻者，有一孔而似口者，有孔斜入而似耳者，有孔方而似枅者，有孔圓深而似圈者，有淺而似臼者，有曲而似洼者，有廣而似汙者。數句描寫竅穴，意態如畫。又復描寫竅穴之聲。激

[一]「畏佳」：宋本作「畏隹」。

者，戛而聲止。謞者，去而聲疾。簡文云：「箭去之聲。」叱者，出而聲粗。吸者，入而聲細。叫者，高而聲揚。譹者，下而聲濁。宎者，深而聲留。咬者，吠而聲續。于，輕唱也；喁，重和也，前、隨〔一〕，風之前後陣也，蓋以形容聲氣先後相和之變態。泠風，小風也。飄風，疾風也。厲風，猛風也；濟，止也；言風止則衆竅爲之一虚，不復如許作聲也。調調、刁刁，皆衆木摇動之貌。之調調，之刁刁，看它〔二〕文字奇處。此一段寫出風木形聲，筆端如畫。千古摛文，罕有如其妙者。

子游曰：「地籟則衆竅是已，人籟則比竹是已，敢問天籟？」子綦曰：「夫吹萬不同而使其自已也咸其自取，怒者其誰耶？」

既説地籟，就趁此文法補一句，繳斷人籟，此是作文之妙處。「夫吹萬不同而使其自已也咸其自取」，作一句讀。吹，聲也，言天下之聲，萬有不同，而使其自已出者皆取諸己而不由於天，則前衆竅中之怒而號者誰耶？蓋怒號者，風也，非竅也。今人若謂聲自竅出，皆由於竅而不由於風，不知何以厲風濟而諸竅爲虚？然則怒而號者誰耶？其爲風也必矣。知此，則聲氣所出之原，不歸之天，而謂盡取諸人，可乎？分明寔〔三〕有箇真宰主張之者，而特不得其朕，是以謂之天籟。

〔一〕「前隨」：各本作「前後」，據經文改。
〔二〕「它」：校本作「他」。
〔三〕「寔」：校本作「實」。

大知閑閑，小知閒閒。大言炎炎，小言詹詹。其寐也魂交，其覺也形開。與接爲搆，日以心鬬，縵者，窖者，密者，小恐惴惴，大恐縵縵。其發若機括，其司是非之謂也。其留如詛盟，其守勝之謂也。其殺如秋冬，以言其日消也。其溺，之所爲之不可使復之也。其厭也如緘，以言其老洫也。近死之心，莫使復陽也。知，去。閒，平。覺，教。縵，幔。窖，教。惴，墜。

此下模寫人心許多變態，與上風木形聲同一意旨。先以大知小知起語，亦自前篇中「小知不及大知」上透來。此老搆思之精微與文字之變化，自有別樣天巧，非人可及。大知閑閑，大知之人，忘己忘物，意見不生，灰心槁形，幾於喪我，故常閑閑。閑閑者，從容暇豫之意。孟子亦言「知者行所無事」，無事，非閑閑乎？小知則日以心鬬，故常閒閒。閒閒者，立町畦，別人我，一膜之外皆爲藩籬，自謂心計精密，而不知此但小人之知耳。至於發而爲言，則大言炎炎，小言詹詹。炎炎，精光上燭也。詹詹，整齊前後也。其寐也魂交，其覺也形開，言人旦晝之間，寐則魄與魂交而爲夢，覺則魂與形開而應事，故與物相接而營搆之心生焉。大知之人，不生意見，故能靜能應，常應常靜，而常閑閑。小知之人，閒閒分別，是非海闊，人我山高，日以其心與物相鬬，不能已已，是故有縵者、窖者、密者、小恐者、大恐者、司是非者、守勝者，千變萬態，終身役役，直至老死而不知其所歸。縵者，心慢，爲巽懦，爲無斷，柔惡人也。窖者，潛機不露，深不可測，憸人也。密者，分銖較兩，筭無遺策，細人也。小恐惴惴，心事不寧，大恐縵縵，緩散自失，餒人也。司是非者，主訟之輩，意在中人，尋其肯綮，發若機括，刁人也。守勝者，木强之徒，固執己見，山石不移，如留詛盟，誓不敢動，拗人也。小知之人，心鬬若此，但見人欲日萌，天理日消，消之又消，以至心死而不自覺，故曰：其殺如秋冬，以言其日消也。載胥及溺，不可挽回，故曰：其溺之所爲之不可使復之也。「其溺」字當一讀，與「其殺」相對；「之所爲之不可使復之也」，作一句。復，反也，謂其溺而不返也。此等機心，經歷愈久則愈老愈深，故曰老洫。老洫之人，其厭如緘，厭如大學「厭然」之「厭」，消沮閉藏之意，緘，閉藏也，故曰：其厭如緘，以言其老洫也。夫人心不死，則尚有生意，可以回春，今此近死之心可使復陽乎？言必不能也。此中有如許新奇字法句法，如奇峰怪石，當作別觀。

喜怒哀樂，慮嘆變慹，姚佚啓態，樂出虛，蒸成菌，日夜相代乎前而莫知其所萌。已乎，已乎！旦暮得此，其所由以生乎？非彼無我，非我無所取，是亦近矣，而不知其所爲使，若有真宰而特不得其眹。可行已信，而不見其形，有情而無形。慹，摺。眹，直忍。

以上備言小人心事。此又以十二字面模寫接物之情狀。有喜者、怒者、哀者、樂者、慮者、嘆者、變者、慹者、姚、佚、啓、態者，通上一等人，皆有如此情狀，變態百出。慮，思慮也。嘆，嗟嘆也。變者，反覆不定之意。慹者，憂疑不動之貌。姚，央庠也。佚，縱逸也。啓，開心也。態，作狀也。其人雖是如此，實不自由，如樂之出虛而乍作乍止，如蒸之成菌而倏生倏死，日夜相代乎其前而莫知其所萌，所謂「吹萬不同，怒者其誰耶？」已乎已乎，我知之矣。旦暮得此，其所由以生乎？「此」字，即「怒者其誰」之「誰」，是他爲「真宰」立箇暗號，如禪家所謂「這箇」。下文「非彼無我」，又把「此」字換作「彼」字，言我不是彼則我不能以自成，故曰：非彼無我。然非我去取他，則彼亦不能以自見，譬之風離於竅，終不成響，故曰：非我無所取。取是領受之意。如此而論，造化不離己身，似亦近矣，其如不得其朕何？故曰：不知其所爲使，若有真宰而特不得其朕。此作一句看。朕，朕兆也。不得其朕，即不知其所萌也。必欲求得其朕，除非是真宰有形。今也真宰使人，人便行之，説以與人，人亦信之，故曰：可行已信。只爲不見其形，故無朕可得；無朕可得，終屬朦朧，故下斷一句，言真宰有情而無形，有情故能使人，無形故不得其朕也。善乎！禪家有言：「水中鹽味，色裏膠青，決定是有，不見其形。」足爲此篇之斷案。

百骸、九竅、六藏，賅而存焉，吾誰與爲親？汝皆悦之乎？其有私焉？如是皆有爲臣妾乎？其臣妾不足以相治乎？其遞相爲君臣乎？其有真君存焉？如求得其情與不得，無益損乎其真。藏，去聲。賅，該。

上言真宰有情而無形，此又教人試在有形上體認一番。骸，骨也，人有三百六十骨節，總言百以該之。九竅，耳目口鼻，通前後〔一〕而九。六藏者，心藏神，肝藏魂，脾藏意，肺藏魄，腎藏志，通命門而六，皆人身中之所有者。試舉而問，不知此數件最親厚者誰歟？其皆親而悦之乎？其亦有私親者焉？焉，亦問辭。如是皆有爲我之臣妾者乎？其臣妾足以相治乎？不足以相治乎？其遞相爲君臣乎？不遞相爲君臣乎？其有真君存焉？焉，亦問辭。如此反覆徵問，要人深思而自

〔一〕「前後」：「下二漏也」（成玄英疏。）

得之。爲臣妾者，謂如目視而耳聽，手持而足行，同來在此服役，故曰：皆爲臣妾。既同爲臣妾，其勢定不足以相使。然而手有時而役足，足亦有時而役手，耳有時而役目，目亦有時而役耳，又似遞相爲君臣。其果若是乎哉？其有真君存焉？真君即真宰，能役人而不遞相爲役者也。「旦暮得此」之「此」，「非彼無我」之「彼」，「怒者其誰」之「誰」，皆是這箇，禪家謂之「真主人」，道家謂之「元神」，大要認得。如何認得他？只要求得其情。情，即上文「有情無形」之「情」。蓋所以使我如此者，真君之情也，真君與我旦暮不離，不以求得而有，不以不得而無，故曰：求得其情與不得，無益損乎其真。「真」字，即上「真君」之「真」。真君於人，本無益損，但悟之即聖，迷之則凡耳。此篇「求得其情」，正好與孟子「因情見性」〔一〕之說參看。

一受其成形，不亡以待盡。與物相刃相靡，其行盡如馳而莫之〔二〕能止，不亦悲乎？終身役役而不見其成功，茶〔三〕然疲役而不知其所歸，可不哀耶？人謂之不死，奚益？其

〔一〕「因情見性」：似非孟子之說。唐李翺復性書：「性者，天之命也，聖人得之而不惑者也；情者，性之動也，百姓溺之而不能知其本者也。……人之所以爲聖人者，性也。人之所以惑其性者，情也。喜怒哀懼愛惡欲七者，皆情之所爲也；情既昏，性斯匿矣，非性之過也，七者循環而交來，故性不能充也。……情由性而生，情不自情，因性而情；性不自性，由情以明。……情者，妄也邪也。邪與妄，則無所因矣。妄情滅息，本性清明，周流六虛，所以謂之能復其性也。」

〔二〕「之」：原作「知」，據註文及校本改。

〔三〕「茶」：校本作「薾」，音叶云「音涅」。

形化，其心與之然，可不謂大哀乎？人之生也，固若是芒乎？其我獨芒，而人亦有不芒者乎？—茶，涅。

此段言人迷失真君，至死而不知所歸者，令人惕然有深省處。讀莊子至此，自是不忍釋手，不敢以異説誣之。一受其成形，言此真君旦暮未嘗離人，一自受形以來，便與我相守，不忍亡去，直待此形之盡而後已。真君與我有情若此，我輩當恭敬奉持，置他安穩之處，却將他與外物相刃相靡於順逆之場，不自愛惜，如人不惜精神，盡力馳走，莫之能止者，所謂「彈金珠而弋鳥，被袞衣而負薪」，不亦悲乎？悲者，憫其不知輕重也。且終身役役，其所爲者皆幻妄不常之事，成甚功果？茶然疲神勞役，日暮途窮而不知所歸，可不哀耶？哀者，哀其無下落也。到此處而不知省，直是芒人，縱壽百年，不死，奚益？夫人從少得壯，從壯得衰，從衰得白，從白得老，其形化矣，賴有箇不亡待盡者在。古來聖真仙佛，只存得此箇，是以空劫之外，超然獨存，足以自慰。今却迷失真君，形化而心與之俱化，可不謂之大哀乎？大哀者，哀其喪君也。且人之生也，固當如是之芒然而無知乎？其我獨芒然而人亦有不芒者乎？有一不芒之人，而我獨芒然，其可愧亦甚矣！此等激切之語，孟子上亦有之。

夫隨其成心而師之，誰獨且無師乎？奚必知代而心自取者有之？愚者與有焉。未成乎心而有是非，是今日適越而昔至也，是以無有爲有。無有爲有，雖有神禹且不能知，吾獨且柰何哉？——與，去聲。

若能認得真君，隨其成心而師之，則誰人無師？成心者，見見成成，不假補湊，乃天命之本然，吾人之真宰也。是心也，人人有之，奚必知古今代謝、取於造物之獨隆者有之？雖愚者亦與有焉。但愚者多爲與接爲搆，日以心鬬之故而失之，故未成乎心。未成乎心，言失其本心也。既失其本心，則必不能以明覺爲自然，知道何者爲是、何者爲非，妄意以司是非，譬之今適越而昔至也。何者？適越之人，必平日已曾到其境土，方可說他風土美惡；若今日方纔適越，便謂昔日已至，便說彼處美惡，豈不是臆度料想？未成乎心而有是非之者，亦復如是。此等之人，是謂以無有爲有也。以無有爲有者，雖有神禹，且不能知。且如禹作禹貢，亦只說得他足跡所到九州土物；外國方物，禹便不能知了。此理也。這等未成乎心而有是非之人，本無所見，强作解事，吾獨且柰何哉？發揮到此，方露「是非」二字，作後來許多議論之眼目。蓋是非乃物論之祖。未成乎心而有是非，又一篇之肯綮。物論所以不齊之故，皆由於此。

夫言非吹也，言者有言，其所言者特未定也。果有言耶？其未嘗有言耶？其以爲異於鷇音，亦有辯乎？其無辯乎？鷇，寇。

前面皆是推原聲氣，分明有箇天然真宰。循此天然真宰，便是能師成心。只爲小人未成乎心而有是非，所以有紛紛不一之論。到此方說本意。言非吹也，又度上「吹」字下來。夫言亦聲氣，何以不比於吹？只爲有未成乎心者之言，所以不比於吹，故曰非吹。非吹則非天籟矣。何者？言者有言，其言曰：此是也，此非也。雖則人人皆如此説，特未定得他是何等言語。其果有心於司是非而言之耶？其亦任天之便，雖言之而未嘗有言耶？夫初生之鷇，任天之便，啾然而鳴，非有心也。人之言以爲異於鷇音者，其亦有説乎哉？其亦無説乎哉？蓋有心言之則與鷇異，無心而任天之便，則固與鷇等耳。與鷇等則與吹等，與吹等然後謂之天籟。此「辯」字，與「分辨」之「辨」不同，當仔細體認。

道惡乎隱而有真僞？言惡乎隱而有是非？道惡乎往而不存？言惡乎存而不可？道隱於小成，言隱於榮華，故有儒墨之是非，以是其所非而非其所是。欲是其所非而非其所是，則莫若以明。

夫道胡爲乎隱而有真僞乎？言胡爲乎隱而有是非乎？隱即晦意。道無真僞，惡乎往而不存？言無是非，惡乎存而不可？自夫小見之人雜之以僞行，浮夸之人雜之以游言，是以真僞是非雜然並出，於是乎有儒墨之是非，以是其所非，而非其所是。夫是其所非，則非其所是矣，如儒以厚葬，而墨子薄之。如此是非非是，兩無定論。伊欲定之，則莫若以明。明者，明乎本然之未始有是非，而後是非可泯也。

物無非彼，物無非是，自彼則不見，自知則知之，故曰：彼出於是，是亦因彼。

知者明得本來原無是非，大道原無物我，但因人己對立、互生意見而起。既有我相，則見天下何物非彼，何物非是？若看之他人則不見，驗之自己則知之，何者？我亦常常〔一〕自見其是而不見其非者。如是則知是出於彼，是亦因彼，而已何必與之更辨〔二〕其非是哉？故曰：彼出於是，是亦因彼。昔康節先生語二程曰：「你説生薑樹上結底，我也只得依你。」此便是「因是」之意。其在釋氏，則所謂「隨順不二」，實「無諍」之要旨。而老子所謂「德善」、「德信」亦不外此。會而通之，得之言外，可也。

彼是，方生之説也。雖然，方生方死，方死方生，方可方不可，方不可方可，因是因非，因非因是。是以聖人不由而照之於天，亦因是也。

「彼是，方生之説」一句難看，意謂是非即生死之説也。彼出於是，譬之方生。何者？彼於無是無非之中，忽然而生彼是，故曰方生。雖然，方生矣，我因而是之，不以非對，則彼是無耦矣。其如我以非對，使彼是得其耦，一得其耦，遂爾生生不窮，故方生方死，方死方生，識風鼓動，輪轉無窮。可否是非，亦復如是，故曰：方可方不可，方不可方可，因是因非，因非因是，故聖人不由也，而照之以天。照之以天，則如天籟之竅然而未始有言，雖有所言，亦因夫是而已。如是則是非可否一時俱泯，而無橫生之意見矣。此一「天」字最爲肯綮，後文「天均」、「天倪」皆自此生。

〔一〕「常常」：原作「嘗嘗」，據校本改。
〔二〕「辨」：校本作「辯」。

是亦彼也，彼亦是也。彼亦一是非，此亦一是非。果且有彼是乎哉？果且無彼是乎哉？彼是莫得其偶，謂之道樞，樞始得其環中以應無窮，是亦一無窮，非亦一無窮也。故曰：莫若以明。

既曰因是，則見物無非彼，物無非是，故曰是亦彼也，彼亦是也。在彼則通身是是而不見有異於我，在我則放身依之而不復求偶〔一〕於彼，此便是「無我相、無人相」，一因夫是而照之以天。若使彼我之間各起意見，彼亦一是非，我亦一是非，兩下相持，要見端的。果且有彼是乎哉？果且無彼是乎哉？有彼是則非在我，無彼是則非在彼，是非對立，寔在那邊，終難定奪。若只因夫是，則無人我對待；無人我對待，是無耦也。使彼之是者不得其耦，則我與彼混合爲一，如此而齊物論，是謂得其樞要，故曰：道樞，方始得其環中以應無窮。環者，圓而中虛。凡物奇圓而耦方，圓則終始無端，中又虛而無物，以此應物，安有窮極？故是亦一無窮，非亦一無窮。遊於是非之場而常得夫無窮無極之妙，此必聖人照之以天者能之，故曰：莫若以明。明此而已。若也彼是此非，相持不解，便膠固不通，而學問窮矣。

以指喻指之非指，不若以非指喻指之非指也；以馬喻馬之非馬，不若以非馬喻馬之非馬也。天地一指也，萬物一馬也。

〔一〕「偶」：校本作「耦」，前後文仍作「偶」。

此又發明所以因是之故，蓋以彼之是即我之是也。人惟不肯以己度人，執於有我，決意是我非彼，物論之所以不齊，職由於是。故以指喻指之非指，是以我指之是而喻人指之非，不可也，不知彼之指亦指也，安得以其不在吾手而遂謂之非指哉？不若就彼而反觀之，他若有言，亦將謂我指爲非指矣。如此反覆相喻，彼我之間，同於自是而均於相非，果且有是乎哉？果且非是乎哉？但見無有是者，無不是者，而是非於是乎泯矣。喻馬非馬，亦復如是。既又申言天下原無相非之理，即舉天地萬物而論，天主乎覆，地主乎載，各效其職，而天不非地，地不非天也；飛者自飛，潛者自潛，各適其性，而鳶不誚魚，魚不誚鳶也。天地即指也，萬物即馬也，天地萬物各不相非。人亦天地萬物中之一物耳，而以一指一馬横起意見，互相是非，不亦愚乎？

可乎可，不可乎不可。道行之而成，物謂之而然。惡乎然？然於然。惡乎不然？不然於不然。物固有所然，物固有所可。無物不然，無物不可。故爲是舉莛與楹，厲與西施，恢恑憰怪，道通爲一。其分也，成也；其成也，毁也。凡物無成與毁，復通爲一。爲是，去聲。莛，庭。恑，詭。憰，決。

若使不執有我，不起意見，人曰可，吾因而可之，人曰不可，吾因而不可之，此之謂因是。由是見之於行，則有同心協力之助，道行之而成矣；語之於人，則無齟齬牴牾之患，物謂之而然矣。然，猶與也。且人胡爲而然乎？然於我之然也。胡爲而不然乎？不然於我之不然也。如〔一〕是，則是

〔一〕「如」：各本作「知」，據義改。

非之門皆吾自啓。且天下理一而已，其然與可，皆天理之自然，物則之固有。物固有所然者，物固有所可者，不特一物，無物不然，無物不可。爲是之故，則凡物有高下、美惡、常怪、成毁，自道眼觀之，皆通一而無二矣，故曰：道通爲一。蓋物則不能無差，而我不生意見，不起分别，自爾互融交攝，曾何彼此之可言哉？至是而是是非非於是乎泯矣。莛，屋梁。楹，柱也。厲，癩也。西施，美婦人。恢，大也。恑，詐也。憰，詭也。怪，異也。破碎曰分，圓就曰成，敗壞曰毁。

惟達者知通爲一，爲是不用而寓諸庸。庸也者，用也；用也者，通也；通也者，得也；適得而幾矣。因是已，已而不知其然謂之道。爲是，去聲。幾，平。

惟知者知通爲一，愚者則有分别。分别人我，則自是自用之心生；通一無二，則自是不用而寓諸庸。是不用者，不用己是也。寓諸庸者，因人之是也。蓋無物不可，無物不然，故庸衆之中皆至理之所寓。如大舜之知，不過用中於民，非「是不用而寓諸庸」之謂乎？夫庸則常而可用矣，故曰：庸也者，用也。凡物用則通，不用則滯，故曰：用也者通也。易曰：「推而行之謂之通。」道至於通，則得之矣，故曰：通也者，得也。適，至也。至於得，則幾矣。所以然者，因是而已。是不用而寓諸庸，即因是也。因是而不知其所以然之謂道。道者，自然而然。因是而不知其所以然，則忘物忘我，渾然通而爲一，夫是以謂之曰道。

勞神明爲一而不知其同也，謂之朝三。何謂朝三？曰：狙公賦芧，曰「朝三而暮四」，衆狙皆怒；曰「然則朝四而暮三」，衆狙皆悦。名實未虧而喜怒爲用，亦因是也。是以聖人和之以是非而休乎天均，是之謂兩行。—芧，序。狙，鉏。

今之論者，竭神明之知，騰口説之煩，愈求其同而愈不可得。甲曰然，乙〔一〕曰不然，彼曰可，此曰不可，而不知無物不然，無物不可，本自同也，故曰：勞神明爲一而不知其同。譬之朝三，朝三者，狙公養猨術也。狙公之輸芧栗而食猨也，命之曰朝三而暮四，則衆狙爲怒，既而曰朝四而暮三，則衆狙爲悦。彼衆狙者，胡然而喜？胡然而怒？迷惑於旦暮之顛倒，而不知芧栗之本數未嘗加也〔二〕。夫本數之未嘗加，我則知之，衆狙不知也。使我不因其怒而改命之，則狙之怒終不可解矣。故朝四則狙不我怒，因是則人不我争，聖人知其如此，是以和是非而休乎天均。均，同也。此理，無物不然，無物不可，故曰天均。休，止也。休乎天均，則是非可否通而一矣。通於一，故可兩行。此正應上聖人「照之以天」。

古之人，其知有所至矣。惡乎至？有以爲未始有物者，至矣，盡矣，不可以加矣。其次以爲有物矣，而未始有封也。其次以爲有封焉，而未始有是非也。是非之彰也，道之所

〔一〕「乙」：原作「己」，據校本改。
〔二〕此處校本多出如下内容：「勞神明爲一而不知其同，亦猶是也。因是即猶是，或泥上文『因是』作解，殊覺牽强。是故聖人知其本同，故混合是非而休乎天均。休，止也。止乎天均」。以下同。

以虧也。道之所以虧，愛之所以成。果且有成與虧乎哉？果且無成與虧乎哉？惡，平聲。

上言達者知「道通爲一」，此又進上一步。以爲知之至者説到未始有物之先，則至矣，盡矣，不可以復加矣。其次以爲有物也，而未始有封。未始有封，猶一也。封，如「封疆」之「封」，言有彼此界限。其次以爲有封矣，而未始有是非。未始有是非，猶一也。當此之時，民尚淳質，道之全體渾然未散之樸。自是非生，而道於是乎虧矣。道虧則人心不復知有自然之真，作好作惡，各成其自愛自好之私，故曰：道之所由虧，愛之所由成。不知自未始有物之先觀之，果且有成與虧乎哉？果且無成與虧乎哉？畢竟無成與虧，成虧皆起於有物之後也。嘗論莊子之書，字面新，文法奇，讀者直謂其難解，便廢閣不讀，大是可惜。若仔細理會，此等説話煞有至理，入聖工夫亦只在此。未始有物之先，即無極也。有物，即太極也。有封，即動静陰陽也。有是非，即五性感動而善惡分、萬事出也。學道之者更當體認，此心寂然不動之時，便是未始有物之先，感而遂通，便有是非善惡，更當戒謹恐懼以致中和，不可一有偏着以成其自愛之私。常使虛静恬淡，寂寞無爲，一如未始有物之先，然後謂之歸於無極，而道自我出，命自我立。蓋此心一〔一〕有所向便是欲，一有所着便是愛，而去道遠矣。

有成與虧，故昭氏之鼓琴也；無成與虧，故昭氏之不鼓琴也。昭文之鼓琴也，師曠之枝策也，惠子之據梧也，三子之知，幾乎皆其盛者也，故載之末年。惟其好之也，以異乎彼。其好之

〔一〕「一」：各本均無，據上下文添加。

也，欲以明之彼〔一〕。非所明而明之，故以堅白之昧終。而其子又以文之綸，終終身無成。若是而可謂成乎？雖我亦成也；若是而不可謂成乎？物與我無成也。是故滑疑之耀，聖人所圖也，爲是不用而寓諸庸，此之謂以明。滑，骨。

上言愛成而道虧，此又自「成虧」二字上生出議論。大抵有成則有虧，亦定數之不可逃者，即如上文方生方死、方死方生之説。有成與虧，故昭氏之鼓琴也；無成與虧，故昭氏之不鼓琴也。「故」字，作昔字看。蓋昔昭氏以琴名家，其子不能世其業，而終身彈不成聲，此便是有成與虧的樣子。又取一師曠來作證佐。師曠忲地聰明，其人却以盲廢，枝策而行，此亦是他有成有虧處。枝，拄也。策，杖也。或是「杖策」，爲刊寫者之誤。既又引到惠子，却是愛成而道虧者。惠子，莊子同時人，極有才辯。莊子雜篇謂：「惠施日以其知與人之辯持。」又曰：「惠施之口談，自以爲賢。」可見其知亦幾乎其盛。據梧者，以梧爲几，據而高談。載之末年，言從事以終其身也。載，事也。惠子之所好，獨異乎人，故嘵嘵不止，常欲以明乎人。二「彼」字，是文法。觀其「堅白」之論，其實無甚道理，故曰：非所明而明之。故以堅白之昧終成其愛而虧於道者，惠子也。而昭氏之子又以文之綸，終終身無成。「文」字，恐「父」字之誤。綸，絲絃也。終終身無成，此是文法，言終是抵老不成精技。夫惠子以堅白之昧終，此惠子之虧也。昭氏不能世其父業，終身無成，此昭氏之虧也。若使惠子不

〔一〕「彼」：前兩「彼」字下均有小字「句」字，故據以斷句。

與人强辯，昭氏不以鼓琴名家，則亦不見他有成與虧矣。〔一〕

聖人不居其成，自無虧理；不見己是，何處生非？若是之在彼者可謂成乎，移之在我亦成也，何必更言其非？若使是之在彼者不可謂成乎，移之在我亦無成也，何必更以非對？是故滑疑之耀，聖人所圖也。滑者捉而不住，疑者見而不殺，皆「爲是不用」之意。滑疑之耀，乃不明之明也，與「非所明而明之彼」者大是天淵。蓋不用己是則無愛成矣，無愛成則無道虧矣。聖人只明得此理，故曰：此之謂以明。此章正好與老子「光而不耀，廉而不劌」同看。熟老子者，方可以看莊子。林鬳齋自謂看得莊子精到，此處却説不透徹，不知此老如何着眼？

今且有言於此，不知其與是類乎？其與是不類乎？類與不類，相與爲類，則與彼無以異矣。

此段又自「爲是不用」中「是」字生下意來。言今且有言者於此，不知其與我之是者類乎？不

〔一〕底本文字至此中斷，未至行末，且此頁面尚有三行空白，下頁接續；校本文字無中斷，此下作「若是而可謂成乎？成謂有成也。若是而不可謂成乎？不可謂成，謂虧也。此四句亦最難看意會，似言：有成有虧乃是定數，你我皆落成虧套中，不能自脱。成則我亦與之俱成，虧則我亦與之俱虧，故曰：若是而可謂成乎，雖我亦成也；若是而不可謂成乎，物與我無成也。此箇套子，自既有是非之後，輾轉相因，誰能解脱？惟有聖人不落此套。故滑疑之耀，聖人所圖，爲是不用而寓諸庸，便不落此套。滑者捉不住，疑者見不殺，皆爲是不用之意。滑疑之耀，乃不明之明也」。以下文字全同。

類乎？謂其不類，但不類於我而已。蓋我執己是，方謂他不類我。他說他是，將謂我不類他。類乎？不類乎？若將類與不類易地而看，則見與彼皆是一類，無不類者。其意若謂，將他做我看，將我做他看，則見我與他皆是一般。前段以指喻指、以馬喻馬，便是此意。

雖然，請嘗言之：有始也者，有未始有始也者，有未始有夫未始有始也者；有有也者，有無也者，有未始有無也者，有未始有夫未始有無也者。俄而有無矣，而未知有無之果孰有孰無也。今我則已有謂矣，而未知吾所謂之其果有謂乎？其果無謂乎？

轉語下「雖然」二字。若謂彼我易地而觀，雖則類與不類均是一般，然亦最忌有謂之言。今試窮本而論。天地造化，以氣而言，有始也者，有未始有始也者，有未始有夫未始有始也者；以形而言，有有也者，有無也者，有未始有無也者，有未始有夫未始有無也者。自太極上推到無極，自無極上又推到無極之先，溟溟涬涬，莫可措語。俄而說箇有無兩字，大是惹草粘泥。吾亦未知有無之果孰有孰無也。何者？當初原無箇有，不特無有，連無亦無。今也俄然說箇無字，從空落影，便已不是無了，又對上一箇有，却是影上生影，果孰爲有？果孰爲無也？如是，則有無同自太虛中來，皆相類也。相類，不言可也。今我則已有說矣，而未知吾之所說者，其果有說乎哉？其亦未始有說乎哉？有說，則不異於鷇音無幾矣。此箇「有謂」之「有」，當重看，乃有心之言，自意見生者也。

天下莫大於秋毫之末，而太山爲小；莫壽乎殤子，而彭祖爲夭。天地與我並生，而萬物與我爲一。既已爲一矣，且得有言乎？既已謂之一矣，且得無言乎？一與言爲二，二與一爲三。自此以[一]往，巧曆不能得，而況其凡乎？故自無適有，以至於三，而況自有適有乎？無適焉，因是已。

無謂之言，不生意見，不立人我，不起分別。秋毫亦可稱大，太山亦可稱小，殤子亦可稱壽，彭祖亦可稱夭。四句雖是矯辭，然亦却有至理。蓋大小壽夭，皆夫人意見所立之名；一受其名，便有封畛，不可通而爲一。若論同自太虛中出來，則天地與我並生，萬物與我一體，混合爲一，曾何大小夭壽之可言哉？故曰：既已爲一矣，且得有言乎哉？此「有」字，亦當重看。然已謂之一矣，一就是言也，且得無言乎哉？由無言生有言，故一與言爲二，二與一爲三。何以故？置一於此，我説箇一，便是一，與言爲二，又將此二與一相對，却便成三。此等説話，不消與他思出箇理來，只是言有言之後，遞遞相生之意。從此相生不已，以至萬之又萬，雖使巧於筭曆之人亦不能筭其未盡之數，而況其凡者乎？看來當初只是因箇「一」字引起，遂至無窮。自無適有尚且如此，況自有適有乎？有即「有謂」之有，自意見上生者。無即「無謂」之無，自太虛中來者。何謂無適？即因是之説是已。蓋因是，則自不生意見，不立人我，不起分別，然後謂之未嘗有言，謂之鷇音，謂之天均、天籟。此處又將因是再結一結，看他回顧題目。

夫道未始有封，言未始有常，爲是而有畛也。請言其畛：有左有右，有倫有義，有分有

[一]「以」：原作「已」，據校本改。

辯[一]，有競[二]有爭，此之謂八德。畛，軫。

夫道無往而不存，何有分別？故未始有封。言無存而不可，何有適莫？故未始有常。只爲立箇「是」字，便有疆界，故曰：爲是而有畛也。這「是」字，即未始有物之後，俄然下箇「無」字，有了無，便有有對，有了是，便有非對，故有左、右、倫、義、分、辯、競、争之八德。左與右，相對而相反者也。在物曰倫，處物曰義，群則有分，族則有辯，互逐曰競，對辯曰争，即上文「自無適有」之事，蓋至是而道始有封，言始有常矣。

六合之外，聖人存而不論。六合之内，聖人論而不議。春秋經世先王之志，聖人議而不辯。故分也者，有不分也；辯也者，有不辯也。曰：何也？聖人懷之，衆人辯之以相示也。故曰：辯也者，有不見也。

道之有封，言之有常，皆因是非而立。聖人知其如此，故不立是非。六合，四維上下也。六合之外，理無不存，但非聞見所及，故聖人存而不論。六合之内，聖人所知也，故論而不議。春秋爲世君臣父子立大經大法，先王之志也，其中有是有非，聖人議而不辯。辯、論、議三者何異？論是統説道理，議則細較短長，辯則彼此反覆。聖人所以如此者，不爲天下立是非之幟也。小知間間，日

[一]「辯」：校本作「辨」。
[二]「競」：各本均作「兢」，據宋本改。

以心鬭，與天下相持，以求必勝，胸中已自無見識了，故曰：分也者，有不分也；辯也者，有不辯也。何也？聖人懷之，衆人辯之以相示也。懷，即「存而不論」之「存」。所以懷之者，不欲自見也。衆人則辯之以相夸示。雖然，這等夸示求以自見，終是不見，如惠施、公孫龍之説，到底支離纏繞，不能自見，故結之云：辯也者，有不見也。

夫大道不稱，大辯不言，大仁不仁，大廉不嗛，大勇不忮。道昭而不道，言辯而不及，仁常而不成，廉清而不信，勇忮而不成，五者园而幾向方矣。故知止其所不知，至矣。孰知不言之辯、不道之道？若有能知，此謂之[一]天府。注焉而不滿，酌焉而不竭，而不知其所由來，此之謂葆光。——稱，去聲。嗛，謙。忮，寘。园，刓完。幾，平。葆，保。

夫人有名則可稱謂，大道無名者也，故曰：大道不稱。大辯不言[二]者，胸中了了，見得理透，自無言説。大仁者，不以煦煦爲仁。大廉者，不以嗛嗛自滿。大勇者，不害於人。此等説話，皆自老子上理會得來。何以故？道而昭昭然分別名相，則不得謂之道矣，故曰：道昭而不道。言而嘵嘵然與人争辯，則必有不及辯者矣，故曰：言辯而不及。仁者無所不愛；常繫一邊，非大成之仁也，故曰：仁常而不成。清者，皦皦之行也；廉而清，則近於好名而不實，故曰：廉清而不信。勇而害人，則純是血氣而無

[一]「謂之」：校本作「之謂」。

[二]「大辯不言」：各本均作「大辯不辯」，據註文及經文改。

義理，不成其爲勇矣，故曰：勇忮而不成。五者之德，其機本园，若昭焉、辯焉、常焉、清而忮焉，則大露圭角，幾於向方矣。用是觀之，則知大知者必不知也。故人能止其所不知，則其知至矣。今天下之人皆以不知自愧，往往强所不知，雄其辯以相示，又孰知有不言之辯、不道之道謂之天府耶？蓋不言之辯，不道之道，即不知之知也。何謂天府？天府者，注焉而不滿，酌焉而不竭，而不知其所自來。人能知此，則是「得其環中以應無窮，是亦一無窮，非亦一無窮」者，何滿之有？何竭之有？此之謂葆光。葆之言，藏也。葆光，即滑疑之謂，不知之知也。然所謂不知，非茫然一無所知也，以恬養知，藏其知於不知也，故曰葆光。此章，「止其所不知」句最爲肯綮。蓋推到未始有始也者，則寔無所容吾知處；而藏其知於不知，則是復歸於嬰兒，復歸於無極，復歸於太樸了。非至人，其孰能之哉？

故昔者堯問於舜曰：「我欲伐宗、膾〔一〕、胥敖，南面而不釋然。其故何也？」舜曰：「夫三子者，猶存乎蓬艾之間。若不釋然，何哉？昔者十日並出，萬物皆照，而况德之進於日者乎？」

葆光之人，不起争辯，不見人我。堯伐宗、膾、胥敖，以萬乘之主而不釋然，非也，故舜以大道廣之。若謂：夫三子者，存國於卑微褊小之地，猶蓬艾之間也，君以南面而不釋然，何哉，而必欲伐之？昔者十日並出，萬物皆照。夫日一出則一照，並出則並照，乃天地之無私也，而况德之無私又進於日者乎？置之不辯而照以天，可也。此後引喻，自聖人結歸至人，大槩結搆與逍遥篇同。

〔一〕「宗膾」：「宗」、「膾」下，各本均有小字「句」字，故據以標點。

齧缺問乎王倪曰：「子知物之所同是乎？」曰：「吾惡乎知之？」「子知子之所不知耶？」曰：「吾惡乎知之？」「然則物無知耶？」曰：「吾惡乎知之？雖然，嘗試言之：庸詎知吾所謂知之非不知耶？庸詎知吾所謂不知之非知耶？且吾嘗試問乎汝：民溼寢則腰疾偏死，鰌然乎哉？木處則惴慄恂懼，猨猴然乎哉？三者孰知正處？民食芻豢，麋鹿食薦，蝍且甘帶，鴟鴉嗜鼠，四者孰知正味？猨猵狙以爲雌，麋與鹿交，鰌與魚游。毛嬙麗姬，人之所美也，魚見之深入，鳥見之高飛，麋鹿見之決驟，四者孰知天下之正色哉？自今觀之，仁義之端，是非之塗，樊然殽亂，吾惡能知其辯？」齧缺曰：「子不知利害，則至人固不知利害乎？」王倪曰：「至人神矣！大澤焚而不能熱，河漢沍而不能寒，疾雷破山、風振海而不能驚。若然者，乘雲氣，騎日月，而游乎四海之外，死生無變於己，而況利害之端乎？」齧，臬。溼，濕。鰌，鰍。猨，猿。蝍且，蝗屬，小而黑，見爾雅。帶，蛇也。鴟，癡。猵，騙。嬙，祥。麗，平。決，血。沍，互。

一篇縱橫議論，歸結到「止其所不知，至矣」，又將此意大發揮一遍，以王倪作箇不知樣子，而歸結於至人。蓋止其所不知者，非若世人之所謂不知也；不起識見、不生分別之謂不知也。故以王倪寓言。言眼前一應起居食色，孰爲正者？人、物各安其安，各適其適而已。世人則起美惡分別之念，此過，識神最爲害事。至人則迴出常情，一切不起分別，若不知有箇起居食色之正者，又況仁義之端，是非之塗，紛然殽亂，彼惡能知其辯哉？此箇不知，却是真知，故曰：惡知不知之非知耶？齧缺又深一問：子則不知利害矣，至人亦不知利害耶？此「利害」字意，是自「處」、「味」、「色」上影下。王倪答：豈但不知利害，便生死之變，他亦不知爾；其元神獨露，縱横自在，不受變滅，乘雲氣，騎日月，而游乎四海之外，死生尚無所變，而況利害之端乎？蓋至人無己，其於一切世故已解脱之盡。故學問至此，然後謂之極至；而物論至此，則其是其非又不待齊而自無不齊矣。

瞿鵲子問乎長梧子曰：「吾聞諸夫子：『聖人不從事於務，不就利，不違害，不喜求，不緣道，無謂有謂，有謂無謂，而遊乎塵垢之外。』夫子以爲孟浪之言，而我以爲妙道之行也。吾子以爲奚若？」長梧子曰：「是黄帝之所聽熒也，而丘也何足以知之？且女亦大早計，見卵而求時夜，見彈而求鴞炙。予嘗爲女妄言之，女以妄聽之奚？旁日月，挾宇宙，爲其脗合。置其滑涽，以隸相尊；衆人役役，聖人愚芚，參萬歲而一成純。萬物盡然，而以是相藴。予惡乎知説生之非惑耶？予惡乎知惡死之非弱喪而不知歸者耶？麗之姬，艾封人之子也，晉國之始得之也，涕泣沾襟，及其至於王所，與王同筐牀，食芻豢，而後悔其泣也。予惡乎知夫死者不悔其始之蘄生乎？夢飲酒者旦而哭泣，夢哭泣者旦而田獵，方其夢也，不知其夢也，夢之中又占其夢焉，覺而後知其夢也。且有大覺而後知此其大夢也，而愚者自以爲覺，竊竊然知之。君乎？牧乎？固哉！丘也與女皆夢也，予謂女夢亦夢也。

是其言也，其名爲弔詭。萬世之後而一遇大聖，知其解者，是旦暮遇之也。弔，的。

此承上言至人之事。聖人不從事於務，言不以世故爲事也；不喜求，無求於世也；不緣道，不踐迹而行道也。無謂有謂，未嘗不言也。有謂無謂，未嘗有言也。孟浪，不着實也。瞿鵲子言：是人也，我以爲妙道之行，而孔子以爲孟浪之言，何故？長梧子言：妙道之行，非聖所知，雖使黄帝聽之，亦加熒惑。如子所言之人，身分尚早，到不得至人田地，子便輕易許之，喻如方見雞卵，尚未孚化，便求候夜，方見彈雀，尚未墮丸，便求鴞炙，不亦大早計乎？我試妄意而言至人之行，子亦妄意聽之，何如？「奚」者，何如之意，文法之最奇者。蓋至人明並日月，道貫今古，直與造化相爲脗合，故曰：旁日月，挾宇宙，爲其脗合。且爵禄不入其心，而死生無變於己，故曰：置其滑涽，以隸相尊；衆人役役，聖人愚芚，參萬歲而一成純。此數句頗艱澀難解。蓋置其滑涽、以隸相尊者，世情上事也，言世人只管汩汩〔一〕昏昏，馳逐於榮華聲利之場，以分相隸，以勢相尊；至人則一切置之，將使天子不得而臣，諸侯不得而友，尚何相隸相尊之有哉？衆人役役，聖人愚芚，此道情上事也。芚，渾沌之貌，即老子所謂「衆人昭昭，我獨若昏。衆人察察，我獨悶悶。衆人皆有以，我獨頑似鄙」之意。參萬歲而一成純，成純，純全之成德也，言彼之純德直與天地同其悠久。然則所謂生死云者，信乎其無變於己也，則夫瞿鵲所云不就不避之行，又何足言哉？且生死直夢覺耳，萬物盡然，而以是故

〔一〕「汩」：各本作「汨」，據義改。

蘊積胸中，不自解脱，悦生惡死，妄起執情。予惡知夫悦生之非惑耶？予惡知夫惡死之非弱喪而不知歸者耶？弱喪，謂少年拋棄鄉土之人，迷失舊業，不知所歸。夫生，寄也；死，歸也；「存，吾順事；没，吾寧也」，得還造化，別作受用，又惡知夫死而有知，不悔其始者蘄生之誤乎？故以驪姬設喻。既又以夢覺照看死生，言人生處世，一夢耳；歸還造化，反似大夢方覺。今在世説覺，皆夢也。説覺是夢者，亦夢也。必有大覺者而後知此爲大夢，愚者自以爲覺，竊竊然知之。知汝爲君乎？知汝爲牧乎？如觀劇場幻術，卒莫有定。説到此處，却是至怪，故其言也，名爲弔詭。弔，至也。使萬世之後而有大覺之人，見我如此見解，與我猶旦暮之遇也，吾可以俟之而不惑矣。嘗觀古之達人，皆以還於造化爲大解脱、大了當，故佛氏以涅槃爲至樂，其言曰：「生滅滅已，寂滅爲樂。」蓋必平日於性命根宗力到功深，的知此身假合不常，四大分散之後，有箇不受變滅、超然獨存者在，然後可以言樂。古之至人所以旁日月、挾宇宙、乘雲氣、御飛龍，而游乎四海之外者，蓋是物也。若也聖脩無功，流浪生死，於其所謂「參萬歲而一成純」者耗散不存，蜉蝣之朝，風火倏至，顛沛流離，遂至淪落，常沉苦海，永失真性，惡得謂之大覺乎哉？

「既使我與若辯矣，若勝我，我不若勝，若果是也，我果非也耶？我勝若，若不吾勝，我果是也，而果非也耶？其或是也，其或非也耶？其俱是也，其俱非也耶？我與若不能相知也。則人固受其黮闇，吾誰使正之？使同乎若者正之，既與若同矣，惡能正之？使同乎我者正之，既同乎我矣，惡能正之？使異乎我與若者正之，既異乎我與若矣，惡能正之？

「使同乎我與若者正之，既同乎我與若矣，惡能正之？」然則我與若與人俱不能相知也，而待彼也耶？」「何謂和之以天倪？」曰：「是不是，然不然。是若果是也，則是之異乎不是也亦無辯；然若果然也，則然之異乎不然也亦無辯。化聲之相待，若其不相待。和之以天倪，因之以曼衍，所以窮年也。忘年忘義，振於無竟，故寓諸無竟。」黮，音坦。

上言萬世之後一遇大聖然後能知其解，又透下意思來再作一重議論，看他甚樣辯才。意謂是與非，若與我俱在暗處，不能相知，人亦被若與我瞞了，受其黮闇暗昧，不得明白，將使就誰正之？將使同乎我者正之，他是我這邊人，正不得〔一〕。將使異乎我者正之，他是他那邊人，正不得。將使異乎我與若者正之，他是別立一說的人，也正不得。將使同乎我與若者正之，他是兩邊倒的人，也正不得。如是則我也若也人也，三者俱不相知也，必須待彼來耶？彼，謂萬世之後所遇之大聖。大聖寥闊難遇，然他却是箇不知之知、不言之辯、和之以天倪也，就是了。何謂和之以天倪？是彼之不是，然彼之不然。若果是也，則是之異乎不是也亦無辯；若果然也，則然之異乎不然也亦無辯。聲之變化，或是或非，不能取正，必待於彼，固也若其不相待。惟和之以天倪，因之以曼衍，盡可優游卒歲，故曰所以窮年也。天倪者，天理自然之分；和之，則分而不分矣。曼衍，即游衍之意，不特可以忘年，抑且可以忘義。蓋義主分別，無辯則義亦與之俱忘。振諸無竟，言鼓舞振動，應事無窮

〔一〕按：此一句，似當作「將使同乎若者正之，他是若那邊人，正不得」。

也。寓諸無竟，言吾身亦可寄於無窮。若日與人争是非、較人我，則出門有礙，安得無竟乎？

罔兩問景曰：「曩子行，今子止，曩子坐，今子起，何其無特操與？」曰：「吾有待而然者耶？吾所待又有待而然者耶？吾待，蛇蚹蜩翼耶？惡識其所以然？惡識其所以不然？」昔者莊周夢爲蝴蝶，栩栩然蝴蝶也，自喻適志與，不知周也。俄然覺，則蘧蘧然周也。不知周之夢爲蝴蝶與？蝴蝶之夢爲周與？周與蝴蝶則必有分矣。此之謂物化。蚹，附。栩，許。志與，平。

又自「相待」生下議論。罔兩待景，景待形，形待造化。今我待彼，彼又待天，如此則不消待彼，只和以天倪，而所待之天取之我而自足矣。罔兩，景之淡薄者，問於景曰：子之行止坐起，卒無定度，何其無特立之操與？景曰：我不能自主，有待而然者也。然吾之所待者，他亦不能自主，又有所待而然者也。吾之所待者，其蛇之蚹、蜩之翼耶？蚹，蛇腹下齟齬，所以主行者。蓋蛇以蚹行，蜩以翼飛，而蚹與翼不能自行自飛，必有主張之者乃所以然，不然則不能動。吾惡知其所以然、所以不然者耶？這箇所以然的造化，或在彼，或在我。在我者不知其爲在彼者，在彼者不知其爲在我者，還是一箇？還是兩箇？今將自己取證。昔者莊周夢爲蝴蝶，栩栩然蝴蝶也。栩栩，喜意。自喻適志矣，而不知蝴蝶却是做夢的莊周。俄然而覺，則蘧蘧然周也，不知莊周乃是覺來的蝴蝶。然則周爲蝶與？蝶爲周與？周與蝶則必有分矣。蓋以夢覺而分彼我，我是夢中之蝴蝶，彼爲覺後之莊周。若以一人而分夢覺，曩爲夢裏之蝴蝶，今爲覺後之莊周，故曰：則必有分。蓋所謂一而

二、二而一者。若果是兩箇，須索待彼；原是一箇，則不消有待矣。此之謂物化，言古今夢覺混融爲一也。蓋必到物化田地，方能不物於物，不然，則常在大夢中，昏昏默默，而不知反於大覺，知他誰爲蝴蝶，誰爲莊周，而惡識其所以然、所以不然哉？

爾時方壺外史説是篇已，重宣此義而作亂辭：

爰有至人，南郭子綦。隱几喪我，形槁心灰。
指陳三籟，訣我天機。吹萬不同，怒者其誰？
非彼無我，若或使之。小知鬭心，心死可悲。
言隱榮華，而有是非。各是己是，自忖則知。
彼出於是，是亦因之。彼是無耦，物論自齊。
齊物論者，執此道樞。得其環中，以應無窮。
圓神不滯，無始無終。以指喻指，是非蠭起。
非指喻指，視人猶己。何是何非，只争彼此。
天地一指，萬物一馬。各不相非，我何爲者？
無物不可，無物不然。莛楹厲施，通爲一焉。
知通爲一，惟彼聖人。和以是非，休乎天均。

爲是不用，而寓〔一〕諸庸。惠不據梧，昭不鼓桐。
何成何虧，渾然大同。他人有言，是究是圖。
因是而已，其有謂乎？無謂之旨，滑疑之耀。
秋毫可大，太山可小。殤子可壽，彭祖可夭。
不立封畛，自絶争忤。大道不道，大辯不語。
止所不知，葆光天府。堯德非進，孔知亦微。
神矣至人，大覺不迷。今我有辯，孰待正之？
和以天倪，寧用待而？吾喪吾我，天均則休。
夢爲蝴蝶，覺乃莊周。猶然物化，千古悠悠。

文評：

鈞天之樂，鞺鞳鏗鏘。常山之蛇，首尾相望。驅車長坂，倏爾羊腸。過脉微眇，結局廣洋。尋其正眼，開卷數行：

先以「喪我」二字爲一篇之眼目，繼以「天籟」提上一步説，爲眼目中之正眼，如下「照之以天」、「天均」、「天府」、「天倪」，皆從此生。「小知」以下皆言有我，又自「我」中提出箇「真君」來，暗應「天」

〔一〕「寓」：各本作「用」，據經文改。

字。迷了真君，便有是非，提出「因是」二字作爲「齊物論」之眼目。以下反覆議論，只説「因是」，以「和是非而休天均」作一結。是非之彰，道之虧也，滑疑之耀，聖人所圖，又將「滑疑」二字作「因是」之眼目。至「止其所不知，至矣」，以「天府」作結，又將「止其所不知」作「滑疑」之眼目。引堯舜孔子歸重於大覺之神人，將「和之以天倪」作結。總結欲齊物論，必待此人。末却道我亦從夢中覺來者，應上「覺」字。首尾照應，斷而復連，藏頭於回顧之中，轉意於立言之外，於平易中突出多少層巒疊嶂，令人應接不暇。奇哉！妙哉！

内篇養生主第三

養生主，養其所以主吾生者也。其意則自前齊物論中「真君」透下。蓋真君者，吾之真主人也。一受其成形，不亡以待盡，日夜與物相刃相靡於利害之場，行盡如馳而莫之止，可得謂之善養乎？此篇教人循乎天理之自然，安時處順，將使利害不驚於心，而生死無變於己，然後謂之善養主人也。

吾生也有涯，而知也無涯。以有涯隨無涯，殆已。已而爲知者，殆而已矣。爲善無近名，爲惡無近刑，緣督以爲經，可以保身，可以全生，可以養親，可以盡年。

涯，際也，盡也。人生百年爲期，會有涯盡，而心之思慮，千變萬化，則無涯盡。此箇思慮，禪家謂之「識神」，播弄主人，無有休歇。永嘉禪師有云：「損法財，滅功德，莫不由他心意識。」癡人喚作本來元神，認賊作子，害事多矣。今天下之人皆以有盡之身隨無盡之智，虛幻之身不過百年，作爲千年萬年之計，將箇主人相刃相靡於是非利害之場，豈不殆哉？言瀕於危亡而不自覺也。若能猛省速改，猶可及止。既已殆已，而猶自以爲知，馳騁不休，終迷不悟，亦終於殆而已矣。老子清靜經有云：「衆生所以不得真道者，爲有妄心。既有妄心，即驚其神；既驚其神，即着萬物；既着萬物，即生貪求；既生貪求，即是煩惱；煩惱妄想，憂苦身心，便遭濁辱，流浪生死，常沉苦海，永失真性。」所謂「殆而已矣」，意蓋指此。且吾生自未始有物以來，太虛之體本自清静，其有善惡念頭，猶如太虛閃電，非所宜有，況復見之於行、至有形迹乎？學道者只宜虛静恬淡，寂寞無爲，常使一念不起，萬緣皆空，如是安養主人，許有進步。所以六祖惠能指人「不思善不思惡時是汝本來面目」。善惡尚不許思，況復爲之而至於近名、犯之而至於近刑，不亦遠之又遠乎？且善必近名，惡必近刑，皆事之有因果者，有情下種則因地果生。曰不近刑名，則無因可知，故此二句當如此看。即此不思善惡，便是喜怒哀樂未發之中。人受天地之中以生，所謂性也。學人當守此中極以爲常經，故曰：緣督以爲經。督者，人之中脉，下貫尾閭，循至斷交，故以督爲中訓。玄教家通此督脉，引氣而上行至泥丸，謂之「子欲不死脩崑崙」，然後可以引年。此云可以保身，可以全生，却不是如此説。緣督只是借喻。莊子書論性宗處居多，養生主只是説性。言人能常守此中，則性在是而命亦在是，故可以保身，可以全生；又不至於虧體辱親，故曰可以養親；全而生之，全而歸之，故曰可以盡年。

庖丁爲文惠君解牛，手之所觸，肩之所倚，足之所履，膝之所踦，砉然嚮然，奏刀騞然，莫不中音，合於桑林之舞，乃中經首之會。文惠君曰：「譆，善哉！技蓋至此乎？」庖丁釋刀對曰：「臣之所好者道也，進乎技矣。始臣之解牛之時，所見無非牛者；三年之後，未嘗見全牛也；方今之時，臣以神遇而不以目視，官知止而神欲行，依乎天理，批大郤，導大窾，因其固然，技經肯綮之未嘗，而況大軱乎？良庖歲更刀，割也。族庖月更刀，折也。今臣之刀十九年矣，所解數千牛矣，而刀刃若新發於硎。彼節者有閒而刀刃者無厚，以無厚入有間，恢恢乎其於遊刃必有餘地矣，是以十九年而刀刃若新發於硎。雖然，每至於族，吾見其難爲，怵然爲戒，視爲止，行爲遲，動刀甚微，謋然已解，如土委地，提刀而立，爲之四顧，爲之躊躇滿志，善刀而藏之。」文惠君曰：「善哉！吾聞庖丁之言，得養生焉。」一爲，去聲。踦，居彼。砉，呼歷。騞，呼麥。中，去聲。譆，熹。批，備結。窾，坎。綮，苦提。軱，孤。爲戒，去聲，下二爲字並同。謋，化百。〔一〕

夫物各有理，順其理而處之，則雖應萬變而神不勞，故以庖丁寓言。事譬則牛也，神譬則刃也。所以不至於勞且傷者，則何故哉？各得其理而已矣。昔者庖丁爲梁惠王解牛，觀其手之所觸，肩之所倚，足之所履，膝之所踦，動止周旋，皆有成度；又奏刀之聲，砉然嚮然騞然，皆中音律。桑林、經首，古樂名。庖丁解牛，其技如此，可謂精矣，故惠王譆而善之。譆，歎辭也。庖丁言：臣之所好，道也，非技也。技進而精，至於自然而然，不知其然，則不得以技名之，而名之曰道。當初學解牛之時，目中所見無非牛者；三年之後，則見牛之一身筋脉骨節各有虛處，可以游刃，不見其爲全牛。喻如初學道時，人間世務看不破，覰不透，只見萬事叢脞〔二〕，擺脱不開；功夫純熟之後，則見事各有理，理有固然，因其固然，順而應之，大大小小，全不費力。又言：臣當時

〔一〕此處音叶部分原在下段註文「有萬鈞之力」之後，依本書體例移於此。
〔二〕「叢脞」：各本作「叢挫」，據義改。

解牛，尚以目見，審視虛實，而後下刀；今則但以神遇而不以目見，官知止而神欲行。官謂手足耳目之官。知止者，遇有齟齬，便知止而不行。依乎天理，牛之天然腠理也。大郤，骨肉交會之處也。大窾，空處也。批，開也。郤，讀曰隙。導，引刀而入之也。肯綮，骨肉聯絡之處，筋節所在也。大軱，大骨也。言我之技精妙恰好，未嘗經一肯綮，況大骨乎？良庖歲一易刀，有割切，尚用力也，故刀久而會傷。族庖月一易刀，衆庖技劣，不識郤窾，一遇大軱，便有毀折；而臣之刀，以十年爲率，用之九年，所解不下數千牛，可謂勤且久矣，而刃若新發於硎，芒刃如故。硎，砥石也。彼節者有間而刃者無厚，以無厚之刃入有間之節，常見恢恢乎寬哉，游刃有餘地矣，又焉得損乎？雖然，每至於族，則吾見其難爲。族，聚也。言我每至筋骨聚會盤結之所，心手雖熟，亦必怵然警惕，寧視止觀，遲其批導，微其運動，惟恐一犯肯綮。及其謋然已解，則如土之崩委於地，於是提刀四顧，躊躇滿意，細看刀刃，拂拭盪磨，善而藏之。正意若謂：事到盤錯，亦必動心忍性，不敢率意而行。蓋境順則易，境逆則難，防檢少疏，恐有虞失，驚神多矣。通篇模寫庖人情狀，宛然畫筆。末結一語，有萬鈞之力。

公文軒見右師而驚曰：「是何人也？惡乎介也？天與？其人與？」曰：「天也，非人也。天之生是使獨也，人之貌有與也，以是知其天也，非人也。」澤雉十步一啄，百步一飲，不蘄畜乎樊中，神雖王，不善也。與，平。王，去。

右師，官名。介，獨足也。右師乃刖足之人，既以身犯虎口，苟全性命，乃復貪心不止，撚指黿鼎，遊於彀中，故公文軒見而驚之，曰：是何人也，而胡爲乎介也？其天成之與？人爲之與？蓋右師雖非天成，然常人不刖而彼獨刖之，若天刑之者，故曰：天之生是使獨也。何也？人之生也，皆天與之形，道與之貌，故人之貌有與也。然人人皆同，而彼獨有異，以是知其天也，非人也。知非人則不當尤人，知其天則當安命。安命之人，不着外物以驚其神。澤雉十步一啄，百步一飲，飲食如此之難，然而不求畜乎籠中，蓋以神雖王而日有驚擾，不喜也。今右師處於樊籠之中，不及澤雉多矣，可謂善養生乎？善養生者，利害不涉於其身。

老聃死，秦失弔之，三號而出。弟子曰：「非夫子之友耶？」曰：「然。」「然則弔焉若此，可乎？」曰：「然。始也吾以爲其人也，而今非也。向吾入而弔焉，有老者哭之如哭其子，少者哭之如哭其母。彼其所以會之，必有不蘄言而言、不蘄哭而哭者，是遁天倍情，忘其所受，古者謂之遁天之刑。適來，夫子時也，適去，夫子順也，安時而處順，哀樂不能入也，古者謂是帝之縣解。」指窮於爲薪，火傳也，不知其盡也。縣，音玄。

夫至人無恩，不以戀戀之情係乎其人。老子死而秦失弔之，三號是也，門人疑其薄友，則非矣。秦失以正意答，故兩然之，却說老子死，而老幼哭之皆盡哀，翻覺老子有不是處。必其所以會合人心者，必有深於用情之處，故不求譽而譽者自至，不求哭而哭者自至。遁天理，倍人情，忘其未始有物之先所受之正，而隨俗化情，非至人也，故曰：始以爲其人也，而今非也。非至人，則違天矣，古者謂之遁天之刑。刑者型也，型者成也，蓋理之一成而不可易者。兩稱「古者謂之」，見得古人方有此議論，今人則不然。今人但以生死係念，於是生而慶、死而哭，不知此直世情，非道情也。生死〔一〕，一來去耳。適來，夫子時也。適去，夫子順也。子，指弟子而教之之詞。一來一去，安時而處順，則哀樂之情自不能入也，此便是至人生死無變於己者，如此則帝之縣解矣。帝，謂天帝。縣，如「倒懸」之「懸」，困縛之義。帝亦未嘗以死生縣人，人自縛之，翻疑爲帝。無變於己，則帝之縣自解矣。今人謂死爲盡，直哀其盡也而哭之，又非也。不知自大道而觀，同在大匡廓中，一氣混茫，嗣續不絶，滅於東而生於西，喻如火相得薪則傳。指薪而觀，會有窮盡，然盡於此者續於彼，自古及今，曾見有火盡時耶？薪喻四大，火喻元神。薪則不可謂此薪爲彼薪，火則不可謂此火非彼火，達觀者可以無變於死生之故矣。此秦失正教弟子所以三號而出之意。

於是方壺外史説是篇已，重宣此義而作亂辭：

緣督之經，解牛之丁。可以保身，可以養生。
利害不涉，存没吾寧。澤雉畜樊，介者其刑。
哭死盡哀，聃必倍情。適來適去，胡喜胡驚？

〔一〕「生死」：各本作「死生」，生來死去，據義顛倒次序。

薪盡火傳，莫指其窮。

文評：

此篇凡四段，謂養生主者，守中順理，利害不涉於身，死生無變於己，其意皆在言外，要人深思而自得之，所以爲妙，不似今之作文，一開口便説主意，又或立作柱子，皆下乘也。

南華真經副墨卷之二　靜字集

内篇人間世第四

夫道非絶俗也，德非遯世也，夷明養晦，和光同塵，世出世法莫不由此。夫至人無爲而無不爲，尚矣！聖人則爲之而無以爲，故以仲尼、伯玉爲之折衷。篇内集虚、養中、正身、和心，大爲立言之肯綮。至於積伐才美以犯人怒，又處世之所最忌者。篇終反喻不美不才乃無用之大用，此老平生受用得力處全在於此，然亦何莫而非「至人無己」中得來耶？

顔回見仲尼，請行。曰：「奚之？」曰：「將之衛。」曰：「奚爲焉？」曰：「回聞衛君，其年壯，其行獨，輕用其國而不見其過。輕用民死，死者以國量乎澤若蕉，民其無如矣！回嘗聞之夫子曰：『治國去之，亂國就之。醫門多疾。』願以所聞思其則，庶幾其國有瘳乎？」仲尼曰：「譆，若殆往而刑耳。夫道不欲雜，雜則多，多則擾，擾則憂，憂而不救。古之至人，先存諸己而後存諸人。所存於己者未定，何暇至於暴人之所行？且若亦知夫德之所蕩而知之所爲出乎哉？德蕩乎名，知出乎争。名也者相軋也，知也者争之器也，二者凶器，非所以盡行也。且德厚信矼，未達人氣，名聞不争，未達人心，而强以仁義繩墨之言術暴人之前者，是以人惡有其美也，命之曰菑人。菑人者，人必反菑之。若殆爲人菑夫！且苟爲悦賢而惡不肖，惡用而求有以異？若惟無詔，王公必將乘人而鬬其捷，而目將熒之，而色將平之，口將營之，容將形之，心且成之，是以火救火，以水救水，名之曰益多，順始無窮。若殆以不信厚言，必死於暴人之前矣！矼，音江。菑，災同。

衛君，蒯聵也。行獨，言獨行其知，不恤衆議也。輕用民死，以國量乎澤若蕉，言量其國中前後見殺者，若澤中之蕉，藴崇相積也。蕉，草芥也。民其無如，言無所之也。治國去之，亂國就之，即「丘不與易」[一]之意。就之，往而救之也。思其則，思所以處之之法也。庶幾其國有瘳乎，瘳，治而愈也。若殆往而刑，言汝殆幾於往而就戮耳，殆，危也，猶俗所謂「險些兒」受戮也。夫古之君子，安其身而後動，易其心而後語，定其交而後求，故先存諸己而後存諸人。所存於己者未定則雜，

[一]「丘不與易」：論語陽貨：「天下有道，丘不與易也。」朱熹集註：「天下若已平治，則我無用變易之。正爲天下無道，故欲以道易之耳。程子曰：『聖人不敢有忘天下之心，故其言如此也。』張子曰：『聖人之仁，不以無道必天下而棄之也。』」

雜則多，多則擾，擾則憂。道雜而心憂者，自救不暇，何暇暴白他人之行以救人哉？且汝知夫德之所蕩而知之所爲出乎哉？以名相軋者，名勝而實亡，以知相鬬者，知角而爭出，故曰：德蕩乎名，知出乎爭。名也者相軋者也，知也者爭之器也，二者凶器，非所以盡君子保身處世之行也。且德厚而信矼者，貴乎達人之氣。矼，愨實之貌。達人氣者，即察言觀色之意。名聞不爭者，貴乎達人之心，言人雖不與我爭，未必心悦而誠服。若不達人氣、不識人心，而强以仁義繩墨之言術暴白於人之前，則人將惡汝，謂汝之有其美也。有者，自見自是之意。蓋必人之於我素心加敬誠服，然後吾之言説可行。苟爲不然，則人將謂我暴人之惡而貽害於彼者，故命之曰菑人。菑人者，人必反菑之，若不幾爲人菑乎？夫彼衛君者，苟知悦賢而惡不肖，則彼國自有賢者可用，惡用汝求其有以異而自售乎？惟汝不待詔而自往，彼將乘汝之輕身而以知巧鬬汝求勝，汝於此時，目將熒熒焉而眩惑，色將靡靡焉以求平，口將營營焉以自解，容將蹐蹐焉以爲恭，心且曲曲焉以順成。夫彼方鬬捷而汝以是成之，則捷者愈捷，是以火救火，以水救水，轉增其勝而已，名曰益多。始來成順如此，後來愈益無窮，不知所止矣，故曰：始順無窮。夫君子之於君也，信而後諫，未信則以爲謗己也。若殆以不信厚言，則交淺言深，必死於暴人之前矣。所謂「殆往而刑耳」者〔一〕，以此。

且昔者桀殺關龍逢，紂殺王子比干，是皆脩其身以下傴拊人之民，以下拂其上者也，

〔一〕「者」：原無，據校本補。

故其君因其脩以擠之，是好名者也。昔者堯攻叢枝、胥敖，禹攻有扈，國爲虛厲，身爲刑戮，其用兵不止，其求實無已。是皆求名實者也。而獨不聞之乎：名實者，聖人之所不能勝也，而況若乎？逢，龐。勝，升。

又自上「德蕩乎名、知出乎争」透下意來。昔者桀殺龍逢、紂殺比干，彼何爲者也？是皆脩其身而下傴撫人上之民。夫上不愛民，而我反愛之，是拂上也；惟其拂上，故君得因其好脩而擠之曰：是好名者也。名也者，相軋者也，争之所不免也。昔者堯攻叢枝、胥敖，禹攻有扈，國爲丘墟，死爲厲鬼，其用兵不止者，其求實無已也。求實，謂求其有拂上之情實。夫有爲善之名與拂上之實者，雖聖人猶不能堪，而況若非聖人而可以求其名、若不遇聖人而可以有其實乎？

「雖然，若必有以也，嘗[一]以語我來。」顔回曰：「端而虛，勉而一，則可乎？」曰：「惡！惡可？夫以陽爲充孔揚，采色不定，常人之所不能違，因案人之所感以求容與其心，名之曰『日漸之德』不成，而況大德乎？將執而不化，外合而内不訾，其庸，詎可乎？

「雖然」一轉，使之自陳，以觀作用之何如。回言：我外端肅而内謙虛，矜持其志氣而純一其德性，則可乎？回蓋欲以盛德感之。而夫子曰：惡！惡可哉？彼之爲人也，意得而氣滿，陽爲充積

〔一〕「嘗」：各本作「當」，當屬形似而誤，據宋本改。

孔揚之色，惟其色莊也，故采色不定，倏而敬，倏而怠，倏而喜，倏而怒，左右之人莫之敢違，往往助之爲虐，因摭人之言語以爲成案，肆加譏貶以求暢乎其意。若人也，做大模樣，弄小聰明，名之曰「日漸之德」尚不能成，而况大德乎哉？日漸者，以漸而進，小德也。彼既不成大德，而子欲以盛德感之，彼將執而不化。若之端虚勉一、外合而内不訾者，以事盛德之君，可也，以事庸君，詎可乎？蓋古之君子，量而後入；不量而入，信乎其不可也。

「然則我内直而外曲，成而上比。内直者，與天爲徒。與天爲徒者，知天子之與己，皆天之所子，而獨以己言蘄乎而人善之，蘄乎而人不善之耶？若然者，人謂之童子，是之謂與天爲徒。外曲者，與人之爲徒也。擎拳曲跽〔一〕，人臣之禮也。人皆爲之，吾敢不爲耶？爲人之所爲者，人亦無疵焉，是之謂與人爲徒。成而上比者，與古爲徒。其言雖教謫之，實也古之有也，非吾有也。若然者，雖直而不爲病，是之謂與古爲徒。若是則可乎？」仲尼曰：「惡！惡可？太多政法而不諜，雖固亦無罪，雖然，止是耳矣，夫惡可以及化？猶師心者也。」比，去。惡，俱平。

回於此又思其則。然則吾内直而外曲，直，質直也。人之生也直，故内直者與天爲徒，與天爲

〔一〕「擎拳曲跽」：各本同，宋本作「擎跽曲拳」。

徒則見人君與我皆天之子也，我以天言，彼以天聽，其俞其咈，一任自然，詎以己之私意蘄乎人之善我，不善我耶？若然者，人謂之童子，童子者，純一未發，一聽之天而不以己私與之者也。外曲者，盡人臣之禮者也，謂之與人爲徒。成而上比者，稱道先王，稽古爲訓者也，謂之與古爲徒。「其言雖教讁之」爲一句。實也古之有也，非吾有也，言皆有徵信，非出自己臆。寄直於古人，故人聽之而不爲謗。回之思其則也如此，可謂善矣。而夫子又謂之不可，言爾政法雖太多，終不穩當。政法，猶法則也。諜，安也。言依此而行，天理人情兩無拂逆，雖固亦無罪，雖然，止是而已，胡可以化人？夫化人者，使人不見其迹〔一〕，莫知其然。今爾猶挾三術，是師心也。師心則有「意必固我」〔二〕者在，胡可以及化乎？夫子欲回先化己而後能化人也。

顏回曰：「吾無以進矣，敢問其方？」仲尼曰：「齋，吾將語若。有而爲之，其易耶？易之者，皞天不宜。」顏回曰：「回之家貧，惟不飲酒不茹葷者數月矣，若此則可以爲齋乎？」曰：「是祭祀之齋，非心齋也。」回曰：「敢問心齋？」仲尼曰：「一若志，無聽之以耳而聽之以心，無聽之以心而聽之以氣。聽止於耳，心止於符。氣也者，虛而待物者也。惟道集虛。

〔一〕「迹」：校本作「則」。

〔二〕「意必固我」：論語子罕：「子絶四：毋意，毋必，毋固，毋我。」朱熹集註：「意，私意也。必，期必也。固，執滯也。我，私己也。」

虚者，心齋也。」

顔回更思其則，再無進步，於是請問其方。夫子曰：齋，吾將語女。夫女今已無則矣，若再有則而爲之，亦豈易耶？有則有意必，易則有固我，終不出於自然，故與皞天不宜，此便是「太多政法而不諜」之意。夫道不欲雜，雜則多，多則擾，擾則憂，有而爲之，信不可也，故以心齋進回。心齋者，無二爾心，無雜爾念，勿以耳聽而以心聽，勿以心聽而以氣聽。氣謂氣息。精神愈斂，則氣息愈微，氣息愈微則靈關愈徹，故心静則聽止於耳，息微則心止於符，符即道家「火符」之符。一消一息順其自然，則與天符暗合，故謂之曰符。夫氣也者，虚而待物者也，心止於符則虚矣。虚也者，道也，未始有物也，故曰：惟道集虚，虚也者，心齋也。夫子告回只一「虚」字，便是普物無心、順事無情。千古聖學之根宗，無出乎此。但讀者容易勘過，故不覺其妙耳。

顔回曰：「回之未始得使，實自回也。得使之也，未始有回也，可謂虚乎？」夫子曰：「盡矣！吾語若：若能入遊其樊而無感其名，入則鳴，不入則止，無門無毒，一宅而寓於不得已，則幾矣。絶迹易，無行地難。爲人使易以僞，爲天使難以僞。聞以有翼飛者矣，未聞以無翼飛者也；聞以有知知者矣，未聞以無知知者也。瞻彼闋者，虚室生白，吉祥止止。夫且不止，是之謂坐馳。夫徇耳目内通而外於心知，鬼神將來舍，而况人乎？是萬物之化也，禹、舜之所紐也，伏羲、几蘧之所行終，而况散焉者乎？」散，上聲。

顔子一得師旨，便知所謂虚者未始有我之義也。得使，謂得教而使齋。既齋之後，未始有回，則齋之義，一「虚」盡之矣。故夫子然而告之：入遊其樊而無感其名。樊，謂樊籠，世網也。常人遊於世網之中，易爲浮名感動，自謂敢言直諫，能人之所不能，往往不量而入，自取殆辱。汝若不眩其名，一以無心處之，相入則鳴，不入則止，其語其默一因乎人，而己無所與焉，不開一門，不發一藥，渾然忘物忘我，一宅而寓乎不得已之中。一宅者，無間之義。不得已，猶言不自由也。不自由，則動以天矣。人也而天，於道不其幾乎？且人之處世，有所不得已者。若欲一切屏去，絶迹不行，如外道所説「斷滅相」者，直易易耳，故曰：絶迹易。只爲天下有不得已者，如大義大分所在，豈得一切屏棄？但貴處之以無心，應之以無情，如人行地而不見其有行地之轍迹，則甚難耳。所以難者，天使不可以僞爲也。若爲人使而不知有天，則全以世情起見，矯情飾貌，易以僞爲。天使，則行止語默渾然全在自然之中，故難以僞爲。難以僞爲，則一毫智力皆不得以與乎其間，是謂以無翼而飛、以無知而知者。此等之人，聞見罕儷。處人間世者，到此方爲庶幾。大抵只一虚此心焉，盡矣。瞻彼闋者，虚室生白。夫以虚室無物，少有空缺則容光必照而生皎白，人心即室也，虚而生明，即闋而生白也。惟此虚明，能應萬事萬變而皆順，故曰吉祥止止。二「止」字，上「止」，萃止之義，下「止」，即虚處也。人各有所止之處，夫且不知所止，是謂坐馳。馳者，止之反對。蓋不知所止者，參以人爲，馳騁不已，身坐於此，心逐於彼，所謂「凶害悔吝皆生於動」，可得謂之虚室生白、吉祥止止耶？夫惟徇耳目内通而外於心知，常使聰明之德斂藏於内，心知之思屏黜於外，順萬物之感而一以無知之知應之，如是則虛静之體不爲物交所蔽，將見靈明洞焕，與鬼神相通，鬼神來舍，而况於人乎？是則虚心無我，萬物之所由以化也。禹、舜執此以爲樞紐，伏羲、几蘧行此以終其身，而况其散焉者乎？几蘧，古聖君名。散焉者，謂尋常以下人也。

葉公子高將使於齊，問於仲尼曰：「王使諸梁也甚重，齊之待使者蓋將甚敬而不急。匹夫猶未可動也，而况諸侯乎？吾甚慄之。子嘗語諸梁也曰：『凡事若小若大，寡不道以懽成。事若不成，則必有人道之患；事若成，則必有陰陽之患。若成若不成而後無患者，惟有德者能之。』吾食也執粗而不臧，爨無欲清之人。今吾朝受命而夕飲冰，我其内熱歟？吾未至乎事之情而既有陰陽之患矣，事若不成，必有人道之患，是兩也，爲人臣者不足以任之。子其有以語我來？」

葉公，名諸梁，字子高，即論語中問孔子於子路者。楚使葉公之齊，疑有兵革之事。公謀於夫子曰：今王之使我也，其事甚重，而齊王之待使者亦將甚敬，而不急人之求，貌雖隆重，而情實疏慢。匹夫有志尚不可奪，而况萬乘乎？吾恐其不能辦大事，故甚慄焉。昔聞諸夫子嘗語我曰：凡事無大小，鮮不道以懽而成者。若不能得其懽心，則事故不成，不成則使不稱職，而人道之患將及其身；成則思慮煩勞，將使氣鬱而血不暢，故陰陽之患隨之。成與不成，而無後患者，其惟有德者能之乎？夫我平日自奉甚薄，所食者皆粗而不善，爨下司火之人便其簡薄，常自清涼，無有苦於炙熱而欲清者，以此食淡，自覺無病。今吾朝受命而夕飲冰，意者其内熱歟？吾雖未至於親見行事之實，而已有陰陽之患矣。事若不成，則人道之患又所不免。是兩病也。夫子何以教我？

仲尼曰：「天下有大戒二：其一命也，其一義也。子之愛親，命也，不可解於心；臣之事君，義也，無適而非君也。無所逃於天地之間，是之謂大戒。是以夫事其親者，不擇地而安之，孝之至也；夫事其君者，不擇事而安之，忠之盛也；自事其心者，哀樂不易施乎前，知其不可柰何而安之若命，德之至也。爲人臣子者，固有所不得已。行事之情而忘其身，何暇至於悦生而惡死？夫子其行可矣！」

天下之大戒，謂人間世之大經大法也。自其性分之固有者而言，一曰命；自其職分所當爲者而言，一曰義。命行於父子，故子之愛親也，不可解於其心；義行於君臣，故臣之事君也，無所逃於天地之間。既無所解，故事親者惟盡吾愛，其順其逆，不擇地而安之，斯得爲孝之至矣；既無所逃，故事君者惟行吾義，其難其易，不擇事而安之，斯得爲忠之盛矣。然是忠也孝也，皆在己心。使其事心無功，一爲人欲所奪，則因物有遷而忠孝之念移矣。故自事其心者，亦如臣子之事君親，不擇地，不擇事，哀樂不易施乎其前，知其不可柰何而安之若命。不可柰何，謂不容人爲也。安之若命，聽其自然也。如此乃爲盛德之至。夫爲人臣子者，固有所不得已也。不得已，便是義命。君子行吾有事之實、盡吾職分之所當爲者而已，蓋不知有其身也。不知有其身，何暇至於悦生而惡死哉？蓋生死念頭起於有我，不知有身則無我矣，此便是至人無己、死生無變於己者。葉公其以是而行則可矣。此段道理最大，議論甚正。人謂莊子大言無當，觀此寧不少省？

「丘請復以所聞：凡近交則必相靡以信，遠則必忠之以言。言必或傳之。夫傳兩喜兩怒之言，天下之難者也。夫兩喜必多溢美之言，兩怒必多溢惡之言。凡溢之類妄〔一〕，妄則其信之也莫，莫則傳言者殃。故法言曰：『傳其常情，無傳其溢言，則幾乎全。』

上正言臣子義命以解其兩病之憂，此則教以爲使之道，曲盡人間情狀，熟於世故者方知有味。復，白也。近交則必相靡以信。靡，順也。信，符信也。近交，本國也。本國不須辭命，一見符信便相靡順。外交，鄰國也。鄰國涉遠，符信易欺，必託使者盡己之心，以言告之，方可濟事。故言必有傳，而傳言者最難。兩國相喜則必多溢美之言，相怒則必多溢惡之言。凡溢言，過實，多近於妄，妄則不能不起人之疑，故聽言者莫。莫者，疑義。聽言者疑，則傳言者必受其怒矣。故法言有之：傳其常情，無傳其溢言，恐其疑而生禍也。如是則庶乎其全矣。

「且以巧鬬力者，始乎陽，常卒乎陰，泰至則多奇巧；以禮飲酒者，始乎治，常卒乎亂，泰至則多奇樂。凡事亦然，始乎諒，常卒乎鄙；其作始也簡，其將畢也必巨。言者，風波

〔一〕「類妄」：各本作「類也妄」，據宋本删「也」字。

也，行者，實喪也。夫風波易以動，實喪易以危，故忿設無由。巧言偏辭，獸死不擇音，氣息茀然，於是並生心厲；剋核太至，則必有不肖之心應之，而不知其然也。苟爲不知其然也，孰知其所終？故法言曰：『無遷令，無勸成。』過度，益也；遷令、勸成，殆事。美成在久。惡成不及改，可不慎歟？且夫乘物以遊心，託不得已以養中，至矣，何作爲報也？莫若爲致命，此其難者。」樂，洛。茀，拂。

此下教以事當慎始。蓋以天下善終者少，始焉善者，其後率以不善繼之，況始不善乎？故以巧鬭力者，始乎陽，常卒乎陰，太〔一〕至則多奇巧。何以故？以巧鬭力者，如今人戲劇格鬭之類，其始也不過喜而相邀，其卒也常至於怒而相擊。何者？蓋以戲太甚則多奇巧，巧奇矣，寧得不相角而忿乎？正如飲酒者，初筵秩秩，始乎治也，卒之載號載呶而常至於亂。何者？飲太甚則多奇樂，樂奇矣，焉得不相狎而亂乎？推之凡事，莫不皆然。始乎諒，常卒乎鄙，初以誠信相結，既乃鄙詐之心生焉，是皆作始者不知所慎，故始焉苟簡從事，而其終也遂至於決裂潰敗而不可收拾，故其將畢也巨。君子懷此，永圖作事謀始，則必於言行焉先之。夫言之所由興，亂之所由起也，行之所由成，實之所由喪也，故曰：言者風波也，行者實喪也。風波則易以傾覆，實喪則易取殆辱，君子觀

〔一〕「太」：原作「大」，校本作「泰」，據下文「太甚」改。

此而可以知所慎矣，故忿之設也無由。巧言者，基〔一〕之巧言偏辭，不擇正理，漫然矢口而成，喻如懼死之獸，不擇好音，氣息茀然而出；於是聽其詞者並生心厲，忿所由生，職此之故，言可不慎乎哉？若乃心行艱險，剋核太甚，人皆苦其不堪，則必以不肖之心應之。應雖在彼，致實在我，早自省改，或可善終。今而尚不知其然也，不知其然，吾將不知其〔二〕所終也矣〔三〕，行可不慎乎哉？爲使之道，言必稽其所弊，行必慮其所終，故法言有之：無遷令，無勸成。承君之命而來，傳其常情而已，不可率意遷改，事之成否，聽其自然而已，不可急遽勸成，蓋以過度則益，益則殆事。且使以傳兩君之好，成人之美者，必優柔漸漬而深交之，然後其言可入，故曰：美成在久。若一言僨事，兩心生厲，惡戾一成，改悔何及？故曰：惡成不及改，可不慎與〔四〕？吾子若能乘有物之感而游心於無物之天，託於義命之不得已者，隨分自盡，常養吾心之中，使其不偏不倚，順應無情，斯其至矣，何所作爲然後可以爲報耶？報，謂還報。蓋事求其可，功求其成，取必於知爲之末而不循天理之自然者，非聖賢所貴，故莫若以此致命。然此亦其難者，豈易易耶？必須平日養此中德者在，然後安而能慮，靜而能應。苟爲不然，則臨事而眩，雜擾而憂者，抑又多矣。

〔一〕「基」：劉逢禄尚書今古文集解：「基，始也，謀也。」
〔二〕「其」：各本無「其」字，據經文添加。
〔三〕「矣」：校本作「已」。
〔四〕「與」：校本作「歟」。

顏闔將傅衛靈公太子，而問於蘧伯玉曰：「有人於此，其德天殺，與之爲無方則危吾國，與之爲有方則危吾身，其知適足以知人之過而不知其所以過。若然者，吾柰之何？」蘧伯玉曰：「善哉問乎！戒之慎之，正汝身哉！形莫若就，心莫若和。雖然，之二者有患。就不欲入，和不欲出。形就而入，且爲顛爲滅，爲崩爲蹶；心和而出，且爲聲爲名，爲妖爲孽。彼且爲嬰兒，亦與之爲嬰兒；彼且爲無町畦，亦與之爲無町畦；彼且爲無崖，亦與之爲無崖；達之，入於無疵。汝不知夫螳蜋乎？怒其臂以當車轍，不知其不勝任也，是其才之美者也。戒之！慎之！積伐而美者以犯之，幾矣！汝不知夫養虎者乎？不敢以生物與之，爲其殺之之怒也；不敢以全物與之，爲其決之之怒也。時其飢〔一〕飽，達其怒心。虎之與人異類，而媚養己者，順也；故其殺者，逆也。夫愛馬者，以筐盛矢，以蜄盛溺，適有蚉蝱僕緣而拊之不時，則缺銜毀首碎胸。意有所至而愛有所亡，可不慎耶？」蜄、蜃。盛，成。

夫使多詐之國，傅不道之儲，人間世所難也。聖賢處此，亦必有道矣，故以仲尼作訓。而伯玉出處合於聖人之道者，復以伯玉終之。人謂莊子非聖，其然豈其然乎？顏闔將傅蒯聵，問於伯玉

〔一〕「飢」：原作「饑」，據注文及校本改。

曰：有人於此，其德天殺，殺者，「降殺」之「殺」。有人，即太子也。天殺者，天薄其賦，使之無德也。方，法度也。言縱其〔一〕敗度，將來必危吾國，一以法度繩之，則禍不旋踵；且彼之知適足以摭拾他人過失而自己不知，吾其柰彼何哉？伯玉於是儆之以戒慎，教之以正身，蓋正身乃帥人之本，而戒慎云者，防乎其防，不可以爲易而忽之也。形莫若就，心莫若和，就，將順也，和，調停也，言外爲恭敬將順之形，而內盡調和誘導之意，乃爲得之。雖然，二者猶覺有病，蓋就不欲入，和不欲出。就而入者，一味依阿湎涊，相入無間，則連身放倒，且失而爲顛爲滅，爲崩爲蹶。和而出者，揚己之能，彰人之過，則必自取嫉害，且失而爲聲爲名，爲妖爲孽。此其病也。彼且爲嬰兒亦即與之爲嬰兒云云，嬰兒言無知識也，無町畦言無準繩也，無崖言無畔岸也，言彼放蕩不檢，我且許之，不拂其意，覺有可達，徐加點化，入於無疵而後已。蓋事無道之君，法當如是。其與之爲者，非故縱之也，正欲得其可達之便，從而達之也。若徒悻悻自好，挺身犯諍於暴人之前，則汝不知夫螳蜋乎？怒其臂而當車轍，不知小才之不足以犯大難也。積伐己之才美以犯人者，不幾於殆乎哉？又不知夫養虎者乎？不敢食以生物，恐其殺之之怒也，不敢食以全物，恐其決之之怒也，蓋虎性一怒則咆哮難制。時其飢飽，解其怒心，順而媚之，彼雖異類，亦將與養己者媚。乃至爲虎所殺者，不知其性而逆之者也。夫愛馬者，盛矢以筐，盛溺以蜃，適有蚉蝱聚噆，則當僕僕緣拊而去之。若使馬性一劣，將決銜

〔一〕「其」：原作「欲」，據校本改。

勒、碎胸首絡轡之具而不顧，寧復顧我之愛耶？意有所至則愛有所亡，此其可慎者。連發三喻，欲使量己量人，無伐才美，無犯怒心，然後無道之儲可傳也。

匠石之齊，至乎曲轅，見櫟社樹，其大蔽牛，絜之百圍，其高臨山十仞而後有枝，其可以爲舟者旁十數。觀者如市，匠伯不顧，遂行不輟。弟子厭觀之，走及匠石，曰：「自吾執斧斤以隨夫子，未嘗見材如此其美也。先生不肯視，行不輟，何耶？」曰：「已矣，勿言之矣！散木也，以爲舟則沉，以爲棺槨則速腐，以爲器則速毀，以爲門户則液樠，以爲柱則蠹，是不材之木也，無所可用，故能若是之壽。」匠石歸，櫟社見夢曰：「汝將惡乎比予哉？若將比予於文木耶？夫柤梨橘柚果蓏之屬，實熟則剥則辱，大枝折，小枝泄，此以其能苦其生者也，故不終其天年而中道夭，自掊擊於世俗者也。物莫不若是。且予求無所可用久矣，幾死，乃今得之，爲予大用。使予也而有用，且得有此大也耶？且也若與予也皆物也，柰何哉其相物也？而幾死之散人，又惡知散木？」匠石覺而診其夢。弟子曰：「趣取無用，則爲社何耶？」曰：「密！若無言！彼亦直寄焉，以爲不知己者詬厲也。不爲社者，且幾有翦乎？且也彼其所保與衆異，而以義譽之，不亦遠乎？」櫟，歷。散，上。樠，瞞。柤，楂。掊，剖。幾，平。覺，教。趣，促。

夫櫟社大樹，匠石不顧而弟子則飽觀之，蓋不知其無用也。故匠石因其走報而語之曰：散木也，以爲舟則沉，爲棺槨則速朽，爲器則速敗，爲〔一〕門户則液樠然而泚，爲柱則蠹，不適於用，以故歷年多而成形大也。匠石歸而社櫟見夢，言：汝謂予不材，惡乎比予哉？將比予文木耶？天下之木不以文伐者無幾矣。今夫柤梨橘柚果蓏之屬，非不適人用也，然實熟則剥則辱，此以其材能自苦者也，故不得終其天年而中道夭折。豈惟木也，凡物之理莫不如是。予求無用久矣，以無用得久，因久得大，乃今爲予大用。使予也而有用，不剥即辱，且得有此大耶？且我以無用而爲櫟，汝以有用而爲匠，我與汝，天地間皆物也，柰何哉以彼有用之物而物我無用之物哉？又况凡物之理，有用者多不能以自全，然則汝雖有用，亦幾死之散人耳，又焉知予不死之散木？匠石覺而診〔二〕其夢，弟子進曰：彼既以無用爲用，趣取無用，不爲社可也，爲社何耶？匠石曰：汝尚密而勿言，彼直寄迹焉耳，非託社以求全也，而今乃爲不知己者詬厲。且彼縱不爲社，亦豈有翦伐乎哉？良以彼之自保者，獨與衆異焉耳，而以義喻之，不亦遠乎？蓋託社求全，是亦一義也，但櫟直不爲是耳。

南伯子綦遊乎商之丘，見大木焉有異：結駟千乘，隱，將芘其所藾。子綦曰：「此何木也哉？此必有異材夫〔三〕！」仰而視其細枝，則拳曲而不可以爲棟梁；俯而視其大根，則軸解而不可以爲棺槨；咶其葉，則口爛而爲傷；嗅之，則使人狂酲三日而不已。子綦曰：「此

〔一〕「爲」：原無，據校本補。
〔二〕「診」：原作「軫」，據校本改。
〔三〕「夫」：原無「夫」字，據校本補。

果不材之木也，以至於此其大也。嗟乎，神人以此不材。」宋有荆氏者，宜楸、柏、桑；其拱把而上者，求狙猨之杙者斬之；三圍四圍，求高名之麗者斬之；七圍八圍，貴人富商之家求樿傍者斬之：故未終其天年而中道之夭於斧斤，此材之患也，故解之。以牛之白顙者，與豚之亢鼻者，與人有痔病者，不可以適河，此皆巫祝以知之矣，所以爲不祥也，此乃神人之所以爲大祥也。乘，去。芘，庇。蘱，賴。咶，舐。酲，呈。上，上。杙，弋。樿，禪善。

商丘之地，見大木焉有異，言其大異於衆木也。結駟千乘，隱其下者，無不以蘱芘之。蘱，蔭也。木之大也如此，然仰視其細枝，則拳曲而不可以爲棟梁，俯視其大根，則如輪軸之解散而不可以爲棺槨，舌舐其葉則口爲之傷，鼻嗅其味則使人狂酲如醉三日而不能已，然則是果不材之木也，故人莫之用，以得全其爲大。因是以知神人之所以爲大者，其亦以是不材，故精神凝固，人不壞而天獨存也。若夫宋之荆氏，其地宜楸柏與桑，固亦有大者，然其拱把而上則求狙猨之杙者斬之矣。三圍四圍則求高門之麗者斬之矣。麗，屋棟也。七圍八圍則貴人富商之家求棺木之樿傍者斬之矣。樿傍，棺之全邊也。是皆木以才而見伐者也，故未得終其天年而中道夭於斧斤。才而取禍，不若不才之得免於禍也，故解之。言以爲牛之白顙者、豚之亢鼻者、與人之有痔疾者，皆不可以祭河，此在巫祝則以爲不祥矣，而不知神人以爲大祥歟？大意謂處世之道大忌恃才揚己，故寓言大木以無用自全，非謂必蠢然芒然如縣疣如附瘻者而後得免於禍也。以人祭河，謂以人爲巫祝。

支離疏者，頤隱於齊，肩高於頂，會撮指天，五管在上，兩髀爲脅，挫鍼治繲足以餬口，鼓筴播精足以食十人。上徵武士，則支離攘臂於其間；上有大役，則支離以常疾不受功；上與病者粟，則受三鍾與十束薪。夫支離其形者猶足以養其身，終其天年，又況支離其德者乎？

會，貴。髀，陛。繲，佳賣。筴，策。食，似。

支離，支體不全之貌。疏，其名也。頤，口旁兩頤也。齊，腹臍也。會撮，髻也。五管，五腧也。髀，人大腿也。脅，人兩臂也。言支離身曲而背聳，其狀若此。挫鍼，縫衣也。治繲，浣衣也。足以餬口，足以自食也。鼓筴播精，簸米出糠稗也。一鼓可食十人，言臂健而力迅也。支離之能有如此。上徵武士，則支離雖攘臂而不徵，簡其廢也。上有大役，則支離以常疾不受功，復其身也。上與病者粟，則支離受三鍾與十束薪，優其賜也。夫支離其形尚足以自養而終其天年，況支離其德者乎？支離其德者，不自見，不自伐，藏其用於不用，泯其能於無能，故得免於世而自全也。上以木喻，此以人喻。

孔子適楚，楚狂接輿遊其門曰：「鳳兮鳳兮，何如德之衰也？來世不可待，往世不可追也。天下有道，聖人成焉。天下無道，聖人生焉。方今之時，僅免刑焉。福輕乎羽，莫之知載。禍重於地，莫之知避。已乎已乎，臨人以德。殆乎殆乎，畫地而趨。迷陽迷陽，無傷吾行。吾行郤曲，無傷吾足。」山木，自寇也。膏火，自煎也。桂可食，故伐之。漆可用，故割之。人皆知有用之用，不知無用之用也。

楚狂歌鳳，其言亦有至理。蓋有道則見，無道則隱，全生免禍，亦聖賢處世之所不廢，但以警世之人汲汲於功名之會而不知利害者。聖賢豈若人哉？以諷孔子則大不然。鳳兮鳳兮，聖世文明之瑞物也，今當亂世而出，何如其德之衰耶？將欲開太平於萬世，挽淳風於三代耶？來者不可待，往者不可追也。天下有道，聖人成能，天下無道，聖人全生。方今之時，僅免刑戮已矣，烏可有爲乎哉？全生，福也。傷生，禍也。福輕於羽，殆易於舉。禍重於地，胡不知避？已乎已乎，何暇臨人以德也？殆乎殆乎，何必畫地而趨也？迷陽迷陽，胡自昧其明以傷吾行乎？吾行郤曲，胡自枉其直以傷吾足乎？山以生木而自戕，膏以引火而自煎，桂以味辛而見伐，漆以玄澤而見割。人皆知有用之用者爲天下利，而不知無用之用者之不爲身害也。此篇大意，以全生免禍爲主。

於是方壺外史重宣此義而作亂辭：

人世説難，回也請行。匪量斯入，殆往而刑。
德蕩乎名，知出乎爭。未達人心，胡以韁繩？
若惟無詔，曷揚於庭？王公乘鬬，而目將熒。
不信厚言，剖干殺逄。求實無已，枝攻扈兵。
内直外曲，上比而成。政多不諜，及化胡能？
回爾心齋，庸以氣聽。入遊其樊，無感其名。

無門無毒，一宅而寓。相入則鳴，不入斯去。
耳目內通，外於心知。無地而行，靡翼而飛。
惟道集虛，瞻彼闋矣。虛室生白，吉祥止止。
萬物攸化，行終羲几。葉公使齊，心甚慄之。
飲冰內熱，兩也生疑。天下大戒，惟命與義。
不擇而安，忠孝之至。行事之情，而忘其身。
悦生惡死，匪則攸聞。言或傳之，類妄實難。
無傳其溢，則幾乎全。忿設無由，巧言偏辭。
剋核太至，不肖應之。風波易動，實喪易危。
遷令勸成，寧不殆而？何作爲報？遊心養中。
若爲致命，虔始令終。顏闔傳儲，伯玉教之。
正汝身哉，戒慎不違。形莫若就，就不欲入。
心莫若和，和不欲出。與彼嬰兒，與彼無畦。
匪顛匪蹶，幾則達之。伐才非美，犯順奚宜？
養虎可則，螳蜋可蚩。意有所至，愛有所遺。

無學養馬，拊之不時，決〔一〕銜毀首，闖爾狂馳。處世全生，無用者奇。乞爲社櫟，願學支離。彼德之衰，鳳兮鳳兮！

〔一〕「決」：校本作「缺」。

内篇德充符第五

甚矣，形骸之足以累人也！老子有言：「天下大患爲吾有身。」故人間世以全生免患爲貴。雖然，遊於羿之彀中而不中，亦有命焉。君子知其有命，一切委之自然，而不以死生利害易乎其念。此篇寓言，王駘、申屠嘉之類，蓋真能外形骸、喪耳目，獨以守宗保始爲事者。蓋學問必進於此，然後謂之德充之符。又恐守而不化，終不能與天者游而成其大，故以忘所不忘終之。其究竟處，則順事無情，因其自然，而不加益於有生之外，蓋充養生處世而至於義之盡者也。

魯有兀者王駘，從之遊者與仲尼相若。常季問於仲尼曰：「王駘，兀者也，從之遊者與夫子中分魯，立不教，坐不議；虛而往，實而歸。固有不言之教，無形而心成者耶？是何人也？」仲尼曰：「夫子，聖人也，丘也直後而未往耳！丘將以爲師，而況不若丘者乎？奚假魯國，丘將引天下而與從之。」常季曰：「彼兀者也，而王先生，其與庸亦遠矣。若然者，其用心亦將〔一〕獨若之何？」仲尼曰：「死生亦大矣，而不得與之變，雖天地覆墜，變將不與之遺。審乎無假而不與物遷，命物之化而守其宗也。」常季曰：「何謂也？」仲尼曰：「自

〔一〕「亦將」：宋本作「也」。

其異者視之，肝膽楚越也；自其同者視之，萬物皆一也。夫若然者，且不知耳目之所宜，而遊心乎德之和。物視其所一而不見其所喪，視喪其足猶遺土也。」常季曰：「彼爲己，以其知得其心，以其心得其常心。物何爲最之哉？」仲尼曰：「人莫鑒於流水而鑒於止水。惟止能止衆止。受命於地，惟松柏獨也在冬夏青青；受命於天，惟舜獨也正，幸能正生以正衆生。夫保始之徵，不懼之實，勇士一人，雄入於九軍，將求名而能自要者而猶若是，而況官天地、府萬物、直寓六骸、象耳目、一知之所知而心未嘗死者乎？彼且擇日而登假，人則從是也，彼且何肯以物爲事乎？」

兀當作介，與前養生主篇介者同，誤襲篆書而作兀，理或然也。王駘，魯之介者也，其人蓋能遺形骸、外心知以行不言之教者。故常季問於夫子曰：王駘，立不教，坐不議，而弟子從之者半魯國，且虛而往，實而歸，充然若有所得也，乃至夫子欲引天下而從之。彼介者何人也，而勝於先生，則與庸人殆遠甚矣，其用心也獨若之何哉？夫子曰：彼之用心，豈常人等哉？常人不能忘己，往往牿於形體之私，悦生惡死，橫起貪着，迷失真宗，去道遠矣。之人也，雖死生事大而心不得與之變，雖天地覆墜，而變亦不得與之遺。遺謂遺變於彼。何者？彼知吾身之與天地，其在道中，同爲一物，幻妄不常，皆非實相。若夫所謂「性體真空，性空真體」，審乎無假，不受變滅，超然獨存，故不與物而有遷化。既不與之遷，又焉得而與之變，又焉得而遺其變乎？不惟不隨物化，又能主張萬化，執其樞紐，守其根宗，故曰：命物之化而守其宗。宗，即所謂「大宗師」、「未始有始也者」之謂也。守此根宗，則能以無生有，以虛造實，法由此出，命由此立，故爲命化之樞紐。古之至人所以提挈陰陽、主持造化而不爲二五之所陶鑄者，率用是道。常季蓋不知也，故以何謂爲問。夫子曰：子知異與一乎？萬化即異也，根宗即一也。自其異者而觀，則肝之與膽雖在一人之身，然肝不可以爲膽，膽不可以爲肝，猶之楚越也。自其同者而觀之，則萬物與我同一根宗。既同一根宗，則六用一原，耳亦可視，目亦可聽，又焉知耳目之所宜乎？不知所宜，則渾合爲一，無可分異，而遊心於德之和。既遊於和，則不見有彼有此、有得有喪，得亦莫非一，而得未嘗增，喪亦莫非一，而喪未嘗減，視喪其足猶遺土也。此便是命物之化而守其宗。彼之用心若是而已，常季却道彼之爲己者不過以知得心耳。蓋審其無假而守其宗，是以知得心也。夫心亦人之常心耳，人皆有之，何獨稱最於彼哉？夫子曰：人心本同，彼固不能以獨異。但彼守宗之心，定心也；人人之心，動心也。彼人莫取鑑於流水而取鑑於止水者，以水定焉故也。水定則能鑑衆形，心定則能止衆止，故受命於地則松柏居天下之大端。何者？冬夏青青，是松柏所以獨異於衆木也。受命於天，則惟舜也正。何者？幸正其生以正衆生，此舜之所以獨異於衆人也。觀此，則介者之最可知矣。正，如「各正性命」之「正」，正生即正性也，正性即守宗也，守宗即保始也。夫保始之徵，如人養勇，一以無懼爲主而不動心。故以一士而雄入於九軍，將求名而自要者尚且如是，又況守宗正性之人，能保其未始有始之始者，其徵也將不能一生死而命物化乎哉？官天地、府萬物、寓六骸、象耳目，下此四字，看他奇處。官，如

「五帝官天下」之官。府之言，聚也。言我與天地萬物同出一原，性命根宗，同稟同受，散則爲萬，聚則爲一，直寄寓此於六骸之中而以耳目爲象。人皆徇象喪心，妄起知識，是以「心生於物而死於物」。今也一其知之所知，則心固未嘗死者，此非得保始之徵、有不懼之實者，孰能之哉？如是，則信乎能命物之化而生死無變於己也已。之人也，得道人也，將擇日而登假矣。登，升也，假，至也，如書言「陟方」，道言「與道合真」之意。人之從彼，職是也，彼且何求於人哉？故曰：彼且何肯於人，則以物爲事。既無所肯，則何以物爲事哉？

此篇所論，守宗保始，一知之所知，而心未嘗死，乃性命之要樞，而勇士一喻尤爲精確。一藏佛乘言不能盡者，今以數語該之。學者更當精研熟玩，猛於生死關頭截然把斷，如勇夫有不懼之實者，便可雄入九軍，縱橫無礙。此箇理會死生學問，等閒〔一〕於此發出，當時西竺之經未至而佛法已在中國，孰謂佛者夷狄之一法哉？

申屠嘉，兀者也，而與鄭子產同師於伯昏無人。子產謂申屠嘉曰：「我先出則子止，子先出則我止。」其明日，又與合堂同席而坐。子產謂申屠嘉曰：「我先出則子止，子先出則我止。今我將出，子可以止乎？其未耶？且子見執政而不違，子齊執政乎？」申屠嘉曰：「先生之門固有執政焉如此哉？子而說子之執政而後人者也。聞之曰：『鑑明則塵垢

〔一〕「閒」：原作「間」，據校本改。

不止，止則不明也。久與賢人處則無過。』今子之所取大者，先生也，而猶出言若是，不亦過乎？」子產曰：「子既若是矣，猶與堯爭善。計子之德，不足以自反耶？」申屠嘉曰：「自狀其過，以不當亡者衆；不狀其過，以不當存者寡。知不可柰何而安之若命，惟有德者能之。遊於羿之彀中中央者，中〔一〕地也，然而不中者，命也。人以其全足笑吾不全足者衆矣，我怫然而怒，而適先生之所，則廢然而反。不知先生之洗我以善耶？吾與夫子遊十九年矣，未嘗知吾兀者也。今子與我遊於形骸之內，而子索我於形骸之外，不亦過乎？」子產蹵然改容更貌曰：「子無乃稱！」

夫申屠嘉不見己之爲介而忘執政之貴，亦幾乎忘己而忘物者。子產與之同師，乃有同席出入之嫌，則其所以取大於先生者，信乎未之有得也。故嘉爲設塵鑑之喻，言彼心鏡不明，故物欲之垢得以昏之。而子產猶欲其計德以自反，若謂不省己過而徒讁人之過者。嘉復之曰：若自狀己過，則以爲吾足之不當亡者衆矣，不陳己過而謂吾足之不當存者幾何人哉？雖然，此殆以人論而不以天論者也。故知其不可柰何而安之若命，是達乎天之說者也，惟有德者能之。夫天下之履危機而不禍者，如人之遊於羿之彀中中央而不中，皆幸也，幸亦命也。人以幸而全，我以不幸而不全，有命存焉，安得不相安而反以相笑乎哉？今天下之以全足而笑吾不全足者衆矣，我始也怫然而怒，是其

〔一〕「中」：原無，據校本補入。

見猶未定也。既而遊先生之門，則謋然自廢其形而反，不知先生之洗我心垢一至是耶？今我與先生遊十有九年，而先生未知吾刖。吾與子同以心游於形骸之內，而乃索我於形骸之外，失其所以取大於先生者，而以執政後人，不亦過乎？復映前面「過」字。於是子產更貌改容，稱謝曰：子無乃稱。稱，謂善於稱述，蓋服善而譽之之詞。

魯有兀者叔山無趾踵見仲尼。仲尼曰：「子不謹，前既犯患若是矣，雖今來，何及矣？」無趾曰：「吾惟不知務而輕用吾身，吾是以亡足。今吾來也，猶有尊足者存，吾是以務全之也。夫天無不覆，地無不載，吾以夫子爲天地，安知夫子之猶若是也！」孔子曰：「丘則陋矣！夫子胡不入乎？請講以所聞。」無趾出。孔子曰：「弟子勉之！夫無趾，兀者也，猶務學以補前行之惡，而況全德之人乎？」無趾語老聃曰：「孔丘之於至人，其未耶？彼何賓賓以學子爲？彼且蘄以諔詭幻怪之名聞，不知至人之以是爲己桎梏耶？」老聃曰：「胡不使彼以死生爲一條，以可不可爲一貫者，解其桎梏，其可乎？」無趾曰：「天刑之，安可解？」

夫叔山無趾知有尊足者存，故求務以全之，尊足者全，則視棄其足猶棄土耳。夫子却說他務學以補前行之惡，不知他一等人全然不在善惡上起念。本無今是，何覺前非？別求裨補，頭上安頭。此種學問，名教中人談不易及，聖人亦未嘗舉以教人。故無趾與老聃私議之曰：夫子之於至人，其猶未耶？何賓賓恭敬以學於子爲也？彼且爲善救惡，汲汲焉求以善聞名於世，而不知至人方以是爲己之桎梏。蓋桎梏乃手足本無之物，惟被刑之人乃或有之。一有桎梏，反覺詭幻異常，故「至人無己，聖人無名」，其有名者翻爲桎梏。必欲解其桎梏，必須反其所見之異者而同歸於一，以死生爲一條，以可不可爲一貫，然後可耳。一條即一貫也。以死生爲一條者，未始有生，孰名爲死？以可不可爲一貫者，本來無是，焉得名非？如是，則善法惡法皆是幻法，善名惡名皆是詭名。此箇不二法門，直是解粘去縛。本來無物，何處生塵？但天刑之人，帝縣不解。何謂天刑？記云：「刑者，型也。型者，成也，一成而不可易也，言性成之人根器自是如此，安可解耶？

魯哀公問於仲尼曰：「衛有惡人焉，曰哀駘它。丈夫與之處者，思而不能去也；婦人見之，請於父母曰『與爲人妻，寧爲夫子妾』者，數十而未止也。未嘗有聞其唱者也，常和而已矣。無人君之位以濟乎人之死，無聚祿以望人之腹，又以惡駭天下，和而不唱，知不出乎四域，且而雌雄合乎前，是必有異乎人者也。寡人召而觀之，果以惡駭天下。與寡人處，不至以月數，而寡人有意乎其爲人也；不至乎期年，而寡人信之。國無宰，寡人傳國焉。悶然而後應，氾[一]而若辭。寡人醜乎，卒授之國。無幾何也，去寡人而行。寡人卹焉若有亡也，若無與樂是國也。是何人者也？」仲尼曰：「丘也嘗使於楚矣，適見㹠子食於其死母者，少焉眴若，皆棄之而走，不見己焉爾，不得類焉爾。所愛其母者，非愛其形也，愛使其形者也。

[一]「氾」：各本作「汜」，據宋本改。

一戰而死者，其人之葬也不以翣資，刖者之屨，無爲愛之，皆無其本矣。一爲天子之諸御，不爪翦，不穿耳；取妻者止於外，不得復使。形全猶足以爲爾，而况全德之人乎？今哀駘它，未言而信，無功而親，使人授己國，惟恐其不受也，是必才全而德不形者也。」食，似。眴，瞬。翣，衫入。

惡人，醜貌人也。無位以濟人之死，無禄以望人之腹，言其無富貴聲勢而不能利濟乎人也。望，如「月望」之望，飽滿圓足之義，用字之奇也。惡駭天下，言可驚詫也。和而不倡，不見其能首事也。知不出乎四域，不見其有遠略也。而且雌雄合乎前，謂天下之人雌雄勝負皆來質成也。悶然而後應，氾然而若辭，狀其無意於人國也。寡人醜乎，自媿其不若也。卹，憂也。若有亡焉，如有所失也。哀公問：彼是何人也，而能使人愛戀若此？夫子設喻以對：㹠子乳於死母之前，少焉皆棄之而走，以爲目之瞬不見己也，形之僵不類己也，是有其形者不足愛，而使其形者真可愛也。戰死不資翣，刖屨無人愛，是無其本者無所用，而有其本者斯可用也。知此，則它之可愛而可用者，蓋必有在矣。又復設喻：天子之御，不翦爪、不穿耳以破毁其全體，新娶之人不服役以胼胝其手足，不如是不足以垂至尊之盼眥而結新昏之懽燕。彼形全者尚足以動人，而况全於其德者乎？知此，則它之所以可愛而可用者於焉取諸，决矣。然則它也，是必才全而德不形者也。才，即孟子所謂「降才」之「才」，自其賦於天者而言。德，則指其成於己者而言。不形者，一而不分之意，故下以「物不能離」解之。數喻，意在言外，蓋文之奇者。

哀公曰：「何謂才全？」仲尼曰：「死生、存亡、窮達、貧富、賢與不肖、毁譽、飢渴、寒暑，是事之變、命之行也，日夜相代乎前而知不能規乎其始者也，故不足以滑和，不可入於靈府。使之和豫通而不失於兑，使日夜無郤而與物爲春，是接而生時於心者也。是之謂才全。」「何謂德不形？」曰：「平者，水停之盛也，其可以爲法也，内保之而外不蕩也。德者，成和之脩也。德不形者，物不能離也。」哀公異日以告閔子曰：「始也吾以南面而君天下，執民之紀而憂其死，吾自以爲至通矣；今吾聞至人之言，恐吾無其實，輕用吾身而亡吾國。吾與孔丘非君臣也，德友而已矣！」

夫才之全者，其天自定，不隨物而有遷，故死生、存亡、窮達、貧富、賢不肖、毁譽、飢渴、寒暑，皆事物〔一〕之變，與天運相爲流行，日夜相代乎其前，方生方死，方死方生，如環無端，雖有知者，不能規乎其始。規之言，求也。然但不能規乎其始而已，不可謂之未始有始也。蓋未始有始也者，混合和融，一而不分，謂之滑和，上篇所謂「遊心於德之和」，意蓋如此。故不足於滑和者，不可以入於靈府。一入靈府，則此心必受其變，而先天道樸之全體於是乎散矣。今使吾德之和豫通於死生窮達萬變之中而復不失其和，故曰：不失其兑。兑即和也，豫亦和也。此便是滑和。至人所以死生無變

〔一〕「事物」：各本作「事情」，據後註文改。

者，不失此和而已。使日夜無郤而與物爲春，郤者，不受而還之意。事物之變，日夜相代乎吾之前，知其不可柰何而安之若命，便是日夜無郤，無郤則不失其兑，不失其兑便與物爲春。常人不知命運，自然不肯安受，只一郤中生出多少乖戾！彼則常見其日夜無郤、與物爲春而已，是接而生時於心者也。接，謂應萬變。生時於心，則時行時止，莫非天運之自然。此箇和德，渾然不變於物交之感，便是全其天之所賦者，故曰才全。何謂德不形？曰：平者水停之盛也，水平故萬物盡準焉。然平則内能自保，停則外不摇蕩，水之平猶之德之和也。夫德者，成和之脩也，德即和德，脩之已而成焉者也。其曰不形者，言物不能離也，不能離，即一而不分、死生無變之意。

闉跂支離無脤説衛靈公，靈公説之，而視全人，其脰肩肩。甕㼜大癭説齊桓公，桓公説之，而視全人，其脰肩肩。故德有所長而形有所忘。人不忘其所忘而忘其所不忘，此謂誠忘。故聖人有所遊，而知爲孽，約爲膠，德爲接，工爲商。聖人不謀，惡用知？不斲，惡用膠？無喪，惡用德？不貨，惡用商？四者，天鬻也。天鬻也者，天食也。既受食於天，又惡用人？有人之形，無人之情。有人之形，故群於人；無人之情，故是非不得於身。眇乎小哉，所以屬於人也；謷乎大哉，獨成其天。闉，因。脤，辰。説，去。脰，豆。長，平。惡，平。知，平。食，似。謷，遨。

闉跂，曲跂也。無脤，無脣也。甕㼜大癭之狀，項瘤也。脰，頸也。肩肩，細小貌。二子醜惡之人，能使齊、衛之君説之，而反視全人之不如，所以者何？愛其德，自忘其形也。用是觀之，形有所短，德有所長。所短者能使人忘之而在己若忘，是謂必見其所短〔一〕。所長者能使人不忘而在己若不忘之，則必自伐其所長〔二〕。能不忘其所忘而忘其所不忘，則其忘也，是謂誠忘。就忘之一字上翻出自己學問，而以聖人證之。聖人者，誠能忘所不忘者也，其心有所遊也，以知識爲孽子而不親，以誓約爲膠固而不用，以德惠爲應接而不貴，以技能爲行貨而不居。何乎？聖人之心，何思也，何慮也，順其自然而已，惡用知？未雕也，未斲也，質任自然而已，惡用膠？所得於天者渾然全具，無喪也，而惡有於德？所積於己者深藏若虚，不售也，而惡用夫商？蓋有所用，則人也，而非天也。無所用，則遊以天矣。遊以天者，天鬻之。天鬻也者，天食也。聖人既食於天矣，而惡用乎人爲也？故有人之形而無人之情。有人之形，故群於人而不能以獨異。無人之情，故四者不用而是非不以得於身。然謂之無人之情，則聖人者似乎離世絶俗而不與物同春者，不知聖人之身常自謙抑，眇乎小哉，所以聯屬天下以成其身也，其心則謷乎大哉，浩然天遊，所以成其天也。老子所謂「不自大，故能成其大」，意蓋如此。成其天，則不惟忘其所不忘，抑且忘無可忘，而人不得以其所不忘者係之矣。

惠子謂莊子曰：「人故無情乎？」莊子曰：「然。」惠子曰：「人而無情，何以謂之人？」莊

〔一〕「是謂必見其所短」：校本作「則必有惡駭之嫌」。

〔二〕「則必自伐其所長」：校本作「則必有矜伐之病」。

子曰：「道與之貌，天與之形，惡得不謂之人？」惠子曰：「既謂之人，惡得無情？」莊子曰：「是非吾所謂情也。吾所謂無情者，言人之不以好惡内傷其身，常因自然而不益生也。」惠子曰：「不益生，何以有其身？」莊子曰：「道與之貌，天與之形，無以好惡内傷其身。今外乎子之神，勞乎子之精，倚樹而吟，據槁梧而瞑。天選子之形，子以堅白鳴。」選，去聲。

承上「無情」之旨，記與惠子辯者一段作結。惠子謂莊子曰：人故無情乎哉？故，如「則故而已」之「故」，謂本來也。莊子曰：然。惠子曰：人而無情，何以謂之人？莊子曰：人之形色象貌，皆自未始有始中來，皆道與之，道與之即天與之也。有自天中道中來者，尚不得謂之人乎？惠子曰：既謂之人，惡得無情？是將欲其塊然隤然如槁木如死灰而後謂之無情也，故莊子曰：非吾所謂無情也，謂不以好惡内傷其身、常因其自然而不益生之謂也。「益生」二字，本於老子「益生曰祥」，謂裨益於所生之外，而以人爲參之也。惠子窮其强辯，却説人之有身亦自益生中得來。蓋情欲之感亦非本有，介然而生於男女之交，人因託此而有身。今不益生，則連人亦無，故曰：不益生，何以有其身？莊子不與之辯，却以正答言：生不必益也，道與之貌，天與之形，生理本自完足，於本足中不能順其自然，横起是非好惡，逐妄迷真，非徒無益，而又害之。今子之精神，非道與之、天與之乎？乃外乎子之神，勞乎子之精，倚樹而吟，據槁梧而瞑。天選子之形，本無不足，却乃不能因其自然，與物相安於無情無事之天，徒以堅白之説嘵嘵然立是非同異於天下，兹不謂之益生而何哉？觀惠子與莊子辯論，却於箇事全未分曉，不知莊子何以與之爲友？

方壺外史説是篇已，於是重宣此義而作亂辭：

彼兀者駘，聖以爲師。死生無易，大變不遺。

審乎無假，守宗保始。能正其生，以止衆止。

遊心德和，一知所知。擇日登假，人則從之。

僑謂申嘉，我行子止。索人形骸，僑則過矣。

刖人鑑明，忘勢忘形。匪齊執政，取大先生。

尊足者存，叔山胡足。怪爾名聞，解其桎梏。

惡駭駘它，式重寡君。允矣才全，而德不分。

滑和靈府，與物爲春。日夜無郤，生時於心。

有跂有㼜，形短德長。充德之符，忘所不忘。

有人之形，無人之情。勿以好惡，而益其生。

何哉據梧，以堅白鳴？

内篇大宗師第六

大宗師，言道也。道者，自然而已，乃天所爲，故老子云：「天法道，道法自然。」知天之所爲之自然也，而不以人爲參之，斯得謂知之盛矣。此篇以自然爲宗，其旨意則在於以其知之所知養其知之所不知。至於死生之變，等之爲旦夜，窮達之故，信之爲有命，則非真知自然之所爲者，孰能與於此哉？篇中義諦，隨人根器大小，各有受用。熟讀此者，不惟可消貪鄙之私，而所謂性命之宗、上乘之學，亦不外是而得之矣。

知天之所爲、知人之所爲者，至矣！知天之所爲者，天而生也；知人之所爲者，以其知之所知以養其知之所不知，終其天年而不中道夭者，是知之盛也。雖然，有患。夫知有所待而後當，其所待者特未定也。庸詎知吾所謂天之非人乎，所謂人之非天乎？且有真人而後有真知。

夫天之與人，相待而成者也。天固自然矣，又必以人爲合之，然後人事盡而天理見。故知天之所爲，又知人之所爲，斯其至矣。何謂知天之所爲？知天之自然也。何謂知人之所爲？知人亦未始不爲天也，而盡人以合天，順其自然，而以其所知養其所不知，終其天年而不中道夭，斯得爲知之盛矣。何謂以其所知養其所不知？如人之年壽脩短，吾之所不知也，天也，然吾只知「緣督以爲經，可以養生，可以盡年」，故以其可知者盡諸己，而以其不知者付之天。然謂之養，則有「涵泳從容以俟之」之意。若妄有作爲而至於中道夭折，則是裨益於有生之外。既不能知其所知，而又不能養其所不知，可謂知乎？「雖然，有患」，又下一轉，言此處有病，還可商量。夫知必有所待而後當。當，謂知其當否。我今説他爲知之盛，何以見得？直待終其天年，了當此生，然後見得是能以其所知養其所不知者，然後見得他爲知之盛。今吾尚在眼前説話，其所待者猶未定也。未定，言未知日後何如，未見了當。詎知所謂天者非人乎，所謂人者非天乎？蓋善終者天，夭折者人，此必待事之既定而後知。今尚未定，則孰知爲天爲人？必有真人而後有真知，初不待其有定事而後有定見也。

何謂真人？古之真人，不逆寡，不雄成，不謩士。若然者，過而弗悔，當而不自得也。若然者，登高不慄，入水不濡，入火不熱，是知之能登假於道也若此。古之真人，其寢不夢，其覺無憂，其食不甘，其息深深。真人之息以踵，衆人之息以喉。屈服者，其嗌言若哇。其耆欲深者，其天機淺。

真人者，知天之所爲而順其自然者也。寡，寡薄也。成，成全也。謩，謀也。士，事也，古字通用。不逆寡者，知我之適遭其薄也，故安以受之而不逆。不雄成者，知我之所取之厚也，謙以承之而不雄。不謩士，知成敗之有數也，故不謀。過而弗悔，當而不自得，知得失之有命也，故不悔而不得。若然，則彼之天可謂定矣。天定者，物不足以累之，是故登高而不慄，入水而不濡，入火而不熱。三者皆人情之所易危，而彼處之漠然不以介乎其意，是蓋心有所主則自然不動，以是知其知之登假於道也若此。然謂之登假，則與道合真，非徒聞見之知而已。是故其寢也不夢，其覺也無憂，其食也不甘，其息也深深，其性定之符又若此。何以其寢無夢？凡人之夢皆識神所化；真人無識也，故其寢無夢。凡人與接爲搆〔一〕，日以心鬬，故有煩惱妄想憂苦身心；真人無妄也，故其覺無憂。味乃舌塵，因塵起識，故有甘苦分別，貪愛之念從此而起；真人不貪，故其食也不甘。心有靜躁，則氣之出入亦隨之而有淺深；真人性定於內，故息息常歸於其根。踵即根也。根者，人之大中極，氣所歸復之處，玄家所謂「命蒂」是也。衆人不得其養，以心使氣，心躁而氣亦與之俱躁，故衆人之息以喉。踵息之説，乃玄家「專氣」之要訣；所謂「心息相依」、「神氣相守」、「載營魄抱一，無離」，其旨皆不出此。丹經萬卷，言不能盡者，此老等閒一語泄破。讀莊子者，安得草草看過，徒以藉口談、資筆陣耶？屈服者其嗌言若哇，與人談論，心無定見，見無定理，一見真人，心自屈服。言，心聲也，心屈則言亦與之俱屈，其有應對，嗌咽若哇。哇者，吐貌。謂其言只在喉舌間支吾調弄，吞不下，吐不出，分明狀出一箇屈服的樣子。禪家以此機勘人，一受其勘，便見底蘊。其耆欲深者其天機淺，多欲之人易爲物誘，貌言視聽自是浮淺。「天機」二字下得最好。機者，發動所由。凡人形生神發，皆屬天機。得所養者，自是沉機不露，湛乎若淵，老子所謂「微妙玄通，深不可測」，符驗若此。此段

〔一〕「與接爲搆」：各本作「與搆爲接」，據齊物論改。

所論，一字一語參透，的有根宗，受用不盡！玄乎妙哉！

古之真人，不知悦生，不知惡死，其出不訢，其入不距，翛然而往，翛然而來而已矣；不忘其所始，不求其所終，受而喜之，忘而復之，是之謂不以心捐道，不以人助天，是之謂真人。

上言外物不干其心，此言死生無變於己。其出不訢、其入不距，即解上文。出，出世也。入，返造化也。二字本老子「出生入死」。訢，喜也。距，逆也。翛然，往來不難之貌。往即入也，來即出也。不忘其所始、不求其所終者，知其始自未始有始以來，則其終也亦歸於未始有始而已，更不必求。今之求其所終者曰「吾以修爲求證聖果」，便是有我，有我則不能與道合真。受而喜之〔一〕，受，受命而生也。忘而復之，復，復命而死也。既曰其出不訢，又曰受而喜之，却不相反，蓋不訢即承上「不悦生」而言。曰受而喜之，是言有生之後，常自懽喜快樂，初無戚戚不滿之意。及其復也，亦自以寂滅爲樂，而忘其爲死。此便是生死無變於己。蓋心一有所變則捐道矣。道無生死而人有二心，非棄道而何？以人助天〔二〕者，即老子所謂「狹其所居，厭其所生」，求益於有生之外者；真人只知養其自然而已矣。觀此一段，則知今之畏生死而求修證者猶落第二義，非空到也。

若然者，其心志，其容寂，其顙頯，凄然似秋，煖然似春，喜怒通四時，與物有宜而莫知其極。

〔一〕「受而喜之」：此段註文中凡三見，前二見各本均作「喜而受之」，據經文改。
〔二〕「以人助天」：各本均作「不以人助天」，據下文删「不」字。

故聖人之用兵也，亡國而不失人心，利[一]澤施乎萬世，不爲愛人。故樂通物，非聖人也；有親，非仁也；天時，非賢也；利害不通，非君子也；行名失己，非士也；亡身不真，非役人也。若狐不偕、務光、伯夷、叔齊、箕子、胥餘、紀他、申徒狄，是役人之役、適人之適，而不自適其適者也。

夫人堅而不可奪者之謂志。其心志者，始終如一，死生不能變也[二]。其容寂者，守靜之篤，萬感不能撓也。其顙頯者，廣大寬平，無慘蹙也。淒然如秋，滋味冷淡也。煖然如春，意思溫和也。喜怒通四時，與物有宜而不知其極，接而生時於心也。既曰喜怒通四時，則固有殺之而不怨，利之而不庸者。故聖人不得已而用兵也，亡人之國而不失人之心，澤施乎萬世不爲愛人。夫愛人者，樂與物通。樂與物通，非聖人也，受病在樂字上。聖人非不與物通也，但無心耳。無心，何樂之有？何謂有親非仁[三]？至仁無恩，不可得而親也，故有親非仁。何謂天時非賢？推測而知，非默契也，故天時非賢。人處利害之中，往往知利而不知害，在君子則知倚伏之幾、奇正之變，故利害不通不得謂之君子。行名失己者[四]，學求諸己，非爲名也，故行名喪實者不足以爲士。亡身不真者，幻妄之境，虛華之事，人皆徇之而亡其身，是謂受役於物者，故知不足以役人。

[一]「利」：校本無。下面註文各本亦均無。

[二]「始終如一，死生不能變也」：校本作「生死如一，始終不能變也」。

[三]「仁」：原作「人」，據校本改。

[四]「者」：各本無，據下文增。

若狐不偕、務光以下諸賢，是皆役人之役、適人之適而不能自適其適者。狐、胥、紀、申之事無考。然以務光辭國以自沉，夷、齊扣馬而餓死，箕子披髮以請囚，要皆事人之事以至於殆且辱者，其他可知，故皆不取。

古之真人，其狀〔一〕義而不朋，若不足而不承，與乎其觚而不堅也，張乎其虛而不華也，邴邴乎其似喜乎，崔乎其不得已乎，滀乎進我色也，與乎止我德也，厲乎其似世乎，謷乎其未可制也，連乎其似好閉也，悗乎忘其言也。以刑爲體，以禮爲翼，以知爲時，以德爲循。以刑爲體者，綽乎其殺也；以禮爲翼者，所以行於世也；以知爲時者，不得已於事也；以德爲循者，言其與有足者至於丘也，而人真以爲勤行者也。

再舉古之真人而極言以盡其形容。其狀義而不朋者，言以義與人，而非以黨乎人也。若不足而不承者，言以謙下人，而非以承乎人也。方者易割，廉者易劌，真人則與乎其觚而不堅。虛者易浮，華者少實，真人則張乎其虛而不華。與，與自然之貌。張者，大也。邴者，喜貌。崔者，下也。言真人似乎喜事，其實不得已而應之，如哀駘它「悶然而後應之」之意。滀乎其進我色也，滀者聚也，進我色者，言容色日見其充粹也。色則日見其進矣，而德則日見其止，止即「止於至善」之止，言止其所而不遷也。厲乎其似世而不可犯也，謷乎其大而不可制也，似世，謂如世人之以勢自大者，

〔一〕「狀」：原作「伏」，據註文及校本改。

二句即一意。連乎其似好閉，而機緘不可測也。悗乎其忘言，而聲音不可求也。連者，檢括之義。悗者，俯下之貌。以刑爲體，以禮爲翼，以知爲時，以德爲循。刑主肅殺，故以之爲主，爲道日損，損之又損，至於無損，故曰：綽乎其殺也。殺者，降殺之義。以禮爲翼者，柔和謙退，所以輔翼人道而行於世者，故曰：所以行於世也。以知爲時者，行乎其所當行，止乎其所不得不止，故曰：不得已於事也。以德爲循者，循是以登假於道，與人之有足以至於丘者同，而人真以爲勤行也，勤行則未免有欲速苦難。之真人，只知養其自然而已，何勤行之有哉？

故其好之也一，其弗好之也一。其一也一，其不一也一。其一，與天爲徒；其不一，與人爲徒。天與人不相勝也，是之謂真人。

到此方發出所以不悦生惡死之故。好即悦也，不好即惡也。所以不悦不惡者，知其一故也。一即天也，自然也。知其一，則不以人助天、以心捐道矣。所謂「必有真人而後有真知」者，知此而已。

死生，命也；其有夜旦之常，天也。人之有所不得與，皆物之情也。彼特以天爲父，而身猶愛之，而況其卓乎？人特以有君爲愈乎己，而身猶死之，而況其㊣真乎？

此又指言人之不能勝天處。如人之死生大數，稟於成質之後，如旦之必夜，而凡囿於氣數之中者，一毫人力有所不得而與，此皆物之實理，故曰物之情也。情之言，實也。此箇實理，主張於未始有物之先，所謂「卓」者「真」者，實在於是。人特以天爲父，而順父者多，順天者少，不知父也寄體之身〔一〕，而猶愛之，而况其卓焉者乎？人特以天之所子爲愈乎己，而敬君者多，敬天者少，不知君也代天之身，而猶徇之，而况其真焉者乎？蓋真即齊物論所謂「真君」〔二〕，而卓焉者，則維皇上帝，超形氣以獨存者也。知此則知天，視君父猶爲至親至尊，蓋不惟不可勝，而且不敢勝矣。不敢勝，則不敢棄之褻之，可知矣。

泉涸，魚相處於陸，相呴以濕，相濡以沫，不如相忘於江湖。與其譽堯而非桀也，不如兩忘而化其道。夫大塊載我以形，勞我以生，佚我以老，息我以死，故善吾生者，乃所以善吾死也。

夫天者，君也，父也，大宗師也，道也，一也。人之不能離是也，如魚之有水，故以魚喻。泉涸，則魚未免離水而陸處，雖其相呴相沫，徒勞形耳，孰與相忘於江湖者之爲得乎？以况人離於道，則一者不一，而是非毀譽紛然以生。與其譽堯而非桀也，孰若兩忘而化於道者之爲得乎？然非謂堯不當譽而桀不當非也，自道而觀，渾淪無别，何者爲善，何者爲不善，而可以非譽爲乎？此便是其一者一，其不一者一。不惟是非毀譽當付之兩忘，至於死生大變亦當忘之，而以其知養其

〔一〕「寄體之身」：各本作「寄體之之身」，據義删一「之」字。

〔二〕「齊物論」：各本作「内篇」，據出處改。

所不知。知大塊之以形載我也，而以生勞我也，以老佚我也，而以死息我也，順其自然，而不以人力與之，此便是兩忘而化於道。忘而化，便是善吾生，善吾生便是善吾死，蓋死生雖不一，而其一者未嘗不一也。此等議論，學人更當精心理會，所以解帝縣而登解脱者，實不外是。此大藏上乘義諦也。

夫藏舟於壑，藏山於澤，謂之固矣，然而夜半有力者負之而走，昧者不知也。藏大小有宜，猶有所遯。若夫藏天下於天下而不得所遯，是恒物之大情也。特犯人之形而猶喜之，若人之形者，萬化而未始有極也，其爲樂可勝計耶？故聖人將遊於物之所不得遯而皆存，善夭善老，善始善終，人猶效之，又况萬物之所係而一化之所待乎？

夫人能兩忘而化於道，則是能遊於物之所不得遯者而皆存。何者？道者，物之所不得遯者也。惟道可以長存，故死生壽夭一無所變。夫藏舟於壑，藏山於澤，可謂固矣，而不知石亦可移，舟亦可解，夜半之時，强有力者以壑之舟、載澤之山，負之而走，熟睡者不覺也。是藏之雖得宜，而猶有所遯也。若夫藏天下於天下而不得其所遯，則天下之善藏也，非得恒物之情實者，孰能之哉？何謂藏天下於天下？天下不一者物，至一者理。藏天下於天下者，知其理之一也；而一以自然付之，使物各得其自然，則是以天下之理藏天下之物，而我之理又藏於天下之中，故皆不得其所遯。此便是以其一者一其不一者。蓋一者，真實之理也；不一者，虚幻之形也。今人但謂形可永固，一得人身便生喜悦，藏之安富尊榮之中，狹其所居，厭其所生，若欲充其所喜之量，千變萬化，未有極也，爲喜可勝計耶？豈知喜不可常，樂不可極，夜半有力者來負之而走，可得謂之固耶？即此便是猶有遯處。聖人將遊於物之所不得遯者，便是不以其身爲身，而以道〔一〕爲身。惟道長存，故聖人亦與之而皆存，存則無夭無老、無始無終，寓此身於四者之中而皆稱之曰善。夫聖人也，而人猶效之，又況大宗師者爲萬物之所係、一化之所待者乎？一化，即萬化也。大宗師執此一者以爲化樞，故曰一化。

夫道，有情有信，無爲無形，可傳而不可受，可得而不可見，自本自根，未有天地，自古以固存，神鬼神帝，生天生地，在太極之先而不爲高，在六極之下而不爲深，先天地生而不爲久，長於上古而不爲老。豨韋氏得之，以挈天地；伏戲得之，以襲氣母；維斗得之，終古不忒；日月得之，終古不息；堪坏得之，以襲崑崙；馮夷得之，以游大川；肩吾得之，以處太山；黄帝得之，以登〔二〕雲天；顓頊得之，以處玄宫；禺强得之，立乎北極；西王母得之，坐乎少廣，莫知其始，莫知其終；彭祖得之，上及有虞，下及五伯；傅説得之，以相武丁，奄有天下，乘東維、騎箕尾而比於列星。

〔一〕「道」：原作「其道」，據校本删「其」字。
〔二〕「登」：各本作「遊」，據註文及宋本改。

到此方説出：大宗師者，道也。夫「有物混成，先天地生」，聖人不得已而强名之曰道，無形也，無爲也，而却有情有信者何？老子曰：「恍兮忽，其中有物。杳兮冥，其中有精。其情甚真，其中有信。」此數語者，千古論道之閟密藏也。莊子之學得之老子，直下便説有情有信。何謂有情有信？自「有欲以觀其徼」者言之也。情者，静之動也。信者，動之符也。信之一字，更爲閟密，千聖萬真同此一訣，必得師傳方有契悟，故曰可傳。然而不可受者，謂其不可見也。既不可受、不可見矣，何以可得？曰：本來無得，既失之後，返還而歸復之，方覺有得。自本自根，未有天地以固存，分明推到「未始有始也者」。神鬼神帝，生天生地，然後説到箇「有有也者」。此在吾儒，則周子所謂「無極」是也。故在太極之先而不爲高，在六極之下而不爲深。六極即六合也；六極之下，即佛書中所謂「風輪持之」，乃九地之最深者。先天地生而不爲久，長於上古而不爲老，總上四句，極讚道之爲物。以下言，是道也，帝不得不可以爲帝，日月星斗山川不得不可以爲日月星斗山川，仙真賢聖不得不可以爲仙真賢聖，正如老子所謂：「天得一以清，地得一以寧，神得一以靈，谷得一以盈，王侯得一以爲天下貞。」此段屬辭比事，更覺奇特。豨韋，古之帝王。挈天地，言整齊世界也。氣母二字，本老子「天下有始以爲天下母」。襲，取而有之之義。襲氣母，即老子所謂「守母」、「食母」。維斗，四維斗星。不忒者，不易其度也。日月不息，不晦其明也。堪坏，崑崙山神。馮夷，水神。黄帝得之以登雲天，即今傳言鼎湖上升之事。玄宫者，人君恭默思道之宫。禺强，北方之神。西王母，瑶池仙長也。少廣，宫名。彭祖，年壽八百，故上及有虞，下至五霸。傅説，商之賢相。箕、尾，東維七宿星名。韓子言傳説爲列星，意蓋〔一〕本此。

南伯子葵問於女偊〔二〕曰：「子之年長矣，而色若孺子，何也？」曰：「吾聞道矣。」南伯子葵曰：「可得學耶？」曰：「惡！惡可？子非其人也。夫卜梁倚有聖人之才而無聖人之道，我有聖人之道而無聖人之才。吾欲以教之，庶幾其果爲聖人乎？不然，以聖人之道告聖人之才亦易矣。吾猶守而告之，三日而後能外天下；已外天下矣〔三〕，吾又守之，七日而後能外物；已外物矣，吾又守之，九日而後能外生；已外生矣，而後能朝徹；朝徹而後能見獨；見獨而後能無古今；無古今而後能入於不死不生。殺生者不死，生生者不生。其爲物，無不將也，無不迎也，無不毁也，無不成也，其名爲攖寧。攖寧也者，攖而後成者也。」南伯子葵曰：「子獨惡乎聞之？」曰：「聞諸副墨之子，副墨之子聞諸洛誦之孫，洛誦之孫聞之瞻明，瞻明聞之聶許，聶許聞之需役，需役聞之於謳，於謳聞之玄冥，玄冥聞之參寥，參寥聞之疑始。」

上言得道，此復寓言道不易聞，尤不易傳。卜梁倚有聖人之道而無聖人之才，此「才」字指才力而言，所以資藉運量以成吾道者也。今二氏家僉言「法財兩濟，缺一不成」，意蓋如此。有其道矣，

〔一〕「蓋」：各本作「者」，據全書用詞改。
〔二〕「偊」：原作「媽」，據校本改。
〔三〕「矣」：原作「已」，據上下文及校本改。

有其才矣，猶未可與也，故守之三日七日乃至九日，審其果能忘物而忘我也，然後與之。外天下與外物何別？天下遠而物近，天下疏而物親，故外天下易而外物難。外物易而外生難，外生是忘我也。忘我而後能朝徹，朝徹者，清明瑩徹如平旦也。朝徹而後能見獨，見獨者，人不見而己獨見之也。見獨則無古今，無死生去來，而可與言道矣。既又自解何以入於不生不死。蓋殺生者不死，生生者不生。殺生者，心死而神活也。生生者，心活而神死也。且天下之有將迎成毁，與死生相對而貞勝，世人以心遊其間，一心方將，一心迎之，一心怕毁，一心成之，憧憧往來，無有窮已，此箇活潑之心烏能入於不生不死之鄉？今則無不將也，無不迎也，無不毁也，無不成也，順其自然，更無意必。若然者，其名謂之攖寧。攖，拂亂也。寧者，定義。復自解曰：攖寧也者，攖而後成者也。謂於紛紜擾亂之中而成大定。此便是「不壞世相而成實相」，如來所説上乘義諦，意蓋如此，非與其斷滅人事以求寂定然後可以成此名也。是道也，烏乎聞之？聞之副墨之子以下，皆莊子巧立名字，大是戲劇，前此未聞。副墨，文字也。洛誦，誦讀也。瞻明，審視也。聶許，耳[一]聶而心許之也。需役，耳有聽，手有書，皆待役於主人者。於謳，歎美謳歌也。玄冥，有氣之始。參寥，無名之始。疑始，無始之始。蓋言道理得之言語文字間，而領之以心，會之以神，則己之朝徹而獨見者也。此段直泄道妙。學者苟能會而悟之，則所謂「命宗性祖」一貫穿過，受用得力處不獨以其文也。

〔一〕「耳」：各本作「目」。據義改。

子祀、子輿、子犂、子來四人相與語曰：「孰能以無爲首、以生爲脊、以死爲尻？孰知死生存亡之一體者，吾與之友矣！」四人相視而笑，莫逆於心，遂相與爲友。俄而子輿有病，子祀往問之。曰：「偉哉，夫造物者將以予爲此拘拘也！曲僂發背，上有五管，頤隱於齊，肩高於頂，句贅指天，陰陽之氣有沴其心。」閒而無事，跰躃而鑑於井，曰：「嗟乎！夫造物者又將以予爲此拘拘也！」子祀曰：「女惡之乎？」曰：「亡，予何惡？浸假而化予之左臂以爲雞，予因以求時夜；浸假而化予之右臂以爲彈，予因以求鴞炙；浸假而化予之尻以爲輪，以神爲馬，予因而乘之，豈更駕哉？且夫得者時也，失者順也，安時而處順，哀樂不能入也，此古之所謂縣解也，而不能自解者，物有結之。且夫物不勝天久矣，吾又何惡焉？」

夫道無死生，故能入於不死不生者，乃可與聞道。此下寓言，皆以發明死生無變之意。子祀、子輿、子犂、子來四人相與議論所謂以死生爲一條者。人自未始有始以來，故以無爲首。從無入有，是故有有也者，故以生爲脊。造化息我以死，故以死爲尻。尻，尾也。有能知死生存亡首尾一體，則無悅生惡死之意矣。於是四人各相契悟，莫逆於心，遂與爲友。俄而子輿有病，子祀往問之。子輿言：造物偉哉，如此大乎！我與造物原同此大，乃賦我以形，爲此拘拘；又曲僂發背，上生五管，使我頤隱於齊、肩高於頂、髻指於天、陰陽沴厲之氣內干我心。閒嘗無事，扶曳而鑑於井，見其狀之傴僂，又自嘆曰：嗟乎！造物者又將以予爲此拘拘也！此拘拘，指病體而言。子祀曰：女惡之乎？惡是惡死。子輿曰：亡也，予何惡哉？假使造物者浸浸而化予之左臂以爲雞，則予自異物中安其常而適其適，故爲雞則求時夜，爲彈則求鴞炙，爲輪則予以神爲馬，因而乘之，化則自化，而我則有不化者存，此便是死生無變於己之意。且夫得者時也，失者順也，得失即死生存亡，如前所謂「適來，夫子時也；適去，夫子順也」。安時處順，則不悦生，不惡死，哀樂之情不能入也，此古之所謂縣解者。而不能自解者，萬物之有結之也。不知此「有」，幻妄不常，時不可留，天不可勝。物不勝天久矣，吾又何惡死以求勝天也哉？莊子篇篇主意只論死生。孰知人生處世，只爲悦生惡死，作出多少有爲之法，念念相續，以至没溺煩惱苦海，不能自脱。故此重重發出「死生一條」道理，欲人猛將此箇悦生惡死念頭一刀斬斷，直下安時處順，聽其自然，便可以還造化。識此竅者，三十二篇莊子盡可置之空虚無用之地，不消山野爲添註脚矣。

俄而子來有疾，喘喘然將死，其妻子環而泣之。子犁往問之，曰：「叱！避！無怛化！」倚其户與之語曰：「偉哉造化！又將奚以汝爲？將奚以汝適？以汝爲鼠肝乎？以汝爲蟲臂乎？」子來曰：「父母於子，東西南北，惟命之從。陰陽於人，不翅於父母。彼近吾死而我不聽，我則悍矣，彼何罪焉？夫大塊載我以形，勞我以生，佚我以老，息我以死，故善吾生者，乃所以善吾死也。今大冶鑄金，金踴躍曰：『我且必爲鏌鋣！』大冶必以爲不祥之金。今一犯人之形而曰：『人耳！人耳！』夫造化者必以爲不祥之人。今一以天地爲大鑪〔一〕，以造化爲大冶，惡乎往而不可哉？」成然寐，蘧然覺。

此段又發出所以當安當順的道理。「叱！避！無怛化」，叱妻子而避之，毋以哭泣驚怛將化者之人也。將以汝奚爲，將以汝奚適，言造物又不知將汝化做箇甚麽，又將汝往那裏去也。子來答言：去則東西南北隨其所之，爲則鼠肝蟲臂隨其所化。夫大冶鑄金，金必欲爲鏌鋣，則大冶者必以爲不祥之金矣。今以天地爲鑪，造物爲冶，陶鑄百物，而我於百物之中必欲爲人，則造物者寧不以予爲不祥人哉？成然而寐，蘧然而覺而已矣。寐覺亦是替死生二字者。此段議論，着實脱洒可愛。然以釋氏輪迴之説而觀，三惡道中，的有苦趣，一犯其中，急難自脱。脩行之人爲求斷此，是以割愛學道。今者却説惟其所命去，亦惡乎不可？不知何爲理長，似難決擇。今請復以父母命子、大冶鑄金二喻尋求至理。金之佳者決定鑄爲鏌鋣，子之賢者必不命之糞掃，六道升沉，隨其業力，果報臨身，誰容捍拒？莊子也只説得他一邊逍遥學問，不曾統爲衆生立箇方便法門。正如釋氏金剛經，佛爲發大乘者説，爲發最上乘者説，上根之人直下明了「三界惟心，一切惟識」，猛將箇生生念頭一刀兩斷，直下便得解脱，入於不生不死之鄉。此莊子喫緊爲人，咽喉下刀，更不爲立方便法門，與人打葛藤去也。

〔一〕「鑪」：各本作「鑪」，據宋本改。

子桑户、孟子反、子琴張三人相與友，曰：「孰能相與於無相與，相爲於無相爲？孰能登天遊霧，撓挑無極，相忘以生，無所終窮？」三人相視而笑，莫逆於心，遂相與友。莫然有間，而子桑户死，未葬。孔子聞之，使子貢往待事焉。或編曲，或鼓琴，相和而歌曰：「嗟來桑户乎！嗟來桑户乎！而已反其真，而我猶爲人猗！」子貢趨〔一〕而進曰：「敢問：臨尸而歌，禮乎？」二人相視而笑曰：「是惡知禮意？」子貢反以告孔子曰：「彼何人者耶？脩行無有而外其形骸，臨尸而歌，顔色不變，無以命之。彼何人者耶？」孔子曰：「彼遊方之外者也，而丘遊方之内者也。外内不相及，而丘使女往吊之，丘則陋矣！彼方且與〔二〕造物者爲人，而遊乎天地之一氣。彼以生爲附贅縣疣，以死爲决𤴯〔三〕潰癰。夫若然者，又惡知死生先後之所在？假於異物，託於同體，忘其肝膽，遺其耳目，反覆終始〔四〕，

〔一〕「趣」：校本作「趨」。
〔二〕「與」：原作「相」，據註文及宋本改。
〔三〕「𤴯」：原作「疣」，據校本改。
〔四〕「終始」：各本作「始終」，據註文及宋本改。

不知端倪，芒然彷徨乎塵垢之外，逍遥乎無爲之業。彼又惡〔一〕能憒憒然爲世俗之禮，以觀衆人之耳目哉？」

相與於無相與，言無心也。相爲於無相爲，言無爲也。登雲遊霧，撓挑無極，言行無轍迹也。相忘以生，無所終窮，言不悦生、不惡死也。此箇學問，同志者少，而三人皆莫逆於心，故相與定交。莫然有間，即無何、有頃。而子桑户死，孔子使子貢往吊之，則見子反、子張二人編曲鼓琴，相和而歌。曲即琴曲。嗟來桑户乎，乃琴曲也。返其真，謂還造化。言汝已返其真，則無心矣，無爲矣，而我猶爲人，則尚不免於有身有患也。猗者，嘆辭。子貢不知達者之意，却以世禮繩之，故二人者相視而笑曰：是惡知禮意？蓋禮之意，重在返始，故曰「禮不忘其始」。始，即未始有始也者。故聖人制禮，老子薄之，以爲滋僞首亂。論大道者，本來無物，其見自是如此，宜非世儒之所知也。故子貢以告夫子曰：彼何人耶，而曠蕩若是？君子禮以和行，不由禮，是無脩也，故曰：脩行無有。無以命之，謂不知唤作何等人物。孔子告之曰：是遊乎方之外者也。方外、方内，即釋氏所謂世法、出世法也。言彼與我，意趣不同。彼直與造物者爲徒，而遊於混芒一氣之中，以生爲寄，故有附贅縣疣之譬，死則大患乃解，喻如決疣潰癰乃稱大快。既有此等意見，又惡知死生先後之所在而以哀樂爲乎？且彼直謂此身幻耳，假於異物，託於同體，即圓覺經所謂地火水風四大假合而成幻身，及其死

〔一〕「惡」：原作「烏」，據註文及校本改。

也，骨髮齒爪歸之於地，精津血液歸之於水，煖氣歸火，動轉歸風，今者幻身復在何處？故忘其肝膽，遺其耳目，反覆終始，不知端倪，芒然彷徨乎塵垢之外而不知身世之何有，逍遥乎無爲之業而一任來去之自然，又惡能憒憒焉以强世之禮而觀示衆人之耳目乎哉？

子貢曰：「然則夫子何方之依？」曰：「丘，天之戮民也。雖然，吾與女共之。」子貢曰：「敢問其方？」孔子曰：「魚相造乎水，人相造乎道。相造乎水者，穿池而養給；相造乎道者，無事而生定。故曰：魚相忘乎江湖，人相忘乎道術。」子貢曰：「敢問畸人？」曰：「畸人者，畸於人而侔於天。故曰：天之小人，人之君子；人之君子，天之小人也。」

子貢一聞夫子方外方内之説，便問夫子立教何方之依？夫子自謙：丘乃天之戮民。戮民，即前上帝之縣不解者。「雖然」，又下一轉，言吾當與女共遊之有方之外。子貢便問：何術而得遊此？夫子曰：人之生於道也，如魚之生於水，故曰：魚則相造於水，人則相造於道。造之爲言，生也。然穿池而養給者不若相忘於江湖，無事而生定者不若相忘於道術，蓋彼則猶爲有方，此則遊於有方之外者。子貢言：如此則爲獨行人矣，敢問畸人？曰：畸人者，異於人而同於天，故曰：天之所謂小人，乃人中矜細行之君子也。夫以人中細行之君子爲天之小人，則人中獨行之人得不爲天之君子乎哉？

顔回問仲尼曰：「孟孫才，其母死，哭泣無涕，中心不慼，居喪不哀，無是三者，以善喪蓋魯國。固有無其實而得其名者乎？回壹怪之〔一〕。」仲尼曰：「夫孟孫氏盡之矣，進於知矣，唯簡之而不得，夫已有所簡矣。孟孫氏不知所以生，不知所以死，不知就先，不知就後，若化爲物，以待其所不知之化已乎？且方將化，惡知不化哉？方將不化，惡知已化哉？吾特與女其夢未始覺者耶？且彼有駭形而無損心，有旦宅而無情死。孟孫氏特覺，人哭亦哭，是自其所以乃。且也相與『吾之』耳矣，庸詎知吾所謂『吾之』乎？且汝夢爲鳥而厲乎天，夢爲魚而没於淵。不識今之言者，其覺者乎，其夢者乎？造適不及笑，獻笑不及排，安排而去，化乃入於寥天一。」

以善喪蓋魯國者，言以善居喪之名蓋於一國也。回一怪之，一常怪之也。夫子言：孟孫氏盡之矣，進於知矣。盡謂盡道，知謂知天。夫大道，本無所有，降而入於名相之中，則當芟繁就簡，返於太樸。而人之情有所不得已者，夫惟簡之而不得，則於不得之中而行所謂簡者，今已有所簡矣。謂如無哭不得，簡而至於無涕；無心不得，簡而至於無慼；無喪服不得，簡而至於無哀：所謂「於世法中而行出世法」者，孟孫氏其知矣！夫死生亦大矣，而彼且不知所以生、不知所以死，一意付之自然。不知所以生故不就先，不知所以死故不就後，就先則喜心生焉，就後則惡心生焉，而彼皆不知也，直與萬物同化於大鑪大冶中，以汝奚爲、以汝奚適，皆所不知，一意安時處順。以待所不知之化

〔一〕「壹」：校本作「一」。

已乎者，休心滅意之謂。方且將化，順其將化，惡復知有不化者哉？方且不化，順其不化，惡復知有已化者哉？蓋化與不化，等之夢覺。今吾與女，特夢而未覺者也，烏得以女爲怪異耶？且彼之居喪也，特有駭形而無損心。有駭形者，喪之容也。無損心者，不滅性也。所以無損心者，知其有旦宅而無情死也。生猶旦也，宅猶寄也。人生直寄宅於旦，死則夜而歸耳，必非實死，故無情死。情之言，實也〔一〕。彼之見解，若此不荼世情，故人哭亦哭以行世法，是自其所以欲簡之而不得，而已有所簡也。「所以乃」三字亦奇，猶言乃所以如此也。且汝所以怪之者，特「我見」耳，故曰：且也相與吾之耳矣。吾即我也。焉知吾之所見當否何如，故曰：庸詎知吾之所謂「吾之」乎？且汝夢爲鳥而厲乎天，夢爲魚而没於淵，如此顛倒幻境，俱在未覺之中，不可據以爲實。今之所謂「吾之」者，其果覺語耶，夢語耶？大抵人人多是説夢。若是覺人，不復生此顛倒怪異，直將化與不化任其自然，不復更生悦惡而有損心。造適者不及笑，獻笑者不及排，知自然之妙用者，人不得而參之。造適者，適意之極也。不及笑者，不暇及於笑也。獻笑者，因物之可笑，適然而笑，初不暇於安排。此蓋自然而然，一天之所爲也。去其安排人力之私，則化而入於天矣。入於天，然後謂之遊於有方之外，謂之畸於人而侔於天，謂之覺人。寥天一，即天也，道也，自然也，大宗師也，造物也。

〔一〕「情之言實也」：原作「情言實也」，校本作「情猶實也」，據本書前後用語改。

意而子見許由，許由曰：「堯何以資汝？」意而子曰：「堯謂我：『汝必躬服仁義而明言是非。』」許由曰：「而奚來爲軹？夫堯既已黥汝以仁義而劓汝以是非矣，汝將何以遊夫遥蕩恣睢轉徙之塗乎？」意而子曰：「雖然，吾願遊於其藩〔一〕。」許由曰：「不然。夫盲者無以與乎眉目顔色之好，瞽者無以與乎青黄黼黻之觀。」意而子曰：「夫無莊之失其美，據梁之失其力，黄帝之忘其知，皆在鑪錘之間耳。庸詎知夫造物者之不息我黥而補我劓，使我乘成以隨先生耶？」許由曰：「噫！未可知也。我爲汝言其大略：吾師乎！吾師乎！䪡萬物而不爲義，澤及萬世而不爲仁，長於上古而不爲老，覆載天地、刻彫衆形而不爲巧。此所遊已！」

何以資汝〔二〕，謂何以教汝也。躬服仁義而明言是非，乃人所爲世法也。「奚來爲軹〔三〕」，軹，語助辭。言汝既有先入之言於胸中，則已漬仁義之黥墨而受是非之劓傷矣，汝將何以遊於逍遥自在之境乎？恣睢，縱横也，轉徙，變動也，即所謂「撓挑無極，彷徨塵垢」之意。「雖然，吾願遊其藩」，言夫子之道吾雖不敢窺其堂奥，願遊其藩籬。盲瞽之喻，言汝無受道之資，難以語道。無莊，美人。

〔一〕「藩」：原作「蕃」，據註文及校本改。
〔二〕「汝」：原作「女」，據經文及校本改。
〔三〕「奚來爲軹」：各本作「奚爲來軹」，據經文改。

據梁，勇士。黃帝，神知之君。言至人有教，能使人之〔一〕失其平昔之所自有者亦在夫子陶鑄之間耳。今見夫子，安知非造物者之息我黥、補我劓，使我乘成以隨先生耶？成，渾成完具之義。言昔者窾鑿不全，今乃息黥補劓以事先生，則庶乎乘此以全其真純，返其大樸。未可知者，言汝亦未見得便能如此。「吾師乎吾師乎」以下，是言大宗師之德，無可名言。蓋堯以仁義教人，吾師則整萬物而不爲義，澤萬世而不爲仁。不爲仁、不爲義，即老子所謂「生而不有，爲而不恃，長而不宰」之義。整萬物者，有時銷殺萬物盡爲整粉，但不得以義名之者，無心自然故也。長於上古而不爲老者，溟溟涬涬，立於未始有始之先，而千古萬古常如一日，不見其老。又且覆載天地，刻彫衆形，若有工巧以制御之，而不得以巧名者，無心自然故也。吾師之德若此，此吾之所遊心也，又何屑屑焉於仁義之端、是非之辯乎哉？

顏回曰：「回益矣。」仲尼曰：「何謂也？」曰：「回忘仁義矣。」曰：「可矣，猶未也。」他日復見，曰：「回益矣。」曰：「何謂也？」曰：「回忘禮樂矣。」曰：「可矣，猶未也。」他日復見，曰：「回益矣。」曰：「何謂也？」曰：「回坐忘矣。」仲尼蹵然曰：「何謂坐忘？」顏回曰：「墮支體，黜聰明，離形去知，同於大通，此謂坐忘。」仲尼曰：「同則無好也，化則無常也。而果其賢乎？丘也請從而後也。」

〔一〕「人之」：各本作「人人」，據義改。

此段借顏子以形容造道之妙。畢竟顏子學問自博文約禮中來，然尚守而未化。曰忘仁義、忘禮樂、墮肢、黜聰、心齋、坐忘，别是莊子一段學問。如今所謂禪家者流，大率類是。又道經云「忘我、忘物、忘忘」，亦是此意。然又須知，此箇忘字，與外道所謂「頑空、斷滅」者，萬萬不侔。即是一箇「心普萬物而無心，情順萬事而無情」，乃其宗旨。此段所言仁義禮樂聰明知慧，對大道而言，皆屬支離竅鑿，把作不好字面看，承老子云「絕聖棄知，絕仁棄義」，意蓋如此。讀莊老者，當具别眼，不得以吾儒見解例之。

子輿與子桑友，而淋雨十日，子輿曰：「子桑殆病矣。」裹〔一〕飯而往食之，至子桑之門，則若歌若哭，鼓琴曰：「父耶？母耶？天乎？人乎？」有不任其聲而趣舉其詩焉。子輿入，曰：「子之歌詩何故若是？」曰：「吾思夫〔二〕使我至此極者〔三〕而弗得也。父母豈欲吾貧哉？天無私覆，地無私載，天地豈私貧我哉？求其爲之者而弗得也。然而至此極者，命也夫！」

一篇到此，將箇造物無心作總結。子桑鼓琴，不任其聲而趣舉其詩，言歌不成聲而其詞促也。

〔一〕「裹」：全書原作「褁」，據校本改。
〔二〕「夫」：原作「天」，據文義及宋本改。
〔三〕「者」：各本作「貧」，據文義及宋本改。

父母不欲吾貧，天地不私貧我，以此而求造物，皆屬有心，所以求之而不可得。一句斷煞曰：然而致此極者，命也夫。蓋謂之曰命，則固有莫之爲而爲、莫之致而致，而非己之所與知者。所謂「養其所不知」者，養此而已。然必求之而弗得也，而後謂之自然。一有可求可思，非自然矣。

方壺外史説是篇已，重宣此義而作亂辭：

彼天所爲，莫知其然。養所不知，何人非天？
越彼真人，乃有真知。登假於道，生死無蘄。
不悦不惡，翛然往來。自適其適，容與平懷。
彼天誰子？曰大宗師。有情有信，無形無爲。
得之者昌，傳亦不易。獨惡乎聞？遠自疑始。
彼祀來者，及以琴張。旦夜生死，倚歌相羊〔一〕。
子貢守禮，顔回坐忘，許由惡黥，孟孫善喪。
同於大通，化乃無常。桑户究貧，其命也夫。
養所不知，與天爲徒。

〔一〕「相羊」：離騷「聊逍遥以相羊」，王逸註：「逍遥、相羊，皆遊也。」

内篇應帝王第七

老子云：「王法天，天法道，道法自然。」此篇以「應帝王」名者，言帝王之治天下，其與〔一〕道相應如此。

齧缺問於王倪，四問而四不知。齧缺因躍而大喜，行以告蒲衣子。蒲衣子曰：「而乃今知之乎：有虞氏不及泰氏。有虞氏其猶藏仁以要人，亦得人矣，而未始出於非人。泰氏其卧徐徐，其覺于于，一以己爲馬，一以己爲牛，其知情信，其德甚真，而未始入於非人。」

齧缺四問，即前齊物論中所載者。此箇「知」字，乃人之知識分別，鑿混沌，散大樸，此爲最先，故大道忌之。齧缺因王倪之不知也，從此有悟而喜。蒲衣子曰：汝今乃知之乎，有虞氏不及泰氏。有虞氏藏仁以要人，雖得人矣，而未始出於非人。非人則天也，不出於天則非無爲自然可知矣。泰氏其卧徐徐，其覺于于。徐，紆徐也。于于，自得之貌。一以己爲馬牛者，從人呼馬呼牛，更不分別也。泰氏其知道乎？道有情有信，故曰：其知情信。情信，只是箇混沌未分，故其德甚真，而未始入於非人。蓋使知有所入，則亦不得謂之自然矣。

〔一〕「與」：各本無「與」字，據一、十九、二十六、三十二章註文作「與道相應」而補。

肩吾見狂接輿。狂接輿曰：「日中始何以語汝？」肩吾曰：「告我：君人者以己出經式義度人，孰敢不聽而化諸？」狂接輿曰：「是欺德也。其於治天下也，猶涉海鑿河而使蚉負山也。夫聖人之治也，治外乎？正而後行，確乎能其事者而已矣。且鳥高飛以避矰弋之害，鼷鼠深穴乎神丘之下以避熏鑿之患，而曾二蟲之無知？」

日中始，人名，肩吾之所先見者。以己出經，經，常道也。式義，以義爲程式也。度人，猶言化人。蓋吾儒所謂「議道自己」〔一〕者，接輿却以爲欺德而難於化理。欺者，不實之義。言此非實德，不可以爲治。然此處定有商榷〔二〕，不得一以異説誣之。莊子之意，只在箇無爲自然，以不治治天下，其旨大率本之老子。蓋大道之世，人皆相忘於道術，故無庸於治而自無不治。若有心設法以治之，則人皆以有心應之，而出於吾治之外者抑又多矣。且聖人之治天下也，爲治外乎？爲治內乎？治內者，治之以不治，正而後行，確乎能其事而已矣。正，謂正性。能，謂良能。言人順性命之理而行，自然確乎有箇本分之能事，不必更以經義裁之。若爲置箇典常法度，使人人取式而行，雖則不外乎所性之理，却不是自他性中自然流出者，故此但爲治外。但治其外，則人必有出吾法制之外

〔一〕「議道自己」：語出禮記表記。鄭玄註：「自己，自盡己所能行。」孔穎達正義：「是故君子議道自己者，好仁之法，須恩惠及人，當恕己而行，故君子謀議道理，先自己而始。」

〔二〕「榷」：各本作「確」，據義改。

者，待其出而吾以律令繩之，從此便有矰弋熏鑿之患驚擾天下，而天下之求以避我者抑又多矣。夫鳥鼠尚有避患之知，而百姓曾二蟲之無知乎？使百姓有避患之心，天下安得而治乎？

天根遊於殷陽，至蓼水之上，適遭無名人而問焉，曰：「請問爲天下？」無名人曰：「去！汝鄙人也，何問之不豫也！予方將與造物者爲人，厭則又乘夫莽眇之鳥〔一〕，以出六極之外，而遊無何有之鄉，以處曠埌〔二〕之野。汝又何帠以治天下感予之心爲？」又復問，無名人曰：「汝游心於淡，合氣於漠，順物自然而無容私焉，而天下治矣。」帠，爲字。

豫者，無心而順適之謂。問之不豫，言不能適然於心，而勞勞以治天下爲也。游心於淡，無擾雜也。合氣於漠，無聲臭也。此即所謂「不顯」、「篤恭」者〔三〕，故不見其有作爲之迹，但順物之自然而已，一無容私焉，則天下自治矣。今之治天下者，其受病只在「容私」二字。蓋不能以天下養天下，而以天下養一人，不能以一人爲天下，而以天下爲一人，雖行仁義，可得謂之無容私乎？宜乎大道所不取也。

〔一〕「鳥」：宋本作「鳥」。

〔二〕「曠埌」：校本作「壙埌」。

〔三〕「不顯」、「篤恭」：中庸第三十三章：「詩曰：『不顯惟德！百辟其刑之。』是故君子篤恭而天下平。」朱熹註：「不顯，說見二十六章，此借引以爲幽深玄遠之意。承上文言天子有不顯之德，而諸侯法之，則其德愈深而效愈遠矣。篤，厚也。篤恭，言不顯其敬也。篤恭而天下平，乃聖人至德淵微，自然之應，中庸之極功也。」

陽子居見老聃，曰：「有人於此，嚮疾疆梁，物徹疏明，學道不勌，如是者，可比明王乎？」老聃曰：「是於聖人也，胥易技係，勞形怵心者也。且也虎豹之文來田，猨狙之便執斄之狗來藉。如是者，可比明王乎？」陽子居蹵然曰：「敢問明王之治？」老聃曰：「明王之治，功蓋天下而似不自己，化貸萬物而民弗恃，有莫舉名，使物自喜，立乎不測，而遊於無有者也。」

嚮疾者，敏於向道。强梁者，勇於行道。物徹者，周知物情。疏明者，疏通明達。可比明王乎，比，猶及也。胥易技係，胥者胥徒，易者更番直事，技者工技，係者居肆省功，此等人皆勞形怵心，不能自適其適者也。虎豹之皮以文而來人之田，猨狙執犬以捷而致人之藉。田，獵取也。藉，繩係也。此物之才美累身而不能自適其適者也。勤於學道而不能自適其適者，此類之謂焉耳，而可比於明王乎哉？然則敢問明王之治？夫明王者，有蓋天下之功而似不自己，有貸萬物之化而民弗恃，有高天下萬世之名而人莫可舉，常使民皞皞自喜而不知誰之所爲，蓋立乎不可測識之地，而遊於無何有之鄉者也。不測、無有，只是箇無爲自然，與老子「生而弗有，爲而不恃，長而不宰」之意同。

鄭有神巫曰季咸，知人之死生、存亡、禍福、壽夭，期以歲月旬日若神。鄭人見之，皆棄之而走。列子見之而心醉，歸以告壺子曰：「始吾以夫子之道爲至矣，則又有至焉者矣。」壺子曰：「吾與汝既其文，未既其實。而固得道與？衆雌而無雄，而又奚卵焉？而以道與世亢，必信夫故人得而相汝。嘗試與來，以予示之。」明日，列子與之見壺子。出而謂列子曰：「嘻！子之先生死矣！弗活矣！不以旬數矣！吾見怪焉，見濕灰焉。」列子入，泣涕沾襟以告壺子。壺子曰：「鄉吾示之以地文，萌乎不震不正，是殆見吾杜德機也。嘗又與來。」明日，又與之見壺子。出而謂列子曰：「幸矣！子之先生遇我也，有瘳矣！全然有生矣！吾見其杜權矣！」列子入，以告壺子。壺子曰：「鄉吾示之以天壤，名實不入，而機發於踵。是殆見吾善者機也。嘗又與來。」明日，又與之見壺子。出而謂列子曰：「子之先生不齊，吾無得而相焉。試齊，且復相之。」列子入，以告壺子。壺子曰：「吾鄉示之以太沖莫勝，是殆見吾衡氣機也。鯢桓之審爲淵，止水之審爲淵，流水之審爲淵。淵有九名，此處三焉。嘗又與來。」明日，又與之見壺子。立未定，自失而走。壺子曰：「追之！」列子追之不及，反以報壺子曰：「已滅矣，已失矣，吾弗及已。」壺子曰：「鄉吾示之以未始出吾宗。吾與之虛而委蛇，不知其誰何，因以爲弟靡，因以爲波流，故逃也。」然後列子自以爲未始學，而歸，三年不出，爲其妻爨，食豕如食人，於事無與親，彫琢復樸，塊然獨以其形立，紛而封哉，一以是終。弟，頹。

又自「立於不測，遊於何有」生下意來。蓋凡心有所主，故人得以名相測之，說出壺子一段，以見聖人之所以不可測者，遊於何有也。神巫善相而鄭人走，畏其言之靈驗也。列子未盡其實而固謂有道，則惑矣。夫卵腹於雌而朕於雄，兆呈於色而映於心，無雄則無卵矣，無心則無兆矣，子必以道自亢一世，故信乎人得而相汝也。試與之來，以我示之。則見壺子有濕灰之色，而遂以爲死。濕灰者，火之將死而灰猶有氣色者也。蓋壺子脩觀，以地文示之。地文者，藏心於淵，將箇生機萌於九地之下而不動，故曰：萌乎不震。不正，言不定也。曰萌則似生，不動又似死，故曰不正。是殆見吾杜德機，杜者閉義，德機即生機也。明日又來，則曰：子之先生遇我也有瘳矣。此一句寫出行術人的話頭，最爲親切。吾見杜權矣，權即機意。蓋壺子脩觀，示之以天壤。天壤者，遊心於虛，空諸所有，故名實不入，只有一段生氣自踵而發。踵，即「真人之息以踵」之「踵」，人之大中極也，人之生氣出機入機皆本於此。是殆見吾善者機也，善機亦即生機，猶言好機。明日又來，則見其容色不齊，不齊即不正之義，故待其齊而復相之。蓋壺子示之以太沖莫勝。太沖莫勝與天壤、地文，皆是觀名，太沖即沖漠〔一〕之氣，莫勝言無偏勝也。衡氣機亦即生機。衡，如「執圭平衡」之「衡」。言氣機之發於衡者可見如此。而林鬳齋直以衡爲平義，以爲半動半静不若以動静互融爲平，方得太沖莫勝之旨。「鯢桓之審爲淵」一段，總攝上三觀而言。淵者，深昧不測之義。審者，專一執定之稱。機發於踵，是鯢桓也。不震不正，是止水也。不齊，是流水也。故曰：此處三焉。他日又來，神巫立尚未

〔一〕「漠」：原作「模」，據校本改。

定，自失而走，蓋壺子示之以未始出吾宗。宗，即禪家所謂「本性」，道家所謂「元神」。未始出吾宗，即所謂「未始有始也者」。虚而委蛇，不知誰何，蓋不惟杜機不動，連機亦無，順化自然，委委蛇蛇，不可名狀，故因以爲頽靡，因以爲波流，捉摸不定而走也。於是列子自悔所學之膚淺，歸而三年不出。然要當知學箇甚麼？學箇自然也者，學箇忘己、忘物而忘忘也者。故反執妻爨，不知其有妻也；食豕食如人食，不知其有己也；一切世故無與爲親，不知其有人事也。返彫歸樸，塊然獨以形立，塊然，無情無爲之貌。紛而封哉，封即齊物論中所謂「封畛」，言尚不知有己，孰知所謂紛而封哉？一以是終，言終身以此爲常也。「三年不出」以下，直指學問真訣，得之者受用不盡。玄乎妙哉！

無爲名尸，無爲謀府，無爲事任，無爲知主。體盡無窮而遊無朕，盡其所受乎天而無見得，亦虚而已。至人之用心若鏡，不將不迎，應而不藏，故能勝物而不傷。一

既以「立乎不測，遊於無有」撰出一段壺子説話，此又發揮正意，以盡未盡之藴。無爲名尸，尸之言，主也，名者實之賓，實者名之主；不爲名主，則不特無近名之心，而所以致名之實者亦遣而無有，此便是「名實不入」之意。無爲謀府，府之言，聚也；吾儒只説得箇「集衆思、廣忠益」，大道却説「自然而然」、「何思何慮」，故不爲謀府。無爲事任，任者，有心擔當之謂。無爲知主，知即主也，爲知主則任事矣；大道「長而不宰」，故不爲知主。此四「無爲」字，是教人禁止之意。體盡無窮而遊無朕者，人有爲則有窮，無爲則何窮之有？故體道則盡於無窮，而遊心則入於無有。無朕，即無有也，無有即「未始有始也者」。吾自未始有始以來所受以生之理，本來無有，今既無有，却是盡其所

受於天者，雖名有得，實無所得，故無見得。見，猶「見在」之見。佛説「我於燃燈佛所，於法實無所得」，意蓋如此。知是則知道之本體亦虚焉盡之矣。虚的樣子，如鏡之照物，不將不迎，來則應之，過則不留，故曰不藏。至人之心亦復如是，故能勝萬物而不傷。勝字，平讀，言能任萬感也。不傷，謂不損本體。此段於長行中突起峰頭而過脉不斷，看他文字起伏之妙。

南海之帝爲儵，北海之帝爲忽，中央之帝爲渾沌。儵與忽時相〔一〕與遇於渾沌之地，渾沌待之甚善。儵與忽謀報渾沌之德，曰：「人皆有七竅以視聽食息，此獨無有，嘗試鑿之。」日鑿一竅，七日而渾沌死。

上言至人能勝萬物而不傷，蓋以虚而應物，渾然而無竅鑿之迹也，故本體不傷。莫學南海之儵、北海之忽，謀報渾沌之德，日鑿一竅，七日而渾沌死，此便是有傷底樣子。南海之帝，火德也。北海之帝，水德也。中央之帝，土德也。水能流，火能燄，故名之曰儵曰忽。土沖氣，故名之曰渾沌。此箇寓言，却是人身中法象，五行四象全入中宫，故中央之帝待之甚善。爲二帝者自宜收聽返視，徑入虚無，混合和融，打成一片，方爲報德；柰何欲以色聲香味報之？日鑿一竅，使之視聽食息，故七竅開而渾沌死。夫人之生也，道與之貌，天與之形，本體之真渾然如未彫之樸。此箇渾沌，人人有之，自夫形生神發之後，知誘物化，緣六根而染六塵，因六塵而起六識，於是愛憎是非紛然互

〔一〕「相」：原無，據校本補。

作，逐妄迷真，去道日遠。清静經所謂：「既着萬物，即生貪求。既生貪求，即是煩惱。煩惱妄想，憂苦身心，流浪生死，永失真性。」聖賢喫緊爲人，往往立教，以返還歸復爲本。老子云，「復歸於嬰兒」，「復歸於無極」，「復歸於樸」，蓋謂是也。而孟子之書亦云：「大人者，不失其赤子之心。」三教聖賢同一宗旨。莊子南華三十二篇，篇篇皆以自然爲宗，以復歸於樸爲主，蓋所以羽翼道德之經旨。其書有玄學，亦有禪學，有世法，亦有出世法，大抵一意貫串，所謂「天德王道」皆從此出。學者苟能虚心讀之，久而恍然，真不覺其有手之舞之、足之蹈之者。

於是方壺外史説是篇已，重宣此義而作亂辭：

齧缺四問，王倪不知。知亦無有，奚以問爲？
虞不及泰，藏仁要人。于于徐徐，其德乃真。
出經式義，是曰欺德。正而行之，不立矰弋。
游心於淡，合氣於沖，順物自然，天下化中。
嚮疾彊梁，物徹疏明。難比明王，怵心勞形。
立乎不測，遊於無有。壺子淵默，神巫却走。
聖心如鏡，勝物不傷。儵忽竅鑿，渾沌以亡。
虚而委蛇，不迎不將。無爲自然，以應帝王。

南華真經副墨卷之三　恬字集

外篇駢拇第八

内篇七篇，莊子有題目之文也，其言性命、道德、内聖外王，備矣。外篇，則標取篇首兩字而次第編之，蓋所以羽翼内篇而盡其未盡之藴者。予嘗謂，讀南華者當熟内篇，内篇熟，則外篇雜篇，如破竹數節之後，可以迎刃而解矣。

駢拇篇以道德爲正宗，而以仁義爲駢附，正好與老子「失道而後德，失德而後仁，失仁而後義」參看。一部莊子宗旨，全在此篇。末用一句叫出「予愧於道德，是以上不敢爲仁義之操，而下不敢爲淫僻之行」，上下俱不爲，則虚静恬淡寂寞無爲，而道德之正、性命之情於是乎得之矣。

駢拇枝指，出乎性哉，而侈於德；附贅縣疣，出乎形哉，而侈於性；多方乎仁義而用之者，列於五藏哉，而非道德之正也。是故駢於足者，連無用之肉也；枝於手者，樹無用之指也；多方駢枝於五藏之情者，淫僻於仁義之行，而多方於聰明之用也。是故駢於明者，亂五色，淫文章，青黄黼黻之煌煌非乎？而離朱是已。多於聰者，亂五聲，淫六律，金石、絲竹、黄鐘、大吕之聲非乎？而師曠是已。枝於仁者，擢德塞性以收名聲，使天下簧鼓以奉不及之法非乎？而曾、史是已。駢於辯者，纍瓦、結繩、竄句，遊心於堅白同異之間，而敝跬譽無用之言非乎？而楊、墨是已。故此皆多駢旁枝之道，非天下之至正也。縣，玄。跬，屑。

駢，連合也。拇，足大指也。枝，岐出也。指，手左右指也。駢拇枝指，蓋手足之有異相者。言駢拇枝指雖若性生，却非夫人所同得者，故曰：出乎性哉而侈於德。贅，餘肉也，疣，瘻瘤也，蓋身體之有異病者。言附贅縣疣生於有形之後，却非本來之所有者，故曰：出乎形哉而侈於性。侈之言，多也。謂之曰侈者，則知皆無用之物，而非吾人之正受。以譬多方乎仁義而用之者，雖曰五性感動，列於五藏以配五行，而不知其非道德之正。何者？道則原無名相，德則一而不分，所以道德經云：「失道而後德，失德而後仁，失仁而後義。」夫自道德降而仁義興，亡羊始多岐矣。今人但謂仁義不可勝用，而不知自大道觀之，等諸駢枝，均一無用。是故駢於足者連無用之肉也，枝於手者樹無用之指也，多方駢枝於五藏之情者，淫僻於仁義之行而多方於聰明之用者也。古之人有行之者，自以爲至矣，是故駢於明者，亂五色，淫文章，青黄黼黻之煌煌非乎，而離朱是已；多於聰者，亂五聲，淫六律，金石、絲竹、黄鐘、大吕之聲非乎，而師曠是已。夫離朱也，師曠也，自以審音辯色爲天聰明之盡矣，而不知大道之極，窈冥昏默，何音可審，何色可辯？是以善體道者，返吾視，收吾聽，喪其耳，忘其目，聰明不用也，而歸於樸。老子云：「五音令人耳聾，五色令人目盲。」理會到此，方知離朱、師曠適足階亂，以故大道無取焉。枝於仁者，擢德塞性以收名聲。擢之言，拔也。塞，如塞源之塞。言爲仁者，拔其德之卓者而塞其性之流者，以此收取聲聞，使天下同聲附和，如鼓笙簧，曰：是人也，爲法於天下，可傳於後世，吾弗可及也，故曰：使天下簧鼓以奉不及之法。彼所謂枝於仁者非歟？而曾、史是已。曾、史，註：曾曰參，史曰鰌，二子忠孝之盛而仁義之則也，理或宜然。駢於辯者，滑稽如累瓦，佶屈如結繩，竄句於古人章句之中而求以自證，游心於堅白同異之間而求以自異。敝跬，即參同所謂「敝髮腐齒」之意，言終身以此無用之言互相推譽。彼所謂駢於辯者非乎？而楊、墨是已。凡此皆多駢旁枝之道，而非天下之至正也，至正則道德是已。此篇所論，乃老子「上德不德」之疏義。儒者讀之，殊覺刺〔一〕眼。於此勘過，許汝抹過上頭關也。

彼正正者，不失其性命之情。故合者不爲駢，而枝者不爲跂，長者不爲有餘，短者不爲不足。是故鳧脛雖短，續之則憂，鶴脛雖長，斷之則悲。故性長非所斷，性短非所續，無所去憂也。意仁義其非人情乎？彼仁義何其多憂也！ 跂，岐。

今之駢枝於仁義之行者自謂正道，而不知既曰駢矣枝矣，非正正也。彼正正者，獨全其所受於天之實理，故曰：不失其性命之情。情之言，實也。性命之情，渾然天成，隨賦各足，無所謂合也。

〔一〕「刺」：各本作「剌」，據義改。

故合之而不爲駢，無所謂枝也。故枝之而不爲跂，無所謂長與短也。故長者不見其有餘，短者不見其不足，是故鳧脛短矣，不可續也，而續之則憂。鶴脛長矣，不可斷也，而斷之則悲。何者？性長非所斷，性短非所續，假以安排補湊，則駢，則枝，則疣，則贅，而非自然，性命之情失矣。故順性命之情者，各適其適，無所去憂焉。意，與噫同。仁義其非人情乎？彼爲仁義者何其多憂也！多憂，謂畏天命、悲人窮之類。行仁義而多憂，則與斷鶴續鳧者無以異矣。

且夫駢於拇者，決之則泣；枝於手者，齕之則啼。二者或有餘於數，或不足於數，其於憂一也。今世之仁人，蒿目而憂世之患；不仁之人，決性命之情而饕貴富。故意仁義其非人情乎？自三代而下〔一〕者，天下何其囂囂也！饕，叨。

此復以手足起喻。見「駢枝仁義者之有憂」，句法與「續之則憂，斷之則悲」者頗同，而意實不相類。蓋手足之有決齕，駢枝之故招之也。使其無駢則無庸於決矣，無枝則無庸於齕矣，無決無齕，又何啼泣之有焉？是啼泣之憂，又駢枝之故貽之也。然駢者以不足於數而見憂，枝者以有餘於數而見憂，其饒乏雖不同，其爲憂一也。以況爲仁義者以蒿目而憂世患〔二〕，不行仁義者決性命以饕富貴，其善惡雖不同，其爲憂亦一也。然謂之曰憂，則必不能自適其適矣。不能自適其適者，非性命

〔一〕「而下」：校本作「以下」。

〔二〕「世患」：各本作「世人」，據經文改。

之情也，故意仁義其非人情乎。大道既降，三代而下，爲仁義而憂者，天下何囂囂也！囂囂，喧雜之意。蒿目者，心有憂勞，不欲瞠視，故半閉其目，則見其睫蒙茸如蒿，故曰蒿目。蓬首、蒿目，皆詞人下字之新巧，莊子以前未有也。

且夫待鉤繩規矩而正者，是削其性也；待繩約膠漆而固者，是侵其德也；屈折禮樂，呴俞仁義，以慰天下之心者，此失其常然也。

又生一意，言天下自有常然，無庸以仁義繩束之。常然，即固然也。固然之道，謂之性成，不待鉤繩規矩也而正者自正，不待繩約膠漆也而固者自固。聖人之於天下也，無亦順其常然，使之各得其性焉已，胡爲乎削人之性、侵人之德、屈折乎禮樂之文、呴俞乎仁義之貌，以安慰天下之心爲哉？此之謂失其常然，而於所謂正正者不失其性命之情，遠矣！呴俞者，嫗撫之義。

天下有常然。常然者，曲者不以鉤，直者不以繩，圓者不以規，方者不以矩，附離不以膠漆，約束不以纆索。故天下誘然皆生而不知其所以生，同焉皆得而不知其所以得，故古今不二，不可虧也。則仁義又奚連連如膠漆纆索而遊乎道德之間爲哉？使天下惑也〔一〕！

纆，音墨。誘，與莠同。

若知天下有常然者乎？常然者，真常之性，渾然天成，不假安排布置而常自然。故曲者不以

〔一〕「也」：校本作「矣」。

鉤，直者不以繩，圓者不以規，方者不以矩，附離不以膠漆，約束不以纆索。纆，索之兩股者。故天下誘然皆生而不知其所以生，同焉皆得而不知其所以得，是常然也，古今不二，不可虧也。虧則削其性矣，侵其德矣。既不可虧，則仁義又奚連連如膠漆纆索而遊乎道德之間爲哉？將使天下失其常然而顛倒生惑矣。

夫小惑易方，大惑易性。何以知其然耶？自虞氏招仁義以撓天下也，天下莫不奔命於仁義。是非以仁義易其性歟？故嘗試論之：自三代以下者，天下莫不以物易其性矣。小人則以身殉利，士則以身殉名，大夫則以身殉家，聖人則以身殉天下。故此數子者，事業不同，名聲異號，其於傷性以身爲殉，一也。

惑之大者至於易性，譬之小惑易方。今天下非小惑也，何以知其然耶？自有虞氏招仁義以撓天下也，而天下莫不奔命於仁義。何以獨舉有虞？舜以匹夫居深山之中，一年成聚，二年成邑，三年成都，以至玄德升聞，帝命以位，不階寸土而有天下，是非招仁義以撓天下而天下奔命之尤著者歟？使天下奔命於仁義，是虞氏以仁義易天下之性也。天下爲仁義而易其性，聖人爲易天下而自易其性。故嘗試論之，三代以下，未有不爲外物易性者矣。小人則以身殉利，是以利易性也；士則以身殉名，是以名易性也；大夫則以身殉家，是以家易性也；聖人則以身殉天下，是以天下易性也。此數子者，事業之清濁不同，名聲之隆汚異號，其於傷性而以身爲殉，則一焉耳，何以異哉？

臧與穀，二人相與牧羊而俱亡其羊。問臧奚事，則挾筴讀書；問穀奚事，則博塞以遊。二人者，事業不同，其於亡羊，均也。伯夷死名於首陽之下，盜跖死利於東陵之上。二人者，所死不同，其於殘生傷性，均也，奚必伯夷之是而盜跖之非乎？天下盡殉也，彼其所殉仁義也，則俗謂之君子，其所殉貨財也，則俗謂之小人，其殉一也，則有君子焉、小人焉。若其殘生損性，則盜跖亦伯夷已，又惡取君子小人於其間哉？筴，策。

又以亡羊設譬。讀書、博塞，事之美惡不同，而亡羊則均。伯夷、盜跖，人之善惡不同，而傷性則一。論至於是，雖若駭觀，然却有至理。蓋人性上不可添一物，伯夷只爲於性分上添了箇爲善念頭，是以遜國而逃、諫伐而餓，殘生傷性，與死利於東陵之上者等。佛書所謂「金屑雖貴，着之眼中，何殊砂土？」意蓋如此。且天下之人，殉君子之名而爲善，乃至論其極處，殘生損性與小人同，則又何取於君子、小人之辯，而必欲殉其名也哉？甚言其不可殉外而喪真也。

且夫屬其性乎仁義者，雖通如曾、史，非吾所謂臧也；屬其性於五味，雖通如俞兒，非吾所謂臧也；屬其性乎五聲，雖通如師曠，非吾所謂聰也；屬其性乎五色，雖通如離朱，非吾所謂明也。吾所謂臧，非仁義之謂也，臧於其德而已矣；吾所謂臧者，非所謂仁義之謂也，任其性命之情而已矣；吾所謂聰者，非謂其聞彼也，自聞而已矣；吾所謂明者，非謂其見彼也，自見而已矣。夫不自見而見彼、不自得而得彼者，是得人之得而不自得其得者也，適人之適而不自適其適者也。夫適人之適而不自適其適，雖盜跖與伯夷，是同爲淫僻也。余愧乎道德，是以上不敢爲仁義之操，而下不敢爲淫僻之行也。

末段分明指出己意。屬其性乎仁義，屬如屬意之屬，言以仁義爲吾性之固有；而屬其性乎仁義，雖通如曾、史，人謂之臧，而非吾所謂臧也。屬其性乎五味，雖通如俞兒，人謂之臧，而非吾所謂臧也。俞兒、狄牙，能別淄、澠之水，蓋古之善知味者，見淮南子。屬其性乎五聲，則師曠聰矣，吾不謂之聰。屬其性乎五色，則離朱明矣，吾不謂之明。何哉？凡吾所謂臧，非仁義之謂也，臧於其德而已矣，任性命之情而已矣。蓋德者，渾然天成，一而不分，乃吾人性命之正理，所謂「天下有常然」者。若乃駢枝於仁義之行而多方於聰明之用，則非所謂任性命之情矣。故任性命之情者，不殉外以喪真。故夫物感之交，耳目爲最，任性命者非無聞見也，泯聞見而已矣。故聰者不謂其聞彼而謂其能自聞，見者不謂其見彼而謂其能自見，自聞自見者，喪其耳，忘其目，收聽返視，而復歸於樸也。夫不自見而見彼、不自得而得彼者，是有見於外而無見於內者也，謂之得人之得而不自得其得，適人之適而不自適其適，雖盜跖與伯夷清濁不同，其爲淫僻均矣。予深愧乎道德，是以上不敢爲仁義之操而下不敢爲淫僻之行也。此篇所論仁義道德，與吾儒殊旨，讀者當具另眼。

爾時方壺外史重宣此義而作亂辭：

駢拇枝指，非性常然。駢枝仁義，天下惑焉。

小惑易方，大惑易性。虞招仁義，天下奔命。死名死利，夷跖同籌。臧穀亡羊，何問讀遊？師曠非聰，離朱非明。自見自聞，性命之情。仁義之操，淫僻之行，愧於道德，是以不用。

外篇馬蹄第九

此篇言聖人治天下之過，其意則自前篇「天下有常然」生下。

馬，蹄可以踐霜雪，毛可以禦風寒，齕草飲水，翹足而陸，此馬之真性也，雖有義臺路寢，無所用之。及至伯樂，曰：「我善治馬。」燒之，剔之，刻之，雒之，連之以羈馽，編之以皁棧，馬之死者十二三矣。饑之渴之，馳之驟之，整之齊之，前有橛飾之患，而後有鞭筴之威，而馬之死者已過半矣。齕，核。雒，絡。馽，縶。皁，皂。

夫天下之物性有常然，自適其適者，可以養生，可以盡年，故以馬設譬。言馬，蹄踐霜雪，毛禦風寒，不閑放於義臺路寢也；齕草飲水，翹足而陸，不安飽於羈馽皁棧也。自伯樂治馬，而馬之不能自適其適者，不死無幾矣。所以然者，以損其性，故傷其年也。然則治天下者，胡爲貿貿焉以損天下之性爲哉？燒剔刻，以治馬蹄。雒與絡通，絡首曰羈，絡足曰馽。皁棧，槽櫪也。馬銜曰橛，馬纓曰飾。

陶者曰：「我善治埴。圓者中規，方者中矩。」匠人曰：「我善治木。曲者中鉤，直者應繩。」夫埴、木之性，豈欲中規矩、鉤繩哉？然且世世稱之曰：「伯樂善治馬，而陶、匠善治埴、木。」此亦治天下者之過也。

夫埴之就規矩，與木之就鉤繩，皆非本性。是惟土木無知，使其有知，必以柔埏刻削爲戕賊矣。度之馬性，亦猶是也，而世猶稱之曰：伯樂善治馬，陶、匠善治埴、木。此亦猶治天下者過用其情以傷民性，而反謂之善治也。

吾意善治天下者不然。彼民有常性，織而衣，耕而食，是謂同德；一而不黨，命曰天放。故至德之世，其行填填，其視顛顛。當是時也，山無蹊隧，澤無舟梁，萬物群生，連屬其鄉，禽獸成群，草木遂長，是故禽獸可係羈而遊，鳥鵲之巢可攀援而闚。夫至德之世，同與禽獸居，族與萬物並，惡乎知君子小人哉？同乎無知，其德不離；同乎無欲，是謂素樸，素樸而民性得矣。 填，田。

吾意善治天下者不然，蓋善治天下者，能不拂民之常性而已。常性者，織焉而衣，耕焉而食，人人所同也，謂之同德，同則易至於比矣。然大道之行，天下爲公，一而不黨也，命曰天放。天放者，曠蕩於天然自有之中，而已私一無所與也。其行填填，質而重也，其視顛顛，莊而寧也，皆以形容渾樸無心之意。山無蹊隧，澤無舟梁，水陸之路不通，各居其鄉而自相連屬，即老子所謂「民至老死，不相往來」者。當是時也，民無機心，不相戕賊，故禽獸可羈而遊，鳥巢可攀而瞰，群然並生並育於太和之中，此尚不知其孰爲同類、孰爲異類也，又烏知其有君子小人哉？故同乎無知，其德不離，知則意見起而知識開，道德之所以日漓也。同乎無欲，是謂素樸，欲則奢侈生而文飾繁，大樸之所以日散也。故無知無欲而民之常性得矣，安所庸吾治哉？此篇所言至德之世，與戴記「大道之行，天下爲公」，語意頗同，讀者更當理會。此箇景象，其在吾人，即赤子純一未發時也，父母教之而知識開，猶聖人治之而真性失也。所以體道者復歸於嬰兒，論治者追隆於上古。

及至聖人，蹩躠爲仁，踶跂爲義，而天下始疑矣；澶漫爲樂，摘僻爲禮，而天下始分矣。故純樸不殘，孰爲犧樽？白玉不毀，孰爲珪璋？道德不廢，安取仁義？性情不離，安用禮樂？五色不亂，孰爲文采？五聲不亂，孰應六律？夫殘樸以爲器，工匠之罪也；毀道德以爲仁義，聖人之過也。蹩，撇。躠，泄。踶，弟。澶，憚。

此言聖人治天下之過。蹩躠踶跂，字皆從足，蓋勉强不安之意。澶漫，即汗漫也。摘擗，屈折手足之意。言聖人以仁義强天下而天下之心始疑，以禮樂亂天下而天下之心始分。疑與分，而大樸散矣。「樸散則爲器」，故純樸不殘之先，孰爲犧尊乎？犧尊成而純樸殘矣。白玉不毀之先，孰爲珪璋乎？珪璋就而白玉毀矣。以況道德不廢，安取仁義乎？性情不離，安用禮樂乎？以至文章炟而五色迷，六律作而五聲混，道之所由裂也，亂之所由階也，作者之聖俑之矣。故殘樸爲器，工匠之罪也；毀道德以爲仁義，聖人之過也。

夫馬，陸居則食草飲水，喜則交頸相靡，怒則分背相踶，馬知已此矣。夫加之以衡扼，齊之以月題，而馬知介倪、闉扼、鷙曼、詭銜、竊轡，故馬之知而能至盜者，伯樂之罪也。夫赫胥氏之時，民居不知所爲，行不知所之，含哺而嬉，鼓腹而遊，民能已此矣。及至聖人屈折禮樂以匡天下之形，縣跂仁義以慰天下之心，而民〔一〕始踶跂好知，爭歸於利，不可止也，此亦聖人之過也。

又以馬喻。夫馬，食草飲水，饑渴之常性也，相靡相踶，喜怒之常情也。馬之知，止此而已，初無所謂機心也。自伯樂治馬，有機事而後馬有機心。加之以衡扼，衡扼者，車上之物，所以駕馬者。月題，頭上額鏡，如月者也。介，獨也，倪，睥睨也，獨立而睥睨，生心以求脫也。城曲曰闉，馬頸曰扼，曲其頸以拒人，不受羈勒也。鷙，悍鷙也；曼，奔突也。詭銜者，詐受其銜；竊轡者，偷齧其轡。言馬之知流於詭譎竊盜，變態百端，要皆伯樂之治使之。以況聖人之治天下，屈折禮樂以正天下之容體，縣跂仁義以安天下之心志，而民始踶跂好知，爭歸於利而不可止。何謂好知爭利？當赫胥氏之時，天下不知仁義禮樂，今則聖人教之，辨其制度，審其聲音，別其等殺，意謂循此由此，人道之利也，是聖人以仁義禮樂之利誘天下，而天下歸之，故曰：好知爭利，聖人之過也。孰若使天下無知無利之爲得哉？故同乎無知，其德不離，同乎無欲，是謂素樸，素樸而民性得矣。

〔一〕「民」：校本作「民乃」。

爾時方壺外史説是篇已，重宣此義而作亂辭：

伯樂治馬，馬死過半。聖人治民，民性乃亂。
民之真性，無欲無知。素樸乃得，蹩躠奚爲？
道德不廢，安用仁義？樸散爲器，工匠之罪。
伯樂之馬，詭銜竊轡。聖人之民，好知争利。
返其純樸，赫胥之世。

外篇胠篋第十

夫聖人以聖知仁義治天下，而天下復竊聖人之聖知仁義以濟其私，則聖人之治法適足以爲大盜媒，故「絶聖棄知，絶仁棄義」而天下治矣。篇中屢用「故曰」，可見段段議論皆道德經之疏義。局儒讀之，未免駭汗，然意却精到，不可不深思也。

將爲胠篋、探囊、發匱之盜而爲守備，則必攝緘縢，固扃鐍，此世俗之所謂知也。然而巨盜至，則負匱、揭篋、擔囊而趨，惟恐緘縢、扃鐍之不固也。然則向之所謂知者，今乃爲大盜積者也。故嘗試論之：世俗所謂知者，有不爲大盜積者乎？所謂聖者，有不爲大盜守者乎？何以知其然耶？昔者齊國鄰邑相望，雞狗之音相聞，罔罟之所布，耒耜之所刺，方二千餘里。闔四境之内，所以立宗廟社稷、治邑屋州閭鄉曲者，曷嘗不法聖人哉？然而田成子一旦殺齊君而盜其國，所盜者豈獨其國耶？并與其聖知之法而盜之。故田成子有乎盜賊之名，而身處堯舜之安，小國不敢非，大國不敢誅，十二世有齊國，則是不乃竊齊國并與其聖知之法以守其盜賊之身乎？胠，祛。鐍，决。

胠，開也。探，以手取物也。發，亦開也。三者皆盜之小者也。言人將欲爲此輩而作防守，則必攝其緘縢，固其扃鐍。緘縢，徽纆之類。扃鐍，鎖鑰也。世俗之所謂知者，如此已矣。然而巨盜至，則挈之而趨，惟恐其縢鐍之弗固也。是昔爲小盜防，今爲巨盜積矣。故嘗試論之：世俗之所謂知者，有不爲大盜積者乎？所謂聖者，有不爲大盜守者乎？何以知其然耶？昔齊之開國，自太公始經制立法，曷嘗不法聖人？法聖人，萬古一日可也。一旦田成弑其君而盜之國，豈惟盜其國哉？將并其所謂聖知之法而盜之。蓋田成以私量貸公量，便是借聖人之法以濟其竊國之私，然而小國不敢非，大國不敢誅，有齊國者十二世，非以縢鐍之固乎？然則聖人之法，適足以爲大盜之媒耳。後世若操、莽之金縢，惠卿輩之周禮，皆挾此術，不可謂此老無見也。十二世，莊子何以知之？此三字疑後人改竄。

嘗試論之：世俗之所謂至知者，有不爲大盜積者乎？所謂至聖者，有不爲大盜守者乎？何以知其然耶？昔者龍逢斬，比干剖，萇弘胣，子胥靡，故四子之賢而身不免乎戮。故跖之徒問於跖曰：「盜亦有道乎？」跖曰：「何適而無有道耶？夫妄意室中之藏，聖也；入先，勇也；出後，義也；知可否，知也；分均，仁也。五者不備而能成大盜者，天下未之有也。」由是觀之，善人不得聖人之道不立，跖不得聖人之道不行。天下之善人少而不善人多，則聖人之利天下也少而害天下也多。胣，以。

又深一步説。天下所謂至知，有不爲大盜積者耶？所謂至聖，有不爲大盜守者耶？何以知其然也？昔龍逢、比干、萇弘、子胥，四子之忠，幾乎其盛者也，彼其飭〔一〕躬厲身以立天下之防，其緘縢扃鐍可謂固矣，然龍逢斬而比干誅，萇弘胣而子胥靡，則何故？蓋四賢者，本欲以忠蓋立節，故暴君得因其好名而擠之曰「是不忠者也」，而殺之。是不惟不足爲大盜防〔二〕，而反爲大盜劫矣。故跖嘗自言行劫有道，其道即聖人所謂仁義聖知而兼之勇者也。是善人準其道以立身，盜跖亦假其道以行劫。天下善人少而惡人多，則聖人之道利天下也少，而害天下也多。蓋聖道未必害，而盜跖用之適以爲害耳。又四賢之見殺，亦受道之害者。桀殺關龍逢，紂殺王子比干。萇弘，周靈王賢臣。刳腸曰胣。吴王夫差殺子胥，倒地曰靡。子胥，賜劍死者。

故曰：脣竭則齒寒，魯酒薄而邯鄲圍，聖人生而大盜起。掊擊聖人，縱舍盜賊，而天下始治矣。夫川竭而谷虚，丘夷而淵實，聖人已死，則大盜不起，天下平而無故矣！聖人不死，大盜不止。雖重聖人而治天下，則是重利盜跖也。掊，剖。

承上章言，聖人之於大盜，雖不相爲謀，然其道未始不相爲用也。故聖人生而大盜起，如脣齒然：脣不與齒同生，而脣之亡者齒自寒；如魯趙然：魯不與趙同禍，而魯之伐者趙自圍。魯趙事：楚宣王朝諸侯，魯恭公後至而酒薄，楚怒而伐之；梁惠王欲擊趙而畏楚援，故乘其不及援也而圍趙。

〔一〕「飭」：原作「餙」，據校本改。

〔二〕「防」：原作「妨」，據校本改。

言由脣齒、魯趙之事而觀，則知聖人之生，大盜之傰也，盜不足責而聖人深可責矣。故掊擊聖人，縱舍盜賊，而天下始治。掊擊聖人者，絶聖棄知，絶仁棄義，以示天下無釁端也。故川竭則谷自虛，丘夷而淵自實，聖人已死則大盜自止矣。若使聖人不死，則盜終不可得而止。雖重以聖人治之，防之愈嚴則盜之愈甚，重生聖人，是重利盜跖也。蓋極厭世俗之憤辭。

爲之斗斛以量之，則并與斗斛而竊之；爲之權衡以稱之，則并與權衡而竊之；爲之符璽以信之，則并與符璽而竊之；爲之仁義以矯之，則并與仁義而竊之。何以知其然耶？彼竊鉤者誅，竊國者爲諸侯，諸侯之門而仁義存焉，則是非竊仁義聖知耶？

一法立，一奸生。斗斛、權衡、符璽之類，皆聖人所以防天下之僞而立之者也，而皆爲大盜之所竊。夫竊之小者，易爲人覺，故竊鉤之盜，有司得以按法而加誅。若竊之大者，陰施而陽受，鬼隱而龍匿，人不得而覺之矣，故反得國而爲諸侯。今之諸侯，皆竊而得國者也，其門也亦有仁義存焉。仁義非本心也，特假其名以濟其貪欲之私焉耳，孟子所謂「五伯，假之」是也。以其久假而不歸，故莊子嫉之而名曰竊，如曰「今之諸侯，其取之民也，猶禦也」之意。

故逐於大盜，揭諸侯，竊仁義并斗斛、權衡、符璽之利者，雖有軒冕之賞弗能勸，斧鉞之威弗能禁。此重利盜跖而使不可禁者，是乃聖人之過也。故曰：「魚不可脫於淵，國之利器不可以示人。」彼聖人者，天下之利器也，非所以明天下也。

夫大盜既竊聖人之法以得國，則人人逐於得國之利而爭相盜竊，雖賞之以軒冕，威之以斧鉞，終不能以禁其不爲。故重利盜跖而不能禁其不爲，是乃聖人之過也。蓋至是而聖人賞罰天下之大權亦且幾乎廢矣，所以老子有言「魚不可脱於淵」云云。蓋魚而得淵，則鬼隱龍匿，人不得而窺其影矣，故不可脱。脱，取而出之也。以况盜跖而得聖人之法，則陰施陽設，人不得而議其非矣。大抵聖人之法，惟聖人用之則可，本不可以明示天下。一示天下，則人得而竊之，故曰：「國之利器不可示〔一〕人」。聖人者，天下之利器也，非所以明天下也。

故絶聖棄知，大盜乃止；擿玉毁珠，小盜不起；焚符破璽，而民樸鄙；掊斗折衡，而民不爭；殫殘天下之聖法，而民始可與論議。擿，擲。

此爲天下遏絶亂源。「絶聖棄知，絶仁棄義」，本老子。又云：「不貴難得之貨，使民不爲盜。」此段分明是老子疏註〔二〕。殫殘，謂盡去也。盡去聖法，則民返於素樸，故始可與論道。大抵此等説話，皆不可與局士道之。若讀退之原道熟者，此書不火，無幾矣。

擢亂六律，爍〔三〕絶竽瑟，塞瞽曠之耳，而天下始人含其聰矣。滅文章，散五采，膠離朱之目，而天下始人含其明矣。毁絶鉤繩而棄規矩，攦工倕之指，而天下始人有其巧矣。故

〔一〕「示」：各本作「假」，據上下文及道德經改。
〔二〕「疏註」：校本作「註疏」。
〔三〕「爍」：校本作「鑠」。

曰：「大巧若拙。」削曾、史之行，鉗楊、墨之口，攘棄仁義，而天下之德始玄同矣。彼人含其明，則天下不鑠矣；人含其聰，則天下不累矣；人含其知，則天下不惑矣；人含其德，則天下不僻矣。彼曾、史、楊、墨、師曠、工倕、離朱者，皆外立其德而以爚亂天下者也，法之所無用也。攦，列。爚，爍。

承上文「殫殘聖法」之意而備論之。擢亂者，擢取六律之管而亂其長短。鑠絶，謂焚而棄之也。攦，折其指也。工倕，堯時巧人。「玄同」二字出老子。不鑠者，不見可欲而心不亂也。不累者，不聽是非而心不動也。外立其德，言數子皆役心於外以立其德，適足以爚亂天下。爚，註云：火光銷也。法之所無用，法猶佛氏所謂「正法」之「法」，言此輩人正法無用，抑末法耳。

子獨不知至德之世乎？昔者容成氏、大庭氏、伯皇氏、中央氏、栗陸氏、驪畜氏、軒轅氏、赫胥氏、尊盧氏、祝融氏、伏羲氏、神農氏，當是時也，民結繩而用之，甘其食，美其服，樂其俗，安其居，鄰國相望，雞狗之音相聞，民至老死不相往來。若此之時，則至治已。今遂至使民延頸舉踵曰「某所有賢者」，贏糧而趣之，則內棄其親而外去其主之事，足迹接乎諸侯之境，車軌結乎千里之外，則是上好知之過也。上誠好知而無道，則天下大亂矣。

言古者，以見今之不然。「結繩而治」至「不相往來」，語出老子。下面分明寫出季世三游之風，而歸咎於上之好知。好知者，以知謀相尚也，相尚則「高下相傾，長短相形」，而天下日益多事矣。

何以知其然耶？夫弓弩、畢弋、機變之知多，則鳥亂於上矣；鉤餌、罔罟、罾笱之知多，則魚亂於水矣；削格、羅落、罝罘之知多，則獸亂於澤矣；知詐漸毒、頡滑堅白、解垢同異之變多，則俗惑於辯矣。故天下每每大亂，罪在於好知。罝，嗟。罘，浮。解，去聲。

此段備言好知之生亂。夫人與萬物，群然并育於天地間，本不相妨，但以機心生而機事起，機事起而機禍深，於是有弓弩、罾笱、罝罘之事，遂使鳥亂於上，魚亂於水，獸亂於澤，蠕動之物咸失其性。而又緩頰〔一〕之士，知詐漸毒，頡滑堅白，解垢同異，簧鼓人心，方之弓弩罾戈，其禍尤慘。天下之亂，職是之由，其罪皆坐於好知。故曰：好知而無道，則天下亂。有柄之網曰畢。削格，木柵也，捕兔鹿者用之。鳥罟謂之羅。兔罟謂之罝。罘，翻車也。

故天下皆知求其所不知而莫知求其所已知者，皆知非其所不善而莫知非其所已善者，是以大亂。故上悖日月之明，下爍山川之精，中墮四時之施，惴耎之蟲，肖翹之物，莫不失其性。甚矣，夫好知之亂天下也，自三代以下者是已！舍夫種種之民而悅夫役役之佞，釋夫恬淡無爲而悅夫啍啍之意，啍啍已亂天下矣！惴耎，微息而動之物，蝸牛之屬也。肖翹，輕飛之物，蝶蛾之屬也。

何謂好知？好知者，率求其所不知而不知求其所已知者，率非其所不善而不知非其所已善

〔一〕「緩頰」：婉言勸解，或替人說情。漢書高帝紀上「緩頰往說魏王豹」，顏師古注引張晏曰：「緩頰，徐言引譬喻也。」

者。蓋求其所不知者，求以異乎人也，所已知則同乎人者也。非其所不善者，見在人之不是也，所已善則己之自以爲是者也。求以立異而不知本體之本同，果於非人而不見在己之非是，正謂頡滑堅白、解垢同異之徒，雜篇所謂惠施、公孫龍「日以其知與天下之辯持」，持則爭，爭則亂，極言其禍，將使上悖日月之明，下爍山川之精，中墮四時之施，以至喘耎之蟲、肖翹之物皆失其性，乖戾之氣感召如此。因思聖人致中和而天地位焉，萬物育焉，至德之世，鳥獸可係羈而遊，巢卵可攀援而闚，只爲存得此箇和氣者在，實理實效自不可誣。試看三代而下至於春秋戰國，何等氣象？此老安得不傷今而思古也？末復總以一二語結之：舍夫種種愨實之民，而悦夫役役𫍲人之佞，釋夫恬淡無爲之治，而悦夫哼哼諄複之意，不知役役哼哼求治天下而天下已亂矣。結句軟美，有無窮趣味，深可詠嘆。

方壺外史重宣此義而作亂辭：

將爲盜防，緘扃堅固。大盜者來，負之而去。
防民之道，聖知仁義。田成竊之，得國延世。
賢以道誅，跖以道昌。爲利則短，爲害則長。
聖人不死，大盜不止。殫殘聖法，民始可議。
削滅曾史，攦塞曠工，人含其德，歸於玄同。

獨不知乎，至德之世，恬淡無爲，天下已治。

三代而下，知詐蠭起，俗惑於辯，堅白同異。

山川消鑠，日月馳悖。誰爲亂階？惟上好知。

外篇在宥第十一

夫天下不可以治治之也，以故聖人在之宥之，使各安其性命之情，而無不恬不愉之患，總之則無爲其至矣。黃帝、堯、舜之仁義，三代以下之賞罰，皆足以攖人心而賈亂，以故論大道者無取焉。篇中廣成、鴻濛二段，乃治身治國之要樞，所謂「以其真治身，而出其緒餘亦足以理天下」者。末復自無爲中翻出箇不可不爲者，又自不可不爲者而爲之以不爲。此老識見全自道德中來，抑揚闔闢，妙意無窮，讀者不可草草，最宜深味。

聞在宥天下，不聞治天下也。在之也者，恐天下之淫其性也；宥之也者，恐天下之遷其德也。天下不淫其性，不遷其德，有治天下者哉？昔堯之治天下也，使天下欣欣焉人樂其性，是不恬也。桀之治天下也，使天下瘁瘁焉人苦其性，是不愉也。夫不恬不愉，非德也。非德也而可長久者，天下無之。

在者，如如自在之義。宥者，寬放自得之義。言民有常性，爲人上者只宜在之宥之，使之自得，更不可以法制整齊之。所以在之也者，恐天下之淫其性也，宥之也者，恐天下之遷其德也。不淫其性，不遷其德，天下可無治矣，有治天下者哉？古之治天下者曰堯，率天下以仁，使天下欣欣焉人樂其性；人性上不可添一樂字，人而樂其性焉，是不恬也。古之治天下者曰桀，率天下以暴，使天下瘁瘁焉人苦其性；人性上不可添一苦字，人而苦其性焉，是不愉也。不恬不愉，非天德也。非德而能久安長治者，天下無之。堯與桀，雖不可以對論，然其失民性之常則均焉耳，猶之臧穀亡羊，無論讀博也。

人大喜耶？毗於陽。大怒耶？毗於陰。陰陽并毗，四時不至，寒暑之和不成，其反傷人之形乎！使人喜怒失位，居處無常，思慮不自得，中道不成章，於是乎天下始喬詰卓鷙，而後有盜跖、曾、史之行。故舉天下以賞，其善者不足，舉天下以罰，其惡者不給，故天下之大不足以賞罰。自三代以下者，匈匈焉終以賞罰爲事，彼何暇安其性命之情哉？

即以喜怒作喻。人太喜則氣并於陽，太怒則氣并於陰，善惡之情雖則不可互論，然其傷伐天和則一焉耳。故陰陽并毗，而偏陰偏陽之疾生焉，能使四序之氣不調，寒暑之和不順，若是者，其反傷人之形乎！故一喜雖足以快心，不如無喜；一怒雖足以紓憤，不如無怒。一堯一桀雖足以治天下，不如無治。今使人喜怒失位，居處無常，思慮不自得，中道不成章者，皆治之之過也。蓋至是而民之失其常性者多矣。失其常性，於是始有喬詰卓鷙，盜跖、曾、史之行接迹於天下。喬者，矯己而過於高。詰者，責人而過於密。卓者，特立而過於亢。鷙者，鉏擊而過於猛。四者，盜跖、曾、史具有之，是皆拂亂天常，滅裂和氣，總爲失真亂性之民。君人者，分爲善惡，定爲賞罰。舉天下以賞之，然能賞於賞之所及，而不能賞於賞之所不及，故曰：其善者不足。舉天下以罰之，然能罰於罰之所及，而不能罰於罰之所不及，故曰：其惡者不給。夫以善多不足賞，惡多不足罰，則是舉天下之大而不足以賞罰也，柰之何？自三代而下者，匈匈焉日以賞罰爲事乎？彼方趨之避之之不暇，何暇安其性命之情哉？欲安其性命之情者，置其賞罰，在之宥之，而後天下之性可得也。

而且悦明耶？是淫於色也。悦聰耶？是淫於聲也。悦仁耶？是亂於德也。悦義耶？是悖於理也。悦禮耶？是相於技也。悦樂耶？是相於淫也。悦聖耶？是相於藝也。悦知耶？是相於疵也。天下將安其性命之情，之八者，存可也，亡可也。天下將不安其性命之情，之八者，乃始臠卷傖囊而亂天下也，而天下乃始尊之惜之。甚矣天下之惑也，豈直過也而去之耶？乃齋戒以言之，跪坐以進之，鼓歌以儛之。吾若是何哉？

然而性命之情，不特爲賞罰之所亂也，又且爲聰明聖知仁義禮樂之所亂。何者？性命之情，恬淡樸素，清静之中不可着以一物，其有聰明聖知仁義禮樂，皆屬伎倆，達天德者以爲應迹，過而不留，不知者從而悦之，即此愛悦之心，反生理障。故悦明耶？是淫於色也；悦聰耶？是淫於聲也。何以故？人之有聲有色，本於天性，加以聰聽明察，則爲淫亂。悦仁耶？是亂於德也；悦義耶？是悖於理也。德者天德，理者天理，皆出自然，有心以爲仁義，則爲悖爲亂。此皆甚言之辭，如佛經所謂「金屑眼中砂」、「景星慶雲皆非太虚中所宜有者」，亦是此意。悦禮耶？是相於技也。相之爲言，助也。技，謂伎[一]倆。悦樂耶？是相於淫也。淫，謂滋荒長亂。悦聖耶？是相於藝也。藝，

[一]「伎」：原作「技」，據上文及校本改。

謂才能。蓋世有以多能爲聖者。悦知耶？是相於疵也。疵謂疚病。知詐漸毒，則疵癘漸多，故曰相於疵。此八者，皆人不安其性命之情而後有此。若人安其性命之情，則此八者，存可也，亡亦可也。不安其性命之情，則此八者乃始臠卷傖囊而亂天下。臠卷者，屈曲不舒之義。傖囊，猶言搶攘，亂之意也。然而臠卷傖囊，天下不以爲亂也，乃始尊之信之。甚矣天下之惑也，豈直過也而去之！過，如「過而不留」之過，言不但尊信一番而已，又且齋戒以言之，跪坐以進之，鼓歌以儛之，弟子以是而受於師，臣子以是而獻於君父，朋友以是而交相勸勉，至於詠之歎之鼓之舞之，欣慕愛樂不能已已。夫若是矣，吾亦如之何哉？甚言其惑之不可解也。

故君子不得已而臨莅天下，莫若無爲。無爲也，而後安其性命之情，故貴以身於爲天下，則可以託天下；愛以身於爲天下，則可以寄天下。故君子苟能無解其五藏，無擢其聰明，尸居而龍見，淵默而雷聲，神動而天隨，從容無爲而萬物炊累焉，吾又何暇治天下哉？

到此分明説出「無爲」二字，乃一篇之宗旨。「貴以其身」二句出老子，而加二「於」字，亦文之奇處。以身於爲天下者，以己之身爲天下之身，而不以己私與之也。不以己私與之，則樸然無爲而真性得矣，如此然後可以託寄天下而爲之君。故君子苟能無解其五藏，無擢其聰明。解，分解也，即支離之意。五藏，五性也。擢，抽拔也。拔出聰明，以先天下，此皆有爲之治。尸居而龍見者，不見而自章也。淵默而雷聲者，不動而自變也。神動而天隨者，無爲而自成也。皆以形容至德無爲之妙，而意義甚精。從容無爲而萬物炊累，炊累二字頗奇。累者，微塵聚也，炊者，薰而上烝〔一〕之義，註云：「若遊塵之自動。」而逍遥篇謂「野馬也，塵埃也，生物之以息相吹也」，與此同旨。言萬物同此天機，自作自息，吾惟任天之便而已，何暇於治爲哉？

崔瞿問於老聃曰：「不治天下，安臧人心？」老聃曰：「汝慎無攖人心。人心排下而進上，上下囚殺，綽〔二〕約柔乎剛强，廉劌彫琢，其熱焦火，其寒凝冰，其疾俛仰之間而再撫四海之外。其居也，淵而静；其動也，縣而天。僨驕而不可係者，其唯人心乎？

又復撰出老子一段説話，以見人心之不可亂。蓋恬淡素樸者，人之真心也。今之云云，則人之妄心也。然則心有二乎？曰：妄本無體，蓋因真心撓動而後生，如水之有波浪者，然波浪息則還歸本水，妄心滅則徹〔三〕見真心。圓覺經疏云：「念無自性，不離本覺。本覺離念，即是真如。」金剛科儀云：「妄心盡處即菩提。」宗旨同此。是知真妄不二，觸境則殊。排而下，進而上，皆因境而生心者也。排，抑之也。進，引進也。言人心一或爲人所排，則黯然銷魂，悵然失志而下矣；少或進之，則希望高遠，求益不已而上矣。上下無常，因人起倒，憂愁苦惱，日夜相煎，其係也如囚，其恐怖也如殺，將此箇恬淡素樸之心化爲一段儇美之態，以側媚乎勝己之人，盡將平生廉隅方正之氣雕之琢之，殆幾於盡，以求容悦於世，故曰：綽約柔乎剛强，廉劌彫琢。此皆懼排希進之人，用心若此，故語

〔一〕「烝」：校本作「蒸」。

〔二〕「綽」：校本作「淖」。

〔三〕「徹」：各本作「早」，據義改。

其燥急則熱如焦火，語其戰兢則寒如凝冰，語其迅疾則一俛仰之間而再臨乎四海之外，方其不動也，淵然靜而已矣，其動也，則懸隔如天。縣而天，如云天淵懸絶也。忿戾驕亢而不可制者，其心之謂歟？ 蓋信乎其不可攖也已。

「昔者黄帝始以仁義攖人之心，堯、舜於是乎股無胈、脛無毛以養天下之形，愁其五藏以爲仁義，矜其血氣以規法度。然猶有不勝也。堯於是放讙兜於崇山，投三苗於三峗，流共工於幽都，此不勝天下也。夫施及三王而天下大駭矣，下有桀跖，上有曾史，而儒墨畢起，於是乎喜怒相疑，愚知相欺，善否相非，誕信相譏，而天下衰矣，大德不同而性命爛漫矣，天下好知而百姓求竭矣。 胈，跋。

昔者黄帝始以仁義攖人之心，而堯舜則之，於是股無胈、脛無毛。胈，一作紱，蔽膝也。股無紱者，薄於自奉也。脛無毛者，勞於跋涉也。愁其五臟，苦其心志也。矜其血氣，束其筋骸也。堯舜之爲仁義以攖人心也，可謂至矣，然猶有不率者焉，於是乎放讙兜，投三苗，流共工，以刑戮威於天下。延及三王，而天下大駭矣。何者？堯舜以刑戮施於下，而湯武以刑戮施於上，故天下大駭。故夫堯舜之勤勞與湯武之征伐，皆所以爲仁義也。仁義之端一開，是以下焉者負不仁不義之名而爲桀爲跖，上焉者得行仁行義之名而爲曾爲史，以至儒者墨者各各緣此以立教，同於己者則喜之，而異於己者則怒之，有見於此則以爲知，無見於彼則以爲愚，以在我爲善而非人之否，以在我爲信而譏人之誕，彼亦一是非，此亦一是非，而玄同之德衰矣，大德不同而性命之真喪矣，天下好知而百姓之求竭矣。求竭，謂殫盡思慮，應接不暇。

「於是乎釿鋸制焉，繩墨殺焉，椎鑿決焉。天下脊脊大亂，罪在攖人心。故賢者伏處大山嵁巖之下，而萬乘之君憂慄乎廟堂之上。今世殊死者相枕也，桁楊者相推也，刑戮者相望也，而儒墨乃始離跂攘臂乎桎梏之間。意，甚矣，其無愧而不知恥也甚矣！吾未知聖知之不爲桁楊椄槢也，仁義之不爲桎梏鑿枘也，焉知曾史之不爲桀跖嚆矢也？故曰：絶聖棄知，而天下大治。」釿，斤。脊，籍。嵁，堪。桁，行去。椄槢，接習。枘，鋭。嚆，蒿。

聖人既不能以仁義勝天下，於是乎不得已而以刑戮威天下。若釿鋸、繩墨、椎鑿之類，皆所以威天下者也。聖人既以是威天下矣，於是乎天下藉藉大亂，而亂之所由生也，罪在於以仁義攖人心。故仁義窮而刑罰用，亦勢之所必至者。惟其任刑以威衆，是以賢者伏處大山嵁巖之下以免禍，而萬乘之君孤立無輔以憂慄乎廟堂之上，而世之殊死者相枕也，桁楊者相推也，刑戮者相望也。殊死，謂事有參差不等，而該同以死斷。桁楊，長械也，以施人頸中，若衣之有桁者。舉世皆罹於法網之密，賢者遠引高蹈，而乃有儒墨之徒離跂攘臂於桎梏之間。噫，甚矣！無愧而不知恥也！吾不知天下之禍而可以僥倖苟免爲也，吾未知聖知之不爲桁楊椄槢也，仁義之不爲桎梏枘鑿也。椄槢者，桁楊之管。枘圓鑿方，皆所以製桎梏者。有桁楊則必有椄槢，製桎梏則必用枘鑿，其事相須，以喻有仁義聖知則必招罪戾，儒墨之徒恐未得離跂攘臂於桎梏之間而以僥倖苟免爲也。且儒墨以曾史之行自高，自謂免於刑戮而已，豈知桀跖亦復竊仁義聖知以爲盜，則是曾史之行適爲桀跖之資，焉知曾史又不爲桀跖之嚆矢乎？嚆矢者，今之響箭，行劫者之先聲也。曾史爲桀跖之嚆矢，桀跖誅而曾史方攘臂焉，甚矣其無愧而不知恥也！

黄帝立爲天子，十九年，令行天下，聞廣成子在於空同之上，故往見之，曰：「我聞吾子達於至道，敢問至道之精？吾欲取天地之精以佐五穀，以養民人，吾又欲官陰陽以遂群生，爲之柰何？」廣成子曰：「而所欲問者物之質也，而所欲官者物之殘也。自而治天下，雲氣不待族而雨，草木不待黄而落，日月之光益以荒矣，而佞人之心翦翦者，又奚足以語至道？」

撰出黄帝一段，説歸道德，以見文之歸宿。原來治天下只是寓言，此則南華真經之閟密藏也。昔者黄帝問道於廣成子：吾欲取天地之精以佐五穀，以養民人，吾又欲官陰陽以遂群生。此二問甚有分曉，蓋天地之精，元始之祖炁也，渾渾沌沌，一而不分，爲造化之根柢，品彙之樞紐，得之則造化在手，故可以生物，可以養人。陰陽，則後天之分炁也。官，謂主宰而調燮之，使群生各遂其生性，此便是「致中和」的學問。合而言之，雖是一箇，分而言之，前問是「先天而天弗違」的意思，後問是「後天而奉天時」的意思，不容無辨。廣成子言：而所欲問者物之質也，質者，猶云未散之樸；所欲官者物之殘也，殘者，猶云樸散之器。此老下字新奇，每每如此。廣成子言：自汝治天下而元氣已彫喪矣。蓋黃帝始以仁義攖天下之心，天下之心既亂，則所謂素樸渾沌者不期散而自散，故雲氣不待族而雨，草木不待黃而落，日月之光日以益荒，而佞人之心翦翦。離披解散之氣，徵於陰陽，驗於三光，符於草木，著於人心，有如此者，寔汝之治爲之也，又何足以語至道乎？族，聚也。翦翦，便捷之貌。

黃帝退，捐天下，築特室，席白茆〔一〕，閒居三月，復往邀之。廣成子南首而卧，黃帝順下風膝行而進，再拜稽首而問曰：「聞吾子達於至道，敢問：治身柰何而可以長久？」廣成子蹷然而起，曰：「善哉問乎！來，吾語汝至道：至道之精，窈窈冥冥。至道之極，昏昏默默。無視無聽，抱神以静，形將自正。必静必清，無勞汝形，無摇汝精，乃可以長生。目無所見，耳無所聞，心無所知，汝神將守形，形乃長生。

黃帝有感於至人之言，於是捐問治天下之道而問治身，所謂「近裏着己」之學莫要於此，故廣成子起而善之。至道之精，即所謂「天地之精」也，老子云：「窈窈冥冥，其中有精。」古今論道之公案，千聖一旨，故云：至道之精，窈窈冥冥。至道之極，昏昏默默。言其迥出言語色相之表，正與「窈冥」之語相爲表裏。此在吾儒，則曰「上天之載，無聲無臭」。其在吾人，若何而體之？要當無視無聽，

〔一〕「茆」：宋本作「茅」。

喪其耳，忘其目，抱神以靜而已。老子曰：「載營魄抱一，能無離乎？」意蓋如此。蓋惟抱神以靜，則天君泰然，百體從令，而形將自正矣。夫人心好靜而欲牽之，人神好清而心擾之，故體道者必也其清乎，必也其靜乎！勞汝形則不能靜矣，搖汝精則不能清矣，故曰：無勞汝形，無搖汝精，乃可長生。總之，目多視則精搖於目，耳多〔一〕聽則精搖於耳，心多知則精搖於心，故目無所視，耳無所聽，心無所知，則精不搖而神自寧。神，形之主也。神守其形，而長生久視之道端在是矣。大道歌云：「神一出，便收來，神返身中炁自回。如此朝朝並暮暮，自然赤子結靈胎。」古今論道，只此數語檃括無遺。妙哉！妙哉！

「慎汝內，閉汝外，多知爲敗。我爲汝遂於大明之上矣，至彼至陽之原也；爲汝入於窈冥之門矣，至彼至陰之原也。天地有官，陰陽有藏，慎守汝身，物將自壯。我守其一，以處其和，故我脩身千二百歲矣，而吾未嘗衰。」

慎汝內，握固其精神也。閉汝外，關鍵其耳目也。多知爲敗，泯絶其思慮也。如斯而論，可謂體道之至矣。然而道有陰陽，不可不知也。吾爲汝遂於大明之上矣，則見至陽其赫赫乎，而至彼至陽之原，則赫赫者發乎地。吾爲汝入於窈冥之門矣，則見至陰其肅肅乎，而至彼至陰之原，則肅肅者發乎天。故太極判而兩儀分，則陰主乎靜，陽主乎動，而天地有官矣。陰中含陽，陽中含陰，而陰

〔一〕「多」：各本作「亂」，據上下文義改。

陽有藏矣。邵子云「陰陽之精，互藏其宅」，即此互藏之陰陽，永爲吾人返還歸復之樞要。故慎守汝身，慎其内而閉其外，則吾身之物將自壯矣。此「物」字下得不苟，即丹家所謂「藥物」也。由是而守其一，以處其和，使彼互藏之精與吾身中之物混合爲一，而後聖脩之能事始畢。蓋「守一」「處和」四字，又肯綮中之肯綮。林鬳齋自謂看莊子頗精到，到此漫爾説過，蓋緣此老不曾於丹書上究心，是以茫無印證，只將南華作爲言語文字等閒讀過，大是可惜。吾今爲人抉〔一〕破，直泄天機亦所不恤。曰：何謂守一？老子云：「得其一，萬事畢。」所謂「一」者，先天真一之炁，即所謂「天地之精，互藏於陰陽之宅」者也。何以守之？亦曰：慎内閉外而已。何謂處和？處和者，調陰陽氣序之和也。參同契云：「賞罰應春秋，昏明順寒暑。」又云：「候視加謹密，審察調寒温。」是處和也。「和」即丹家所謂「火候」也，「一」即丹家所謂「藥物」也。以之脩身，則形神妙而道合真矣。度千二百歲而形不衰也，宜哉！

黄帝再拜稽首曰：「廣成子之謂天矣！」廣成子曰：「來，余語汝：彼其物無窮，而人皆以爲終；彼其物無測，而人皆以爲極。得吾道者，上爲皇而下爲王；失吾道者，上見光而下爲土。今夫百昌皆生於土而反於土。故余將去汝，入無窮之門，以遊無極之野。吾與日月參光，與天地爲常。當我緡乎？遠我昏乎？人其盡死，而我獨存乎？」

〔一〕「抉」：各本作「訣」，據義改。

此段正答所以長生之意。蓋長生久視，乃道之當然也。「彼其物無窮，而人皆以爲終」云云，物，即中庸所謂「爲物不二」之物，指道而言也。蓋先天道樸，不受變滅，超形器而獨存。世人不能洞曉陰陽，深達造化，却謂此生有涯，安得長世，何見之陋也！故得吾道者，上爲皇而下爲王。上爲皇者，上德行無爲之道也。下爲王者，下德行有爲之事也。爲皇爲王，只在有爲無爲上照出，非是實語。失吾道者，上則見光，下則爲土。見光，猶生也。爲土，則化而腐矣。今夫百昌皆生於土而反於土，百昌猶言百物，人但見其返也，便謂有終有極，不知是乃失道之倫，任生任死者耳，非所語於得道者也。今吾將去汝，以入無窮之門而遊無極之野，與日月參光而與天地爲常。蓋天不變則道不變，道不變則吾之體道者亦不變。故夫萬物之生化無窮無盡，有當我而來者，有遠我而去者。然來者自來，吾不知其來也，去者自去，吾不知其去也，故曰：當我緡乎？遠我昏乎？緡即昏意。此正發揮所以長生久視之意，諸解失之。

雲將東遊，過扶搖之枝而適遭鴻濛。鴻濛方將拊髀爵〔一〕躍而遊。雲將見之，儻然止，贄然立，曰：「叟何人耶？叟何爲此？」鴻濛拊髀爵躍不輟，對雲將曰：「遊！」雲將曰：「朕願有聞也。」鴻濛仰而視雲將曰：「吁！」雲將曰：「天氣不和，地氣鬱結，六氣不調，四時不

〔一〕「爵」：宋本作「雀」。説文：「雀，依人小鳥也，从小隹。讀與爵同。」段玉裁注：「今俗云麻雀是也，其色褐，其鳴節節足足，禮器象之曰爵。爵與雀同音，後人因書小鳥之字爲爵矣。」朱駿聲通訓定聲：「爵，叚借爲雀。」

節。今我願合六氣之精以育群生，爲之柰何？」鴻濛拊髀爵躍掉頭曰：「吾弗知！吾弗知！」雲將不得問。又三年，東遊，過有宋之野，而適遭鴻濛。雲將大喜，行趨而進曰：「天忘朕耶？天忘朕耶？」再拜稽首，願聞[一]於鴻濛。鴻濛曰：「浮游不知所求，猖狂不知所往，遊者鞅掌，以觀無妄。朕又何知？」雲將曰：「朕也自以爲猖狂，而民隨予所往。朕也不得已於民，今則民之放也。願聞一言。」鴻濛曰：「亂天之經，逆物之情，玄天弗成，解獸之群而鳥皆夜鳴，灾及草木，禍及昆蟲。噫！治人之過也。」放，倣。

前言治身，此言治天下，總以一箇無知無爲的意思作主，正謂「道以其真治身，而出其緒餘以理天下」。鴻濛，氣也。雲將，雲也。扶搖，風也，或曰東海神木。然皆寓言，不得指以爲實。儻然，自失之貌。贄然，拱立之貌。鴻濛對雲將曰遊，視雲將曰吁，皞皞自得之意有出於言語文字之外者，想見此老一段胸襟活潑潑地，畫出宛然。願合六合之精以育群生，即前「欲取天地之精以佐五穀，以養民人」之意。夫雲將之問，蓋正問也，何故鴻濛以弗知答之？曰：弗知者，正所以爲鴻濛。答弗知，正所以爲正答也。不觀乎渾沌死於竅鑿，大樸散於彫琢，知識之開，大道之隱也。再遇再問，猶以不知答之。故曰：浮游不知所求，猖狂不知所往，遊者鞅掌，以觀無妄。猖狂，放佚之狀。鞅掌，紛汨之貌。言物之遊於大塊者，若是乎紛紛汨汨，然其作止炊累，莫非真機之自動，故鳶自能

[一]「聞」：各本作「問」，據宋本改。

飛，魚自能躍，天真游衍，萬象一如。體認真切，直是不容以絲毫知力與乎其間者，而朕又何知焉？雲將言：我聞夫子猖狂之教，自以爲猖狂矣，其如爲民所隨；既爲民隨，則我之一身，民之放也。放謂是則是效，朕誠不得已於民矣。願得一言而治之。鴻濛曰：天有常經，物有常情，順之則氣序自調，群物自生，拂而亂之，玄天弗成。玄者，於穆之義。成，即順成之成。解禽獸之群而鳥皆夜驚，則亂經拂情之徵也。何者？上古之世，人與禽獸群然而生，初無彼我，以故化化生生，咸若其性。今也解别其群，便生嫌忌，機心一動，故鳥皆夜鳴，互相譏警。乖戾之氣上干，灾變禍草木而及昆蟲，有心治人之過，其流禍如此！前所謂「罪在攖人之心」，與此同旨。

雲將曰：「然則吾柰何？」鴻濛曰：「噫！毒哉僊僊乎！歸矣！」雲將曰：「吾遇天難，願聞一言。」鴻濛曰：「噫！心養汝徒，處無爲而物自化。墮爾形體，吐爾聰明，倫與物忘，大同乎涬溟。解心釋神，莫然無魂。萬物云云，各復其根，各復其根而不知，渾渾沌沌，終身不離。若彼知之，乃是離之。無問其名，無闚其情，物固自生。」雲將曰：「天降朕以德，示朕以默。躬身求之，乃今也得。」再拜稽首，起辭而行。

雲將見説治人之過，便問補過之方，故曰：然則吾柰何？鴻濛言：毒哉僊僊乎，僊僊，長久之義。言治人者，自三代以下，流毒長久，不可藥救矣。歸矣，猶言子姑去也。雲將屢問，鴻濛不肯遽答者，以表矯俗之言未易輕語，故待其固請而後告之。心養汝徒，當作一句，諸本皆於「心養」處讀之，而以「汝徒」連下，理恐未然。心養，謂涵育優游，俟其自化，即孟子所謂「善養」也。徒，衆也。言人心攖之則亂，養之則馴，爲人上者恬淡無爲，治以不治，而物將自化矣。老子所謂：「我無爲而民自化，我無欲而民自朴，我好静而民自正。」意蓋如此。又恐雲將疑所謂心養者謂以有心養之，一涉有心，終非自然，故下復申其義。墮其形體者，去其蹩躠踶跂之行，以杜天下之疑也。吐其聰明者，黜其頡滑解垢之變，以息天下之辯也。倫與物同，言其一味平等，不生分别，與物相忘，而大同乎溟涬。溟涬者，無氣之始，無極之初先也。解心釋〔一〕神，莫然無魂，此箇「心」、「神〔二〕」二字，又當别看。解去妄心，則「心養汝徒」之心自正，釋去識神，則「抱神以静」之神自寧，解心釋神則莫然無魂矣。莫，即沖漠無朕之意。魂，即人之識神也。夫萬物芸芸，各復其根，芸芸，衆多之貌，言萬物雖多，莫不各有天然自有之真，乃性命之理，人物之根極也。人人自有其根，各各復之而不自知，故渾渾沌沌，常德不離。若彼知之，是乃離之也。知，謂開其知識。知識開，則日鑿一竅而渾沌死矣。故物本無名，我若不生分别而無問其名，物本無情，我若順其常然而無闚其情，則物固自復，物固自生耳。若問之闚之，則失其自生自復之理，幾何而不以有心毒天下哉？柳宗元郭槖駝傳，意蓋本此。一部南華，始終只説箇無知無爲的道理，翻出多少議論！苟能得其宗旨，則雖千言萬語皆是

〔一〕「釋」：原作「識」，據校本改。
〔二〕「神」：原作「識」，據校本改。

一箇印板印將去矣。予嘗謂看千卷丹書，不如讀在宥一段。玄乎妙哉！

世俗之人，皆喜人之同乎己而惡人之異於己也。同於己而欲之，異於己而不欲者，以出乎衆爲心也。夫以出乎衆爲心者，曷嘗出乎衆哉？因衆以寧所聞，不如衆技衆矣。而欲爲人之國者，此攬乎三王之利而不見其患者也。此以人之國僥倖也，幾何僥倖而不喪人之國乎？其存人之國也，無萬分之一，而喪人之國也，一不成而萬有餘喪矣！悲夫，有土者之不知也！—

此下别起一段議論，與上文不相蒙，而意實相屬。蓋以前面許多説話，皆矯世絶俗之談，人多以爲異己，就此便説世俗之人皆喜人之同乎己而惡人之異乎己，所以喜者，其心以爲己之聞見同出於衆人，人不得而議我也。既同出於衆人矣，則是己之聞見猶夫人也，曷嘗超出於衆哉？因衆人之聞見以穩妥自己之聞見，則我之不如衆技抑又多矣。蓋古之君子有高天下之見者，必不隨俗以決從違，如孔子違衆而拜下，孟子不與右師言。苟有見於己之是矣，曷嘗求同於世俗哉？即如今人論治，尊仁義，悦聖知，此三代有道之長也，而我必曰絶之棄之，大是駭俗。必欲因衆以寧所聞，是徒攬三王之利而不見其害者也，是其見猶夫衆焉已矣。以衆見而治人之國，幾何不僥倖而喪人之國乎？其存國也，無萬分之一，而喪人之國也，一不成而萬有餘喪矣。悲夫！有土者之不知也！如知之，則必不徇衆見以爲是，而己之獨見行矣。

夫有土者，有大物也，有大物者不可以物，物而不物，故能物物。明夫物物者之非物也，豈獨治天下百姓而已哉？出入六合，遊乎九州。獨往獨來，是謂獨有。獨有之人，是之謂至貴。

夫有土者有大物也，崇高莫大乎富貴，而貴爲天子，富有天下，大孰有尚焉者乎？雖然，特自外物而言之耳。不曰有不物之物乎？不物之物，則道樸是也。故有大物者不可以物，物而不物者，方能物物。連用二物字，上物字虛，下物字實。物物，謂能主張綱維乎是物也。夫苟明夫物物者之非物也，則豈但可治天下百姓已哉？將提挈陰陽，主宰造化，出入六合，而遊乎九州。元神默運，獨往獨來，至無也而實至有也，是謂獨有。獨有之人，是謂至貴，其視有大物者，可以同日語哉？

大人之教，若形之於影，聲之於〔一〕響，有問而應之，盡其所懷爲天下配，處乎無響，行乎無方，挈汝適，復之撓撓以遊無端；出入無旁，與日無始；頌論形軀，合乎大同，大同而無己。無己，惡乎得有有？覩有者，昔之君子；覩無者，天地之友。——

又起一頭，言大人立言以教天下，若影之隨物而賦形，響之隨叩而應聲，無情而受天下之感，其象如此。盡其所懷以配天下，「配」字下得最妙。配，如「匹配」之「配」，與人相合而各得其宜也。盡

〔一〕「於」：各本皆作「與」，據上二「於」字及宋本改。

其所懷，即孔子「無隱」、「叩兩端而竭焉」之意。處乎無響，寂以待感也。行乎無方，因人變化也。挈汝適，攜天下而適道也。復之撓撓以遊無端，復，來也，之，往也，言其往來自如，撓挑無極也。出入無旁者，獨往獨來，無所依旁也。既無端矣，焉有始耶？既無始矣，焉有終耶？曰與日無始，則悠久可知。蓋大人之教，將挈天下而遊之大道之中。真常而不變者，道也。與道合真，則形神爲之俱妙矣。故頌論其形軀，則與大道脗合無間，故曰：合乎大同。大同，寧有我耶？故曰：大同而無己。無己，焉得有有乎？故以有爲有者，覩有者也，昔之君子也。昔之君子，蓋自三代以下明君聖輔而言。仁義禮樂，紀綱法度，皆自有生有則，會有變滅，故因革損益，與時推移。若覩天地萬物以無爲宗，則天地之友也，此非獨有之人，孰能與於此哉？

賤而不可不任者，物也。卑而不可不因者，民也。匿而不可不爲者，事也。粗而不可不陳者，法也。遠而不可不居者，義也。親而不可不廣者，仁也。節而不可不積者，禮也。中而不可不高者，德也。一而不可不易者，道也。神而不可不爲者，天也。

承上「覩有」、「覩無」之説，又恐人截然分「有」、「無」爲兩段，將箇所謂無爲者一切淪於幻空，則是大人之教爲「説斷滅相」矣。蓋有無、道器，本不相離，無是有中之無，有是無中之有，佛語云「我法不説斷滅相」。大人立言，語上而不遺乎下，語理而不遺乎物，故物雖賤而不可不任也，民雖卑而不可不因也。物，謂統指萬物之有名相者，民則專指人民而言。言萬物雖賤，莫非樸散之器，聖人備物以致用，可不任乎？兆民雖卑，莫非我之一體，聖人厚下以安宅，可不因乎？事雖微曖，然皆分之所當爲者，不爲可乎？法雖粗迹，然皆所以顯吾道者，不陳可乎？義主分別，視仁則遠矣，而亦不可以不居。仁主聯屬，視義則親矣，而又不可以不廣。禮主節制，節則止而不過，積則加厚無已，故禮雖節而不可以不積。此皆相矯之辭，具言有爲之法。佛科云：「有爲雖僞，棄之則功行不成。」玄語云：「用鉛不用鉛，須向鉛中作。」於此會而通之，方知三教聖人宗旨不殊。至於德也、道也、天也，皆形而上者，本不容於有爲，然而無爲之道，有作爲基，不可以不爲也。故德則中矣，而不可以不高也。中謂中庸。中而高焉，則日進以崇德矣。道則一矣，而不可以不易也。一，謂不分。一而易焉，則變易以從道矣。天則神矣，而不可以不爲也。神，謂莫測。神而爲焉，則盡人以合天矣。此亦相矯之辭，皆無爲中之有爲。所謂「覩無，天地之友」者，覩此而已。即是而觀南華所論「有」、「無」，與吾聖學未始不同，但其矯世之談未免爲俗所駭。苟能會而通之，則不惟不相悖，而反相爲用矣。

故聖人觀於天而不助，成於德而不累，出於道而不謀，會於仁而不恃，薄於義而不積，應於禮而不諱，接於事而不讓，齊於法而不亂，恃於民而不輕，因於物而不去。物者莫足爲也，而不可不爲。不明於天者，不純於德；不通於道者，無自而可；不明於道者，悲夫！

讓，一本作辭，宜細考定。

此下正言聖人有爲中之無爲。觀於天而不助，助，助長也，不助則爲而不爲矣。成於德而不累，無心積累，故不期高而自高。出於道而不謀，無心變易，則應雖異而一自如。會於仁而不恃，會如會同之會，言同於仁而不居於仁也。薄於義而不積，薄者，逼近之義，言近於義而非集於義也。應於禮而不諱，諱者，拘忌之義，言節於禮而不拘於禮也。直己行事，無心規避，故曰：接於事而不讓。與民畫一，無心更張，故曰：齊於法而不亂。恃於民而不輕，恃即不可不因之義，而輕則輕身以徇民矣。因於物而不去，因即不可不任之意，而去則逐物而喪真矣。夫物莫可爲也，而不可以不爲者，應迹也。若以其不可不爲也，而貪着其事，則不明於天之道矣。天者，自然而已矣。自然者，爲而不爲也。故不明於天者，不純於德。德亦道也，道亦德也，不純於德則不通於道矣。不通於道者，安往而不生貪着哉？故曰：無自而可。然所謂道者，非謂判然與物相離也，正謂周於物而不倚於物焉耳。

何謂道？有天道，有人道。無爲而尊者，天道也；有爲而累者，人道也。主者，天道也；臣者，人道也。天道之與人道也，相去遠矣，不可不察也。

到此分明説破「道」字。何謂之道？有天道，有人道。天道者，無爲而尊者也，自然也。人道者，有爲而累者也，非自然也。累者，百爲叢脞之義。即觀世法，君則無爲而尊矣，臣則有爲而累矣，故主者天道，臣者人道。天道之與人道相去遠矣，不可以不察也。人君欲體天行道，而不以無爲爲尊，可得謂之知道者乎？

在宥一篇，自無爲説到有爲，復自有爲而返於無爲，抑揚開闔，變化無窮。未自鴻濛、雲將以下，突起三峰，斷而不斷，文字之妙，非言説可盡，讀者宜詳味之。

方壺外史説是篇已，重宣此義而作亂辭：

在宥天下，恐其遷淫。不恬不愉，德乃非真。大喜毗陽，大怒毗陰。二氣乖和，其反傷人。堯桀殊治，亂性則均。君子莅政，莫若無爲。淵默尸居，萬物炊累。無攖人心，僨驕難係。不勝而刑，天下駭異。大德不同，儒墨聿起。離跂攘臂，爲跖嚆矢。卓彼至人，絶聖棄知。黄帝叩道，雲將遇天。無知無爲，物自化焉。無爲有爲，爲以不爲。大人之教，盡其所懷。

外篇天地第十二

此篇言王者法天，天法道，道法自然，故其所論聖德聖治，一以無爲自然爲宗，但頭緒别起，不可串爲一章。中間根極性命之語，百世以俟聖人，終莫能易。末言大愚大惑，困亦可以爲得，謔浪世俗，切中今時局士之病。邵子有云：「敢於世上明開眼，肯向人前浪皺眉？」二老千古疏放豪邁之氣，於此亦可想也。

天地雖大，其化均也；萬物雖多，其治一也；人卒雖衆，其主君也，君原於德而成於天。故曰：玄古之君天下，無爲也，天德而已矣。

夫王者法天，天法道，道法自然，故天高地下，萬物散殊，自然之化，布濩流衍。天地雖大而其化則均，萬物雖多而其治則一。治，謂「主張綱維乎是」者。然而天地主萬物，人君主萬民，非德無以出治，非天無以成德，故曰：人卒雖衆，其主君也，君原於德而成於天。所謂天者，自然而已矣，無爲而已矣。王者法天，故玄古之君天下也，無爲也。惟無爲也，而後謂之天德。一有作爲，則爲人道，而非天德矣。玄古，猶言邃古。

以道觀言而天下之君正，以道觀分而君臣之義明，以道觀能而天下之官治，以道汎觀而萬物之應備。故通於天地者德也，行於萬物者道也，上治人者事也，能有所藝者技也。技兼於事，事兼於義，義兼於德，德兼於道，道兼於天。

夫天德即天道也。道不能不散而爲器，故凡天下之有名相者，莫非道樸之所散。故以道觀言，則稱謂定而人君之名正矣。以道觀分，則上下位而事使之義明矣。以道觀能，則大小異職而天下之官治矣。以道汎觀，則無獨有對而天下之應備矣。凡此者，皆自然也。故通於天地者德也，行於萬物者道也，德謂性命之正，道謂當然之理，形而上焉者也。上之所以治人者事也，人之所以成能者技也，形而下焉者也。然而無上下也，無精粗也，技則兼於事矣，事則兼於義矣，義則兼於德矣，德則兼於道矣，道則兼於天矣，兼者，合而一之之義。分而兩，則道器離矣。此段所論極爲精當，聖人復起，不能易也。

故曰：古之畜天下者，無欲而天下足，無爲而萬物化，淵靜而百姓定。記曰：「通於一而萬事畢，無心得而鬼神服。」

正結上意。通天下而皆以道觀，則君自正、義自明、官自治、應自備。可見畜天下者，不須有爲，法天之道焉，盡矣。天之道，無欲也，無爲也，淵而靜也，故無欲也而天下自足，無爲也而萬物自化，淵靜也而百姓自定。記有之曰：通於一而萬事畢，無心得而鬼神服。然則所謂一者，孰有外於道？而無心得者，又何莫而非道耶？

夫子曰：「夫道，覆載萬物者也，洋洋乎大哉！君子不可以不刳心焉。無爲爲之之謂天，無爲言之之謂德，愛人利物之謂仁，不同同之之謂大，行不崖異之謂寬，有萬不同之謂富，故執德之謂紀，德成之謂立，循於道之謂備，不以物挫志之謂完。君子明於此十者，則韜乎其事心之大也，沛乎其爲萬物逝也。刳，枯。

以下連用二「夫子曰」，述其師之言，以狀道體。夫道，天之所以爲命者也，故洋洋乎大哉，覆載萬物。君子法天以體道，不可不刳心焉。刳心者，去其知識之私，而後可以入於自然之道也。自然之道，無爲爲之，則謂之天矣。天何言哉？默而成之，故無爲言之之謂德。愛人利物則謂之仁，不同而同則謂之大。行不崖異，則無所不容矣，是故謂之寬。有萬不同，則無所不有矣，是故謂之富。君子執此則可以綱紀萬化，是故謂之紀。德成則卓乎如有所立，是故謂之立。循於道則衆善悉有矣，是故謂之備。不以外物累其心，則體其受而全歸，是故謂之完。君子明此十者，而天下無遺理矣，故曰：韜乎其事心之大也。執大象，天下往，故沛乎其爲萬物逝也。逝，謂往而歸之。

「若然者，藏金於山，藏珠於淵，不利貨財，不近貴富；不樂壽，不哀夭，不榮通，不醜窮；不拘一世之利以爲己私分，不以王天下爲己處顯。顯則明。萬物一府，死生同狀。」二

若然者，謂君子若是備此十者之德，則內重而見外之輕矣。故藏金於山，藏珠於淵，不利貨財，不近貴富。至貴至富者存，而難得之貨不足貴也。不樂壽，不哀夭，不榮通，不醜窮，而死生窮通處之一而化齊也。不拘一世之利以爲己私分，不以王天下爲己處顯，富有四海而不以爲富，尊爲天子

而不以爲顯，有天下而不與焉也。若夫所顯則有之，其明之謂乎？明，如中庸「著則明」之「明」，謂光輝發越也。萬物一府，言聚萬物而歸之大同。若夫死生之變，大矣，彼則視之旦暮然，旦亦暮也，死亦生也，何易乎心，何變於己哉？故曰同狀。

夫子曰：「夫道，淵乎其居也，漻乎其清也。金石不得無以鳴。」故金石有聲，不考不鳴。萬物孰能定之？——漻，留。

又述師旨以狀道。「夫道淵乎其居」至「無以鳴」，皆夫子之言，下方申而言之。淵乎其居，漻乎其清，語其寂也。金石不得無以鳴，語其感也。故金石有聲，不叩不鳴。金石本有能聲之理，而非聲聲者以感之，則亦無自而鳴。而聲聲者，吾人之天機，自然之覺性也。即是而觀，道俱兩在，鳴者是道，考者是道，孰能定之？以爲定在金石，不考何以不鳴？定在考者，他聲當同金石。定在虛空，考之何以無聲？直是未能定得。如此徵問，要人深思而自得之。前內篇中所謂「庸詎知吾所謂天者非人乎？所謂人者非天乎？」畢竟天非人不因，人非天不成，考者非道，而所以考者則道也。

夫王德之人，素逝而恥通於事，立之本原而知通於神，故其德廣。其心之出，有物採之。故形非道不生，生非德不明。存形窮生，立德明道，非王德者耶？蕩蕩乎，忽然出，勃然動，而萬物從之乎！此謂王德之人。——王，去聲。

王德，以德而王天下者也。「素逝」以下，辭頗艱澀，今姑以意解之，諒在不遠。素，樸素也。

逝，先往也。言率其素履以往，常自虛静恬淡寂寞無爲，未嘗沉着於有爲事相之中，故曰：恥通於事。然雖恥通於事，而事至能揆，物來能應，本然之明自不容昧，故先事而知，若鬼神然。蓋其本原之天不受竅鑿，自爾精明瑩徹，戴記所謂「清明在躬，志氣如神」，孔子所謂「不逆不億而常先覺者」，其本原立焉耳，故曰：立之本原而知通於神。如是，則其德廣矣遠矣。何者？通於事者，沉着而易障，通於神則清通而無象矣，故曰：其德廣。然其所謂通者，又皆感之而後應，迫之而後起，故曰：心之出，有物採之。出謂出以應人，採謂求取於己。夫王德之人，無心於天下，而不能不應天下之感，顧其誠立明通，迥與世人强作解事者別。是知生我者道也，明我者德也。以德爲明，則明之至矣。然道與德，又豈有二乎哉？原於天則謂之曰道，即立之本原也。立於己則謂之曰德，即通神之知也。存其形而能窮其生，則本原立矣。立其德而能明其道，則王德廣矣。故復讚之曰：蕩蕩乎，忽然出，勃然動，而萬物從之，蓋信「沛乎其爲萬物逝也」已。

視乎冥冥，聽乎無聲。冥冥之中，獨見曉焉；無聲之中，獨聞和焉。故深之又深而能物焉，神之又神而能精焉。故其與萬物接也，至無而供其求，時騁而要其宿，大小、長短、脩遠。——和，上。

又自「立之本原而知通於神」透下意來。蓋本原者，道也。道可視乎？然冥冥爾，不可視也。道可聽乎？然無聲也，不可聽也。雖則不可視也，而冥冥之中獨見曉焉；雖則不可聽也，而無聲之中獨聞和焉。故此獨見獨聞者，超乎聞見之外，而行乎聞見之中，不因有聞見而後有，不以泯聞見而遂無。深之又深，莫可測矣，而物物皆能順應。神之又神，至無方矣，而處處發見精光。其接物也，若無所有，而採取皆能供其求，不時騁出而左右皆能逢其原。語大也而實小，語長也而實短，語倏遠也而實近，道之體如此。「大小」以下六字，即中庸「費而隱」之義，但文字奇拔耳。又「倏遠」當作「遠近」，或作「近遠」亦得。

黃帝遊乎赤水之北，登乎崑崙之丘而南望。還歸，遺其玄珠。使知索之而不得，使離朱索之而不得，使喫詬索之而不得也，乃使象罔，象罔得之。黃帝曰：「異哉，象罔乃可以得之乎！」還，旋。

設此一段，以見道非聰明言語可求，只在無心得之。玄珠者，道也。知，知識。離朱，明察也。喫詬，言辯也。象罔，無心也。無心得道，止矣，而禪宗更有上上機關：「莫謂無心云是道，無心猶隔一重關。」此則清靜經所謂「無無亦無」者，更當理會。

堯之師曰許由，許由之師曰齧缺，齧缺之師曰王倪，王倪之師曰被衣。堯問於許由曰：「齧缺可以配天乎？吾藉王倪以要之。」許由曰：「殆哉圾乎天下！齧缺之爲人也，聰明睿知，給數以敏，其性過人，而又乃以人受天。彼審乎禁過，而不知過之所由生。與之配天乎？彼且乘人而無天，方且本身而異形，方且尊知而火馳，方且爲緒使，方且爲物絯，方且四顧而物應，方且應衆宜，方且與物化而未始有恒，夫何足以配天乎？雖然，有族有祖，可以爲衆父而不可以爲衆父父，治亂之率也，北面之禍也，南面之賊也。」—數，朔。絯，核。

配天，言爲君也，書曰：「其配上帝。」堯蓋欲讓天下而問齧缺於許由。圾與岌同，圾乎殆哉，言危也。缺之爲人，蓋恃其聰明聖知之資，竅鑿渾沌，是故謂之以人受天。何者？天賦而天全之，謂之天受。天賦而人鑿之，謂之人受。人受者，上帝不宜。且彼亦知閑邪以立無過之地，而不知過之所由生也。自有心，始有心爲善，雖善必粗。與之以配天，彼且用其知慧，逞其辯才，以人而勝天，故曰：乘人而無天。先己而後人，故曰：本身而異形。尚知而急用，故曰：尊知〔一〕而火馳。從此天下日就多事，故曰：爲緒使。民受束縛，不得自如，故曰：爲物絯。夫道，貴乎能靜而能應；四顧而物應，非靜而應者也。道貴乎無心而應物，應衆宜則有心而應者也，如是則與物俱化而失其真常之性矣，故曰：物化而未始有恒。此皆有知有爲之道，又何足以配天乎？「雖然」，又下一轉，先抑而後揚，揚之而復抑，看他文字變化之妙。有族有祖，言族聚者必尊於祖，若而人者，可以爲衆父矣，而不可以爲衆父父，衆父父則祖也。老子云：「無名天地之始，有名萬物之母。」始即祖也，母即衆父也。言缺之所爲，不與道應。若置之有爲名相之中，其才亦能首出，故可以爲衆父。然而去道遠矣，故不可以爲衆父父。又且足以戡定禍亂，故曰：治亂之率也。率，謂連率〔二〕。若北面之，適以

〔一〕「知」：原作「性」，據校本改。

〔二〕「連率」：漢書王莽傳中：「莽以周官、王制之文，置卒正、連率、大尹，職如太守。」李賢注：「連率亦太守也。」

禍之，南面之，適以害之耳。蓋君道無爲，臣承君之令而致之民，果於自用，信乎其不可也。

堯觀乎華，華封人曰：「嘻，聖人！請祝聖人，使聖人壽！」堯曰：「辭。」「使聖人富！」堯曰：「辭。」「使聖人多男子！」堯曰：「辭。」封人曰：「壽、富、多男子，人之所欲也。汝獨不欲，何耶？」堯曰：「多男子則多懼，富則多事，壽則多辱。是三者，非所以養德也，故辭。」封人曰：「始也我以汝爲聖人耶，今然君子也。天生萬民，必授之職。多男子而授之職，則何懼之有？富而使人分之，則何事之有？夫聖人，鶉居而鷇食，鳥行而無彰，天下有道則與物皆昌，天下無道則脩德就閒，千歲厭世，去而上仙，乘彼白雲，至於帝鄉，三患莫至，身常無殃，則何辱之有？」封人去之，堯隨之曰：「請問……」封人曰：「退已！」

撰此一段，以見聖人不累於物。多男子而多懼者，懼其生亂也。多富而多事者，勝心不已也。多壽而多辱者，嫌其易侮也。封人以是祝堯，可謂厚矣，而堯皆不欲之。即此不欲之心，便有意必，非自然也。故封人教以處之之道，蓋行乎三物之中而脱然無累者。多男子而分之職，則分各有定而人不亂矣。富而分之衆，則知足常足而心無事矣。何謂鶉居而鷇食，鳥行而無彰？鶉不擇居，鷇不擇食，鳥行虚空，過而無迹，皆無心自然之意。聖人處世之心，亦復如是。故天下有道，則與物俱亨，無道則脩德就閒，以免濁世。如此性體閒適，不以一毫事物累乎其心，度世千歲亦不爲多，縱使厭世而去，幻身雖滅，非幻不滅，乘彼白雲，賓於帝鄉，爲玉清金闕之仙真，三患不至，身常無殃。

三患，即佛氏所謂三灾，水火風也。如此則亦何辱之有？封人，蓋古所謂至人玩世而隱於下位者，然亦皆寓言耳。

堯治天下，伯成子高立爲諸侯。堯授舜，舜授禹，伯成子高辭爲諸侯而耕。禹往見之，則耕在野。禹趨就下風，立而問焉，曰：「昔堯治天下，吾子立爲諸侯。堯授舜，舜授予，而吾子辭爲諸侯而耕。敢問其故何也？」子高曰：「昔堯治天下，不賞而民勸，不怒而民畏。今子賞罰而民且不仁，德自此衰，刑自此立，後世之亂自此始矣！夫子闔行耶？無落吾事！」俋俋乎耕而不顧。俋，邑。闔，與「盍」同。落，荒廢意。俋俋，勇壯貌。

泰初有無無，有無名；一之所起，有一而未形。物得以生謂之德；未形者有分，且然無間謂之命；留動而生物，物成生理謂之形；形體保神，各有儀則謂之性。性脩反德，德至同於初，同乃虚，虚乃大。合喙鳴，喙鳴合，與天地爲合。其合緡緡，若愚若昏，是謂玄德，同於大順。

此段究極性命根宗，而示人以返還歸復之要。泰初，造化之始初也。無名，即老子所謂「無名，天地之始」。蓋老子只説到箇「無名」而止，此老又自「無名」上推出箇「無無」者。此等説話，若教儒者體勘，便硬將朱子作證己説：非太極之上復有無極矣，又安得無始之上復有無無乎？是雖窮蘇、張之舌亦不能辯。看南華者，直須吐去舊日聞見，將此箇造化根宗虚心理會。有箇有，定有箇無，

有箇無，定有箇無無者以主張於溟涬之先。有自無生，無與有對，此之一有對彼一無，即彼對無之有，已自成箇一了，故曰「一之所起」。一既起矣，寧無所謂一而未形者乎？一而未形，即上所謂無始之無無也。此箇無無，物不得不可以爲物。德之爲言，得也，故曰：物得以生之謂德。迨夫未形者分，陰陽闔闢，往來不窮，且然無間，是則天之所以爲命也，是故謂之命。詩有之曰：「維天之命，於穆不已。」意蓋如此。造化之道，顯諸仁，藏諸用，動則鼓萬物之出機，故曰：留動而生物。物者，動之留寓而成形質者也。物既生矣，則造化之生理亦隨物而各正。動者、植者、胎者、卵者、巨者、細者，有萬不齊，其所生之理，要皆一成而不可易，故曰：留動而生物，物成生理謂之形。有形者，有形形者，而形形者則神之謂也，道家謂之元神，佛氏謂之元性，一也。保，如「保合太和」之「保」。保合此神，則其視聽言動莫不各有自然之儀則，是則所謂性也，故曰：形體保神，各有儀則之謂性。故脩性者貴反於德，反於德則天者全矣。德之至則同於初，初即「泰初」之「初」。同乃虛者，神返於虛也，虛則無所不容，無所不納，故曰：虛乃大。言脩性而同於初，其至德若此。然而太初無無，有心於同，終涉於有，如何可同？其要則無心自然盡之矣。故合喙而鳴，喙鳴而合，此觳音也。胡爲而鳴，胡爲而合哉？無心自然而已矣。今之人所以不得如觳音者，緣有心也，無心則與天地合德矣。與天地合德者，緡緡然，若愚若昏，老子所謂「衆人昭昭，我獨若昏，衆人察察，我獨若悶」。意蓋如此。如是則謂之玄德，而同於大順矣。大順者，順其自然，而不以己私與之也。脩性返德，其道如此。

夫子問於老聃曰：「有人治道，若相放，可不可，然不然。辯者有言曰：『離堅白，若縣寓。』若是則可謂聖人乎？」老聃曰：「是胥易技係，勞形怵心者也。執狸之狗成思，猨狙之便自山林來。丘，予告若而所不能聞與而所不能言：凡有首有趾、無心無耳者衆，有形者與無形無狀而皆存者盡無。其動止也，其死生也，其廢起也，此又非其所以也。有治在人，忘乎物，忘乎天，其名爲忘己。忘己之人，是之謂入於天。」一寓宇同。

此段措辭繪句，迥出思慮之外，所謂不食煙火語者。夫子，指孔子。治道，謂所治之道。若相放，可不可，然不然，言不苟同於衆也。辯者有言曰：離堅白，若縣寓。言不爲異説所淆也。言衆人之所見雖相似矣，而我獨於衆可衆然之中，恐有隨俗習非之病，又必求其所謂不可與不然者，如孔子所謂「衆好之，必察焉；衆惡之，必察焉」，是則可謂察理之當矣。辯者之言曰：雖不一矣，而我離析堅白，昭昭乎若揭日月而縣之天宇，是則可謂析義之精矣，此皆有過人之才智者，不聖人而能之乎？不知夫子之所謂聖，乃老子之所謂胥易技係也。胥、技，皆庶人之在官者。易謂更番直事，係謂居肆計功。此皆勞心怵形，適人之適而不能自適其適者，蓋始也以才藝名，而終也以才藝累矣。又如執狸之犬，便捷之猿，爲人所愛，則必係之杙之，故犬以拘縶而愁思，猿自山林而就捕，烏能適其自然之性哉？若果聖人，則昏昏默默，不見游心於是非同異之間，既不以才智自見，又焉得以才智自累乎？既又名呼夫子而進之以所不能聞與所不能言者。凡有首有趾、無心無耳者衆，蓋有首有趾，具體而人矣，而無心無耳者衆，是無知無聞也，如是則雖有形而不能踐其形，一凡民耳。若有形者與無形無狀者而皆存，則是能踐其形者也。無形無狀，則所謂「上天之載，無聲無臭」者也，竅鑿之，則不能存矣。故有能與形而皆存，則是所謂「形體保神」者也。如是之人，世所希有，故曰盡無。然亦豈能獨異於人哉？但見衆動亦動，衆止亦止，衆死亦死，衆生亦生，衆廢亦廢，衆起亦起，非其所以者未嘗不與人同，而其所以者獨與人異。所以，謂形而上者，即所謂無形無狀者也。所以，則因乎天者也。動止、死生、廢起，則因乎物者也。治人之事者，忘乎物而因忘乎天，其名爲忘己，忘己則入於天矣。入於天者，無我無人，渾然與天爲一也。然既謂之忘於天矣，而又曰入於天者何？譬之善汩，忘於淵而後能入於淵也，此爲聖人也已矣。

蔣閭葂見季徹曰：「魯君謂葂也曰：『請受教。』辭不獲命。既已告矣，未知中否，請嘗薦之。吾謂魯君曰：『必服恭儉，拔出公忠之屬而無阿私，民孰敢不輯？』」季徹局局然笑曰：「若夫子之言，於帝王之德，猶螳蜋之怒臂以當車轍，則必不勝任矣！且若是，則其自爲處危，其觀臺多物，將往投迹者衆。」蔣閭葂覤覤然驚曰：「葂也汒若於夫子之所言矣！雖然，願先生之言其風也。」季徹曰：「大聖之治天下也，搖蕩民心，使之成教易俗，舉滅其賊心而皆進其獨志，若性之自爲而民不知其所由然。若然者，豈兄堯舜之教民，溟涬然弟之哉？欲同乎德而心居矣！」葂，免。覤，虩。汒茫同。

閭葂見季徹，因舉昔之所以告魯君者，若謂恭儉用賢而心無偏黨，帝王之道不是過矣，而季徹笑其不足以當帝王之德。蓋帝王之德，貴無爲而賤有爲。以若所爲，猶人之高其觀臺，多其景物，以示於人，人皆悦之，往而投迹者衆矣，不知乘興而來者亦興盡而返，遊觀之人詎能久乎？此意却在言外，而閭葂不知，故覤然而驚，茫然於季徹之言也，而願聞其風。意以往投者衆，則是天下之人皆來歸之矣，何以反不勝任耶？於是季徹告以大聖之治。何謂摇蕩其民心？民心本自蕩蕩廣平，摇摇活潑，若草木之動摇於春風者。自聖人過爲之防，攖以仁義禮樂紀綱法度，於是民始蹩躠跂踶失其本性，愈求其治而其治愈遠。易有之曰：「無妄之藥，不可試也。」朱子註云：「既已無妄，而復藥之，則反爲妄而生疾矣。」意正如此。故聖人順民心之自然，摇之蕩之，使之自得其性，則教由此成，俗由此易，滅其相戕相賊之心，而進其朝徹獨見之志，大順大化，若其性之自然而不知其所由。若是，則豈兄堯舜之道而弟溟涬之德哉？使民心之所欲者同於德而心始居矣。居，謂各得其所安。覤，與虩同，易曰：「震來虩虩。」註謂蠅虎進退多驚。

子貢南遊於楚，反於晉，過漢陰，見一丈人方將爲圃畦，鑿隧而入井，抱甕而出灌，搰搰然用力甚多而見功寡。子貢曰：「有械於此，一日浸百畦，用力甚寡而見功多。夫子不欲乎？」爲圃者仰而觀之曰：「柰何？」曰：「鑿木爲機，後重前輕，挈水若抽，數如泆湯，其名爲槔。」爲圃者忿然作色而笑曰：「吾聞之吾師，有機械者必有機事，有機事者必有機心。機心存於胸中則純白不備，純白不備則神生不定，神生不定者，道之所不載也。吾非不知，羞而不爲也。」子貢瞞然慙，俯而不能對。有間，爲圃者曰：「子奚爲者耶？」曰：「孔丘之徒也。」爲圃者曰：「子非夫博學以擬聖，於于以蓋衆，獨弦哀歌以賣名聲於天下者乎？汝方將忘汝神氣，墮汝形骸，而庶幾乎！而身之不能治，而何暇治天下乎？子往矣，無乏吾事！」搰，苦骨。泆，逸，沸也。仰，一作卬〔一〕。

圃畦，圃之有界限者。井，即今之塘坳。鑿隧，所以近水而酌甕者。丈人抱甕灌畦，可謂勞矣，而羞爲子貢之械槔，以機心存焉故也。機心存，則方寸擾雜而不純，由不純故不白也。白，如「虛室生白」之「白」，蓋本體純粹，自然光明透徹，表裏如一，而其神也定，否則日見其轇轕而已，故曰：純白不備則神生不定。神生，猶言神發。神不定者，不可以居道，故曰：道之所不載也。夫此機械之心，世俗之人以爲巧利，同然趨之，而不知自有道者觀之，方且以爲喪心，方且以爲害道，方且深愧而不肯爲，宜乎子貢瞞然而慙，失其所以對也。有頃，而丈人問以奚爲，則以孔丘之徒爲對，蓋將緣師以自重，若曰：知師之所爲，則己之所爲不言可知者。於是丈人復譏之曰：子非夫博學以擬聖，於于以蓋衆，獨弦哀歌以賣名聲於天下者耶？於于，夸誕之貌。蓋衆，猶云蓋世。獨弦哀歌，高其調以振響於天下也。既譏之矣，又復教之：忘汝神氣，墮汝形骸，即「墮支黜聰」之意，言泯其機心而不用也。庶幾，謂幾於道。無乏吾事，即「無落吾事」之意。

〔一〕「卬」：原作「卬伯」，據校本删「伯」字。

子貢卑陬失色，頊頊然不自得，行三十里而後愈。其弟子曰：「向之人何爲者耶？夫子何故見之變容失色，終日不自反耶？」曰：「始吾以爲天下一人耳，不知復有夫人也。吾聞之夫子：事求可，功求成，用力少，見功多者，聖人之道。今徒不然，執道者德全，德全者形全，形全者神全，神全者，聖人之道也。託生與民並行而不知其所之，汒乎淳備哉！功利機巧必忘夫人之心。若夫人者，非其志不之，非其心不爲。雖以天下譽之，得其所謂，謷然不顧；以天下非之，失其所謂，儻然不受。天下之非譽無益損焉，是謂全德之人哉！我之謂風波之民。」頊，旭。

卑陬，愧恧之貌。頊頊，自失之貌。不自反，言不能復其常也。天下一人，蓋指夫子。「事求可」以下數句，非夫子之言。其在子貢未聞性道之先，貨殖億中之日，妄意窺測，以爲聖人之道若是焉耳。吾意不然。聖人之道，爲所當爲而無計功謀利之私，使其一有求可求成之心，則枉尋直尺而利亦將自爲之矣，况復計用力成功之多寡哉？故予以爲是子貢之言也，而非夫子之言也。今徒不然，謂今也丈人之道獨不如此。何謂執道者德全？道者，天之所以爲命，人之所以爲德者也，執道則天者全而不失其所以爲德矣。德，在内者也，形，在外者也，内全則外不假言，故曰：德全者形全。形，神所乘也，神，形所主也，形全則神不假言，故曰：形全者神全。丈人之道，蓋全神之道也。其生雖與民並行，而浮游不知所求，猖狂不知所往，則與人異，蓋汒乎純白之備哉，而所謂功利機巧必忘夫人之心矣。機心既忘，則非志不之，非心不爲；雖舉天下譽之，若愜於天下之口矣，而謷然不顧也；雖舉天下非之，若不理於天下之口矣，而儻然不受也。夫舉天下之非譽而無能益損於其中，玆不謂全德之人乎哉？而我之謂風波之民。風波，言易以動也。

反於魯，以告孔子。孔子曰：「彼假脩渾沌氏之術者也。識其一，不知其二，治其内而不治其外。夫明白入素，無爲復樸，體性抱神，以遊世俗之間者，汝將固驚耶？且渾沌氏之術，予與汝何足以識之哉！」

假脩，謂假人事以脩渾沌氏之術。渾沌氏，上古之君，純乎道德者也。蓋丈人抱甕灌畦而不知其勞，語之以械槔而羞爲其事，其心即上古淳質之心也，即事即道也，故曰假脩。識其一不知其二者，守其純一而不雜也。治其内而不治其外者，得乎己心而自忘乎物也。是丈人也，明白入素，無爲復樸，體性抱神，以遊世俗之間者也。賜之學，宜不及此，是汝將固驚之矣。且夫渾沌氏之術，予與子皆不足以識之也。其驚之也，不亦宜乎？

諄芒將東之大壑，適遇苑風於東海之濱。苑風曰：「子將奚之？」曰：「將之大壑。」曰：「奚爲焉？」曰：「夫大壑之爲物也，注焉而不滿，酌焉而不竭。吾將遊焉。」苑風曰：「夫子無意於橫目之民乎？願聞聖治。」諄芒曰：「聖治乎？官施而不失其宜，拔舉而不失其能，畢見其情事而行其所爲，行言自爲而天下化。手撓顧指，四方之民莫不俱至，此之謂聖治。」

觀於大壑，夫子浮〔一〕海之意也，故謂之無意於橫目之民。「橫目」二字頗奇。官施而不失其宜，官無曠職也。拔舉而不失其能，野無伏賢也。畢見情事而行其所爲，人各紓其情實而人無浮行也。行言自爲而天下化，所言所行，自爲而已，無心爲人，而天下自化。手撓顧指，四方之民莫不俱至，「惟動丕應徯志」〔二〕也。聖人之治，如是而已。

「願聞德人。」曰：「德人者，居無思，行無慮，不藏是非美惡；四海之内共利之之爲悅，共給之之爲安；怊乎若嬰兒之失其母也，儻乎若行而失其道也；財用有餘而不知其所自來，飲食取足而不知其所從。此謂德人之容。」怊，音超。

德人者，全德之人。居無思，行無慮，言動靜無心也。不藏是非美惡，即所謂「不思善，不思惡」者。且與天下共利以爲悅，共給以爲安，以身寄託於天下而不知有其身也。惟其不知有身，故超乎若嬰兒之失其母，而氾氾乎不知其所依，儻乎若行而失其道也，而乘乘兮不知其所歸。財用飲食餘足而不知其所從來者，無心於求，故人不見其乏，而常若至足也。全德之人，其狀若此。

「願聞神人。」曰：「上神乘光，與形滅亡，此謂照曠。致命盡情，天地樂而萬事銷亡，萬物復情，此之謂混冥。」

〔一〕「浮」：原作「桴」，據校本改。論語公冶長：「子曰：道不行，乘桴浮於海。」

〔二〕「惟動丕應徯志」：語出尚書益稷。孔安國傳：「徯，待也。帝先安所止，動則天下大應之，順命以待帝志。應，應對之應。」

上神者，神上升而日月之光反乘於下也。蓋神人，旁雲氣，挾日月，而遊乎不測之景，故能如此。使其一爲軀殼所累，則又烏能倒景下視，虛明洞煥，曠蕩而無垠乎？故曰：與形滅亡，是謂昭曠。道家所謂「入金石無礙，步日月無影」，意蓋如此。何謂致命盡情？命者天之所賦，情者性之所發，致命盡情，則中致而和亦致矣，是故上下與天地同流，而物累爲之盡亡也，故曰：天地樂而萬事銷亡。萬物復情是謂混溟者，約其情，使復歸於性也，蓋盡情則發皆中節矣，復情則寂然不動而歸於中，歸於中則昏昏默默，與溟涬者等，故曰：是謂混溟。所謂脩渾沌之術者，脩此而已。此段語至德而歸重於神，與中庸「『上天之載，無聲無臭』，至矣」，旨亦相似。

門無鬼與赤張滿稽觀於武王之師，赤張滿稽曰：「不及有虞氏乎！故離此患也。」門無鬼曰：「天下均治，而有虞氏治之耶？其亂而後治之與？」赤張滿稽曰：「天下均治之爲願，而何計以有虞氏爲？有虞氏之藥瘍也，禿而施髢，病而求醫。孝子操藥以修慈父，其色燋然，聖人羞之。瘍，羊。髢，替。

夫自有虞而觀周武之師，則征伐之不及揖讓也尚矣。雖然，有遺論也，故設無鬼、滿稽一段議論，正與內篇「虞不及泰」同旨。離之言，罹也，作去聲讀。言周武之德不及虞舜，故使天下橫罹此禍。稽蓋欲以推尊虞舜之治，而不知虞舜周武皆亂而後治者，去至德亦遠。但時之所值不同，不得尊此而薄彼也。以故無鬼詰問：天下均治，而有虞氏治之耶？抑亂而治之歟？蓋天下均治，則無庸於治。凡治之云者，對亂而言也。有虞之世，雖無亂形，而人心已有亂萌矣，故虞舜藏仁要人而因以得人，是亦亂而治之之謂也。於是滿稽因無鬼之言而因有所悟，言天下均治，則人人各足其所願，而何爲計有虞氏之德而以元后尊之哉？分明是亂而求治於有虞也。雖然，亦治其外焉耳已，故曰：有虞氏之藥瘍也。瘍醫者，癰疽之醫，治病於外者也。夫髮禿而施髢，病篤而求醫，皆亂而求治者也，孰若無庸於治之爲愈哉？蓋無庸於治，則與天下相安於無事之天，而同脩乎渾沌之術。一治之，則有心矣，有事矣，猶之孝子操藥以修其慈父，其色燋然。用心非不善也，孰若子之無心與親之無事之爲愈哉？故聖人羞之。羞之者，恥〔一〕其心之將日勞而事之將日煩也。

至德之世，不尚賢，不使能，上如標枝，民如野鹿，端正而不知以爲義，相愛而不知以爲仁，實而不知以爲忠，當而不知以爲信，蠢動而相使不以爲賜，是故行而無迹，事而無傳。

寫出一段上古風氣，以見有虞之不然。堯舜推賢讓能，而至德之世不尚賢，不使能。何者？上古淳質無事，民不求治於君，雖有賢能，終亦無以自見，以故不尚不使。上如標枝，處高而無淩下之心。民如野鹿，放曠而無相忌之嫌。端正而已矣，不自知其爲義也。相愛而已矣，不自知其爲仁也。實而已矣，不自知其爲忠。當而已矣，不自知其爲信。蠢動之類互相役使而已矣，不自知其爲恩。行無畔岸，故無迹也。事無歆羨〔二〕，故無傳也。斯世也，斯民也，何有於亂，而抑何求於治

〔一〕「恥」：校本作「恐」。
〔二〕「羨」：各本作「羡」，據義改。

乎哉？

孝子不諛其親，忠臣不諂其君，臣子之盛也。親之所言而然，所行而善，則世俗謂之不肖子；君之所言而然，所行而善，則世俗謂之不肖臣，而不知此其必然耶？世俗之所謂然而然之，所謂善而善之，則不謂之導〔一〕諛之人也。然則俗故嚴於親而尊於君耶？謂己導人則勃然作色，謂己諛人則怫然作色，而終身導人也，終身諛人也。

自常情中發出一段奇論，與上文不相蒙。言臣子忠孝之盛節，只爲不諂諛其君親，使之不陷於有過。故凡有所言也而然之，凡有所行也而善之，則世俗必以爲諂諛之人，而思以不肖之名加之，此其必然，無足異者，然而世俗之人又未知其必然也。故自我言之，人固不可苟同於君親矣，尤不可苟同於世俗也。今於世俗之所謂然者而然之，世俗之所謂善者而善之，此與不肖之臣子諂諛於君親者何異？而世俗之人喜其與己同也，更不以導諛之人目之，然則世俗之黨〔二〕同，顧嚴於親而尊於君耶？在君親則非之，在世俗則不非，是於必然之中而又未知其必然也。今世俗謂己爲不肖之臣子，則勃然怫然作色而不肯受，乃隨俗苟同，終身導人，終身諛人。在君親則一言不肯受其名，於世俗則終身不能改其行，世俗固無定見矣，君子可容無定守耶？

〔一〕「導」：校本作「道」，此處音叶云：「音導，下同。」

〔二〕「黨」：各本作「當」，據義改。

合譬、飾辭，聚衆也，是終始本末不相坐。垂衣裳，設采色，動容貌，以媚一世，而不自謂導諛，與夫人之爲徒，通是非，而不自謂衆人，愚之至也。知其愚者，非大愚也。知其惑者，非大惑也。大惑者，終身不解。大愚者，終身不靈。三人行而一人惑，所適者猶可致也，惑者少也；二人惑則勞而不至，惑者勝也。而今也以天下惑，予雖有祈嚮，不可得也，不亦悲夫〔一〕？

合譬者，比物醜類，作爲譬喻之辭，以欲人之易曉；飾辭〔二〕者，不欲直遂，致爲潤色之辭，以使人之易聽。是皆言之有枝葉者，故雖足以聚衆，而終始本末多不相掩，故曰：不相坐也。之人也，垂衣服，設采色，動容貌，高自標致，以媚悦一時之學人，而不自謂之導諛，然亦豈有異於人哉？但見與夫人爲徒，衆是亦是，衆非亦非，初無高出等夷之見，一衆人耳，而不自謂之衆人。此段分明譏貶一時聚徒講學之人、惠施公孫龍子之輩務空談而無實行者。且夫久假而不歸，烏知其非有耶？故欲以愚人，而適以自愚，誠謂愚之至也已矣。知其愚，則不爲彼所愚，故曰非大愚。知其惑，則不爲彼所惑，故曰非大惑。其如人之不知何哉？而愚者惑者衆也，故大愚則終身不解矣，大惑則終身不靈矣。藥毒熏心，墨黥入骨，醉其説者，楸髮腐齒而不自悟，如彼迷人四方易處。今使三人行而

〔一〕「夫」：校本作「乎」。
〔二〕「辭」：原作「詞」，據經文和校本改。

一人惑，迷途猶可致也。何也？惑者少也。二人惑，則勞而不至。何也？惑者勝也。又況三人俱惑乎？今天下皆惑於斯人，而予獨欲有所願往，誰與從之？又自悲已。蓋深有所激而憤悱之詞。

大聲不入於里耳，折楊皇華則嗑然而笑。是故高言不止於衆人之心，至言不出，俗言勝也，以二缶鍾惑而所適不得矣。而今也以天下惑，予雖有所祈嚮，其庸可得耶？知其不可得也而强之，又一惑也，故莫若釋之而不推。不推，誰其比憂？「缶鍾」，準郭本作「垂踵」。

大聲，即大音也。大雅之音非里巷之耳所樂欲聞，故曰不入。若乃折楊皇華，則聞之莫不嗑然而笑，蓋折楊皇華，里巷之俗音也。以譬高言不入於衆人之心，衆人之心惟俗言是好，以故至言不出。至言之晦，俗言之勝招之也。衆人皆惑於俗言，而與之以至言以適於道，其不反爲大惑也者幾希。故三人行而二人惑，則惑者勝，以二垂踵惑而所適不得，亦勢之必然也。垂踵，謂惑而不前，坐垂其足也。以況天下俱惑於俗言，予雖欲獨見獨往以行素履之願，其庸可得耶？知其不可得而强人以必行，則我反爲不知矣，不知又一惑也，故莫若姑舍是而勿推。推，推求也。然不推則天下無人矣，誰其與我同憂哉？比者，和同之意。蓋已知天下無人而又不敢絶望於斯人，莊生憂世愛人之心有如此者。

厲之人，夜半生其子，遽取火而視之，汲汲然惟恐其似己也。—

厲，惡癩也。厲人生子，惟恐其似，乃好惡之本心也。人莫不有自知之明，而大愚大惑之人乃至終身不解不靈，曾厲人之不若！故設此譬，欲人深思而得之言意之表。此莊文之三昧，藕斷絲連，似結煞而非結煞。於此悟入，保於文陣中殿後收第一功矣。

百年之木，破爲犧樽，青黄而文之，其斷在溝中。比犧樽於溝中之斷，則美惡有間矣，其於失性，一也。跖與曾史，行義有間矣，然其失性，均也。且夫失性有五：一曰五色亂目，使目不明；二曰五聲亂耳，使耳不聰；三曰五臭熏鼻，困惾中顙；四曰五味濁口，使口厲爽；五曰趣舍滑心，使性飛揚。此五者，皆生之害也，而楊墨乃始離跂自以爲得，非吾所謂得也。夫得者困，可以爲得乎？則鳩鴞之在於籠也，亦可以爲得矣。惾，子公反。

百年之木，木之堅好者也，一則破爲犧樽而文之以采色，一則斷於溝中而不免於泥塗，同質異遭，美惡固有間矣，然語其失性，一也。失性，謂朽腐而失其靈氣。以譬曾史盜跖，行義之清濁不同，然一則徇名，一則徇利，均失本真。蓋道以全真爲貴，真性失，則其餘無足論矣。既又自失真之由而枚舉其端，曰色、曰聲、曰臭、曰味、曰趣舍，凡夫之人貪着其事，有生之害無過於此，故有道者去之。彼楊墨者曾不講於復性之學，而離跂於仁義之間，趣舍滑心，不以爲失而反以爲得，自我言之，直困而已矣，可以爲得乎哉？以困爲得，則樊籠之鳩鴞抑亦可以爲得矣。困惾，衝逆之意。中顙，言氣味上達於顙額也。厲，乖戾也。爽，猶失也。滑，汩亂也。離跂，即馬蹄篇所謂「踶跂」。

且夫趣舍聲色以柴其內，皮弁、鷸冠、搢笏、紳脩以約其外，內支盈於柴柵，外重纆繳，睆睆然在纆繳之中而自以爲得，則是罪人交臂歷指而虎豹在於囊檻亦可以爲得矣！柵，塞。纆，墨。繳，灼。

柴義有三，一者蘊崇，二者錯亂，三者梗礙。趣舍聲色，隨其好惡以爲取舍也。物之亂性者，聲色爲最。楊墨之徒〔一〕，雖視窮欲者有間，然亦豈能淡然無少芥蒂於其中哉？一有之，則其蘊崇錯亂，與理爲梗，勢所必至，故曰：趣舍聲色以柴其內。外則皮弁、鷸冠、搢笏、紳脩，皆儒服也。搢，執也。紳，大帶之垂者。修者，長義。約其外，言束其身也。支，枝拄也。盈，充塞也。言內支盈於聲色之柴柵，而外縛束於衣冠之纆繳，睆然目視而不敢動。若然者，不以爲困而反自以爲得，則是罪人之交臂而反縛、歷指而受刑，與猛獸之處囊而落檻者，抑亦可以爲得矣。蓋戲劇拘儒之甚詞，萬世之下猶有遭其詬詆者。

方壺外史説是篇已，重宣此義而作亂辭：

玄古之君，無爲自然。事藝道德，乃兼於天。

得一畢萬，立之本原。知通於神，天下逝焉。

〔一〕「徒」：各本作「爲儒」。楊墨非儒，於義不當而改。

道謬乎清，金石以鳴。窮生明道，王德之人。
視乎冥冥，聽乎無聲。獨聞獨曉，神而能精。
黄帝遺珠，象罔可得。齧缺配天，南面之賊。
堯觀於華，封人請祝。子高退耕，神禹讓德。
泰初無無，性命祖根。德至同初，若愚若昏。
可否然咈，堅白離分。執犬成思，技胥悚〔一〕心。
大聖之治，若性蕩民。匪兄堯舜，而弟溟涬〔二〕。
丈人灌畦，諄芒遊壑。假脩渾沌，入素復樸。
至德無思，上神乘光。混溟昭曠，與形銷亡。
徹卑葂論，稽鄙周師。魯猶蜋臂，虞亦瘍醫。
導諛苟同，天下大惑。失性離跂，困可謂得。

〔一〕「悚」：校本作「怵」。
〔二〕「溟涬」：原作「涬溟」，據前面經文及註文調換。

南華真經副墨卷之四　淡字集

外篇天道第十三

此篇言帝王之道，以天地爲宗，以道德爲主，以自然爲用，以虛静恬淡寂寞無爲爲道之本。本在於上，末在於下，要在於君，詳在於臣，皆極醇無疵之語。嘗謂莊子天道篇，辭理俱到，有蔚然之文，浩然之氣，蒼然之光。學者更當熟讀。

天道運而無所積，故萬物成；帝道運而無所積，故天下歸；聖道運而無所積，故海内服。明於天，通於聖，六通四辟於帝王之德者，其自爲也，昧然無不静者矣。聖人之静也，非曰静也善故静也，萬物無足以鐃心者，故静也。水静則明燭鬚眉，平中准，大匠取法焉。水静猶明，而况精神？聖人之心静乎！天地之鑒也，萬物之鏡也。辟，闢。鐃，撓。

「維天之命，於穆不已」，是天道運而無所積也，故萬物於是乎成焉。聖人之德，「純亦不已」，故天下歸而海内服焉。「帝」、「聖」二字，似有差等。以邵子「皇帝王霸」〔一〕言之，帝即皇也帝也，聖即王也。即是而觀天地帝王之德，一而已矣。然而有運焉者，必有所以運焉者，其極則静焉立之。故明於天地帝王之德者，其自爲也，昧然無不静者。昧者，混溟之義，老子云「明道若昧」。蓋六通四辟則明也，明以暗爲基，故其自爲也昧然，昧則歸於静矣。聖人之静也，豈以静也善而故静之哉？萬物無足以撓其心，故自静也，静則定而慧生之矣。故六通四辟，明之至也。譬之水焉，静則明燭鬚眉，平中准，大匠取法焉。夫水静猶明也，而况精神？聖人之心静乎，是天地之鑒也，萬物之鏡也。天地萬物皆准於心，則命由我立，法由我出，而道由我行矣。

夫虚静恬淡寂寞無爲者，天地之平而道德之至，故帝王聖人休焉。休則虚，虚則實，實則倫矣。虚則静，静則動，動則得矣。静則無爲，無爲也則任事者責矣。無爲則俞俞。俞俞者，憂患不能處，年壽長矣。夫虚静恬淡寂寞無爲者，萬物之本也。明此以南鄉，堯之爲君也；明此以北面，舜之爲臣也。以此處上，帝王天子之德也；以此處下，玄聖素王之道也；以此退居而閒遊，江海山林之士服；以此進爲而撫世，則功大名顯而天下一也。

虚静恬淡寂寞無爲，此静之意義也，天地取准焉，故曰：天地之平。語道德者，疇以加此？故

〔一〕「皇帝王霸」：邵雍觀物外篇：「所謂皇帝王霸，非獨謂三皇五帝三王五霸而已，但用無爲則皇也，用恩信則帝也，用公正則王也，用智力則霸也。」

曰：道德之至。以故帝王聖人休焉，休，止也，如大學「止於至善」之「止」。止則心中無物，故曰：止則虛。虛則真空之中妙有生焉，故曰：虛則實。一實萬分，而敦化者，而川流〔一〕，故曰：實則倫矣。虛則靜，靜，無爲也。靜則動而無乎不爲，故動則得而任事者責矣。倫，謂燦然有條。責，謂責成於己。是蓋動靜相生，虛實相成。天地帝王之德，一「靜而無爲」盡之矣。無爲者，能靜能應，常應常靜，而常俞俞。俞俞也者，愉愉也。俞俞則憂患不能入，外患不戕，以故精神豫而年壽長也。又復推本而論。夫虛靜恬淡寂寞無爲者，萬物之本也，本謂本根，言天地萬物皆從虛靜而生。明乎此者，則命由此立，法由此出，而道由此行矣。是故明此以南面云云，所謂「動則得而任事者責」，意蓋如此。

靜而聖，動而王，無爲也而尊，樸素而天下莫能與之爭美。夫明白於天地之德者，此之謂大本大宗，與天和者也。所以均調天下，與人和者也。與人和者，謂之人樂；與天和者，謂之天樂。莊子曰：「吾師乎，吾師乎！整萬物而不爲戾，澤及萬世而不爲仁，長於上古而不爲壽，覆載天地，彫〔二〕刻衆形而不爲巧。」此之謂天樂。整，齎。

〔一〕「敦化」、「川流」：中庸：「萬物並育而不相害，道並行而不相悖，小德川流，大德敦化，此天地之所以爲大也。」朱熹註：「小德者，全體之分；大德者，萬殊之本。川流者，如川之流，脉絡分明而往不息也。敦化者，敦厚其化，根本盛大而出無窮也。」

〔二〕「彫」：校本作「雕」。

静而聖，内聖之德也。動而王，外王之業也。静則不動矣，而能役使群動，故無爲而尊。樸素則無文矣，而至文者出，故莫與争美。故明於天地之德者，此之謂大本大宗。大本，即中庸所謂「大本」。大宗，即内篇所謂「大宗師」也。天和，與天爲徒者也。人和，與人爲徒者也。和則樂矣，故又謂之天樂、人樂。然又須知，天樂、人樂，只是箇無爲自然。又引平日所自言者數句來作印證。曰「不爲戾」云云，則實「未嘗整萬物」云云也，此之謂無爲自然，此之謂天樂。

故曰：「知天樂者，其生也天行，其死也物化，静而與陰同德，動而與陽同波。」故知天樂者，無天怨，無人非，無物累，無鬼責。故曰：「其動也天，其静也地，一心定而王天下；其鬼不祟，其魂不疲，一心定而萬物服。」言以虚静推於天地，通於萬物，此之謂天樂。天樂者，聖〔一〕人之心以畜天下也。

知天樂者，虚静恬淡寂寞無爲，與天爲徒，默與之契，非但聞見之知而已也。是故其生死動静，莫不隨造化以卷舒。又此和樂之中，瀟瀟灑灑，一塵不掛，無怨無非，無累無責，以爲鬼則不祟，以爲魂則不疲，一静而已矣，一定而已矣，是故可以王天下而服萬物。聖人所以畜養天下之道，如是而已。此種學問，千聖傳心之秘，世出世法莫不由此。

夫帝王之德，以天地爲宗，以道德爲主，以無爲爲常。無爲也則用天下而有餘，有爲也

〔一〕「天樂者聖」：四字原作小字，據上下文意及校本改。

則爲天下用而不足，故古之人貴夫無爲也。上無爲也，下亦無爲也，是下與上同德，下與上同德則不臣。下有爲也，上亦有爲也，是上與下同道，上與下同道則不主。上必無爲而用天下，下必有爲爲天下用，此不易之道也。

此又自無爲中翻出箇有爲者爲臣道之當然。然前言「明此以北面，舜之爲臣也」，則臣亦當無爲矣。林鬳齋以爲看莊子不得如此拘泥，非是。蓋前以心而言之，此以分而言之也。若臣道雖有所爲，使無虛静恬淡寂寞無爲者以主之，將日見其擾雜，而庶事其用隳矣。

故古之王天下者，知雖落天地，不自慮也；辯雖彫萬物，不自悦也；能雖窮海内，不自爲也。天不産而萬物化，地不長而萬物育，帝王無爲而天下功。故曰：「莫神於天，莫富於地，莫大於帝王。」故曰：「帝王之德配天地。」此乘天地，馳萬物而用人群之道也。

此言古之帝王與天地同德。落，與絡同，謂包絡也。窮，竭也。

本在於上，末在於下，要在於主，詳在於臣。三軍五兵之運，德之末也；賞罰利害，五刑之辟，教之末也；禮法度數，刑名比詳〔一〕，治之末也；鐘鼓之音，羽旄之容，樂之末也；哭

〔一〕「刑名比詳」：别雅：「刑，形也。」讀書雜志「以刑役心」，王念孫按：「形刑古字通。」韓非子主道「同合刑名」，顧廣圻曰：「刑讀爲形。」成玄英疏：「形者容儀，名者字諱，比者校當，詳者定審。」

泣衰絰，隆殺之服，哀之末也。此五末者，須精神之運，心術之動，然後從之者也。末學者，古人有之，而非所以先也。

又自「有爲無爲」上翻出「本末」二字。蓋虛静恬淡寂寞無爲者，道之本也。自樸散爲器，則有爲之法緣是以生。故詳舉五者皆世法之末務，其精神心術之運則主者執之，故無爲之道要在於主，有爲之法詳在於臣。末學者，古人有之，非帝王之所以先也。所以先，則虛静恬淡寂寞無爲而已矣。

君先而臣從，父先而子從，兄先而弟從，長先而少從，男先而女從，夫先而婦從。尊卑先後，天地之行也，故聖人取象焉。天尊地卑，神明之位也；春夏先，秋冬後，四時之序也；萬物化作，萌區有狀，盛衰之殺，變化之流也。夫天地至神而有尊卑先後之序，而况人道乎？宗廟尚親，朝廷尚尊，鄉黨尚齒，行事尚賢，大道之序也。語道而非其序者，非其道也。語道而非其道者，安取道？

又自「先」字「從」字透下意來。言凡物有先有從，乃造化之定理。聖人取象於天地，觀變於四時，體撰於萬物，則見尊卑、先後、區狀、盛衰皆有一定自然之序，用是而主張綱維以立人道之極，故以宗廟則尚其親而昭穆之有序也，以朝廷則尚其尊而官職之有序也，以鄉黨則尚其齒而少長之有序也，以行事則尚其賢而承乘之有序也，是皆大道之自然。故語道者尚其序，道而非序，安取於道哉？發明本在於上、末在於下、要在於主、詳在於臣，此段略盡。

是故古之明大道者，先明天而道德次之，道德已明而仁義次之，仁義已明而分守次之，分守已明而形名次之，形名已明而因任次之，因任已明而原省次之，原省已明而是非次之，是非已明而賞罰次之，賞罰已明而愚知處宜，貴賤履位，仁賢不肖襲情，必分其能，必由其名。以此事上，以此畜下，以此治物，以此脩身，知謀不用，必歸其天。此之謂太平，治之至也。

語大道者，先明於天，則本立於上矣，本立而後末學可次第舉也。道之大原出於天，德則行道而有所得焉者，故天明而道德次之。仁義者，道德之分，老子云「失德而後仁，失仁而後義」，故道德已明而仁義次之。「樸散爲器，聖人用之，則爲官長」，故分守次之。形以成之，名以命之，故次形名。因才任使，故次因任。原，宥也，省，試也，所以別人官之能，故次原省。原省明矣，然後是非定焉，故次是非。是非明矣，然後賞罰加焉，故次賞罰。賞罰明，則愚知各得其宜，貴賤各履其位，而仁、賢、不肖各襲其情，必分其能而不敢自惜其力也，必由其名而不敢不責其實也。以此事上使下，治物脩身，各安其自然之分，而知謀不用，以歸於天，太平之治無以加此。此段所論，醇正無疵。九「次之」，亦聖人因大道之降而爲之裁成。所以詳責於下者，正見「非所以先」之意。

故書曰：「有形有名。」形名者，古人有之，而非所以先也。古之語大道者，五變而形名可舉，九變而賞罰可言也。驟而語形名，不知其本也；驟而語賞罰，不知其始也。倒道而言，迕道而説者，人之所治也，安能治人？驟而語形名賞罰，此有知治之具，非知治之道，可用於天下，不足以用天下，此之謂辯士，一曲之人也。禮法數度，刑名比詳，古人有之，此下之所以事上，非上之所以畜下也。

古之語大道者，虛静恬淡寂寞無爲而已。自道而五變其説，然後及於形名，又九變其説，然後及於賞罰。故此等有爲之法，古人有之，而非所以先也。先者，其本始也。非所先者，其末學也。驟而語之，倒而言之，迕而説之，皆治人者之具，非治人者之道也，故可用於天下，而不足以用天下。治人與用天下之道，虛静恬淡寂寞無爲而已矣。

昔者舜問於堯曰：「天王之用心何如？」堯曰：「吾不敖無告，不廢窮民，苦死者，嘉孺子而哀婦人，此吾所以用心已。」舜曰：「美則美矣，而未大也。」堯曰：「然則何如？」舜曰：「天德而出寧，日月照而四時行，若晝夜之有經，雲行而雨施矣。」堯曰：「然則膠膠擾擾乎！子，天之合也。我，人之合也。」夫天地者，古之所大也，而黄帝、堯、舜之所共美也。故古之王天下者，奚爲哉？天地而已矣！　敖，傲。

設舜告堯一段，以明君道之當然。蓋君人之道，無爲自然而已。若堯之用心，信乎膠擾而多事也。故舜嫌〔一〕其未廣，而以天道語之。天德出寧者，本天德以出治，而萬物自寧也。天之德，無爲自然而已。故日月自照，四時自行，晝夜自是其有常，雲自行，雨自施，無心於物而萬物自成者，天道之

〔一〕「嫌」：各本作「歉」，據下段註文改。

運而無所積也。君人之德亦如是焉，信乎其天之合而非人之合也已。

孔子西藏書於周室，子路謀曰：「由聞周之徵藏史有老聃者，免而歸居。夫子欲藏書，則試往因焉。」孔子曰：「善。」往見老聃，而老聃不許，於是繙十二經以說。老聃中其說，曰：「太謾，願聞其要。」孔子曰：「要在仁義。」老聃曰：「請問：仁義，人之性耶？」孔子曰：「然。君子不仁則不成，不義則不生。仁義，真人之性也，又將奚爲矣？」老聃曰：「請問：何謂仁義？」孔子曰：「中心物愷，兼愛無私，此仁義之情也。」老聃曰：「意，幾乎後言！夫兼愛，不亦迂乎？無私焉，乃私也。夫子若欲使天下無失其牧乎？則天地固有常矣，日月固有明矣，星辰固有列矣，禽獸固有群矣，樹木固有立矣。夫子亦放德而行，循道而趨，已至矣，又何偈偈乎揭仁義，若擊鼓而求亡子焉？意，夫子亂人之性也！」說，稅。意，噫。偈，居揭反。

孔子，魯人也，西往於周，欲藏其所著之書於周室，以爲一代之信史。十二經，即所藏之書也。徵藏，周之藏名，其史官曰老聃者，免而家居。孔子往依焉，而聃不許，於是繙十二經以說之，繙者，反覆經旨，未盡其說，而老子嫌其太謾，謾，汗漫也，因問其要。孔子則以仁義當之。老子因問：仁義，性歟？論性，則虛靜之中，湛然寂然，一物不着，所謂「箇裏本來無字脚，空中誰敢强安名？」此下所論，皆世儒之常談，必非孔聖宗旨。莊子「重言十七」，特寄孔子以正之耳。不仁則不成，成全也。不義則不生，孟子云「是集義所生者」，謂發揚生氣也。中心物愷，言與物同春也。兼愛屬仁，無私屬義。意者，歎辭。後言，猶失言也。夫物，有萬不齊，物物而兼愛之，不惟勢有所不及，而有心於愛，去道將益遠矣，故謂之曰迂。必自謂己之無私，而一有意必，已自成私，故曰：無私焉乃私也。此二句極精極當。又復申説，夫子必欲使天下無失其養乎？則天地萬物固自各順其常，各足其性，吾惟放德而行，循道而趨，一以虛静恬淡寂寞無爲主之，至矣，又胡爲偈偈乎兼愛無私，行仁義於天下，若擊鼓而求亡子者哉？亡子，逃子也。擊鼓求逃，疑古有此俗。

士成綺見老子而問曰：「吾聞夫子聖人也，吾固不辭遠道而來願見，百舍[一]重趼而不敢息。今吾觀子，非聖人也，鼠壤有餘蔬而棄妹，不仁也！生熟不盡於前，而積斂無崖。」老子漠然不應。士成綺明日復見，曰：「昔者吾有刺於子，今吾心正却矣，何故也？」老子曰：「夫巧知神聖之人，吾自以爲脱焉。昔者子呼我牛也而謂之牛，呼我馬也而謂之馬。苟有其實，人與之名而不受，再受其殃。吾服也恒服，吾非以服有服。」趼繭，足跟厚皮也。

重趼，謂足有厚皮。百舍重趼而不敢息，求見之心切，跋涉之苦忘也。鼠壤有餘蔬而棄妹，鬳齋以妹作昧，謂棄蔬於暗昧之地，似覺未妥，不若直以妹解。蓋意妹氏棄蔬於鼠壤，老聖之德主於儉嗇，故責其暴殄而疏棄之，成綺因譏其寡恩而不仁。生熟不盡於前而積斂無崖，亦儉嗇之徵驗

[一]「舍」：原作「里」，註文同，據校本改。康熙字典：「師行一宿爲一舍，增韻：『又三十五里爲一舍。』」

也。老聖漠然不答所以，於是成綺明日復請，言：昔者有譏於夫子，正以發其請教之端，今者正爾，却然退聽，安意承教。敢問何也？老聖言：巧知聖神之人，當機敏給，應答如流，吾自以爲弗及焉。脱之言，失也，即不及之意。故呼牛應牛，呼馬應馬，所以不與人忤者，蓋以吾必有其實而後人與之名，不受而再與之争，則殃之者至矣。吾之不應，正所以爲應也。然此亦吾之恒服，初非作意而爲之，故曰：吾服也恒服。服，如「服膺」之「服」。言我常是服此，初非有心，故曰：非以服有服。蓋有服，則矜持之心勝而不出於自然矣。恒服，安而行之也。非以服有服，非勉强而行之也，猶孟子言「由仁義行，非行仁義」之意。此莊老脱塵奇筆，然學之亦能悮人。

士成綺鴈〔一〕行避影，履行遂進，而問脩身若何。老子曰：「而容崖然，而目衝然，而顙頯然，而口闞然，而狀義然，似繫馬而止也，動而持，發也機，察而審，知巧而覩於泰，凡以爲不信。邊竟有人焉，其名爲竊。」頯，去軌反。竟，境。

鴈行避影，側身而行也。履行遂進，踵步而前也。崖，崖異也。衝，突目而視也。頯，顙中央廣而兩頭鋭也。闞，口呿之貌。呿，袪遮反，張口也。義然，嚴毅之狀。崖、衝、頯、闞，皆賦相之不良者，能自收斂，則亦可以自掩者。似繫馬而止，言止如繫馬，身受係而心常不定也。動而持，動則矜持而作狀也。發也機，發若機栝，敏捷而巧中也。察而審，伺察而詳審也。知巧而覩於泰，自恃其才

〔一〕「鴈」：宋本作「雁」。

能而驕慢之氣可覩也。凡此十者，皆以爲不信之徵。邊徼之外，設有此人，僉必以竊目之。夫脩其身者，必虛靜恬淡，退讓撙節〔一〕，然後暴慢之氣不涉於身。以是機警之人竅鑿日深，渾沌死矣，宜乎不爲老聖所取也。

夫子曰：「夫道，於大不終，於小不遺，故萬物備。廣廣乎其無不容也，淵乎其不可測也。形德仁義，神之末也，非至人孰能定之？夫至人有世，不亦大乎，而不足以爲之累，天下奮棅而不與之偕，審乎無假而不與利遷，極物之真，能守其本。故外天地，遺萬物，而神未嘗有所困也。通乎道，合乎德，退仁義，賓禮樂，至人之心有所定矣。」

夫子，老子也。「有物混成，先天地生」，聖人不得已而名之曰道；以其無在而無不在也，名之曰神；以其無假也，名之曰真；對末而言，名之曰本：其實一而已矣。夫是道也，大包無外，細入無倫，於大不終，於小不遺，而萬物備焉。且廣廣乎其有容，淵淵乎其莫測，沖漠無朕之中而萬象森羅已具。其曰形者、曰德者、曰仁與義者，糟粕煨燼，無非道也，但神之末耳。自非至人，其孰能定之？蓋至人則存神其至矣，神之定者，一切外物不足以尚之，故有撫世之責而不足爲之累，操威福之柄而心不與之偕。所以者何？審乎無假也。審乎無假，則極物之真而守其本矣，是故能外天地，遺

〔一〕「撙節」：校本作「樽節」。禮記曲禮：「君子恭敬撙節，退讓以明禮。」鄭玄註：「撙，猶趨也。」王引之述聞：「趨，讀局促之促，謂自抑損也。」淮南子要略：「樽流遁之觀，節養性之和。」高誘註：「樽，止也。」

萬物，而神未嘗有所困也。困，即所謂「累」，所謂「遷」，所謂「與之偕」者。故通於道、合於德、退仁義而賓禮樂者，此謂知本，此謂神之定也，至人之心其有所定矣。

世之所貴道者，書也。書不過語，語有貴也。語之所貴者，意也。意有所隨，意之所隨者，不可以言傳也。而世因貴言傳書，世雖貴之哉，猶不足貴也，爲其貴非其貴也。故視而可見者，形與色也；聽而可聞者，名與聲也。悲夫，世人以形色名聲爲足以得彼之情！夫形色名聲果不足以得彼之情，則知者不言，言者不知，而世豈識之哉？

世人皆知道之可貴，而不知是道也，視之不見，近而易求。今也偶得古人之一書，襲而藏之，視爲秘典，以爲道載此書。世〔一〕貴道，因貴書也，不知書不過語而已。語之可貴者，意也，而意有所嚮，終非言語之所能傳，則世亦何爲乎貴言傳書也哉？然則因貴道而貴書，因貴書而貴言，皆貴非其貴者也。何者？書之言，譬則人之形色名聲也。謂形色名聲果足以得人之情實乎哉？形色名聲果不足以得人之情實也，則知老聖所謂「知者不言，言者不知」。道果不在於言，而書〔二〕之所可貴者亦必有在矣，然世之人豈足以識此哉？

桓公讀書於堂上，輪扁斲輪於堂下，釋椎鑿而上，問桓公曰：「敢問公之所讀者，何言

〔一〕「世」：各本作「吾」，據義改。

〔二〕「書」：各本作「人」，據義改。

耶？」公曰：「聖人之言也。」曰：「聖人在乎？」公曰：「已死矣。」曰：「然則君之所讀者，古人之糟魄已夫！」桓公曰：「寡人讀書，輪人安得議之？有説則可，無説則死！」輪扁曰：「臣也以臣之事觀之。斲輪，徐則甘而不固，疾則苦而不入，不徐不疾，得之於手而應於心，口不能言，有數存焉於其間，臣不能以喻臣之子，臣之子亦不能受之於臣，是以行年七十而老斲輪。古之人與其不可傳者死矣，然則君之所讀者，古人之糟魄已夫！」

設此輪扁一喻，正見意非言之所能傳。疾徐句，准林解，意指輪筍〔一〕而言。徐，寬也。疾，緊也。寬則甘滑易入而不堅，緊則苦澀堅持而難入，要在不寬不緊，自有分數存乎其間。數，猶分寸也。莊子之意，欲人離口耳，黜聞見，心領神會〔二〕而得之意言象數之外，則有書無書同歸影響，有言無言俱屬荃蹄。若徒竊古人之緒餘，誦其言而忘其味，誠糟粕是甘，而不免爲輪人之所笑矣。

於是方壺外史重宣此義而作亂辭：

帝王之德，上通於天。虛静恬淡，無爲自然。

〔一〕「筍」：原作「笋」，據校本改。干禄字書：「笋筍，上通下正。」清梁同書直語補證筍卯：「凡剡木相入，以盈入虛謂之筍，以虛受盈謂之卯，故俗有『筍頭卯根』之語。」玉篇：「剡，削也。」

〔二〕「心領神會」：原作「神領心會」，據校本改。

明此南鄉，堯之爲君。達本明宗，和天和人。
本在於上，末在於下，要歸主君，詳責臣者。
五末非先，九變次舉，先後有序，太平令主。
曲士論治，倒道而行。聖臣告君，天德出寧。
孔聖藏書，昭揭仁義。老氏棄妹，成綺興刺。
書貴載道，言豈盡意？桓公讀書，輪扁設譬。
古人已徂，糟魄也夫！

外篇天運第十四

此篇所論天地帝王之道，貴無爲而賤有爲，重道德而輕仁義，篇篇一旨，但闔闢變化如風雲之卷舒，千態萬狀，令人應接不暇。故予謂：讀莊子者，如觀幻人幻物，知其爲幻，則千法萬法皆從一法而生，不復受其簸弄矣。

「天其運乎？地其處乎？日月其争於所乎？孰主張是？孰綱維是？孰居無事推而行是？意者其有機緘而不得已耶？意者其運轉而不能自止耶？雲者爲雨乎？雨者爲雲乎？孰隆施是？孰居無事淫樂而勸是？風起北方，一西一東，有上彷徨，孰嘘吸是？孰居無事而披拂是？敢問何故？」

承上篇而言，重重徵問造化，要人求得一箇運化主宰，以立君道之準數。「孰」字甚有滋味。言天運於上，地處於下，日月往來争馳乎其間，是誰主張是？誰綱維是？又誰居然無事推而行是也？「居無事」三字最妙。蓋主張綱維猶涉有爲，居無事則全漠然而無所爲矣。其有機緘而不得已耶？其運轉而不能自止耶？「機緘」二字最妙。此老明知有箇機緘，故意詰問。此箇機緘直是閟密難曉，得此默運，則居然無事而化育自成。雲者爲雨乎？雨者爲雲乎？太空騰雲，釀而爲雨，注於川澤，川澤之氣復蒸爲雲，升降上下，如轉轆轤。又未知孰隆施是？孰居無事淫樂而勸是？隆，如「蘊隆」〔一〕之「隆」。雲雨者，陰陽和氣所成，故以爲造化之淫樂。風起北方，一西一東，有時而上，彷徨四周。先言北方者，北方地高，陽亢而戰，故多風。嘘吸，風氣也。披拂，鼓動之貌。天地造化，不過日月星辰、雨風露雷而已。舉數者，其餘可推也。

巫咸祒曰：「來！吾語女。天有六極五常，帝王順之則治，逆之則凶。九洛之事，治成德備，監照下土，天下載之，此謂上皇。」祒，超。

如上細細徵問，巫咸只以一句答之。六極五常，即内經所謂「五運六氣」〔二〕也，所以佐元宰而成歲功者。造化得此，則高下自奠，日月自運，風雨露雷自滋自潤，而居無事者得以成不言之化。帝王法之，故九洛之事，治成德備，監照下土，天下載之，而成無爲之治。九洛，即洛書、九疇、五行、五事、八政、五紀之類。順之則吉者，「惠迪吉」〔三〕也。如上篇「本在於上，末在於下，要在於主，詳在於臣」，皆順之道而無爲自然者也。

〔一〕「蘊隆」：詩經大雅云漢：「旱既大甚，蘊隆蟲蟲。」毛亨傳：「蘊蘊而暑，隆隆而雷，蟲蟲而熱。」鄭玄箋：「隆隆而雷，非雨雷也，雷聲尚殷殷然。」

〔二〕「五運六氣」：五運，水火木金土五行。六氣，風寒暑濕燥火六氣。清高士宗醫學真傳：「天地有五運六氣，人身亦有五運六氣，而百卉草木亦莫非五運六氣。五運，五行也；六氣，亦五行也。……天地人物，一以貫之。」

〔三〕「惠迪吉」：尚書大禹謨：「惠迪吉，從逆凶，惟影響。」孔安國傳：「迪，道也。順道吉，從逆凶。吉凶之報，若影之隨形，響之應聲。」

商太宰蕩問仁於莊子。莊子曰：「虎狼，仁也。」曰：「何謂也？」莊子曰：「父子相親，何謂不仁？」曰：「請問至仁？」莊子曰：「至仁無親。」太宰曰：「蕩聞之：無親則不愛，不愛則不孝。謂至仁不孝，可乎？」莊子曰：「不然。夫至仁尚矣，孝固不足以言之。此非過孝之言也，不及孝之言也。

問仁道而舉不仁者以言仁，問至仁而舉無親者以言至，直是突兀奇聳，然亦有至理可想。蓋虎狼雖暴，而亦知有父子之親，可見仁無往而不存。何者？仁，天之元氣也，幽陰糞壤之中，堅剛頑石之所，而元氣無不從焉，無不由焉，此造物之無私也。問至仁，而曰至仁無親者，何以故？仁之至者，統天下而入於太和元氣之中，不見有可愛者、有不愛者，故曰：至仁無親。蕩也以不愛不孝疑之，失其旨矣。故莊子曉之曰：至仁尚矣，孝不足以盡之也，有至仁而不及於孝者乎？故子之所言，非過於孝者之言也，乃不及於孝者之言也。蓋至仁則過於孝矣，知至仁之過於孝，則知至仁之無親，又焉得爲不孝乎？大抵莊子問答，正言若反，類如此。

「夫南行者至於郢，北面而不見冥山，是何也？則去之遠也。故曰：以敬孝易，以愛孝難；以愛孝易，而忘親難；忘親易，使親忘我難；使親忘我易，兼忘天下難；兼忘天下易，使天下兼忘我難。夫德遺堯舜而不爲也，利澤施於萬世，天下莫知也，豈直太息而言仁孝乎哉？夫孝悌仁義，忠信貞廉，此皆自勉以役其德者也，不足多也。故曰：至貴，國爵并焉；至富，國財并焉；至願，名譽并焉。是以道不渝。」

言仁不言孝，南之郢而北不見冥山之謂也。何者？背去之遠，義不兩見。故至仁則忘孝，亦理之所必至者。雖然，忘之一字豈易言哉？故曰：以敬孝易，以愛孝難。敬，謂恭敬奉持，肅其外貌。愛，謂和氣愉色，本於由衷。愛孝易而忘親難，忘親則不識不知，不知帝力之何有，蓋熙皞之民而混沌之德也，故以爲難。忘親易而使親忘我難者，凡親之不能忘我者，我以有心感之也，今也使親忘我，則是我無心也，親亦無心也，渾然化而入於無迹矣，故尤以爲難。親[一]猶一家也，至於忘天下而使天下俱忘我焉，則忘之盡矣，非至人，其孰能之哉？故德遺堯舜而不爲也，澤施萬世而天下莫知也。莫知，則蕩蕩乎無得而名矣，豈直讚歎而言仁孝乎哉？夫孝悌仁義忠信貞廉，此八者皆一節一行之士勉爲脩飭以役其德者也，不足多也。故至貴在我則國爵并焉，至富在我則國財并焉，至願在我則仁義并焉。并者，兼而有之之意，以喻至仁在我，則孝悌諸凡皆非所論。又并者，屏也。凡可屏去者皆有變滅，道則真常不變者也，故曰：惟道不渝。不可得而渝，孰得而并之哉？

北門成問於黃帝曰：「帝張咸池之樂於洞庭之野，吾始聞之懼，復聞之怠，卒聞之而惑，蕩蕩默默，乃不自得。」帝曰：「女殆其然哉！吾奏之以人，徵之以天，行之以禮義，建之以太清。夫至樂者，先應之以人事，順之以天理，行之以五德，應之以自然；然後調理四

[一]「親」：各本無，據義補。

時，太和萬物；四時迭起，萬物循生，一盛一衰，文武倫經；一清一濁，陰陽調和，流光其聲；蟄蟲始作，吾驚之以雷霆；其卒無尾，其始無首，一死一生，一僨一起，所常無窮，而一不可待。女故懼也。

此段備論古樂之妙。奏之以人，徵之以天，行之以禮義，建之以太清，四句乃作樂之本旨。樂非人不備，而五音六律與天地之氣候相爲表裏，故曰：奏之以人，徵之以天。禮以節之則有序，義以正之則不亂，故曰：行之以禮義。太清者，聲氣之元，以之爲主，則清濁高下由是而取節焉，故曰：建之以太清。夫大樂與天地同和，故論至樂者，必先應之以人事而順之以天理，行之以五德而應之以自然。五德，貌、言、視、聽、思也。董子所謂「心和則氣和，氣和則形和，形和則天地之和應之矣」，故能調理四時，太和萬物，匡衡所謂「惟天子建中和之極」，此作樂之本也。且夫四時迭起，萬物循生，故一盛一衰，而樂之文武倫經象之。文，陽也。武，陰也。至於一清一濁高下相濟，則如陰陽之調和，而其聲流動光彩，美哉洋洋乎！又如蟄蟲始振，而吾驚之以雷霆，發舒鼓舞，不能自已。至其始終相生，則如循連環，無尾無首，一死一生，一僨一起，所常無窮，而一不可待。一即「一死一生」、「一僨一起」之「一」。不可待，言變不可執也。惟不可執，故女聞之也始而懼。

「吾又奏之以陰陽之和，燭之以日月之明。其聲能短能長，能柔能剛；變化齊一，不主故常；在谷滿谷，在阬滿阬；塗郤守神，以物爲量；其聲揮綽，其名高明。是故鬼神守其幽，日月星辰行其紀。吾止之於有窮，流之於無止。子欲慮之而不能知也，望之而不能見也，逐之而不能及也，儻然立於四虛之道，倚於槁梧而吟：『目〔一〕知窮乎所欲見，力屈乎所欲逐，吾既不及已矣！形充空虛，乃至委蛇。』女委蛇，故怠。阬，坑。郤，隙。

吾又奏之以陰陽之和，燭之以日月之明，則見動靜之相生，往來之相禪，與造化無不脗合。故能短能長，類晷影之前却；能柔能剛，象氣序之勻調。變化齊一，不主故常；在谷滿谷，在阬滿阬，聲氣之洋洋，流動充滿，無所不屆，其盛如此。塗郤守神，以物爲量；其聲揮綽，其名高明。塗郤，謂塞兑也。郤與隙同。守神者，寧一心志，凝然而聽之〔二〕，所以審音律之節奏。以物爲量，量之以管，以定鐘律之短長。其聲揮綽，悠揚發越，綽乎其寬也。名曰高明之樂，能使鬼神安位，三辰順軌，作樂之極功有如此者。吾止之於有窮，順之於無止，言吾之樂不過順陰陽聲氣之自然，故行乎其所當行，止乎其所不得不止。子欲思之而無所致吾思，欲望之而無所容吾見，欲逐之而無所履吾影，儻然自立於四虛之地，倚槁梧而吟。目知窮乎其所欲見，力屈乎其所欲逐，所謂「蕩蕩默默，乃不自得」，意蓋如此。吾既不及已矣，言子既追我弗及已矣，則其心儻然自失，喪其耳，忘其目，廢其形骸，身如虛空，弛放而不收，故曰：乃至委蛇。惟委蛇，故怠也。大凡見人作爲，自覺非思慮所及者，

〔一〕「目」：原作「自」。據註文及校本改。

〔二〕「凝然而聽之」：原作「凝然而默聽之」，據校本刪「默」字。

則悵然憮然，其狀類此。莊子善體物情，只此數句形容殆盡。妙矣哉！妙矣哉！

「吾又奏之以無怠之聲，調之以自然之命，故若混逐、叢生，林樂而無形，布揮而不曳，幽昏而無聲。動於無方，居於窈冥；或謂之死，或謂之生；或謂之實，或謂之榮；行流散徙，不主常聲。世疑之，稽於聖人。聖也者，達於情而遂於命也。天機不張而五官皆備，此之謂天樂，無言而心説。故有焱氏爲之頌曰：『聽之不聞其聲，視之不見其形，充滿天地，苞裹六極。』女欲聽之而無接焉，故惑也。樂也者，始於懼，懼故祟；吾又次之以怠，怠故遁；卒之於惑，惑故愚，愚故道，道可載而與之俱也。」焱，必遥反〔一〕。

既又奏之以無怠之聲，振刷其精神，揭而高明。調之以自然之命者，言樂之節奏乃天然之妙，自合如此，非有作意而爲。故若混逐，若叢生。混逐，如禽獸之類。叢生，如草木之類。言樂之無相奪倫，如禽獸草木並生並育於天地之間而不相害，故林林同樂而形迹之相忘，布散揮動而牽曳之自泯，幽幽昏昏又若無聲而天籟之自鳴者。故動於無方，居於窈冥；或謂之死矣，而生者續焉；或謂之實矣，而榮者繼焉；行流散徙，不主故常。節奏之妙，匪夷所思，要皆自然之命。人皆疑之，稽諸聖人，以爲聖人者達樂之情而順於自然之命者也。順自然之命，則如人天機不張而五官皆備。天機，謂元神主宰。五官皆備，言五官之司各效其職。此之謂天樂，無俟於言而心説者也。聖人之

〔一〕「焱必遥反」：原作「焱悦入聲」，據校本改。底本文字疑有闕誤，疑作「説悦。焱口入聲」。

樂亦復如是。故有焱氏爲之頌曰：「聽之不聞其聲，視之不見其形，充滿天地，包裹六極。」此神之無在而無乎不在，無爲而無乎不爲者。人不得此，不足謂之天樂。樂不得此，不足謂之至樂。女欲聽之，耳目無從接也，求其然而不得其所以然，故惑。故樂始於懼，懼則樂之德尊。次以怠，怠則樂之德泯。卒於惑，惑則樂之德愚。愚，謂昏昏默默，不知其然。語樂而至於愚，則幾乎道矣，故可載而與之俱也。

孔子西遊於衛，顏淵問師金曰：「以夫子之行爲奚如？」師金曰：「惜乎，而夫子其窮哉！」顏淵曰：「何也？」師金曰：「夫芻狗之未陳也，盛以篋衍，巾以文繡，尸祝齋戒以將之。及其已陳也，行者踐其首脊，蘇者取而爨之而已。將復取而盛以篋衍，巾以文繡，遊居寢卧其下，彼不得夢，必且數眯焉。今而夫子亦取先王已陳芻狗，取弟子游居寢卧其下。故伐樹於宋，削迹於衛，窮於商周，是非其夢耶？圍於陳蔡之間，七日不火食，死生相與鄰，是非其眯耶？盛，成。數眯，朔米。夢，蒙。

芻狗，祭天解厭之物。祭則棄之，禮也。若復取而尊之，則惑矣，惑則生夢、生眯。夢，謂魂識顛倒。眯，謂目睛虧避。今而夫子取先王已陳之名物，群弟子而習之，卒以取困，玆非夢眯之一徵耶？

「夫水行莫如用舟，而陸行莫如用車。以舟之可行於水也，而求推之於陸，則没世不行尋常。古今非水陸與？周魯非舟車與？今蘄行周於魯，是猶推舟於陸也，勞而無功，身必有殃。彼未知夫無方之傳，應物而不窮者也。且子獨不見夫桔槔者乎？引之則俯，舍之則仰。彼，人之所引，非引人也，故俯仰而不得罪於人。故夫三皇五帝之禮義法度，不矜於同而矜於治。故譬三皇五帝之禮義法度，其猶柤梨橘柚耶？其味相反而皆可於口。故禮義法度者，應時而變者也。今取猨狙而衣以周公之服，彼必齕齧挽裂，盡去而後慊。觀古今之異，猶猨狙之異乎周公也。故西施病心而矉其里，其里之醜人見而美之，歸亦捧心而矉其里，其里之富人見之，堅閉門而不出，貧人見之，挈妻子而去之走。彼知美矉而不知矉之所以美。惜乎，而夫子其窮哉！」—柤，查。柚，由去聲。矉，顰。

且古今之不相及也尚矣，譬之水則宜舟，陸則宜車，反而推之，則没世而不行尋丈。以古之周道而行今之魯國，猶推舟[一]而之陸，其不利於行也必矣。是皆不通夫無方之傳，是以應物而有窮。子不見夫桔槔者乎？用之則俯，舍之則仰，其俯其仰一聽夫人，而已無所與焉，此之謂無方，以故應用無窮而俯仰無罪。三皇五帝之道法，應時而變，何必屑屑焉求其同哉？亦適治之爲貴焉耳。猶之相梨橘柚，但可於口，味之相反當勿論也。今也必由古道，必變今俗，以求其同，豈知猨狙而衣

[一]「舟」：原作「車」，據經文及校本改。

以周公之衣，醜人而效西施之矉，吾知其情不相宜也，而勢必至於相詆也。然則夫子之道之窮也，非職是之故而何哉？篇中重重譬喻，皆憤世嫉邪，極言世道不可挽回之意。蓋以嘅古道之難復，而哀夫子之終窮耳。若真謂帝王之道必不可行之於今，則又癡人之前不得説夢矣。

孔子行年五十有一而不聞道，乃南之沛見老聃。老聃曰：「子來乎？吾聞子北方之賢者也，子亦得道乎？」孔子曰：「未得也。」老子曰：「子惡乎求之哉？」曰：「吾求之於度數，五年而未得。」老子曰：「子又惡乎求之哉？」曰：「吾求之於陰陽，十有二年而未得。」老子曰：「然。使道而可獻，則人莫不獻之於其君；使道而可進，則人莫不進之於其親；使道而可以告人，則人莫不告其兄弟；使道而可以與人，則人莫不與其子孫。

度數，謂制度名數，道之「形而下」者。陰陽，謂天地造化，道之「形而上」者。此皆求之於外，故久而無得。「道而可獻」以下數句，皆以發明道不可傳之意，最爲精切，非苟以騁詞求勝者。

「然而不可者，無他也，中無主而不止，外無正而不行。由中出者，不受於外，聖人不出；由外入者，無主於中，聖人不隱。」

「中無主而不止」，主，謂於道的有所見；止，謂居其所而不遷。「外無正而不行」，正，即「就有道而正焉」之「正」，如曾子真積力久，一得夫子印證，便唯然應之。由中出者不受於外，自悟入者也。

自外入者無主於中，自耳根入者也。〔一〕彼既不受於外矣，則聖人何用以言聒之？若彼之無主於中者專俟外入，而聖人隱焉，彼亦何自而入道哉？故聖人不出者，爲其能悟也。聖人不隱者，爲其無主也。聖人之教，因材而篤〔二〕也如此。

「名，公器也，不可多取。仁義，先王之蘧廬也，止可一宿而不可以久處，覯而多責。古之至人，假道於仁，託宿於義，以遊逍遥之墟，食於苟簡之田，立於不貸之圃。逍遥，無爲也；苟簡，易養也；不貸，無出也。古者謂是采真之遊。」

何謂「名，公器也，不可多取」？三代而下，士皆好名，不知名乃天下公共之物，不可多取而擅之己身。若夷齊喪名於首陽之下，比干剖心於暴人之前，皆多取之累也。仁義者，先王之蘧廬，蘧廬，草舍也，言仁義譬之草舍，止可暫寓而不可以久處，等閒窺覷，則必受人之訴責。喻如以仁義自見於天下，則天下之求我者全，責我者備矣，故曰：覯而多責。是以古之至人，假道於仁，託宿於義，過而不留，不久處仁義之蘧廬，而惟遊於逍遥之墟，食於苟簡之田，立於不貸之圃。復自解曰：逍遥者，無爲也；苟簡者，易養也；不貸者，無出也。養，即「女子小人難養」之「養」。無出，謂無出息。

〔一〕後文校本作：「聖人不出者，不出多言以强聒，直待其自悟而後正之。聖人不隱者，作止語默，無非至教，明明百草頭，明明祖師意，但耳根入者終不能悟耳。」

〔二〕「因材而篤」：中庸：「故天之生物，必因其材而篤焉。」朱熹註：「材，質也。篤，厚也。」

皆虛静恬淡寂寞無爲之義，故古者謂是爲采真之遊。

「以富爲是者，不能讓禄；以顯爲是者，不能讓名；親權者，不能與人柄。操之則慄，舍之則悲，而一無所鑒以闚其所不休者，是天之戮民也。」

鑒，即「殷鑒不遠」之「鑒」。所不休者，謂不知止足之人。蓋貪夫徇財，烈士殉名，夸者死權，往迹之當鑒者何可勝數？此不知鑒，非善保全之人也，故謂天之戮民。

「怨、恩、取、與、諫、教、生、殺八者，正之器也，唯循大變而無所湮者爲能用之。故曰：『正者，正也。』其心以爲不然者，天門不開矣。」

怨、恩、取、與、諫、教、生、殺八者，正人所用之器，邪曲之人不得而干之。蓋正人，利害不干其心，而生死無變於己，故循大變而心無所湮。大變，謂生死大故。心無所湮者，毅然當之，一刀兩段，更無湮滯也。以是人而用是器，然後不隨境轉，而得遊於逍遥之墟。若其心以爲不然者，未免有見於外而中無所主，故天門不開。天門，亦自老子「天門開闔」影來。天門者，靈府也。天門開，則蕩蕩無礙而如如自在矣。

孔子見老聃而語仁義。老聃曰：「夫播糠眯目，則天地四方易位矣；蚊虻噆膚，則通昔不寐[一]矣。夫仁義憯然，乃憒吾心，亂莫大焉。吾子使天下無失其朴，吾子亦放風而動，總

[一]「寐」：原作「寢」，據校本改。

德而立矣，又奚傑然若負建鼓而求亡子者耶？夫鵠不日浴而白，烏不日黔而黑，黑白之朴不足以爲辯，名譽之觀不足以爲廣。泉涸，魚相與處於陸，相呴〔一〕以濕，相濡以沫，不若相忘於江湖。」播，上聲。噆，匝。昔夕同。憯，慘。呴，吁。

夫凈空之體，不容一物，目與膚尚然，而况吾心乎？故降道德而言仁義，未始不爲心亂，不若使天下無失其朴。無失其朴者，還其混沌之天，而不以竅鑿之也。且人之稟賦皆出自然，如鵠之本白，烏之本黑，不俟染濯。若一出於自然，則其白其黑不足爲辯，皆爲天下純全之朴，一有造作，則不足多矣。今號天下而曰仁人義士，不識其爲自然之朴乎？爲名譽之觀乎？名譽之觀又奚足廣？泉涸，則魚相呴以濕，相濡以沫，一何病也！道德降，則人相尊以仁，相尚以義，又何亂也！不若魚相忘於江湖，人相忘於道德。

孔子見老聃，歸，三日不談。弟子問曰：「夫子見老聃，亦將何規哉？」孔子曰：「吾乃今於是乎見龍。龍，合而成體，散而成章，乘乎雲氣而養乎陰陽。予口張而不能噌，予又何規老聃哉？」噌脅同。

規，規而正之也。散而成章，謂神氣卷舒。養乎陰陽，謂以陰陽二氣自相吐納。噌，合也。

子貢曰：「然則人固有尸居而龍見，雷聲而淵默，發動如天地者乎？賜亦可得而觀

〔一〕呴：原作「吻」，據音叶及校本改。

乎？」遂以孔子聲見老聃。老聃方將倨堂而應，微曰：「予年運而往矣，子將何以戒我乎？」子貢曰：「夫三皇五帝之治天下不同，其係聲名一也，而先生獨以爲非聖人，如何哉？」老聃曰：「小子少進！子何以謂不同？」對曰：「堯授舜，舜授〔一〕禹，禹用力而湯用兵，文王順紂而不敢逆，武王逆紂而不肯順，故曰不同。」老聃曰：「小子少進，予語汝三皇五帝之治天下。黄帝之治天下，使民心一，民有其親死不哭而民不非也。堯之治天下，使民心親，民有爲其親殺其殺而民不非也。舜之治天下，使民心競，民孕婦十月生子，子生五月而能言，不至乎孩而始誰，則人始有夭矣。禹之治天下，使民心變，人有心而兵有順，殺盜非殺，人自爲種而天下耳，是以天下大駭，儒墨皆起。其作始有倫，而今乎婦女，何言哉？殺，色界反。

尸居而龍見，不見而自章也。雷聲而淵默，常應而常静也。發動如天地，過者化，存者神，而上下與天地同流也。此非老子不足以當之，故子貢聲孔子而往見之。以孔子聲者，稱道孔子以爲先容，欲弟子通而見之也。老子自謙：吾老矣，年馳而事去矣，子將何以教我乎？子貢平日只知祖三皇而宗五帝，熟聞老子卑淺帝王，心切疑之，首舉爲問。於是老子差等帝王而論，以見世道愈降愈遠，黄

〔一〕「授」：原作「受」，據校本改。

帝以下俱爲竅鑿混沌，非爲至治。黄帝之治天下也，使民心一。一，謂純一。於時太朴未散，民有親死不哭而民不非者。「有駭形而無損心，有旦宅而無情死」也。堯治天下，則教民親矣。書曰：「親睦九族，平章百姓。」是其徵也。民有爲親殺其殺而民不非。殺其殺者，情禮獨隆於其親，而其餘皆降殺也。民不非，不以爲薄也。舜之治天下也，使民心競。競，争競也。蓋虞帝尚賢，故能使民争，争則和氣决裂，咎徵之感能使孕婦十月而生子，子生五月而能言，未至於孩而辨誰何，如此開竅太早，是故有夭閼而不長者。禹之治天下也，使民心變。變，謂變其大道爲公之心。蓋堯舜官天下而禹獨家之，且干羽之師、有扈之攻皆在禹時，上行下效，於是人有心而兵有順。有心，謂有機械變詐之心。兵有順者，誅其不順以歸於順也。殺人者死而殺盗者無罪，故曰：殺盗非殺。人各私其私，互相警備，而天下皆然，故曰：自爲種而天下耳。是以天下之人自相駭異，而儒墨之徒，此是彼非，横議交作。機警之心，起於家室，施於男女，早婚少娶，不循人道之常，故曰：其作始有倫，而今乎婦女。夫婦，人之大始。古人作始，自有倫序，三十而娶，二十而嫁，幼稚之女本不可責以人道，而今也不然，機警之心，偷薄之俗，不言可知矣，故曰：又何言哉？細味此章，與禮記「大道爲公」一段意亦相似，但説得突兀驚人。若以平易之心讀之，則固未嘗異也。

「余語女：三皇五帝之治天下，名曰治之，而亂莫甚焉。三皇之知，上悖日月之明，下睽〔一〕山川之精，中墮四時之施。其知憯於蠇蠆之尾、鮮規之獸，莫得安其性命之情者，而猶自以爲聖人，不可恥乎？其無恥也！」子貢蹵蹵然立不安。蠇，例。蠆，豸，又作蠍。墮，隳。

大道無爲之世，其政悶悶，其民醇醇。自三皇五帝以智治國而行察察之政，於是乎上悖日月之明，下睽山川之精，中墮四時之施。何者？日月有明而不能以照覆盆，今焉用智察察，則上悖日月之明以爲明矣。山川之精居方奠位，今焉用知察察，無故而鑿山，無故而濬川，則下睽乎山川之精矣。四時舒慘，氣序自如，今焉用知察察，爲先事之備，多未然之防，寒暑不能擅其權，生殺無以施其令，而中隳乎四時之施矣。老子云：「以知治國，國之賊。」是以其禍憯於蠇蠆之尾、鮮規之獸。鮮規，無考，註云「小獸也」，蓋亦多知而害物者。夫以不安其性命之情者，而猶自以爲聖，不亦可恥之甚乎？所謂性命之情，無爲而已矣，自然而已矣。老子「絶聖棄知」，意蓋如此。

孔子謂老聃曰：「丘治詩書禮樂易春秋六經，自以爲久矣，孰知其故矣；以奸者七十二君，論先王之道而明周召之迹，一君無所鉤用。甚矣，夫人之難説也！道之難明耶？」老子曰：「幸矣，子之不遇治世之君也！夫六經，先王之陳迹也，豈其所以迹哉？今子之所言，猶迹也。夫迹，履之所出，而迹豈履哉？奸，干。説，稅。孰與熟同。

奸，干也。鉤，如易「弋取」之意。幸矣不遇，言遇則必爲彼笑。

〔一〕「睽」：各本作「睽」，據宋本改。

「夫白鶂之相視，眸子不運而風化。蟲，雄鳴於上風，雌應於下風而風化。類自爲雌雄，故風化。性不可易，命不可變，時不可止，道不可壅。苟得於道，無自而不可；失焉者，無自而可。」孔子不出，三月復見曰：「丘得之矣。烏鵲孺，魚傅沫，細要者化，有弟而兄啼。久矣夫丘不與化爲人！不與化爲人，安能化人？」老子曰：「可，丘得之矣！」鶂，鷁。孺，孺。要，平。

夫以陳迹而干人，宜乎其不遇也。盍亦感之以無迹乎？故引物類爲喻。蓋天下有以神相感者，若白鶂以目相視，眸子不運而風化是也。有以氣相感者，蟲，雄鳴於上風，雌應於下風而風化是也。化，謂生子。類自爲雄雌而風化者，類，物名，山海經云：「亶爰之山，有獸如狸，名曰師類。帶山有鳥，其狀如鳳，名曰奇類。皆自雄雌而生生。」言風化者機動於此，神應於彼，不見其迹，莫知其然，若性之不可易，命之不可變，時之不可止，而道之不可壅者。苟得此道以爲感通之本，又何自而不可哉？迹則烏可以及化？於是孔子不出，静默三月，因舉所得者以爲對，蓋亦化之出於自然者，正與上文互相發明。烏鵲孺，孺，孚而生也。魚傅沫者，魚不交，但仰其所吐之沫。有弟而兄啼，母孕弟而兄病也。此皆自然而然。能自然者，則與化爲人。與化爲人，則自然能化人矣。此意正與老子同，故老子曰：可，丘也得之！

方壺外史重宣此義而作亂辭：

其在上皇，惟治順天。孰居無事，無爲自然。
上德不德，至仁忘親。正言若反，匪蕩攸聞。
洞庭張樂，北門變志。大惑似愚，道斯可契。
古今水陸，舟車異通。再陳芻狗，孔聖其窮。
道不可傳，無主不止。無正不行，亶非口耳。
公器難取，蘧廬暫居。采真之遊，逍遥之墟。
鵠白烏黑，無失其朴。仁義憒心，大亂乃作。
帝降而王，民乃大駭。以知治國，憯於蠆蠆。
風化斯神，陳迹非履。與化爲人，某得之矣。

外篇刻意第十五

此篇言聖人之德，以養神守神作主，首尾却是一篇文字，中間連用六箇「故曰」，末引野語結之，看他文字波瀾，莊文中最近時好者。熟讀詳味，妙義自見。

刻意尚行，離世異俗，高論怨誹，爲亢而已矣，此山谷之士、非世之人、枯槁赴淵者之所好也。語仁義忠信，恭儉推讓，爲修而已矣，此平世之士、教誨之人、遊居學者之所好也。語大功，立大名，禮君臣，正上下，爲治而已矣，此朝廷之士、尊主强國之人、致功并兼者之所好也。就藪澤，處閒曠，釣魚閒處，無爲而已矣，此江海之士、避世之人、閒暇者之所好也。吹呴呼吸，吐故納新，熊經鳥伸，爲壽而已矣，此導引之士、養形之人、彭祖壽考者之所好也。若夫不刻意而高，無仁義而脩，無功名而治，無江海而閒，不導引而壽，無不忘也，無不有也，淡然無極而衆美從之，此天地之道，聖人之德也。閒，閑。

歷舉五等有方之士，而歸重於無方之聖人。刻，峻削也。尚，高尚也。怨，懫也。誹，訕也。枯槁赴淵，自甘寂寞而投於深山窮谷之中，若赴諸淵也。爲脩，脩潔其身也。無不忘、無不有，即無爲而無不爲之意。淡然無極，言無底止也。

故曰：夫恬淡〔一〕寂寞虛無無爲，此天地之平而道德之質也，故曰：聖人休。休焉則平易矣，平易則恬淡矣，平易恬淡則憂患不能入，邪氣不能襲，故其德全而神不虧。

天地之平、道德之實，只是以「平實」二字分貼兩邊，無甚深義。「聖人休」是一句，言止也。

故曰：聖人之生也天行，其死也物化；靜而與陰同德，動而與陽同波；不爲福先，不爲禍始；感而後應，迫而後動，不得已而後起；去知與故，循天之理；故無天災，無物累，無人非，無鬼責；其生若浮，其死若休，不思慮，不豫謀；光矣而不耀，信矣而不期；其寢不夢，其覺無憂；其神純粹，其魂不罷。虛無恬淡，乃合天德。罷，皮。

如天行，默然無容心也。如物化，蛻然無所累也。與陽同波，看「波」字最妙，見動靜相生，波平則水静〔二〕。「感而後應」三句，正見不爲福先、不爲禍始。去知與故，知者，先事之謀；故者，已過之迹。去知，則無意必。去故，則無固我。光而不耀，耀，光之露也。信而不期，期，信之必也。

故曰：悲樂者，德之邪；喜怒者，道之過；好惡者，德之失。故心不憂樂，德之至也；一而不變，靜之至也；無所於迕，虛之極也；不與物交，淡之至也；無所於逆，粹之至也。

〔一〕「恬淡」：校本作「恬惔」。黄帝内經上古天真論：「恬淡虛無，真氣從之。精神内守病安從來？」啓玄子王冰註：「恬淡虛無，靜也。」

〔二〕「水静」：原無「静」字，據校本補。

此數句甚有意味。太虛之體本自虛無恬淡，一有所動，俱屬妄念。六祖教人於不思善、不思惡時認取本來面目。故一有憂樂則德分，一有變動則心擾，一有忤〔一〕觸則胸中有物而不得謂之虛，一與物交則征逐世情而不得謂之淡，一有拂逆則胸中有疵而不得謂之粹。迕與逆相似，但逆細而迕粗，無迕易而無逆難耳。

故曰：形勞而不休則弊，精用而不已則勞，勞則竭。水之性，不雜則清，莫動則平，鬱閉而不流亦不能清，天德之象也。故曰：純粹而不雜，靜一而不變，淡而無爲，動而以天行，此養神之道也。

夫衆人失之於動，而聖人養之以靜，固矣。然其靜也，豈塊然一無所爲哉？有能靜能應、常應常靜之道焉。故以水喻。水，不雜則清，莫動則平矣；使其鬱閉而不流，則雖不雜而亦不能清。何者？靜中有動，動中有靜，動靜相生，方爲合妙。此箇學問，三家一旨。但言養神，則於道門更切耳。

夫有于越之劍者，柙而藏之，不敢用也，寶之至也。精神四達並流，無所不極，上際於天，下蟠於地，化育萬物，不可爲象，其名爲同帝。純素之道，惟神是守；守而勿失，與神爲一；一之精通，合於天倫。野語有之曰：「衆人重利，廉士重名，賢士尚志，聖人貴精。」故素也者，謂其無所與雜也；純也者，謂其不虧其神也。能體純素，謂之真人。

〔一〕「忤」：校本作「迕」。

于越，吳劍也，柙而藏之，不敢輕用，寶之至也，况精神之爲用乎？是精神也，四達並流，上際於天，下蟠於地，化育萬物而不可爲象。聖人致中和而天地自位、萬物自育，皆精神之旁達也。其名爲同帝，帝即所謂「天載」。周子云：「無極之真，二五之精，妙合而凝」，而人生焉。其所謂神，即無極也；其所謂精，即二五也。神，一而已矣，精則散處於五官之府而咸聽命於主人，故神爲主宰，精爲作用，神存則精自固矣。故純素之道，莫要於守神；守而勿失，則我即一，一即我，更無分別；一之精上通於天，則與天載脗合而無間矣。然要知一是箇甚。張子〔一〕曰：「一故神。」守神而至於我即一，則無我矣，是神也與精相爲依附，精亡則神與之俱亡，故聖人貴精。貴精者，「無勞爾形，無搖爾精」，不使之喪失於外也。故素也者，謂其不雜於物也；純也者，謂其不虧其神也。能體純素，則神存而精自固，而真常不壞之體全矣，謂之真人，不亦宜乎？

爾時方壺外史爲作亂辭：

聖人之德，天地之常。無乎不有，無乎不忘。

虛無恬淡，漠然無爲，其德乃全，其神不虧。

〔一〕「張子」：各本誤作「周子」。張載正蒙參兩篇：「一物兩體，氣也。一故神（兩在故不測），兩故化（推行於一），此天之所以參也。」

純素之道，守神爲急，守而勿失，與一爲一。一之精通，合於天倫。能體純素，謂之真人。

外篇繕性第十六

此篇亦是一片文字遞遞説下，「以恬養知」是其主意。説到世道交喪，聖人之德隱，遂將隱字生下許多意思，與孟子「所性分定，大行不加，窮居不損」意同，議論極醇無疵。

繕性於俗俗學以求復其初，滑欲於俗思以求致其明，謂之蔽蒙之民。古之治道者，以恬養知。生而無以知爲也，謂之以知養恬。知與恬交相養，而和理出其性。夫德，和也；道，理也。德無不容，仁也；道無不理，義也；義明而物親，忠也；中心純實而反乎情，樂也；信行容體而順乎文，禮也。禮樂偏行，則天下亂矣。二「俗」字宜省其一。

繕，脩治也。滑，汩亂也。性非學不明，而俗學不可以治性；明非思不致，而俗思不可以求明。謂之俗者，對真而言。言俗學障性，俗思亂明，凡爲此者，謂之蔽蒙之民。古之治道者以恬養知，此一句最好，乃繕性求明之要訣。認取「知」字，即本初之元性也，儒者謂之良知，佛氏謂之覺性，道家謂之元神，可以恬養之，而不可以俗學障之、俗思亂之。恬者，無爲自然之義。蓋能以恬養之，則一定之中自然生慧，日用之間，本體瑩然，莫非真性之發越。纔認得性，便屬識神，已不是性，故生而無以知爲。生，即周子所謂「神發」。無以知爲者，常自混溟，韜其光而弗耀也，又謂之以知養恬，何者？用知則不能恬，無以知爲，則恬者常自恬矣。即恬之時，知在恬，即知之時，恬在知，故曰：知與恬交相養，而和理出其性。和即德也，理即道也。德而無所不容，於是有仁之名；道而無所不理，於是有義之名。義明而物親，則各盡乃心，而忠之名所由立矣。中心純實而反其情以歸於性，則樂之名所由立矣。信容體之所行，而順其自然之節文，則禮之名所由立矣。凡此者，自和理中出，如木之有根，華實並敷，而不得謂之偏行。若禮樂而偏行，則人皆逐末忘本，狃於俗學之支離，而天下於是乎亂矣。

彼正而蒙己德，德則不冒，冒則物必失其性也。古之人，在混芒之中，與一世而得淡漠焉。當是時也，陰陽和靜，鬼神不擾，四時得節，萬物不傷，群生不夭，人雖有知，無所用之，此之謂至一。當是時也，莫之爲而常自然。

「彼正而蒙己德，德則不冒」，此句難解。蒙，晦其明也。冒，蓋覆之義。正，如「各正性命」之「正」。言德乃人人之所同具，以恬養之，則各正各足。蒙己德，正以恬養之也。如是，則我無加人之德，無蓋世之善，天下誰不正者？誰我正者？我與天下皆相忘於無爲自然之天，此大道爲公之世也，故物不失其性。佛語「如是滅度無量無數無邊衆生，實無衆生得滅度者」，亦蒙德而不冒之義也。古之人在混芒之中與一世而得淡漠焉者，用是道也。故當其時，天地自位，萬物自育，上恬下熙，皆莫之爲而常自然。

逮德下衰，及燧人、伏戲始爲天下，是故順而不一。德又下衰，及神農、黃帝始爲天下，是故安而不順。德又下衰，及唐、虞始爲天下，興治化之流，潒淳散樸，離道以善，險德以行，然後去性而從於心。心與心識，知而不足以定天下，然後附之以文，益之以博，文滅質，博溺心，然後民始惑亂，無以反其性情而復其初。由是觀之，世喪道矣，道喪世矣，世與道交相喪也。道之人何由興乎世，世亦何由興乎道哉？道無以興乎世，世無以興乎道，雖聖人不在山林之中，其德隱矣。隱，故不自隱。潒，澆。

燧人以下，皆不以恬養知而有以知爲者，以故品爲德衰，順而不一。不一，已失其性矣，猶順也；再衰，則安而不順；不順，是以有阪泉、涿鹿之師。潒，與澆同。險德，如孔子所謂「危行」。去性從心，道心微而人心危也。心與心識者，從心起識，日以心鬭也。知不足以定天下而又益之以文博，文則滅質，博則溺心，於是乎始有偏行之禮樂，爭逐於末而忘其本，是以民始惑亂，無以反其性而復其初，蓋至是而世與道交相喪矣。道喪，故道之人不能興乎世；世喪，故世亦無以興乎道。是雖聖人不在山林之中，而如此交喪之世道，德則既隱矣。隱，世隱之也，聖人不自隱也。不自隱，正欲以興乎世。

古之所謂隱士者，非伏其身而弗見也，非閉其言而不出也，非藏其知而不發也，時命大謬也。當時命而大行乎天下，則反一無迹；不當時命而大窮乎天下，則深根寧極而待。此存身之道也。

此承上文而論真隱，極醇正無疵。反一無迹，恬淡自然，不見有爲之迹也。根極，謂性命。

古之行身者，不以辯飾知，不以知窮天下，不以知窮德，危然處其所而反其性已，又何爲哉？道固不小行，德固不小識，小識傷德，小行傷道，故曰：正己而已矣。樂全之謂得志。

行身者，此身大行於天下也。大行，則反一而無迹，故不以辯飾知，不以知窮人，不以知窮己，皆「在混芒之中與一世而得淡漠焉」者。危然處其所而反其性，反性即「反一」也。危然處其所，言無爲也。無爲者道也，有爲則爲小行而傷乎道矣。不識不知者德也，有識則爲小識而傷乎德矣。有傷，則不得謂之全，故樂全此者謂之得志。

古之所謂得志者，非軒冕之謂也，謂其無以易其樂而已矣。今之所謂得志者，軒冕之謂也。軒冕在身，非性命也，物之儻來，寄也。寄之，其來不可圉，其去不可止。故不爲軒冕肆志，不爲窮約趨俗，其樂彼與此同，故無憂而已矣。今寄去則不樂，由是觀之，雖樂，未嘗不荒也。故曰：喪己於物，失性於俗者，謂之倒置之民。圉禦同。

數段遞遞說下，亦見文字相生之妙。儻來，適然而來也。儻然來寄之物在人，故其來不可禦，其去不可留；性命之真在我，故富貴不與淫，而貧賤不與移。彼此，指窮達而言。言此樂無窮無達，在彼在此，無有加損，與寄來則樂、寄去則不樂者不同。況所樂在寄，則雖樂而未嘗不荒也，孰若此樂之恬淡哉？世人不知此性之分定，而惟儻來者之是慕，未免喪己於物，失性於俗，謂之倒置之民。物我倒置〔一〕，則全不知本末輕重矣。

方壺外史爲作亂辭：

蔽蒙之民，繕性求明。離跂俗學，荒兮未央。

以恬養知，知復養恬。恬知交養，和理出焉。

遐哉古人，與世淡漠。逮德下衰，澆淳散樸。

離道而善，險德以行。民始惑亂，去性從心。

世道交喪，聖德乃隱。興何由興，隱不自隱。

存身之道，深根寧極。時命大行，知不以飾。

小識傷德，小行道湮。反一無迹，得志樂全。

軒冕非性，儻來而寄。喪己於物，是謂倒置。

〔一〕「物我倒置」：各本作「物倒置」，據義補「我」字。

外篇秋水第十七

秋水篇，論大不大，論小不小，說在人又不在人，文字闔闢變化如生龍活虎。中間「明理達權」四字，是此老實在學問。究竟反真亦只是箇自然，「無以人滅天，無以故滅命，無以得殉名」，語甚醇正。下段畏匡、却楚、譏惠，皆發此意。

秋水時至，百川灌河，涇流之大，兩涘渚涯之間不辨牛馬，於是焉河伯欣然自喜，以爲天下之美爲盡在己。順流而東，至於北海，東面而視，不見水端，於是焉河伯始旋其面目，望洋向若而歎曰：「野語有之：『聞道百，以爲莫己若』者，我之謂也。且夫我嘗聞少仲尼之聞而輕伯夷之義者，始吾弗信，今我覩子之難窮也，吾非至於子之門，則殆矣，吾長見笑於大方之家。」涘，俟。

夫見之大者則小爲自忘，故以河伯寓言。涇，濁也。秋水時至，百川皆盈，灌於黄河，濁流氾溢，拍滿兩岸，故曰：涇流之大，兩涘河中渚崖上有牛馬，水大而岸遠，不復能辨。於是河伯欣然自喜，以爲廣大之觀盡在於己。及其北至於海，東面而望，水天混涵，茫然一色，不見水之自來，故曰不見水端。乃望洋向若而歎。若，海若，滄水之神也。聞道百，以爲莫己若，言世之以少自多者，聞道僅百耳，不及萬分之一，豈宜自多？世固有少仲尼之聞而輕伯夷之義者，吾始不信，而今信之。蓋非覩子之難窮，則幾乎局於己見，而長見笑於大方之家矣。「殆矣」下作一句讀，更妙。孟子曰：「觀於海者難爲水，遊於聖人之門者難爲言。」仲尼之聞不少，伯夷之義不輕，但自大道而論，未免高上一層，進上一步。此真不可與曲士道之，惟大方之家可也。大方，猶言大道。

北海若曰：「井鼃不可以語於海者，拘於虛也。夏蟲不可以語於冰者，篤於時也。曲士不可以語於道者，束於教也。今爾出於崖涘，觀於大海，乃知爾醜，爾將可與語大理矣。天下之水，莫大於海，萬川歸之，不知何時止而不盈，尾閭泄之，不知何時已而不虛，春秋不變，水旱不知。此其過江河之流，不可爲量數，而吾未嘗以此自多者，自以比形於天地而受氣於陰陽，吾在於天地之間，猶小石小木之在大山也。方存乎見少，又奚以自多？

夫學道者，見欲大而心欲小，見大則不以小自安，心小則不以大自負。海如此之大，而海若未嘗以此自多，方且存乎見少，此望道未見之心，聖不自聖之意也。知見少，則可進於大觀矣。〔一〕

註中郭象一段可録：「窮百川之量而懸於河，河懸於〔二〕海，海懸於天地，則各有量也。此發辭氣者，有似乎觀大可以明小，尋其意則不然。夫世之所患者，不夷平等也，故質大者快然謂小者爲無

〔一〕此處原有單行小字針對下一段郭註云：「郭象段刻在『大天地而小豪末』之下。此爲悞竄。」

〔二〕「河河懸於」：原無此四字，據宋本補。

餘，質小者塊然謂大者爲至足，是以上下夸跂，俯仰自失，此乃生民之所惑也。惑者求正，正之者莫若先極其差而因其所謂。所謂大者，至足也，故秋毫無以累乎天地矣；所謂小者，無餘也，故天地無以過乎秋毫矣。然後惑者有由而反，各知其極，物安其分，逍遥者用其本步而遊乎自得之場矣。此莊子之所以發德音也。若如惑之者之説，轉以大小相負，則相傾者無窮矣。若夫觀大而不安其小，視少而自以爲多，將奔馳於勝負之境而助天民之矜夸，豈不失乎莊生之旨哉？」

「計四海之在天地之間也，不似礨空之在大澤乎？計中國之在海内，不似稊米之在太倉乎？號物之數謂之萬，人處一焉；今卒九州穀食之所生，舟車之所通，人處一焉。此其比萬物也，不似豪末之在於馬體乎？五帝之所連，三王之所爭，仁人之所憂，任士之所勞，盡此矣。伯夷辭之以爲名，仲尼語之以爲博，此其自多也，不似爾向之自多於水乎？」礨空，音壘孔。

所以存乎見少者，蓋以道而觀天地，則天地小矣。以天地而觀一世界，則世界又小。計四海之在天地，其大澤之礨空乎？計中國之在四海之内，其太倉之稊米乎？礨空，水穴；稊米，稗米，言微之甚也。凡物之有名相者，號數有萬，而人處其一；窮九州穀食之所生，舟車之所至，物類有萬，而人處其一。我處一中之一人耳。以我之一，對物之萬，並生並育於四海之間，不猶毫末之在馬體乎？如是則益眇矣。而五帝連之，三王爭之，仁人憂之，任士勞之，伯夷遜之以爲名，夫子語之以爲博，是奚足哉而以之自多乎？其與河伯之自多於水也，殆無以異矣。

河伯曰：「然則吾大天地而小豪末，可乎？」海若曰：「否。夫物，量無窮，時無止，分無常，終始無故。是故大知觀於遠近，故小而不寡，大而不多：知量無窮。證曏今故，故遥而不悶，掇而不跂：知時無止。察乎盈虚，故得而不喜，失而不憂：知分之無常也。明乎坦塗，故生而不悦，死而不禍：知終始之不可故也。計人之所知不若其所不知，其生之時不若未生之時，以其至小求窮其至大之域，是故迷亂而不能自得也。由此觀之，又何以知豪末之足以定至細之倪，又何以知天地之足以窮至大之域？」曏向，明也。故，古字。

如上説到至小地位，更無進步。看他轉身變换，固是文字之妙，然皆是他廣大胸中流出。常人説小，便自萎薾無擺劃處，即爲曲士，不解莊子所説義，故河伯欲大天地而小豪末。此箇見識，便自死煞。海若爲説一段道理：夫物，量無窮，時無止，分無常，終始無故。量，謂局量之大小。時，謂所值之先後。分，謂此生之得失。終始，謂死生存亡之變故。言物皆無一定而各各自足，故知者觀於遠近而知量之無窮，證於古今而知時之無止，察乎盈虚而知分之無常，明於坦途而知終始之無故。何以故？觀遠近者，以身之所在而觀之，身在此則此者近而彼者遠矣，身在彼則近又不得爲之近也，如是則遠之未始不爲近，而近亦未始不爲遠。以譬大小亦是一樣，大亦何足多，而小亦何足寡乎？故以是而知量之無窮。證今古者，亦以身見在而證之。蓋身之所處，見在爲今，過去爲古，古即見在之過去也，今即過去之見在也，然而「後之視今，亦猶今之視昔」。古不自古，何古而非今？

是以遥而不悶。今無常今，有時而爲古，是以掇而勿跂。以是而知時之無止。蓋人之常情，從前望後，待而不得則悶，後綴乎前，追而弗及則跂，故知其無止，其妄自息。察乎造化之盈虚，則盈者造化之自息也，而盈何常盈？物固不足爲之喜；虚者，造化之自消也，而虚不終虚，物亦何足爲之悲？故得亦不喜，失亦不憂，知分之無常。明乎坦途，無有平而不陂，無有往而不復，則知生者物之出而往也，而往者必反，其生也何悦〔一〕之有？死者物之來而歸也，而屈者必伸，其死也何禍之有？不禍，謂其没吾寧而不祟，以是而知終始之不可故。故者，一定之陳迹也。言死生晝夜卒始若環，不可守以爲常，故曰：不可故。不可故，便不以夭壽疑貳其心，故其生也不悦，其死也不禍。夫知物物之各足也而吾自足之，知物物之各順也而吾自順之，則我即道，道即我，道無方所，我亦無方所，道無執情，我亦無執情，又何天地之爲大而豪末之爲小乎？然而其小焉者何也？謂其不知道也。計人之所知，不若其所不知之爲妙；其生之時，不若未生之時之爲適。然其所不知者作麽指擬？未生之時作麽名狀？今我以眇然之身而欲窮此至大之域，窮而不得，宜其迷亂而不自適也。不自適，則歉然而餒，其小宜矣。故惟知量之無窮、時之無止、分之無常、終始之無故者，則其所不知與未生之時，其道理亦不外此而得。此箇學問，又自觀遠近、證古今、察盈虚、明坦途上體勘將來。如是則我雖豪末而不足爲之小，天地雖大而不足爲之大，故曰：何以知豪末之足以定至細之

〔一〕「悦」：原作「説」，據下文及校本改。

倪，何以知天地之足以窮至大之域。此種公案，莊子一生真實受用，不得草草看過。惟莊子與莊子乃能証此。妙哉！妙哉！

河伯曰：「世之議者曰：『至精無形，至大不可圍。』是信情乎？」北海若曰：「夫自細視大者不盡，自大視細者不明。夫精，小之微也，垺，大之殷也，故異便。此勢之有也。夫精粗者，期於有形者也；無形者，數之所不能分也；不可圍者，數之所不能窮也。可以言論者，物之粗也；可以意致者，物之精也；言之所不能論、意之所不能察致者，不期精粗焉。垺與郛同。殷，盛也。

此一轉，又將「大小」字面換作「精粗」，重重入細，説向道理上去。蓋至精無形，至大不可圍，河伯便以此爲大小之至，故有此問。信情乎，言有是實理乎？否也。不知自細視大者不盡，惟不盡，是故謂其不可圍；自大視細者不明，惟不明，是故謂其無形。由是觀之，大小之勢異便有若然耳。然論精論粗，皆有形也。今精曰無形，非無形也，但小之微而數有所不能分耳。曰不能分、不能圍，皆可言論也，可以言論則不得謂之精矣。若夫不可以言論，而但可以意致，則精矣。猶未也！若夫不可以言論而又不可以意致，則不期精粗焉。蓋道無精粗，論精粗，雖精亦粗矣。此與中庸末章論「不顯之德」同旨。

「是故大人之行：不出乎害人，不多仁恩；動不爲利，不賤門隸；貨財弗争，不多辭讓；事焉不借人，不多食乎力，不賤貪汙；行殊乎俗，不多辟異；爲在從衆，不賤佞諂；世之爵禄不足以爲勸，戮恥不足以爲辱。知是非之不可爲分，細大之不可爲倪。聞曰：『道人不聞，至德不得，大人無己。』約分之至也。」

上言至道不期精粗，此便説到大人體道之事。蓋大人之心，虚静恬淡，無歆厭，無取舍，故其行也，雖不害人，而亦不以仁恩自多；其動也，雖不爲利，而亦不以門隸爲賤，蓋門隸乃執鞭求利之人，因其可賤而賤之，非玄同也；雖不黷貨而好争矣，而亦不以辭讓爲多；雖不借人以舉事矣，而亦不以食力爲貴，且人有貪汙之行者亦不賤之，謂如上文所指争財、借人之類；行殊乎俗，則多有辟異之行，人皆多之，而不以爲多；爲在從衆，則多有佞諂之心，人皆賤之，而不以爲賤；世爵之不能爲之勸也，世戮之不能爲之辱也。如此不分是非，不辨細大，亦知玄同之德自合如此。老子所謂「得者同於德，失者同於失」、「不可得而親，不可得而疏，不可得而貴，不可得而賤」，與此同旨。故聞之曰：道人不聞，有聲聞非道人也；至德不得，有所得非上德也；大人無己，有我相非大人也。此約分之至也。約，如「以約失之」之「約」，謂收斂本分，不自大也。不自大，故能成其大。

河伯曰：「若物之内，若物之外，惡至而倪貴賤？惡至而倪小大？」北海若曰：「以道觀之，物無貴賤；以物觀之，自貴而相賤；以俗觀之，貴賤不在己。以差觀之，因其所大而大之，則萬物莫不大；因其所小而小之，則萬物莫不小。知天地之爲稊米也，知豪末之爲丘山也，則差數覩矣。以功觀之，因其所有而有之，則萬物莫不有；因其所無而無之，則萬物莫不無。知東西之相反而不可以相無，則功分定矣。以趣觀之，因其所然而然之，則萬物莫不然；因其所非而非之，則萬物莫不非。知堯桀之自然而相非，則趣操覩矣。差，楚宜反。

上言大人無貴賤大小，一味玄同，河伯因問：物之内之外分明有箇貴賤大小，即如孟子「體有貴賤，有小大，養其小者爲小人，養其大者爲大人」，自是一種道理，不知何以於無分別中至有分别？故曰惡至而倪貴賤云云。倪，緒之兩頭者，蓋取以爲分別之義。此箇分别，倶屬心識，竅鑿渾沌，大非所宜，以故論大道者去之。海若答言：以道觀之，物本來無貴無賤；以物自觀，過爲分别，故自貴而相賤；以俗觀之，其貴其賤又不在己，如所謂「趙孟之所貴，趙孟能賤之」，如是則貴賤未始有定也。又以大小之等而言之，因其大而我大之，則更大矣；因其小而我小之，則更小矣。此處最好體貼人情：如人説某人好文字，我隨衆喜他，則見他篇篇句句皆是好的；又如人説某人不好，我隨衆惡他，則見他件件事事皆是不好的；不知他的等第原是没則量的。若我不因人之大而大之，則雖天地之大，我言「宇宙在手，造化生身」，則天地將不爲稊米乎？不因人之小而小之，則雖豪末之微，我言「芥子可納須彌妙高山也。」，則豪末將不爲丘山乎？知是，則物之小大亦未有定也，而差數覩矣。然則何至而倪貴賤，何至而倪小大乎？分明是不可得而分也。推之而至於有無之稱、是非之辨，亦復如是。以功觀之，因其所有而有之，則萬物莫不有，因其所無而無之，則萬物莫不無，而功之有也無也，又未始有定也。彼果有也耶？此果無也耶？知東西之相反而不可相無，則有無之功分定矣。何者？東者，西家之東，而未必東之果爲東也；西者，東家之西，而未必西之果爲西也。

使舍東而言西，則西亦不成西矣；舍西而言東，則東亦不成東矣。故曰：相反而不可相無。喻如對無而稱有，以有而形無，然後有無之名始立。若缺其一，則何所據而稱有，又何所據而稱無？故有無功分之不定，即此可與知矣。然曰定者，決定其爲不定也。又以人之趣向觀之，因其所然而然之，則萬物莫不然，因其所非而非之，則萬物莫不非，而是是非非又未有定也。知堯桀之仁暴自然而相非，則人之趣操覩矣。蓋正人指邪人爲邪，邪人亦指正人爲邪，但以趣操不同而分是非。凡此皆於不分之中妄有分別，彼勝此負，卒無窮已，道之所以日喪而人心之所以日漓也。又孰知是非之不可爲分，而細大之不可爲倪乎？

「昔者堯舜讓而帝，之噲讓而絶；湯武争而王，白公争而滅。由是觀之，争讓之禮，堯桀之行，貴賤有時，未可以爲常也。梁麗可以衝城而不可以窒穴，言殊器也；騏驥驊騮一日而馳千里，捕鼠不如狸狌，言殊技也；鵋鵂夜撮蚤，察豪末，晝出瞋目而不見丘山，言殊性也。故曰：蓋師是而無非，師治而無亂乎，是未明天地之理、萬物之情者也，是猶師天而無地，師陰而無陽，其不可行，明矣。然且語而不舍，非愚則誣也！帝王殊禪，三代殊繼。差其時、逆其俗者，謂之簒夫；當其時、順其俗者，謂之義之徒。默默乎河伯，女惡知貴賤之門、小大之家？」瞋，嗔。舍，捨，下同。禪，去聲。

又設貴賤無常之喻，以明貴賤之不可倪。言讓，美德也，在堯舜則爲貴，而在之噲則爲賤矣；

争，賤名也，以白公則爲賤，而在湯武則爲貴矣。如是，則争讓之禮、堯桀之行，貴賤有時，不可定以爲常。又即物理而論，梁麗可以衝城而不可以窒穴，驊騮騏驥日馳千里而捕鼠不如狸狌，鴟鵂夜撮蚤、察秋豪而晝不見丘山，物有殊器，物有殊技，物有殊性，大有所能，小有所拙，用於此者或廢於彼，何至而倪貴賤？何至而分大小？猶之天下無常是之理，然於此而或非於彼，古今無常治之世，理於前而或亂於後。若也師其是而無非，師其治而無亂乎，是不明於天地之理、萬物之情者也，是猶師天而無地，師陰而無陽，其不可行也明矣。然則倪貴賤、分大小、執有方之見而不知無常之變者，何以異是？且夫貴賤，時耳，當其時則貴，失其時則賤。即帝王之禪繼而觀，爲莽爲懿亦禪繼耳，豈知一差其時，一逆其俗，則人以篡夫目之，亦何取於禪繼而貴之乎？默默乎河伯，惡知貴賤之爲一門、小大之爲一家乎？蓋一門一家，信乎其不可分也。篇中意中生意，言外立言，重重照映，如國師爲弈，陣勢布列，而精神血脉尚未串貫，始學之流急難着眼，諸家箋解咸屬朦朧，若非史氏爲之圓融曲暢，則此老之意幾不明於千古矣！

撮蚤，淮南子：「鴟夜聚蚤蝨而食之不失。」崔本作「爪」，言鵂鶹夜聚人爪甲於巢中。梁麗，屋棟也。

河伯曰：「然則我何爲乎？何不爲乎？吾辭受趣舍，吾終柰何？」北海若曰：「以道觀之，何貴何賤，是謂反衍；無拘而志，與道大蹇。何少何多，是謂謝施；無一而行，與道參差。嚴乎若國之有君，其無私德；繇繇乎若祭之有社，其無私福；泛泛乎其若四方之無窮，其無所畛域；兼懷萬物，其孰承翼？是謂無方。萬物一齊，孰短孰長？道無終始，物有死生，不恃其成；一虛一滿，不位乎其形。年不可舉，時不可止；消息盈虛，終則有始。是所以語大義之方，論萬物之理也。物之生也，若驟若馳，無動而不變，無時而不移。何爲乎，何不爲乎？夫固將自化。

言既如此不生分别，則我之辭受趣舍將何適從？何爲乎？何不爲乎？海若答曰：以道而觀，何者爲貴，何者爲賤？蓋有貴有賤，皆世諦也，因有貴賤，則貴以臨賤，賤以承貴，相傾相役，出門有礙，如何得寬？反之於道，無貴無賤，則自寬矣，故曰：是謂反衍。衍者，寬義。慎毋以世情作見，以拘爾志，與道爲梗也，故曰：無拘而志，與道大蹇。如此無貴無賤，各足其足，何所自少，何所自多？如人屏謝世緣而不施者，故曰：是謂謝施。蓋施則有多有少，謝而不施，則何多少之足云乎？慎毋執一而行，而與道相背馳也，故曰：無一而行，與道參差。然曰無拘、曰無一，則無方之德也。故又爲之形容：儼乎若國之有君而無私德，由由乎若祭之有社而無私福，泛泛乎若四方之無窮而無私畛域；兼懷萬物，孰承翼之而無私係戀，無私則萬物齊一，而長短小大皆非所論矣。夫道無終始，而物有死生，故將自其不變者而觀之，若可恃以爲常；自其變者而觀之，則不敢恃乎其成而位乎其形。恃成，謂居其成功。位形，謂守其定位。何者？四時之序，成功者退；去而不可追者年也，流而不可止者時也；天地之化，消息盈虛，如循連環，終則有始。以是而論，則大義之方，萬物之

參，楚林反。差，楚宜反。

理，盡在是矣。且物之生也，若驟若馳，無有動而不變者，無有時而不移者。人居大化之中，何所執乎？何爲而何不爲？夫亦順其自然之化而已矣。

河伯曰：「然則何貴於道耶？」北海若曰：「知道者必達於理，達於理者必明於權，明於權者不以物害己。至德者，火弗能熱，水弗能溺，寒暑弗能害，禽獸弗能賊。非謂其薄之也，言察乎安危，寧於禍福，謹於去就，莫之能害也。故曰：『天在内，人在外，德在乎天。』知天人之行，本乎天，位乎德，蹢躅而屈伸，反要而語極。」蹢躅，音躑躅。

承上言，順其自化則何物不在自化之中，然則何貴於道而必以道物身也？此一問又甚好。不知惟知道者乃能順化，故守經行權而不失乎己，故曰：知道者必達於理，達於理者必明於權。理，謂盈虚消息之理。權，則所以善其用於不窮者也。夫人莫不有命，而惟順受其正者乃爲自化。若推而納諸罟擭陷阱之中而莫之知避，與彼立巖牆、犯桎梏者，要皆不達權變之人，自取禍戾者也。是以聖人無死地，謂其明於權而不以物害己也。且如語至德者謂：火不能熱〔一〕，水不能溺，寒暑不能害，禽獸不能賊，豈謂與之相薄而物不能爲之害哉？言察乎安危，寧於禍福，謹於去就，而莫之能害也。故曰：天在内，人在外。在内，言主張之者。在外，言斡旋之者。德在乎天，天者理而已矣，順乎理而達乎權，則位乎天德矣。位德，猶言立德，德立則蹢躅屈伸皆得自如。此道之要也，理之

〔一〕「熱」：原作「爇」，據經文改。

極也。道要理極，即上文所謂「語大義之方，論萬物之理」者。説到此處，則知此老學問活潑潑地，知經知權，無固無我，此身常在大造鑪中，常自逍遥快樂，又孰謂其荒唐而無當哉？

曰：「何謂天？何謂人？」北海若曰：「牛馬四足，是謂天。落馬首，穿牛鼻，是謂人。故曰：『無以人滅天，無以故滅命，無以得殉名。謹守而勿失，是謂反其真。』」落絡同。

發出「天」、「人」二字，見天人相須以有成，又恐不知者以人勝天、加以安排造作之私，急爲救轉：無以人滅天，無以故滅命。故者，有心而爲之，有心即非自然。自然之謂命，命即天也。無以得殉名，得謂己德，喪於爲名者多，曰無以者，不以千金之珠彈鳥雀也。三句道理甚正，孔孟之論不過是也。

夔憐蚿，蚿憐蛇，蛇憐風，風憐目，目憐心。夔謂蚿曰：「吾以一足跉踔而行，予無如矣。今子之使萬足，獨柰何？」蚿曰：「不然。子不見夫唾者乎？噴則大者如珠，小者如霧，雜而下者不可勝數也。今予動吾天機，而不知其所以然。」蚿謂蛇曰：「吾以衆足行，而不及子之無足，何也？」蛇曰：「夫天機之所動，何可易耶？吾安用足哉？」蛇謂風曰：「予動吾脊脅而行，則有似也。今子蓬蓬然起於北海，蓬蓬然入於南海，而似無有，何也？」風曰：「然。予蓬蓬然而起於北海，蓬蓬然而入於南海也，然而指我則勝我，䲡我亦勝我。雖然，夫折大木、蜚大屋者，唯我能也。」故以衆小不勝爲大勝也。爲大勝者，唯聖人能之。蚿，賢。跉，琛去聲。踔，卓。鰌，秋，或作蹭，足踐也。

夔一足，蚿百足，蛇無足，皆能自行，然猶有形似。風則無形而自行，目則不行而能至，猶以形用也。心則以神用，而古今宇宙無不周遍。說此數重，直是搆思奇絕！中間噴唾之喻，尤非人思慮所及者。却就風上說出箇用小勝以爲大勝，正與聖人能小能大、能柔能剛者同一妙用。不說心目，便文字不板樣，如半開蓮花，妙悟者得之。

孔子遊於匡，宋人圍之數帀，而絃歌不輟。子路入見，曰：「何夫子之娛也？」孔子曰：「來，吾語女。我諱窮久矣而不免，命也。求通久矣而不得，時也。當堯舜而天下無窮人，非知得也，當桀紂而天下無通人，非知失也，時勢適然。夫水行不避蛟龍者，漁父之勇也。陸行不避兕虎者，獵夫之勇也。白刃交於前，視死若生者，烈士之勇也。知窮之有命，知通之有時，臨大難而不懼者，聖人之勇也。由，處矣！吾命有所制矣！」無幾何，將甲者進，辭曰：「以爲陽虎也，故圍之。今非也，請辭而退。」

「知得」之「知」，去聲。處，猶止也。制命，猶言造命。

公孫龍問於魏牟曰：「龍少學先王之道，長而明仁義之行，合同異，離堅白，然不然，可不可，困百家之知，窮衆口之辯，吾自以爲至達已。今吾聞莊子之言，汒焉異之。不知論之不及與？知之弗若與？今吾無所開吾喙，敢問其方？」公子牟隱几太息，仰天而笑曰：

「子獨不聞夫埳井之鼃乎？謂東海之鱉曰：『吾樂與！吾跳梁乎井幹之上，入休乎缺甃之崖，赴水則接腋持頤，蹶泥則沒足滅跗，還虷蟹與科斗，莫吾能若也。且夫擅一壑之水而跨跱埳井之樂，此亦至矣。夫子奚不時來入觀乎？』東海之鱉左足未入，而右膝已縶矣，於是逡巡而却，告之海曰：『夫千里之遠不足以舉其大，千仞之高不足以極其深，禹之時，十年九潦而水弗爲加益，湯之時，八年七旱而崖不爲加損。夫不爲頃久推移、不以多少進退者，此亦東海之大樂也。』於是埳井之鼃聞之，適適然驚，規規然自失也。且夫知不知是非之竟，而猶欲觀於莊子之言，是猶使蚉負山、商蚷馳河也，必不勝任矣。且夫知不知論極妙之言，而自適一時之利者，是非埳井之鼃與？且彼方跐黃泉而登大皇，無南無北，奭然四解，淪於不測；無東無西，始於玄冥，反於大通。子乃規規然而求之以察，索之以辯，是直用管窺天，用錐指地也，不亦小乎？子往矣！且子獨不聞夫壽陵餘子之學行於邯鄲與？未得國能，又失其故行矣，直匍匐而歸耳。今子不去，將忘子之故，失子之業。」公孫龍口呿而不合，舌舉而不下，乃逸而走。汒，茫。埳，坎。還，旋。虷，寒。跱，峙。蚷，渠。呿，怯。

汒，與茫同。埳井，壞井也。井幹，井欄也。缺甃，井甃缺而成崖者。接腋持頤，蛙赴水則以兩腋拍水，如接物者然；持頤，緊閉其口也。此四字分明寫出一箇水蛙。跗，小足也。還，回顧也。虷，水中赤蟲。科斗，蟆子也。跱，行止也。縶，拘攣也。逡巡而却，小不能容，却步而退出也。十年九潦，八年七旱，看他下語活處。若他人，徑謂九年水而七年旱矣。蚉，蚊蟲也。商蚷，馬蚿也。一時之利，謂利口也。跐，蹈也。大皇，天也。跐黃泉而登大皇，謂窮高極深也。奭，釋也。四解，四達也。玄冥，溟涬之先也。大通，大道也。未丁之夫曰餘子。國能，謂彼國之所能。呿，開口也。逸，逃遁也。此與下三段無甚深旨，直訓其字而已，無勞箋疏。

莊子釣於濮水。楚王使大夫二人往先焉，曰：「願以竟內累矣！」莊子持竿不顧，曰：「吾聞楚有神龜，死已三千歲矣。王巾笥而藏之廟堂之上。此龜者，寧其死爲留骨而貴乎？寧其生而曳尾於塗中乎？」二大夫曰：「寧生而曳尾塗中。」莊子曰：「往矣！吾將曳尾於塗中。」

二大夫先，爲王先容也。竟，與境同，謂以四境累足下而治之。

惠子相梁，莊子往見之。或謂惠子曰：「莊子來，欲代子相。」於是惠子恐，搜於國中三日三夜。莊子往見之，曰：「南方有鳥，其名鵷鶵，子知之乎？夫鵷鶵發於南海而飛於北海，非梧桐不止，非練實不食，非醴泉不飲。於是鴟得腐鼠，鵷鶵過之，仰而視之曰：『嚇！』今子欲以子之梁國而嚇我耶？」

鵷鶵，鳳雛也。練實，竹實也。嚇，怒其聲，恐奪己食也。世道交情，觀此可以發一長笑！莊生直爲千古寫出鄙夫鄙悋之態，只以一字形之。妙哉！妙哉！

莊子與惠子遊於濠梁之上。莊子曰：「儵魚出遊從容，是魚樂也。」惠子曰：「子非魚，安知魚之樂？」莊子曰：「子非我，安知我不知魚之樂？」惠子曰「我非子，固不知子矣。子固非魚也，子之不知魚之樂，全矣！」莊子曰：「請循其本。子曰『女安知魚樂』云者，既已知吾知之而問我。我知之濠上也。」儵，條。

此一段甚有辯才。子非魚，安知魚之樂？惠子言：子之與魚，水陸異處，初非族類，何所從而知魚之樂耶？莊子却借其言而復之曰：子非我也，安知我不知魚之樂耶？惠子善辯者也，又借其言而轉之曰：我固非子，我不知子固矣，然我與子猶人類也，尚以爾汝形骸之隔而不相知，何況魚爲非類乎？如是，則子之與魚全無相知之理矣。莊子到此方以正對曰：請循其本。言我今與子反覆辯論，取給於口，皆爲枝葉之談，非本論也。若尋其本論，已知子知我之知魚矣，而猶問我者，正欲得所以知魚之故。不知物理人情自是可推，我居濠之上而逍遥，則濠之下者不言可知，是以不待與魚同類而後能知其樂也。蓋莊子善通物情，故一體同觀若此。後來者，若茂叔之觀窗草，子厚之聽驢鳴，皆得此意。

方壺外史説是篇已，重宣此義而作亂辭：

百川灌河，伯也自多。觀於北海，醜將柰何？

大方達觀，天地稊米。人處九州，毫末馬體。

至大難窮，至細莫倪。語非所盡，意豈能思？
大人無己，知分知時。一體同觀，反衍謝施。
無動不變，無時不移。大義之方，何爲不爲？
謹於去就，察乎危安。躑躅屈伸，達理明權。
無人滅天，無故滅命。以小不勝，而成大勝。
龍真井蛙，孔非暴虎。莊叟楚龜，惠嚇粱鼠。
鯈魚出遊，其樂只且。知之濠上，我固非魚。

外篇至樂第十八

此篇教人決擇至樂活身之術，皆以無爲而存，將箇「無」字推到本始。論及人物之生死變化，察其本無而同出入於一機，其有生老病死，等如四時晝夜，達命者不哀，觀化者無惡，一味順其自然，然後在我者長樂而長存也。

天下有至樂無有哉？有可以活身者無有哉？今奚爲奚據？奚避奚處？奚就奚去？奚樂奚惡？夫天下之所尊者，富、貴、壽、善也；所樂者，身安、厚味、美服、好色、音聲也；所下者，貧、賤、夭、惡也；所苦者，身不得安逸，口不得厚味，形不得美服，目不得好色，耳不得音聲。若不得者，則大憂以懼，其爲形也亦愚哉！夫富者，苦身疾作，多積財而不得盡用，其爲形也亦外矣！夫貴者，夜以繼日，思慮善否，其爲形也亦疏矣！人之生也，與憂俱生，壽者惛惛，久憂不死，何之苦也，其爲形也亦遠矣！烈士爲天下見善矣，未足以活身，吾未知善之誠善耶？誠不善耶？若以爲善矣，不足以活身；以爲不善矣，足以活人。故曰：「忠諫不聽，蹲循勿爭。」故夫子胥爭之以殘其形，不爭，名亦不成。誠有善無有哉？今俗之所爲與其所樂，吾又未知樂之果樂耶？果不樂耶？吾觀夫俗之所樂舉群趣者，誙誙然如將不得已而皆曰樂者，吾未之樂也，亦未之不樂也。果有樂無有哉？吾以無爲誠樂矣，又俗之所大苦也。故曰：「至樂無樂，至譽無譽。」誙，鏗。

從上篇「不以物害己」透下意來，發此一段，急爲天下定箇至樂存身之術。二「無有哉」，反詰之詞，言決是有也。「今奚爲奚據」，正詰之詞，與屈原卜居「孰吉孰凶？何去何從？」同一意旨。「天下所尊者」以下，言世俗有此四等，一句斷殺：其爲形也亦愚哉！「爲」字，作去聲讀。愚者以物喪己，富者苦形勤作，類多積而不得盡用，身死則財爲無用矣，其爲形也不亦外乎？貴者日夜思慮善否以求安身固位，而天下有可以活身無有哉，竟不之思，則其爲身也不亦疏乎？壽者負此有憂有患之身，惛惛不死，何自苦也！而猶有求爲引年之術者，其爲形也不亦遠乎？烈士砥礪名節，視死如歸，以求自見於天下，蓋善矣，非善之善也，故曰：忠諫不聽，則當逡巡却去，而勿與之爭，此活身之道也，而子胥乃爭之以自殘。故夫身〔一〕不爭不死，名不爭不成，果有善無有哉？於此當自決擇可也。今世情之所趨與吾之所處大率相反，吾未知世俗之所趨果樂無有也。吾以無爲爲樂，誠樂矣，而世俗苦之，吾如世俗何哉？故曰：至樂無樂。世俗之所樂，真非樂也；至譽無譽，烈士之所爭，真非名也。

天下是非果未可定也。雖然，無爲可以定是非。至樂活身，惟無爲幾存。請嘗試言

〔一〕「身」：各本作「名」，據上下文改。

之：天無爲以之清，地無爲以之寧，故兩無爲相合，萬物皆化。芒乎芴乎，而無從出乎？芴乎芒乎，而無有象乎？萬物職職，皆從無爲殖。故曰：「天地無爲也，而無不爲也。」人也孰能得無爲哉？——芴，忽。

天下只有苦樂二種。狃於樂者，見樂而不見苦，將欲是之，無有是處，將欲非之，而彼不自以爲非，故曰：天下是非果未有定也。「雖然」，下一轉語：無爲可以定是非。蓋無爲則無所於樂，而不見其苦矣。故至樂活身者，惟無爲庶幾可以自存。是無爲也，天以之清，地以之寧，物以之生。然又須要認得此「無」是箇甚麼，即「無名天地之始」，「未始有夫未始有也者」。故反覆而爲之詠：芒乎芴乎，象帝之先而無從出乎？蓋無則真空無象矣。芴乎芒乎而無有象乎？芒，即混芒之義。芴，即沕穆之義。職職，繁殖也。天地以無爲而生化萬物，是天地之無爲而無不爲也。人也，天地之心也，焉能得無爲哉？知無爲，則虛静恬淡而不以苦爲樂矣。

莊子妻死，惠子吊之，莊子則方箕踞鼓盆而歌。惠子曰：「與人居，長子老、身死，不哭亦足矣，又鼓盆而歌，不亦甚乎？」莊子曰：「不然。是其始死也，我獨何能無槩然？察其始而本無生，非徒無生也，而本無形，非徒無形也，而本無氣，雜乎芒芴之間，變而有氣，氣變而有形，形變而有生，今又變而之死，是相與爲春秋冬夏四時行也。人且偃然寢於巨室，而我噭噭然隨而哭之，自以爲不通乎命，故止也。」——長，上聲。噭，古弔反。

此段正好與内篇養生主中「秦失三號」，大宗師中「子杞」、「子桑户」、「孟孫才」等章參看。盆，瓦缶也，鼓之所以節音。無槩然，言焉能不槩然與世人同情哉？形變而有生，生，指知覺運動而言。偃，仰也。巨室，謂天地。夫莊子鼓盆，自世俗觀之，直謂不近人情，害義傷教。不知此種無情學問，究竟性命者緊要得力正在於此。一切世人皆以恩愛而生貪着，遂有種種無明煩惱，不自解脱，生死輪迴莫不由此。韓退之云，「持被入省中，顧妻妾刺刺〔一〕語不休」，説盡世間兒女態度。莊子直爲斯人截斷恩愛煩惱，猛於生死關頭説箇「無生法忍」教人認取。本自無來，今亦無去，其有生死幻變不常，與寒暑晦明同一代謝，何足關情，妄生悲喜？古之至人，利害不干於心，而生死無變於己，只是箇勘得破、立得住，八風五欲煎炒不動。金剛經：「世尊道：『我昔爲歌利王極惡無道君。割截肢體，於爾時無有我相、人相、衆生相、壽者相，以故不生嗔恨，方於忍辱波羅蜜中保有進步。』」吾儒中若曾子易簀、子路結纓，亦是他學問真實受用。自身尚然，何况外身而觀化者？此處莊生猶爲惠子俯就兩句曰：當其始死，我亦何能無槩然？以爲不達於命故止也，猶爲方便説法，直恐驚倒惠子。若使二子針芥相投，直須説箇：我尚無我，涕從何出？讀莊子者不於此處着眼，何處着眼？不於此處認取學問，何處尋學問做？方壺外史急爲拈出，爲莊生立此一段公案。莊子死妻，

〔一〕「刺刺」：各本作「刺刺」。韓愈送殷員外序：「持被入直三省，丁寧顧婢子語刺刺不休。」據改。刺刺，多言貌。刺刺，象聲詞，狀風聲。

令天下萬世人都來證道，又却是外史老婆心切也。諦聽！諦聽！急爲提撕，早遲八刻。何故？無情説法無情受，擬議商量總不堪！

支離叔與滑介叔觀於冥伯之丘，崑崙之墟，黄帝之所休。俄而柳生其左肘，其意蹷蹷然惡之。支離叔曰：「子惡之乎？」滑介叔曰：「亡，予何惡？生者假借也。假之而生，生者塵垢也。死生爲晝夜。且吾與子觀化而化及我，我又何惡焉？」滑，骨。蹷，圭去聲。

柳，瘍也，味意柳多擁腫，故以爲瘍瘤之喻。假借，即佛經所謂地水風火四大假合。生者塵垢也，解見末條。此段郭象註好：「先示有情，然後尋至理以遣之。若云我本無情，故能無憂，則夫有情者遂自絶於遠曠之域而迷〔一〕困於憂樂之境〔二〕矣。」

莊子之楚，見空髑髏，髐然有形。撽以馬箠〔三〕，因而問之曰：「夫子貪生失理而爲此乎？將子有亡國之事、斧鉞之誅而爲此乎？將子有不善之行，愧遺父母妻子之醜而爲此乎？將子有凍餒之患而爲此乎？將子之春秋故及此乎？」於是語卒，援髑髏枕而卧。夜半，髑髏見夢曰：「子之談者似辯士。諸子所言，皆生人之累也，死則無此矣。子欲聞死之

〔一〕「迷」：原作「幽」，據校本及郭註改。
〔二〕「境」：原作「曈」，據校本及郭註改。
〔三〕「箠」：校本作「棰」，他本或作「捶」。

説乎？」莊子曰：「然。」髑髏曰：「死，無君於上，無臣於下，亦無四時之事，從然以天地爲春秋，雖南面王樂不能過也。」莊子不信，曰：「吾使司命復生子形，爲子骨肉肌膚，反子父母、妻子、閭里、知識，子欲之乎？」髑髏深矉蹙頞曰：「吾安能棄南面王樂而復爲人間之勞乎？」髑髏，獨樓。髐，嘵。撽，竅。

此自老子「天下大患，爲吾有身。自吾無身，復有何患」上撰出一段寓言，直是戲劇。若真謂莊子有生死欣厭之心，則又癡人説夢矣。

顔淵東之齊，孔子有憂色。子貢下席而問曰：「小子敢問：回東之齊，夫子有憂色，何耶？」孔子曰：「善哉女問！昔者管子有言，丘甚善之，曰：『褚小者不可以懷大，綆短者不可以汲深。』夫若是者，以爲命有所成而形有所適也，夫不可損益。吾恐回與齊侯言堯、舜、黄帝之道，而重以燧人、神農之言，彼將内求於己而不得，不得則惑，人惑則死。

人惑則死，言人既惑於我之言，則將謂我將不利於彼國，而罪我者至矣。蓋借顔子以危當時之游士。褚，布袋也。綆，井繩也。喻齊侯短小之見，不可以大道説之。

「且女獨不聞耶？昔者海鳥止於魯郊，魯侯御而觴之於廟，奏九韶以爲樂，具太牢以爲膳。鳥乃眩視憂悲，不敢食一臠，不敢飲一杯，三日而死。此以己養養鳥也，非以鳥養養鳥也。夫以鳥養養鳥者，宜棲之深林，遊之壇陸，浮之江湖，食之鰌鰷，隨行列而止，委蛇而處。彼唯人言之惡聞，奚以夫譊譊爲乎？御，迓。臠，里轉反。食，嗣。鰌鯈，秋條。行，杭。委蛇，萎移。

以鳥設喻，謂齊侯不可以堯舜黃帝之道説之。若戰争攻守之事、富强之術，則彼將樂聞矣。

「咸池九韶之樂，張之洞庭之野，鳥聞之而飛，獸聞之而走，魚聞之而下入，人卒聞之，相與還而觀之。魚處水而生，人處水而死。彼必相與異，其好惡故異也。故先聖不一其能，不同其事。名止於實，義設於適，是之謂條達而福持。」

夫物有殊性，人亦宜然。齊侯之不可説以大道者，其好惡異也。古之聖人，不一人之能，不同人之事，知其命有所成而形有所適，不可同且一也。故求實於名，設義於適。因名以求實，則無「不量而入」之嫌矣；因適以陳義，則無「求而不得」之惑矣。兩者條達，則持福常在於己，烏有人惑則死之患哉？

列子行食於道從，見百歲髑髏，攓蓬而指之曰：「唯予與女知而未嘗死、未嘗生也。若果養乎？予果歡乎？」種有幾，得水則爲𢇍，得水土之際則爲鼃蠙之衣，生於陵屯則爲陵舄，陵舄得鬱棲則爲烏足，烏足之根爲蠐螬，其葉爲蝴蝶。蝴蝶，胥也，化而爲蟲，生於竈下，其狀若脱，其名爲鴝掇。鴝掇千日爲鳥，其名爲乾餘〔一〕骨。乾餘骨之沫爲斯彌，斯彌爲

〔一〕「餘」：原作「魚」，據校本改。

食醯，頤輅生乎食醯。黄軦生乎九猷，瞀芮生乎腐蠸，羊奚比乎不箰久竹生青寧，青寧生程，程生馬，馬生人，人又反入於機。萬物皆出於機，皆入於機。」攓，蹇。𢇍，繼。鴝，劬。乾，干。瞀，茂。蠸，權歡二音。比，去。

攓，扶也。言髑髏没於蓬蒿之中，列子扶其蓬而指之曰：惟予與女知之之道乎？而固未嘗死也，察其本始，而亦未嘗生也。既未嘗生，則不當以養爲期；既未嘗死，又何以滅爲樂乎？故曰：若果以予爲養乎？予果以女爲歡乎？如此悦生悦死，皆屬妄念。予與若同在大造鑪冶中，鼠肝蟲臂任其自化。舉其化生，凡有幾種。先自濕化者而言，得水爲𢇍。何以故？水爲五行之初先，芒芴之間，變而有氣，此氣一動，變而有形，未免有所假借而後生。上文所謂「生者假借也。假而後生，生者塵埃也」。大地塵埃，爲息所吹，浮游水上，塵塵相牽，如絲如縷，其名爲𢇍。蓋水苔欲生之先，河中多有此朕。其在水土之際，兩岸之旁，水得土氣，漸凝漸厚，遂有體質，其色沉緑，名爲鼃蠙之衣，是曰青苔。漸漸近土，生於陵屯，化爲陵舄。陵舄，「車前草」名也，多生岸旁，又名澤舄，其性利水。陵舄而得鬱棲，化爲烏足。鬱棲，糞壤也。烏足亦草名，其根化爲蠐螬，而葉爲蝴蝶。蝴蝶，胥之别名也。蓋草化爲蟲，質多蠕弱。又生於田夫野竈之下者，得火之氣，化而爲蟲，無皮無殼，其狀若脱，名爲鴝掇。鴝掇伏土千日，化而爲鳥，其名乾魚骨。此一化自烏足來者最爲强健。而乾魚骨之沫化爲斯彌，斯彌化爲食醯。食醯者，蠛蠓也，喜酸而聚醯，故曰食醯。食醯雖小，而自氣血中來，亦能以形相感，多見此蟲相尾而飛於空中。故食醯生頤輅，頤輅生九猷，九猷生黄軦，黄軦生腐蠸，腐蠸生䔄芮。遞遞相生，皆蟲類也。或不作遞生說者亦得。大率此蟲無考，註書到此，類皆閣筆，乃知阿難夙世惟願多聞，晉室張華虛傳博洽。羊奚比乎不箰久竹，羊奚，亦草名，根如蕪菁，疑即藥草中所謂羊蹄根者。比，合也。其根若連於久不生筍之竹，則生青寧。青寧，亦蟲名。青寧生程，程生馬，馬生人，郭註以爲「俗本多誤」〔一〕，亦「夏五傳疑」〔二〕之盛心也，而林鬳齋註直謂「人、馬皆草名，如馬齒、人參之類」，不知何本？又謂「莊子故爲詭怪之名，萬世之下受其愚弄，看他不破」。審是，則南華爲愚弄天下之書矣。我不愚弄天下人，不敢以此言而誣先哲。曰：然則何解？曰：愚意直謂程生馬，馬生人耳。曰：繁氣而生人類，可乎？曰：二五之妙，微而漸著，轉而愈靈，人雖至貴，不應於海濱空寂之處忽然而生。如宋儒之臆說者，未免有所假借，借則不借於物而誰借乎？史臣謂元之始祖胎於狼鹿，此其一徵。蓋造化之始生物而至於生人，則靈秀備矣，若是馬齒、人參，則不過庶草中之一品，造化到此便了，直是無所歸宿。觀「人又反入於機」一句，是人參反入於機，可乎？分明說造化到生人住了，不消假借而生，徑自以形相禪，相生相死，相死相生，反入大造機中，所謂「火傳也，不知其盡也」。其下復曰「萬物皆出於機，皆入於機」，正見人與萬物本同一氣，生長歸復皆出自然。因指髑髏，等閒發此一段，要人認取天機。養乎？樂乎？何容心哉？順其自化可也。

〔一〕「俗本多誤」：郭註無，釋文作「俗本多誤，故具錄之」。

〔二〕「夏五傳疑」：春秋：「夏五。」穀梁傳：「夏五，傳疑也。」

方壺外史重宣此義而作亂辭：

至樂活身，無爲樂〔一〕真。以苦爲樂，匪我思存。

達命不哀，觀化奚惡？大累有生，無復何慮？

形有所適，命有所成。鳥非人養，魚不陸生。

攓蓬指髑，予誨女知。歡乎養乎？出入一機。

〔一〕「樂」：原作「無」，據校本改。

南華真經副墨卷之五　寂字集

外篇達生第十九

此篇多莊子雜著，中間所論「藏神守氣」，愈譬愈精，做學問者不可不熟讀此篇，惜史氏疏不能盡！

達生之情者，不務生之所無以爲；達命之情者，不務知之所無柰何。養形必先之物，物有餘而形不養者有之矣；有生必先無離形，形不離而生亡者有之矣。生之來不能却，其去不能止，悲夫！世之人以爲養形足以存生，而養形果不足以存生，則世〔一〕奚足爲哉？雖不足爲而不可不爲者，其爲不免矣！夫欲免爲形者，莫如棄世。棄世則無累，無累則正

〔一〕「世」：原作「是」，據校本改。

平，正平則與彼更生，更生則幾矣。事奚足棄而生奚足遺？棄事則形不勞，遺生則精不虧。夫形全精復，與天爲一。天地者，萬物之父母也，合則成體，散則成始。形精不虧，是謂能移；精而又精，反以相天。

情，實也。無以爲，猶言無用爲此。夫人莫不知生之當養，而一有徇物之心，非養也。故惟達生之情者，則虛静恬淡寂寞無爲，竟不務其無以爲者以爲養。夫人莫不知命之當安，而一有僥倖之心，非安也。故惟達命之情者，則順其自然，而不務其知之無可柰何者以倖免。何者？嘗試論之：養生必先於養形，養形必先於備物。或富貴而夭折，則物有餘而形不養者有之矣。有形則有生，生與形不相離也，而吾生也有涯，則形不離而生亡者有之矣。生也者，形之所以爲形者也。生之來不能却，生之去不可挽，悲夫！此形若傳舍〔一〕耳。世人但謂養形足以存生，而養形之果不足以存生也，則尚奚以備物致養爲哉？然雖不足爲也，而有不可不爲者在焉。不可不爲，則其爲不免矣。焉有不免於爲而得免於累者乎？何者？有身則有求，有求則有苦，故朝夕則思饔飧〔二〕，寒暑則思裘葛〔三〕，俯仰則思事畜〔四〕，交際則思往來，亦人世之所不廢者。欲免爲形之累，則莫如棄

〔一〕「傳舍」：古時供行人休息住宿之處所。

〔二〕「饔飧」：孟子滕文公上：「賢者與民並耕而食，饔飧而治。」趙岐註：「饔飧，熟食也。」後亦指早飯和晚飯。

〔三〕「寒暑則思裘葛」：公羊傳桓公八年：「士不及兹四者，則冬不裘，夏不葛。」何休註：「裘葛者，禦寒暑之美服。」

〔四〕「俯仰則思事畜」：孟子梁惠王上：「是故明君制民之産，必使仰足以事父母，俯足以畜妻子。」

世。棄世者，斷緣簡事，損之又損，而不以世情爲念也。夫棄世者，必虛静，必恬淡，必寂寞無爲，而後與道相應，如是則無累，如是則正平，如是則與彼更生，如是則幾矣。何者？世人生生之厚，故不正不平，生而動之死地。今也無累而正平，則一箇虛静恬淡寂寞無爲，造化便死他不得，更得箇活身的道理，故曰：則更生、則幾。事奚足棄而生奚足遺？此一句是問辭。復自答云：棄事則形不勞，恐勞其形，故棄其事也；遺生則精不虧，恐摇其精，故遺其生也。遺生，即老子所謂「不厚其生」、「不益其生」之謂。精不虧則精復矣，形不勞則形全矣。天地之所以長久，不過形全而精不虧耳。常清常寧，是形之全也；常順常健，是精之固也。今也精復而形全，寧不與天爲一乎？何者？天地與我本同一氣，如父母然。氣合則聚而成形，天之未始不爲人也；散則返於無始，人又未始不爲天也。雖曰成體，而虧體者多；雖曰成始，而返始者鮮矣。故惟形精不虧之人，乃能入無出有而生變化，喻如以火傳薪，薪雖盡而火莫之能窮，故曰：是謂能移。能移，則與天爲一矣。精之又精，則不惟合天，而反以相天。相天，猶儒言「贊化」，道言「宇宙在手，萬化生身」也。人而反以相天，則聖修之能事畢矣。此段所論甚有至理，不得草草讀過。

子列子問關尹曰：「至人潛行不窒，蹈火不熱，行乎萬物之上而不慄。請問何以至此？」關尹曰：「是純氣之守也，非知巧果敢之列。居，予語女。凡有貌象聲色者，皆物也，物何以相遠？夫奚足以至乎先？是色而已。則物之造乎不形而止乎無所化，夫得是而窮之者，物焉得而止焉？彼得處乎不淫之度，而藏乎無端之紀，遊乎萬物之所終始，壹其性，養其氣，合其德，以通乎物之所造。夫若是者，其天守全，其神無郤，物奚自入焉？知，智。郤，隙。

潛行不窒，入金石無礙也。蹈火不熱，跨火不焦也。行乎萬物之上，乘雲氣，挾日月，躡虛淩空而遊宴自如也。蓋至人純守元氣而成身外之身，故能如此。若但以聲色象貌而言，則亦物而已，物則不通，何以懸絶若此而足以至乎其先乎？先，即未始有物之先，造物之始炁正在於此。故惟純氣之守者乃能以真攝真，而成出有入無之妙用。若是色象而已，則又何能至是乎哉？夫物有造乎不形而止乎無所化者，得而窮之，則孰得而禦焉？不形，即所謂「無聲無臭」者。無所化，則所謂「未始有物焉」者。至人之所守，守此而已。守之之道，惟處身乎不淫之度，而藏神乎無端之紀，以遊乎萬物之所終始，壹其性，養其氣，合其德，以通乎物之所造而已。淫，佚樂也。處身乎不淫之度者，虛靜恬淡，寂寞無爲。常藏此神於淵默之地，動靜不能倪其介，鬼神不能測其機，故曰：無端之紀。即此無端之紀，是謂造化之根柢〔一〕，品彙之樞紐，出入之機莫不由此，故曰：遊萬物之終始。壹其性，養其氣，致虛之極，守靜之篤，神氣子母抱一無離，合其德以通於天。合者，一而不分之義。天者，物之所由以造者也。德通於天，則天者全而神無所郤矣，物焉得而窒之？火焉得而熱之？萬物之上又焉得而慄之也哉？

〔一〕「柢」：各本作「抵」，據義改。

「夫醉者之墜車，雖疾不死。骨節與人同而犯害與人異，其神全也。乘亦不知也，墜亦不知也，死生驚懼不入乎其胸中，是故遻物而不慴。彼得全於酒而猶若是，而況得全於天乎？聖人藏於天，故莫之能傷也。」——遻，悟。慴，摺。

若不觀夫醉人乎？墜車，病矣而不死。骨節與人同而犯害與人異者，其神全也。蓋醉人醉矣，彼時乘亦不知，墜亦不知，死生驚懼不入乎胸中，是故雖迕於物而不慴，以神全故氣全，氣全故雖病而不死。彼神全於酒者尚然，而況神全於天者乎？天只是箇虛靜恬淡寂寞無爲，聖人藏神，正藏於此。然前曰守氣，此曰藏神，藏神正所以守氣也。

復讎者不折鏌干，雖有忮心者不怨飄瓦，是以天下平均。故無攻戰之亂，無殺戮之形者，由此道也。不開人之天，而開天之天。開天者德生，開人者賊生。不厭其天，不忽於人，民幾乎以其真。

刃殺人乎？操刃者殺人乎？復讎不折鏌干，讎在人而不在物也。忮心不怨飄瓦，亦復如是。言此者，見無心者之不取忤於世也。使人人皆如鏌干、飄瓦之無心，則天下平矣，何有戰攻殺戮之慘乎？脩道者知無心自然之妙也，是以不開人之天而開天之天。開天之天者，虛靜恬淡，明其自然之理也。開人之天者，妄起知識，鑿其混沌之竅也。故開天者德生，開人者賊生。德，謂全其天德之真。賊，謂加以人爲之害。天以此理善吾生，而吾賊之，則自絕於天矣。吾得此理以爲生，而不能全之，則自輕乎人矣。不厭乎天，不忽於人，將不幾返於真乎？此亦自上文「聖人藏神於天」上透下意來，別作一段爲是。

仲尼適楚，出於林中，見痀僂者承蜩，猶掇之也。仲尼曰：「子巧乎！有道耶？」曰：「我有道也。五六月，累丸二而不墜，則失者錙銖；累三而不墜，則失者十一；累五而不墜，猶掇之也。吾處身也，若橛株拘；吾執臂也，若槁木之枝。雖天地之大，萬物之多，而唯蜩翼之知。吾不反不側，不以萬物易蜩之翼，何爲而不得？」孔子顧謂弟子曰：「用志不分，乃凝於神，其痀僂丈人之謂乎？」——痀僂，傴僂。橛，掘。

痀僂，曲背人也。蜩，小蟬也。以竿黏蟬曰承。掇，手取也。累彈丸於竿首，至二至五而不墜，則神定而視審，從可知矣。以是審定持竿，故能承蜩而不失。又當承蜩之時，外體欲直，內志欲寧，身如株橛之拘，臂如槁木之枝，心一於蜩而不知蜩之外復有他物。蓋雖小技而亦有妙理。則嘗問之黏物者，彼言最忌手顫，竿頭搖動則物驚而走。總之，凝定而詳審，可以得志於物矣。其語意正與此同。孔子聞其言而喜其有近於道也，謂弟子曰：用志不分，乃凝於神，痀僂丈人之謂乎？引此以明藏神守氣之用。

顏淵問仲尼曰：「吾嘗濟乎觴深之淵，津人操舟若神。吾問焉曰：『操舟可學耶？』曰：『可。善游者數能。若乃夫沒人，則未嘗見舟而便操之也。』吾問焉而不吾告，敢問何謂也？」仲尼曰：「善游者數能，忘水也。若乃夫没人之未嘗見舟而便操之也，彼視淵若陵，視舟之覆猶其車却也。覆却萬方陳乎前而不得入其舍，惡往而不暇？以瓦注者巧，以鉤注者憚，以黄金注者殙，其巧一也，而有所矜則重外也。凡外重者内拙。」數，朔。殙，昏。

此亦「用志不分」之喻。觴深，至深之淵也。游，浮於上也。没，汩於下也。游人猶知有水，但與之相忘耳。汩人則不見有水，如處平陸，故汩人不待見舟便自能操，猶云「不習，無不利也」。不入乎舍，言利害不入乎心。暇，幽閒也。注，射而賭物也。鉤，帶鉤也。殙，與涽同。矜者，憐惜之意。有所矜憚，則志分矣，故重外者内拙，言拙於用也，與巧字對。

田開之見周威公，威公曰：「吾聞祝腎學生，吾子與祝腎遊，亦何聞焉？」田開之曰：「開之操拔篲以侍〔一〕門庭，亦何聞於夫子？」威公曰：「田子無讓，寡人願聞之。」開之曰：「聞之夫子曰：『善養生者，若牧羊然，視其後者而鞭之。』」威公曰：「何謂也？」田開之曰：「魯有單豹者，巖居而水飲，不與民共利，行年七十而猶有嬰兒之色，不幸遇餓虎，餓虎殺而食之。有張毅者，高門縣薄，無不走也，行年四十而有内熱之病以死。豹養其内而虎食其外，毅養其外而病攻其内，此二子者，皆不鞭其後者也。仲尼曰：『無入而藏，無出而

〔一〕「侍」：原作「待」，據校本改。

陽，柴立其中央，三者若得，其名必極。』」——腎，脤。縣，玄。

拔箠者，拔連茹之草以爲箠，謙言己不過師門糞掃之人，何得有所聞乎？養生如牧羊，擇其後者而鞭之，蓋以羊性剛狠悦草，不鞭其後則必有亡失之患，喻如養生者必須顧首顧尾，謹始慮終，世出世法莫不如此。若徑情直行而無戒備之意，隨風披靡而無恬退之守，則内傷外患在所不免，故引二子以爲不鞭其後之戒。大抵養生者必知乎道，知道者必達於理，達理者必明乎權，故引孔子之言以爲律令：無入而藏，無出而陽，柴立其中央。蓋入而藏則有心於止而無心於行矣，出而陽則有見於動而無見於静矣。豈知至人之道，卷舒無定，動静惟時，無心而立其中央。柴者，無心之義。出無心於出也，入無心於入也，中亦無心於中也，三者俱得，而人之道至矣，名爲至人，不亦宜乎？故曰：其名必極。極之言，至也。高門，大家也。縣薄，謂懸帷薄於門首，閭閻之小户也。

夫畏塗者，十殺一人，則父子兄弟相戒也，必盛卒徒而後敢出焉，不亦知乎？人之所取畏者，衽席之上，飲食之間，而不知爲之戒者，過也！——

「飲食男女，人之大欲存焉。」「宴安鴆毒，不可懷也。」其如人不知戒何哉？噫！「民不畏威，大威至矣！」

祝宗人玄端以臨牢筴，説彘曰：「汝奚惡死？吾將三月豢汝，十日戒，三日齋，藉白茅，加汝肩尻乎雕俎之上〔一〕，則汝爲之乎？」爲彘謀曰，不如食以糠糟而錯之牢筴之中。自爲謀，則苟生有軒冕之尊，死得於腞楯之上、聚僂之中，則爲之。爲彘謀則去之，自爲謀則取之，所異彘者何也？【筴，策。説，稅。豢，患。尻，九羔反。腞，篆。祝宗人，祭祀之官。玄端，禮服。牢筴，豕柵也。穀食曰豢。豕尾曰尻。錯，舍置也。腞楯，案之有縷文者。聚僂，筐筥也〔二〕。言使生有富貴之享，而死或身被戮辱，陳之腞楯之上，置之聚僂之中，亦甘心焉。統上二喻，皆爲以物害己者設。「所異彘者何也」一句，詰得甚軟美，令人有深省處。】

桓公田於澤，管仲御，見鬼焉。公撫管仲之手曰：「仲父何見？」對曰：「臣無所見。」公反，誒詒爲病，數日不出。齊士有皇子告敖者曰：「公則自傷，鬼惡能傷公？夫忿滀之氣，散而不反則爲不足，上而不下則使人善怒，下而不上則使人善忘，不上不下、中身當心則爲病。」桓公曰：「然則有鬼乎？」曰：「有。沈有履，竈有髻。户内之煩壤，雷霆處之；東北方之下者，倍阿鮭蠪躍之；西北方之下者，則泆陽處之。水有罔象，丘有峷，山有夔，野有彷徨，澤有委蛇。」公曰：「請問委蛇之狀何如？」皇子曰：「委蛇，其大如轂，其長如

〔一〕「雕」：校本作「彫」。
〔二〕「筐筥」：各本作「筐莒」，據義改。説文：「莒，齊謂芋爲莒。」顔師古曰：「竹器之盛飯者，大曰䈞，小曰筥。」詩經「載筐載筥」，鄭玄箋：「筐筥，所以盛黍也。」高誘曰：「圓底曰筥，方底曰筐。」

轅，紫衣而朱冠。其爲物也，惡聞雷車之聲，則捧其首而立。見之者殆乎霸。」桓公囅然而笑曰：「此寡人之所見者也。」於是正衣冠與之坐，不終日而不知病之去也。誒，熙。詒，怡。惡，烏。湓，畜。髻，詰。鮭，蛙鞋二音。蠪，聾。囅，軫。

誒詒，倦怠失魂之貌。忿湓，鬱結也。沈，水汚也。煩壤，户内糞掃之餘積也。履、髻、雷霆，皆鬼名也。倍阿鮭蠪，東北方下之鬼名。泆陽，西北方下之鬼名也。蓋鬼性曖昧，其在户内，則擇幽暗之所而蹲踞於地下。又至陰之氣瀰漫周匝，化爲鬼物，寄於人間，溝竈户隅，水丘山澤，何地無之？亦理之無足異者，不可謂「子不語怪」而廢之。考成玄英疏〔一〕，諸鬼皆有形狀：髻，狀如美女而衣赤衣；倍阿，狀如小兒，長尺四，黑衣赤幘大冠，帶劍持戟；泆陽，豹頭馬〔二〕尾；罔象，狀如小兒，黑色赤爪，大耳長臂；峷，狀如狗而有角，文身五采；夔，狀如鼓而一足；徬皇，如蛇兩頭而文五采；委蛇，則皇子所言者。桓公所見，未必是此，而欲霸之心則公素所蓄積，故一聞此言則囅然而笑，瞿然而起，長駕遠馭之心，席卷併吞之氣，翕〔三〕然勃然，何病不已？何祟不消？若皇子，可謂善解人意者矣。又按，桓公萬乘之君，田而見鬼，其心真有不能釋然者，故誒詒而病，皇子謂其自

〔一〕「成玄英疏」：各本皆誤作「郭註」。
〔二〕「馬」：各本作「豹」，據成玄英疏更正。
〔三〕「翕」：原作「翕」，據校本改。

傷，誠是也，急爲解之。若説無鬼，彼已見矣，多多説箇在在處處皆有鬼物，猛將他心中所至願者微以一句挑動，曰：見之者殆乎霸。於是桓公便與坐談，不終日而不知病之去已。此箇意思，分明迎合桓公，與他發箇先兆以誑一時，焉得不喜而笑？英雄豪傑，一語投機，便肝膽相照。見非真見，兆非真兆，特欲鼓舞一時之人心而成霸業耳，豈知九合之功成此一語！外史看莊子到此，亦發一笑：真見英雄欺人，又長一番識見。

紀渻子爲王養鬭雞。十日而問：「雞已乎？」曰：「未也，方虛憍而恃氣。」十日又問，曰：「未也，猶應嚮景。」十日又問，曰：「未也，猶疾視而盛氣。」十日又問，曰：「幾矣，雞雖有鳴者，已無變矣，望之似木雞矣，其德全矣。異雞無敢應者，反走矣。」渻，省。憍，驕。

此亦凝神守氣之喻。已乎，言已可用乎？虛憍，昂頭傲視之狀，見而欲鬭也。猶應嚮影，未見而尋鬭也。疾視而盛氣，雖不鬭而欲鬭之意未忘也。又十日而似木雞，則神凝而氣全矣，故應者反走，望風而潰。古之立大德、養大勇者，未始不自凝神守氣中來，而又不可以輕試，必須養之又養以待其全，然後動無不利，故承蜩而至於累五，養雞而至於逾月。此等説話，真可印證學問。嘗觀佛乘所言，得阿耨多羅三藐三菩提者，動經百千萬億那由他[一]數。若乃十二神符方成藥化，九年面壁乃證真空，聖神之能事，豈一

[一]「那由他」：佛學大辭典：「Nayuta，數目名，相當於此方之億。億有十萬、百萬、千萬三等，故諸師定那由他之數不同。」

朝一夕之所能至哉？禪林有云：「若還生摘下，到底不馨香。」此不可與躁士道之，佩韋〔一〕者可也。

孔子觀於吕梁，縣水三十仞，流沫四十里，黿鼉魚鱉之所不能游也。見一丈夫游之，以爲有苦而欲死也，使弟子並流而拯之。數百步而出，被髮行歌而游於塘下。孔子從而問焉曰：「吾以子爲鬼，察子則人也。請問蹈水有道乎？」曰：「亡，吾無道。吾始乎故，長乎性，成乎命。與齊俱入，與汩俱出，從水之道而不爲私焉。此吾之所以蹈之也。」孔子曰：「何謂始乎故、長乎性、成乎命？」曰：「吾生於陵而安於陵，故也。長於水而安於水，性也。不知吾所以然而然，命也。」縣，玄。並，傍。長，去聲。

此與汩人操舟之喻頗同。苦，病苦也。並流，沿流而救之也。水之旋入者爲齊，水之湧出者爲汩。言水自有常行之道，若從之以出没而不以己私與之，可以得志。生於陵而安於陵，長於水而安於水，只看一安字，皆順其自然而不知所以然，便是「素位而行，無入而不自得」之意。此於行險中等閒發出一箇居易學問，妙哉！妙哉！

梓慶削木爲鐻，鐻成，見者驚猶鬼神。魯侯見而問焉，曰：「子何術以爲焉？」對曰：「臣工人，何術之有？雖然，有一焉。臣將爲鐻，未嘗敢以耗氣也，必齊以静心。齊三日，

〔一〕「佩韋」：韓非子觀行：「西門豹之性急，故佩韋以自緩。董安于之性緩，故佩弦以自急。」韋，皮帶，其性紓緩柔韌，性躁急者佩之以自警也。

而不敢懷慶賞爵禄；齊五日，不敢懷非譽巧拙；齊七日，輒然忘吾有四枝形體也。當是時也，無公朝，其巧專而外滑消。然後入山林，觀天性，形軀至矣，然後成見鐻，然後加手焉，不然則已，則以天合天。器之所以疑神者，其是歟？」鐻，據。見，現。

鐻，鐘鼓之縣，兩端多有刻鏤〔一〕。驚若鬼神者，疑其精巧非人所成也。蓋工人亦知凝神守氣之道，而又不敢以輕試，必待五日、七日，墮其支體，黜其聰明，然後内巧專而外滑消，又觀山林有自然象形之木如成鐻然者，然後加手，取而削之，是謂物各付物，雖曰加以人爲，而不知皆出於自然，故曰：以天合天。器之所以疑神者正在於此。與上「從水之道而不爲私」亦是一意。

東野稷以御見莊公，進退中繩，左右旋中規。莊公以爲文弗過也，使之鉤百而反。顔闔遇之，入見曰：「稷之馬將敗。」公密而不應。少焉，果敗而反。公曰：「子何以知之？」曰：「其馬力竭矣，而猶求焉，故曰敗。」

中繩，言直也。中規，言圓也。文弗過，言雖組織之文不過如是。使之鉤，使之圓而驅之，以百爲度。稷蓋承命而驅，故敗而無罪。求，猶責也。夫精神爲用大矣，太用之則竭。造父不窮馬力，蓋有見也。稷雖善御，而以百鉤責馬，可乎？故敗。

工倕旋而蓋規矩，指與物化而不以心稽，故其靈臺一而不桎。倕，垂。

〔一〕「鏤」：各本作「縷」，據義改。

此言純熟自然之妙。看他論一化字，便是聖學所謂「從心不踰」者。工倕制器不用規矩，只以手旋物上，自圓而成規。曰矩者，具言成文耳。彼時指與物化，全不留心，故曰不以心稽。雖不以心稽，而心亦未嘗不在，但一而不受其桎耳。使其用志一分，則雖熟而亦不能成規矣。大抵學問最怕分心，又怕有心，分心則雜而不精，有心則物而不化，故一而不桎者乃能入妙。看莊子到純熟處，字字句句皆爲奧旨。

忘足，屨之適也。忘要，帶之適也。知忘是非，心之適也。不内變，不外從，事會之適也。始乎適而未嘗不適者，忘〔一〕適之適也。要，腰。

上説一箇化字，此又説箇忘字，忘則入於化矣。故物物非難，而忘物爲難。然非謂其與物相絶而後謂之忘也，不離於物而與之相適，則自忘矣。故屨適則忘足，帶適則忘要，心適則忘是非，境適則忘内外，適之時義大矣！然而有所適，有所不適，非適也。故始於適而未嘗不適者，斯則忘適之適。忘適之適，而後能入於化矣。此是學問進到極處，與前所謂忘與適，大是徑庭。何者？適於足者未必適於要，適於順者未必適於逆，故惟忘適之適，則自無所不適矣，此便是「君子無入而不自得」之意。然又須知適與忘自有先後，如人適我意，與之相處，久自忘形，然猶有揀擇去取。無物不可，無物不忘，方爲妙耳。

〔一〕「忘」：各本無，據註文及宋本補。

有孫休者，踵門而詫子扁慶子曰：「休居鄉不見謂不修，臨難不見謂不勇，然而田園不遇歲，事君不遇世，賓於鄉里，逐於州郡，則何罪乎天哉？休惡遇此命也？」扁子曰：「子獨不聞夫至人之自行耶？忘其肝膽，遺其耳目，芒然彷徨乎塵垢之外，逍遥乎無事之業，是謂『爲而不恃，長而不宰』。今汝飾知以驚愚，脩身以明汚，昭昭乎若揭日月而行也。汝得全而形軀，具而九竅，無中道夭於聾盲跛蹇而比於人數，亦幸矣，又何暇乎天之怨哉？子往矣！」孫子出。扁子入，坐有間，仰天而嘆。弟子問曰：「先生何爲嘆乎？」扁子曰：「向者休來，吾告之以至人之德，吾恐其驚而遂至於惑也。」弟子曰：「不然。孫子之所言是耶？先生之所言非耶？非固不能惑是。孫子所言非耶？先生所言是耶？彼固惑而來矣，又奚罪焉？」扁子曰：「不然。昔者有鳥止於魯郊，魯君悦之，爲具太牢以饗之，奏九韶以樂之。鳥乃始憂悲眩視，不敢飲食。此之謂以己養養鳥也。若夫以鳥養養鳥者，宜棲之深林，浮之江湖，食之以委蛇，則平陸而已矣。今休，款啓寡聞之民也，吾告以至人之德，譬之若載鼷以車馬，樂鴳以鐘鼓也，彼又惡能無驚乎哉？」賓，擯。惡，烏。

詫，謂以異事告於子扁。賓，擯棄也，忘其肝膽，遺其耳目，墮支黜聰之意。塵垢之外，虚静恬淡之境也。無事之業，寂寞無爲之道也。爲而不恃，長而不宰，雖爲而爲之以不爲也。彼固惑而來，言彼固懷惑而來，非先生惑之也。食之以委蛇，言使之從容自得而食也。款，孔也；啓，開也，言所見者小也。鼷鼠斥鴳，亦借小物以鄙之。

方壺外史説是篇已，重宣此義而作亂辭：

備物養形，將欲生之。達生之情，奚以養爲？
欲免於爲，莫如棄世。與彼更生，正平無累。
形全精復，與天一焉。精而又精，反以相天。
至人不傷，純氣之守。如彼墮車，得全於酒。
雖有飄瓦，不忤忮心。開天之天，幾以其真。
道可學斯，用志不分。承蜩猶掇，操舟若神。
聞之養生，方諸牧羊。隨鞭其後，無出而陽。
畏途孔邇，衽席干戈。人自爲謀，異彘者何？
霸愈澤鬼，雄走木雞。削鐻有術，蹈水無私。
靈臺勿桎，馬力難窮。忘適之適，至德之行。

外篇山木第二十

此篇所論全身免患之道，最爲詳悉，正好與内篇人間世參看。其要只在虚己順時，而去其自賢之心。熟讀此者，可以經世務矣。

莊子行於山中，見大木，枝葉盛茂，伐木者止其旁〔一〕而不取也。問其故，曰：「無所可用。」莊子曰：「此木以不材得終其天年。」夫子出於山，舍於故人之家。故人喜，命豎子殺鴈而烹之。豎子請曰：「其一能鳴，其一不能鳴，請奚殺？」主人曰：「殺不能鳴者。」明日，弟子問於莊子曰：「昨日山中之木以不材得終其天年，今主人之鴈以不材死，先生將何處？」莊子笑曰：「周將處夫材與不材之間。材與不材之間，似之而非也，故未免乎累。若夫乘道德而浮游則不然，無譽無訾，一龍一蛇，與時俱化而無肯專爲；一上一下，以和爲量，浮游乎萬物之祖，物物而不物於物，則胡可得而累耶？此神農、黄帝之法則也。若夫萬物之責、人倫之傳則不然，合則離，成則毁，廉則挫，尊則議，有爲則虧，賢則謀，不肖則

〔一〕「旁」：原作「傍」，據校本改。

歟，胡可得而必乎哉？悲夫！弟子志之，其惟道德之鄉乎！」

此言處世之道，正好與内篇人間世參看。言木以不材而得全，鴈以不鳴而見殺，如此木鴈無憑，將何所處？吾將處乎材與不材之間。何謂材與不材之間？蓋吾有材而不自見，則人既不得以無材棄我，而又不得以有材忌我，以此混世而求自免，是亦似矣，雖然，非道也，故不免於累。何者？謂其有心也。無心則無累矣。故惟乘道德而浮游者則不然，無譽無訾，一龍一蛇，與時俱化，而無肯專爲。何以故？大道本無物我，世人不知，妄有分別，同我則譽，異我則訾，是非蜂〔一〕起，而道德因之以日漓。故惟乘道德而浮游者，不起意見，不立人我，尚不知其孰爲可譽也，而何有於訾？故曰：無譽無訾。今人但知用則爲龍、不用則蛇耳，不知用舍者時也，時無常在，孰專爲龍乎？孰專爲蛇乎？上下者，位也，位無常居，孰常在上乎？孰常在下乎？如是，則可龍可蛇，可上可下，自和其光，相與斯世斯民同游於混沌之天，而未始有名，未始有畛〔二〕，故曰：游乎萬物之祖。祖，則所謂「無名之始」，能物物而不物於物者。既不物於物矣，又焉累於物哉？此上古有道之君，神農、黄帝之法則也。若今之世則不然，自以己身爲萬物之貴，則貴己而賤物矣；自以其道爲人倫之傳，則以上而臨下矣。人我既立，意見互起，不均不和之變由是而生。合則勢大，是故有

〔一〕「蜂」：原作「鋒」，據校本改。
〔二〕「畛」：原作「沴」，據校本改。

從而離之者；成則功高，是故有從而毁之者；廉則太露，是故有從而挫之者；尊則招權，是故有從而議之者；有爲則功成，是故有從而虧之者；賢則多知，是故有從而謀之者；不肖則愚，是故有從而欺之者。材則如木，不材則如鴈，均之乎不能以自免，然則才與不才之間求以自免，又胡可得而必乎哉？悲夫！弟子志之，其唯道德之鄉乎！蓋深悼世道之難爲，而欲其皈心於道德也。

市南宜僚見魯侯，魯侯有憂色。市南子曰：「君有憂色，何也？」魯侯曰：「吾學先王之道，脩先君之業，吾敬鬼尊賢，親而行之，無須臾離居，然不免夫患，吾是以憂。」市南子曰：「君之除患之術淺矣！夫豐狐文狸，棲於山林，伏於巖穴，静也；夜行晝居，戒也；雖飢渴隱約，猶且胥疏於江湖之上而求食焉，定也；然且不免於罔羅機辟之患，是何罪之有哉？其皮爲之灾也。今魯國獨非君之皮耶？吾願君刳形去皮，洒心去欲，而遊於無人之野。辟，闢。洒，洗。

此意亦與上同，通篇作箇隔靴搔痒説話，等閒在狐狸身上發出箇「静」、「戒」、「定」學問，可見此老句句寓言皆是説道。狐狸以皮毛而致災，君以魯國而生憂，是皆有生之累。故願君刳形去皮以净其外，洒心去欲以净其内，而又遊於無人之野，煢然孑然，將使内不見己，外不見人，天下之大解脱無過於此，又何外累之足患哉！原莊老之意，只是勸人皈心道德，净裸裸的，赤洒洒的，全然不以世累爲心，便是聖人「有天下而不與」的心事。或謂宗社爲重，如何教他輕將魯國棄了？不知論割其至愛而棄其禍胎，則人人有張狸皮，人人有箇魯國，得之言意之表可也。

「南越有邑焉，名爲建德之國。其民愚而朴，少私而寡欲；知作而不知藏，與而不求其報；不知義之所適，不知禮之所將；猖狂妄行，乃蹈乎大方；其生可樂，其死可葬。吾願君去國捐俗，與道相輔而行。」

南越「建德之國」與下「大莫」皆是寓言。其國也，虚静恬淡，寂寞無爲，故其民俗若此：不知藏，無私蓄也；不求報，無人我也；不知義，無分別也；不知禮，無往來也；猖狂妄行，蹈乎大方，「從心所欲不踰矩」也。道者，物之所以終始，故可生可葬。去國而捐俗，則自與道相依。「捐俗」二字最妙。俗者，世俗一切有爲法也，捐之又捐，則無爲矣。

君曰：「彼其道遠而險，又有江山，我無舟車，柰何？」市南子曰：「君〔一〕無形倨，無留居，以爲君車。」君曰：「彼其道幽遠而無人，吾誰與爲鄰？吾無糧，我無食，安得而至焉？」市南子曰：「少君之費，寡君之欲，雖無糧而乃足。君其涉於江而浮於海，望之而不見其崖，愈往而不知其所窮，送君者自崖而反，君自此遠矣！

又爲孱弱之夫沉溺愛河不即解脱者加一鞭策。蓋有志學道者，直須放步而前，百尺竿頭回顧

〔一〕「君」：原作「若」，據校本改。

不得。人無車則困，無糧則飢，皆爲形骸所累。若能外其形骸，寡其嗜欲，則出王游衍〔一〕，坦然由之而無疑，故曰：無倨傲爾形，無留戀爾居，則無車之車行矣；少君之私，寡君之欲，則無糧之糧足矣。此便是「游於逍遥之墟，食於苟簡之田，立於不貸之圃」。從此涉江浮海，泝〔二〕流窮源，愈造則愈深，愈往則愈遠，將立乎不測而遊於無始，往日聰明知慮一時廢盡，譬彼送行之人到崖而反。君自此芒乎獨行，入於寥天，去人遠矣。去人遠，則與道爲鄰，尚何離索之足患哉？嘗謂莊子善體物情，等閒發出送行二句，宛然離情別思，「渭城朝雨」之詞不是過也。

「故有人者累，見有於人者憂。故堯非有人，非見有於人也。吾願去君之累，除君之憂，而獨與道遊於大莫之國。方舟而濟於河，有虚船來觸舟，雖有惼心之人不怒；有一人在其上，則呼張歙之，一呼而不聞，再呼而不聞，於是三呼耶，則必以惡聲隨之。向也不怒而今也怒，向也虚而今也實。人能虚己以遊世，其孰能害之？」惼，褊。歙，翕。

有人，謂有國。見有於人，謂以小事大，以弱事强。因勸之去國，而舉讓國者以見例。大莫，即廣莫。如上語意既足，又將虚己遊世立譬作結。虚己遊世，即所謂「無心應世」也。知此，則所言無

〔一〕「出王游衍」：詩經大雅板：「昊天曰明，及爾出王。昊天曰旦，及爾游衍。」毛亨傳：「王，往。游，行。衍，溢也。」朱熹傳：「王往通，言出而有所往也。」孔穎達疏：「游行衍溢，亦自恣之意也。」

〔二〕「泝」：各本作「沂」。據文義改。

人之野、建德之國真是去人不遠，魯君真可策勵而行之。

北宮奢爲衛靈公賦斂以爲鐘，爲壇乎郭門之外，三月而成上下之縣。王子慶忌見而問曰：「子何術之設？」奢曰：「一之間無敢設也。奢聞之：『既彫既琢，復歸於朴。』侗乎其無識，儻乎其怠疑，萃乎芒乎，其送往而迎來，來者勿禁，往者勿止，從其强梁，隨其曲傳，因其自窮，故朝夕賦斂而毫毛不挫，而況有大塗者乎？」縣，玄。傅，附。

斂民之財以鑄鐘，宜乎朝受命而夕趨事也，乃三月而成上下之縣，一何遲乎！故王子見疑，以爲將設何術，蓋恐藏仁以要人，如所謂「厚施得衆」之意者。故北宮謂言：吾自一乃心志之外，何敢更設他術？蓋人之生理本自完具，加以彫琢，則純樸散矣。以此彫琢之術，生於其心則害於其事，發於其事則害於其政。吾將於既彫既琢之餘而求以復歸之，故侗乎其無知而無識也，儻乎其若怠而若疑也，芒乎萃乎，來者勿禁，而往者勿止〔一〕也，從其强梁而不罪其背我者，隨其曲傳而不私其附我者，因其力之所自盡而不强其所不堪者，如是一任物之自然而已無容心焉，故朝夕賦斂〔二〕而毫毛不挫於吾心，不挫則常應而常静矣。夫北宮奢未爲知道，而其行事乃如此矣，而況道德之有於身者乎？大塗，猶言大道。

〔一〕「往者勿止」：各本作「往者之勿止」，據經文删「之」字。
〔二〕「斂」：各本無，據經文補。

孔子圍於陳蔡之間，七日不火食。太公任往吊之，曰：「子幾死乎？」曰：「然。」「子惡死乎？」曰：「然。」任曰：「予嘗言不死之道。東海有鳥焉，其名曰意怠。其爲鳥也，翂翂翐翐，而似無能，引援而飛，迫脅而棲，進不敢爲前，退不敢爲後，食不敢先嘗，必取其緒，是故其行列不斥，而人卒不得害，是以免於患。直木先伐，甘井先竭。子其意者飾知以驚愚，脩身以明汚，昭昭乎如揭日月而行，故不免也。昔吾聞之大成之人曰：『自伐者無功，功成者墮，名成者虧。』孰能去功與名而還與衆人？道流而不明，居得行而不名處，純純常常，乃比於狂，削迹捐勢，不爲功名，是故無責於人，人亦無責焉。至人不聞，子何喜哉？」孔子曰：「善哉！」辭其交游，去其弟子，逃於大澤，衣裘褐，食杼栗，入獸不亂群，入鳥不亂行。鳥獸不惡，而況人乎？——杼，序。行，杭。

意怠，玄鳥也。翂翂翐翐，不能奮飛之貌。引援、迫脅，逐隊而傍人也。不斥，猶言不多。蓋鳥既不大，而行復不多，故人不得以矰弋加之，而卒免於患。直木先伐，甘井先竭，言以才自見，鮮不自貽其感者。去功與名而還於衆人，還，推以與人也，如是則有而不居矣。不居者，道也。夫道，流而不明，古今晝夜，逝者如斯，默以運之而已，未嘗自明其爲道，此道之所以爲妙也。體道者居得行而不名處，則幾矣。得行，謂得志而行。名處，即以功名自見自伐之意。純，純一也。常，平常也。言純一其心而平常其行，與「猖狂不知所之」者同，故曰：乃比於狂。削迹者，杜門掃軌，無轍環之迹也。捐勢者，不事王侯，無遊説之行也。如此，則不爲天下立功，不爲萬世立名，無所求備於人，故人亦不得以備善責之。此至人之行，不求聞達，泯然無迹者之所爲也。至人無聞也，而子抑何以聞爲喜哉？於是夫子辭其交游，去其弟子，而逃之大澤之中，不華盲目之文而衣裘褐，不珍爽口之味而食杼栗，不起分別之心而亂鳥獸之群，一味虚己之心，與列子「食豕食如人食」者意同。夫鳥獸，異類也，尚不惡之，况於人乎？不惡人，人不惡之矣。此重言孔子而藉以喻道之詞。若夫子，真不肯逃大澤而群鳥獸者。

孔子問子桑雽曰：「吾再逐於魯，伐樹於宋，削迹於衛，窮於商周，圍於陳蔡之間。吾犯此數患，親交益疏，徒友益散，何與？」子桑雽曰：「子獨不聞假人之亡與？林回棄千金之璧，負赤子而趨。或曰：『爲其布與？赤子之布寡矣；爲其累與？赤子之累多矣。棄千金之璧，負赤〔一〕子而趨，何也？』林回曰：『彼以利合，此以天屬也。』夫以利合者，迫窮禍患害，相棄也。以天屬者，迫窮禍患害，相收也。夫相收之與相棄亦遠矣。且君子之交淡若水，小人之交甘如醴，君子淡以親，小人甘以絶。彼無故以合者，則無故以離。」孔子曰：「敬聞命矣！」徐行翔佯而歸，絶學捐書，弟子無挹於前，其愛益加進。雽，户。

〔一〕「赤」：原無，據校本補。

假，一作殷。亡，謂亡命。布，泉布〔一〕也。言假人林回出亡，捐璧負子。原其初意，若謂赤子可市，則赤子之布寡於千金；若以千金之璧爲累，則赤子之累多於金璧。今而捐璧負子，蓋以天合者難離，而利合者有時而棄也。當其迫窮禍患〔二〕害之秋，其勢不能以兩全，則利合者不得專其愛矣。以喻弟子之所以相依者，要皆一時醴交利合之徒，是以常則相聚，其聚也，非天屬也，無故而合耳。無故而合者，亦無故而離，復何怪乎親交之益疏而徒友之益散乎？夫子於是絕學捐書，淡然去其汗漫之交，不復與弟子虛爲揖讓於其前。虛文去，則真意流，便是其屬也以天，其淡也若水，宜乎感以無心而愛益加進也。

異日，桑雩又曰：「舜之將死，真泠禹曰：『汝戒之哉！形莫若緣，情莫若率。』緣則不離，率則不勞。不離不勞，則不求文以待形。不求文以待形，固不待物。」泠，泠。

「真泠」二字，訛書也，吾意當作「其命」。緣者，因緣依附之意。率，真率也。形莫若緣者，不敢高抗於人，而恭敬退讓，若有所推也。蓋至讓則無文，真率則簡便，故不求文以待形，而俯仰自無不得。既不求文矣，又何假於物哉？物，即所謂「名以命之，器以別之」者。

莊子衣大布而補之，正緳係履而過魏王。魏王曰：「何先生之憊耶？」莊子曰：「貧

〔一〕「泉布」：周禮天官外府：「掌邦布之入出。」鄭玄註：「布，泉也。布，讀爲宣布之布，其藏曰泉，其行曰布。取名於水泉，其流行無不遍。」司馬光乞罷免役錢狀：「錢者，流通之物，故謂之泉布。」

〔二〕「患」：各本無，據經文補。

也，非憊也。士有道德不能行，憊也；衣弊履穿，貧也，非憊也；此所謂非遭時也。王獨不見夫騰猨乎？其得柟梓豫章也，攬蔓其枝而王長其間，雖羿、逢蒙不能眄睨也；及其得柘棘枳枸之間也，危行側視，振動悼慄，此筋骨非有加急而不柔也，處勢不便未足以逞其能也。今處昏上亂相之間而欲無憊，奚可得耶？此比干之見剖心，徵也夫！」一緳，絜。憊，敗。眄，面。枸，矩。

大布，粗布也。正緳，結帶也。履弊而加以繩縛，故曰繫履。憊，病困也。言衣弊履穿，直貧耳，未及言憊也。若夫道德之士，遭遇非時，處乎昏君亂相之間，進退維谷，不能自逞，欲其無憊，詎可得耶？故以騰猨設譬。攬蔓者，攬其枝而蟠結之，如蔓之附木者然。王長，言精神雄壯也。柘棘枳枸，木之有刺者。言猨得勢則騰驤，失便則拘急。士之遭際窮通異致有如此者。語其憊甚，則比干剖心，其徵也夫！言比干，舉重以該輕也。

孔子窮於陳蔡之間，七日不火食，左據槁木，右擊槁枝，而歌猋氏之風，有其具而無其數，有其聲而無宮角，木聲與人聲，犁然有當於人之心。顏回端拱還目而窺之。仲尼恐其廣己而造大也，愛己而造哀也，曰：「回，無受天損易，無受人益難，無始而非卒也，人與天一也。夫今之歌者其誰乎？」一還，旋。

以槁枝擊槁木，故曰有具。無節奏音響，故曰無數。犁，開判也。端拱，則頭容直矣，不能瞠視，故轉其睛而環視之。造，至也。廣，推廣也。言推己而或至於大，則推己者過矣；愛己而或至於哀，則愛己者過矣。於是爲發天人損益始終一貫之理，急爲定箇歌者之誰。誰，即齊物論中所謂「怒者其誰」之「誰」。能知此誰，則知誰爲受者，誰不受者。徵求到底，將見無有受者，無不受者，而在我之天定矣。然非顏子，不足以語此。

回曰：「敢問無受天損易？」仲尼曰：「飢渴寒暑，窮桎不行，天地之行也，運物之泄也，言與之偕逝之謂也，爲人臣者不敢去之。執臣之道猶若是，而况乎所以待天乎？」「何謂無受人益難？」仲尼曰：「始用四達，爵禄並至而不窮，物之所利，乃非己也，吾命有在外者也。君子不爲盜，賢人不爲竊，吾若取之，何哉？故曰：鳥莫如〔一〕鷾鴯，目之所不宜處，不給視，雖落其實，棄之而走。其畏人也，而襲諸人間社稷存焉爾。」「何謂無始而非卒？」仲尼曰：「化其萬物而不知其禪之者，焉知其所終？焉知其所始？正而待之而已耳。」「何謂人與天一耶？」仲尼曰：「有人，天也。有天，亦天也。人之不能有天，性也。聖人晏然體逝而終矣。」

又借顏回發問，逐句而晰其蒙〔二〕。何謂天損？飢渴寒暑，窮桎之困，皆天所以損我者，不知是天地之行而運物之泄也。運物，謂造物。天地行而造物泄，則消息盈虛，一損一益，反覆相尋，吾惟

〔一〕「如」：校本作「知於」，宋本亦如之，意義較勝。

〔二〕「蒙」：原作「弟」，據校本改。

順化而與之偕逝，如臣子之聽命於君，直易易耳，故曰：無受天損易。何謂人益？始用四達，始用謂始進也，四達謂四達而不悖，言始而進步，便自順利，爵禄並至，無有窮已，受益如此，可謂極矣。不知此外來之益耳，與己無干，故曰：物之所利，乃非己也。吾命雖有在外者也，君子不謂命也。苟爲不知内外輕重之分，而歆羨於儻寄之物，非其有而取之，其不爲盜爲竊也者幾希。君子不爲盜也，賢者不爲竊也，而吾安焉取之？何哉？多取則多患，益之未已，而擊之者至矣。以若所爲，殆異於鳥之所以自處者矣。鳥之輕訬〔一〕莫如鷾鴯，鷾鴯即意怠也，目所不宜之處則不視，口所難食之實則棄之，雖畏人而反襲諸人間之堂上。蓋以人間堂上，社稷之神居焉，神德好生，故託諸明神以祈人之不害。此鷾鴯存身之知也，而人反不如，何哉？故曰：無受人益難。何謂無始而非卒？蓋卒即始也，一氣相禪，終始無窮，而萬物之化莫不由之。故或益之而損，或損之而益，莫知〔二〕其終也，莫知其始也。莫知其始，是故不可以先迎，莫知其終，是故不可以預待，吾何心哉？正以待之，順其自化而已耳。何謂人與天一？蓋人亦天也，天亦天也，無天則無人，故曰：有人，天也。然而天之所以爲天，又必有「居無事」者以爲之主宰，故曰：有天，亦天也。有人有天，猶所謂「立人之道」、「立天之道」云爾。有人，天也，而人之不能有天，則何故哉？只在性分上有了加損，是以不能

〔一〕「訬」：各本作「眇」，據義改。後漢書馬融傳「或輕訬趬悍」，李賢註：「訬，輕捷也。」
〔二〕「知」：原作「如」，據校本改。

順其自化，往往至於以人而滅天，以故而滅命，故人不能以有天。聖人之學，惟晏然體逝，而聖脩之能事畢矣。逝，即「逝者如斯」之「逝」，乃造物之所以爲卒始者。體其逝，則何人非天，何天非人，而自不受夫外來之損益矣。

莊周遊乎彫陵〔一〕之樊，覩一異鵲自南方來者，翼廣七尺，目大運寸，感周之顙而集於栗林。莊周曰：「此何鳥哉，翼殷不逝，目大不覩？」蹇裳躩步，執彈而留之；覩一蟬，方得美蔭而忘其身；螳蜋執翳而搏之，見得而忘其形；異鵲從而利之，見利而忘其真。莊周怵然曰：「噫！物固相累，二類相召也！」捐彈而反走，虞人逐而誶之。莊周反入，三月不庭。藺且從而問之：「夫子何爲頃間甚不庭乎？」莊周曰：「吾守形而忘身，觀於濁水而迷於清淵。且吾聞諸夫子曰：『入其俗，從其俗。』今吾遊於彫陵〔二〕而忘吾身，異鵲感吾顙，遊於栗林而忘真，栗林虞人以吾爲戮，吾所以不庭也。」且，疽。

夫物無大小，有所逐則有所忘。蟬得美蔭而忘其身，蟬之忘也；螳蜋執翳利蟬而忘其形，螳蜋之忘也；異鵲從而利之，乃至感人之顙，不覩不逝，異鵲之忘也；莊子又從而利之，挾彈以入栗林，而不知有虞人之禁，又莊子之忘也：是皆足以爲累物忘真之戒。二類相召者，言蟬召螳蜋，螳蜋召鵲，今鵲復召我矣。莊子於是翻然有悔，三月不庭，以寓閉閣思過之意。因門人之問而告之曰：吾

〔一〕〔二〕「陵」：原作「林」，據校本改。

爲守形之學久矣，一旦輕忘其身，以彈鵲之故而遭虞人之誶。且聞之也，「入其俗，從其俗」，豈不知栗林之有禁乎？見物忘身，違俗犯禁，自取戮辱，亦固宜焉耳。三月不庭，蓋言悔也。感顙，謂平顙而過。殷，大也。翳，蜋之斧也。誶，罵語也。

陽子之宋，宿於逆旅。逆旅人有妾二人，其一人美，其一人惡〔一〕，惡者貴而美者賤。陽子問其故。逆旅小子對曰：「其美者自美，吾不知其美也。其惡者自惡，吾不知其惡也。」陽子曰：「弟子記之，行賢而去自賢之行，安往而不愛哉？」

夫賤美貴惡，豈人情哉？物固有相召耳。蓋美者自美，則有驕妬之心，吾固不知其美也。惡者自惡，則有退讓之意，吾固不知其惡也。嗚呼！逆旅小子可謂友德而不荒於色者矣！既又爲美者謀：使其行賢而去自賢之行，則安往而不愛哉？而惜乎美者之不能也。小子識之，無往非道也，無往非學也。

亂曰：

將欲全生，木鴈無憑。祈免乎累，道德是乘。

無譽無訾，浮游上下。一龍一蛇，與時俱化。

〔一〕「其一人惡」：原作「一人惡者」，據校本改。

刳形去皮，洒心去欲。無人之野，建德之國。

涉江浮海，乘彼虚舟。無車無糧，虚己以遊。

侗乎無識，儻乎怠疑。毫毛不挫，朝夕賦斂〔一〕。

辭其交游，無責於人。捐勢削迹，鳥獸可群。

天屬斯親，捐璧負子。無以利合，而甘如醴。

形莫若緣，情莫若率。亶不求文，奚以待物？

士有道德，時不與行。騰猨失便，莫逞其能。

無受天損，無受人益。何人非天，無始非卒。

聖人晏然，體逝而終。正以待之，與時偕行。

栗林忘身，虞人戮焉。何美何惡，去其自賢。

〔一〕「斂」：各本作「而」，據經文改。

外篇田子方第二十一

此篇多有精密之語，正好與内篇大宗師參看。

田子方侍坐於魏文侯，數稱谿工。文侯曰：「谿工，子之師耶？」子方曰：「非也，無擇之里人也。稱道數當，故無擇稱之。」文侯曰：「然則子無師耶？」子方曰：「有。」曰：「子之師誰耶？」子方曰：「東郭順子。」文侯曰：「然則夫子何故未嘗稱之？」子方曰：「其爲人也真，人貌而天，虚緣而葆真，清而容物。物無道，正容以悟之，使人之意也消。無擇何足以稱之！」子方出，文侯儻然，終日不言。召前立臣而語之曰：「遠矣，全德之君子！始吾以聖知之言、仁義之行爲至矣，吾聞子方之師，吾形解而不欲動，口鉗而不欲言，吾所學者真土梗耳！夫魏真爲我累耳！」

稱道數當，謂與論道理，往往當於人心。其爲人也真，真，謂質任自然。人貌而天，謂貌雖人而心則天也。虚緣，虚己而順物也。葆真，虚静以養真也。清者或不足於容物，而彼則能容。人無道，則不待言語，惟正容以悟之，而彼不肖之心自消。順子之行若此，蓋所謂「蕩蕩乎無得而名焉」者，宜乎子方之難於言而不稱也。文侯一聆其言，儻然自失，解形鉗口，深愧所學之粗淺，蓋欲師其全德而刳其形皮，直以勢分之榮爲身累耳，故曰：魏真我累！解形鉗口，寫出儻然自失之意，甚真切。莊子善體物情，類如此。

温伯雪子適齊，舍於魯。魯人有請見之者，温伯雪子曰：「不可。吾聞中國之君子，明乎禮義而陋於知人心，吾不欲見也。」至於齊，反舍於魯，是人也又請見。温伯雪子曰：「往也蘄見我，今也又蘄見我，是必有以振我也。」出而見客，入而嘆。明日見客，又入而嘆。其僕曰：「每見之客也，必入而嘆，何耶？」曰：「吾固告子矣：中國之民明乎禮義而陋乎知人心。昔之見我者，進退一成規一成矩，從容一若龍一若虎，其諫我也似子，其道我也似父，是以嘆也。」仲尼見之而不言。子路曰：「吾子欲見温伯雪子久矣，見之而不言，何耶？」仲尼曰：「若夫人〔一〕者，目擊而道存矣，亦不可以容聲矣！」蘄，祈。

明乎禮義而陋於知人心，言習於末學而昧於本體。彼其進退成規矩，從容成文章，諫道有法則，而不知抑末也，本之則無，是以嘆耳。目擊而道存，不可以容聲，謂不待言説，只以目相視而意已喻矣。

顔淵問於仲尼曰：「夫子步亦步，夫子趨亦趨，夫子馳亦馳，夫子奔逸絶塵而回瞠若乎後矣！」夫子曰：「回，何謂耶？」曰：「夫子步亦步也，夫子言亦言也；夫子趨亦趨也，

〔一〕「若夫人」：原作「夫若人」，據校本改。

夫子辯亦辯也，夫子馳亦馳也，夫子言道，回亦言道也；及奔逸絶塵而回瞠若乎後者，夫子不言而信，不比而周，無器而民蹈乎前，而不知所以然而已矣。」仲尼曰：「惡！可不察歟？夫哀莫大於心死，而人死亦次之。日出東方而入於西極，萬物莫不比方，有目有趾者待是而後成功，是出則存，是入則亡。萬物亦然，有待也而死，有待也而生。吾一受其成形，而不化以待盡，效物而動，日夜無隙，而不知其所終。薰然其成形知命，不能規乎其前丘，以是日徂。吾終身與女交一臂而失之，可不哀與？女殆著乎吾所以著也。彼已盡矣，而女求之以爲有，是求馬於唐肆也。吾服女也甚忘，女服吾也亦甚忘。雖然，女奚患焉？雖忘乎故吾，吾有不忘者存。」瞠，撐。比，去聲。

步、趨、馳，皆就馬而喻。夫子步亦步，是夫子言而回亦嘗言也；趨亦趨，是夫子辯而回亦嘗辯也；夫子馳亦馳，是夫子言道而回亦嘗言道也。然而大可爲也，化不可爲〔一〕也。夫子奔逸絶塵而回瞠若乎其後者，言夫子不言而信，不比而周，無器而民蹈乎其前，不知其所以爲然而然也。不言而信者，不期於人信〔二〕而人信之也；不比而周者，不期於人親而人親之也；無器而民蹈乎其前者，無名與位而民自歸之也；此夫子之神化也，而回不知其所以然，故瞠若乎其後。瞠若，謂直目而視

〔一〕「爲」：原無，據校本補。
〔二〕「信」：原無，據校本補。

也。不知此箇所以然者，乃聖人所存之神，不疾而自速，不行而自至者。故夫子急爲提醒曰：惡！可不察與？察，謂密察此心之存否。蓋人之有心，如天之有日，曉出於東，暮落於西，而凡有目有趾者莫不待是以成其功。故是出則存，存，謂動而作也；是入則亡，亡，謂休而息也。造化亦然，故萬物莫不有待也而死，有待也而生。待，謂待箇所以然者，乃自然之覺性，吾人之慧日也。自吾一受其成形，即爲軀殼所累，不能化以待盡，損之又損以返於虚，感物而動，牿〔一〕之反覆，日夜無隙，而將不知其所終。薰然其成形，知有命矣，而又不能規乎其前丘。丘，土之高者。規，取則之義。規乎前丘者，「高山仰止，景行行止」也。前修往哲皆能不亡所待以生之物，今也迷頭舍父，迷失真宗，日夜無隙以濱於死，是終身與汝交一臂而失之，誠可哀矣。此哀莫大於心死，而身死亦次之者也。交臂而失，猶言對面不相識也。與汝交臂，即指有待以生之物。且汝殆欲著乎吾之所以著者乎？汝，又指回而言。著者，顯明之義。所以著，又指所待以生之物。言彼雖顯著於日用之間，而其所以然者則虚無之盡，有不可以色相形聲求者。故彼已盡矣，汝惟不知化以待盡，固求之以爲有，是求馬於唐肆也。肆者，市馬之地。唐者，無壁〔二〕之屋。求馬於肆，見肆而不見馬；求道於有，見有

〔一〕「牿」：孟子告子上作「梏」。説文：「牿，牛馬牢也。」朱駿聲通訓定聲：「牿，叚借爲梏。」朱熹曰：「聖人盡性，不以聞見牿其心。」袁宏道曰：「吏道如網，世法如炭，形骸若牿，可以娱心意、悦耳目者，唯有一唱一詠一歌一管而已矣。」

〔二〕「壁」：原作「璧」，據校本改。

而不見道。如上之言亦言、辯亦辯、言道亦言道，是皆以有求我者，宜乎瞠若於絶塵之後而不可追也。且吾嘗語汝墮其支體，黜其聰明，汝亦嘗拳拳而服膺矣，是吾服汝也甚忘，而汝服吾也亦甚忘。甚忘之與求有也，則相去遠矣。世人之學，只知徇生執有，説着忘字，便茫無着脚，反起虛無之嘆。雖然，忘亦何患？雖忘乎〔一〕故吾，而吾自有不忘者存。蓋故吾即求有之吾，而不忘者即吾所待以生之物也。

孔子見老聃，老聃新沐，方將被髮而乾，慹然似非人。孔子便而待之，少焉見曰：「某也眩與？其信然與？向者先生形體掘若槁木，似遺物離人而立於獨也。」老聃曰：「吾游心於物之初。」孔子曰：「何謂耶？」曰：「心困焉而不能知，口辟焉而不能言。嘗爲女議乎其將：至陰肅肅，至陽赫赫，肅肅出乎天，赫赫發乎地，兩者交通成和而物生焉。或爲之紀而莫見其形，消息滿虛，一晦一明，日改月化，日有所爲而莫見其功；生有所乎萌，死有所乎歸，始終相反乎無端而莫知乎其所窮。非是也，且孰爲之宗？」乾，干。慹，蒳。見，現。離，去。爲，去。

慹者，不動之貌。似非人，「嗒然似喪其耦」也。老子言，吾游心於未始有物之先，是以如此。

〔一〕「乎」：原作「吾」，據經文及校本改。

嘗爲汝議乎其將，將者，且然未必之義，謙詞也。言未始有物之初，渾芒一氣耳，氣有陰陽，而陰陽之生也則互爲其根，故至陰肅肅，而肅肅者出乎天，至陽赫赫，而赫赫者發乎地，陽升陰降，兩者交通成和而萬物生焉。其或有爲之紀者乎？而吾不見其形。紀，即所謂無極之真，超乎色相形聲之表者。雖則不可見，而其消息盈虛之運，則一明一晦爲日月之推遷，一死一生爲萬物之終始。非是也，而且孰爲之宗乎？是，即指爲之紀者。宗，即内篇所謂「大宗師」。

孔子曰：「請問游是。」老聃曰：「夫得是，至美至樂也。得至美而游乎至樂，謂之至人。」孔子曰：「願聞其方。」曰：「草食之獸不疾易藪，水生之蟲不疾易水，行少變而不失其大常也，喜怒哀樂不入於胸次。夫天下也者，萬物之所一也。得其所一而同焉，則四肢百體將爲塵垢，而死生終始將爲晝夜，而莫之能滑，而況得喪禍福之所介乎？棄隸者若棄泥塗，知身貴於隸也。貴在於我而不失於變，且萬化而未始有極也，夫孰足以患心？已爲道者解乎此。」樂，洛。滑，汩。

疾之言，惡也。所以不惡變易者，蓋以藪無異草，澤無異水，地則少變，而大常者自在也。夫人莫不有大常，知大常者，喜怒哀樂不入乎其胸次。是大常也，天下萬物一焉者也，得其一，則真常者在我矣。故四肢百骸，塵垢也，死生終始，晝夜也，是皆變代不常之物。知其有大常者在，則皆不足以累心，以故易之而不疾，而況得失禍福之介然者乎？是故棄隸若棄泥塗，隸，謂天下之以勢分相屬者。蓋常在我，不常在隸，常在我則我貴，不常在隸則萬化而未始有極也，夫孰足以動吾心乎？爲道者解此而已。解此，則得至美而游至樂，天下孰加焉？

孔子曰：「夫子德配天地，而猶假至言以脩心。古之君子，孰能説焉？」老聃曰：「不然。夫水之於汋也無爲，而才自然矣。至人之於也德，不脩而物不能離焉。若天之自高，地之自厚，日月之自明，夫何脩焉？」孔子出，以告顔回曰：「丘之於道也，其猶醯雞與？微夫子之發吾覆也，吾不知天地之大全也。」説，脱。汋，酌。

此種學問，無脩無證，假以言語補助，皆落荃蹄，故復發此一段。蓋天地之德，無爲自然而已，天自高，地自厚，日月自照臨，川澤汋之而自潤，是何假於脩習而能之哉？故至人之於德也，不脩而物不能離。不能離，言能物物也。或問不脩之義，曰：不脩乃所以爲真脩也。「學如元凱方成癖，文似相如始類俳。獨立孔門無一事，只輸顔氏得心齋。」墮而支體，黜而聰明，又何脩之有哉？醯雞，醋中蠛蠓。發覆，謂啓蒙〔一〕。

莊子見魯哀公，哀公曰：「魯多儒士，少爲先生方者。」莊子曰：「魯少儒。」哀公曰：「舉魯國而儒服，何爲少乎？」莊子曰：「周聞之，儒者冠圜冠者知天時，履句屨者知地形，緩佩玦者事至而斷。君子有其道者未必爲其服也，爲其服者未必知其道也。公固以爲不

〔一〕「蒙」：各本作「幕」，據義改。

然，何不號於國中曰：『無此道而爲此服者，其罪死！』」於是哀公號之，五日而魯國無敢儒服者，獨有一丈夫儒服而立乎公門。公即召而問以國事，千轉萬變而不窮。莊子曰：「以魯國而儒者一人耳，可謂多乎？」句，矩。斷，丁亂反。

按：莊子與魏惠王同時，去魯哀百二十年，安得相見而論儒服？此云爾者，特寓言耳。一丈夫，孔子也。

百里奚爵祿不入於心，故飯牛而牛肥，使秦穆公忘其賤，與之政也。有虞氏死生不入於心，故足以動人。宋元君將畫圖，衆史皆至，受揖而立，舐筆和墨，在外者半。有一史後至者，儃儃然不趨，受揖不立，因之舍。公使人視之，則解衣槃礴，臝。君曰：「可矣，是真畫者也！」舐，神紙反。儃，但。

以下錯舉數事，備言無心感人之妙。百里飯牛，自適己事而已，原無干祿之心，故飯牛而牛肥，所謂「一之外無敢設」者，故牛皆得以自適其性而肥壯異常。有虞氏死生不入於其心，則指父頑母嚚，常欲殺舜而言。動人，指成邑、成都及師錫底豫也。儃儃，舒閒之貌。槃礴，箕踞也。臝與裸同。蓋善畫者，神閒氣定，意在筆先，元君占而善之，可謂知畫者矣。

文王觀於臧，見一丈夫釣，而其釣莫釣；非持其釣有釣者也，常釣也。文王欲舉而授之政，而恐大臣父兄之弗安也；欲終而釋之，而不忍百姓之無天也。於是旦而屬諸大夫曰：「昔者寡人夢見良人，黑色而頼，乘駁馬而偏朱蹄，號曰：『寓而政於臧丈人，庶幾乎民有瘳乎？』」諸大夫蹙然曰：「先君王也。」文王曰：「然則卜之？」諸大夫曰：「先君之命，王其無他，又何卜焉？」遂迎臧丈人而授之政。典法無更，偏令無出。三年，文王觀於國，則列士壞植散群，長官者不成德，斔斛不敢入於四境。列士壞植散群，則尚同也；長官者不成德，則同務也；斔斛不敢入於四境，則諸侯無二心也。文王於是焉以爲太師，北面而問曰：「政可以及天下乎？」臧丈人昧然而不應，泛然而辭，朝令而夜遁，終身無聞。莫鈞，疑是莫鉤。頼，髯。斔，庾。壞，怪。

臧丈人，太公望也。一連下六「釣」字，文亦奇。言此丈人釣矣，而其釣也不釣，蓋非持其釣而以釣爲有事者也，常常如此持竿自適而已。百姓無天，言生民無主也。號，命之也。瘳，治也。其無他，言當遵先王之命，不可更生他疑也。典法無更，無變令也。偏令無出，無專令也。壞植散群，無偏黨也。長官不成德，不居功也。斔斛不入四境，不懷疑也。斔與庾同。太公之政如此，信乎足以及天下矣。然有心以及天下，非自然也，故太公因其問而遁之，蓋恐不知順天命之自然，而一以有心爲之，則損德多矣。

顏淵問於仲尼曰：「文王其猶未耶？又何以夢爲乎？」仲尼曰：「默，汝無言！夫文王盡之也，而又何論刺焉？彼直以循斯須也。」

回之問亦是。夫至人無夢，况有心爲夢耶？夫子於此有難於爲言者，但曰：文王至德也，可輕論耶？彼直以循人情於斯須耳。蓋循情以用人，乃聖人之大權，而下不敢以議上，又臣子之盛節也。

列禦寇爲伯昏無人射，引之盈貫，措杯水其肘上，發之，適矢復沓，方矢復寓。當是時，猶象人也。伯昏無人曰：「是射之射，非不射之射也。嘗與汝登高山，履危石，臨百仞之淵，若能射乎？」於是無人遂登高山，履危石，臨百仞之淵，背逡巡，足二分垂在外，揖禦寇而進之。禦寇伏地，汗流至踵。伯昏無人曰：「夫至人者，上闚青天，下潛黄泉，揮斥八極，神氣不變。今汝怵然有恂目之志，爾於中也殆矣夫！」恂，一作眴。

貫，鏑也。引弓滿鏑，射之法也。沓，重也。言前矢適去而後矢復搭，搭者方發而後來之矢復寓於弦上。如此敏捷如神，而徐觀其身，則如木偶然，故曰象人。是則可謂射之射矣，而非不射之射者何？能以巧用而不以神用也。若與登高履危而臨乎百仞之淵，則神怯而不能矣。蓋以平日不曾講得養神守氣之學，一履艱險，便自退却，不得受用，即爲死生有變於己。所以北宫黝之養勇，直到不膚撓目逃處，方能勝人。故觀伯昏無人登高山，履危石，下臨百仞之淵，逡巡其背，一分躡實，二分履虚，揖禦寇而進之，是何等手段！自非神王而氣專，烏能若是乎哉？故知至人上闚青天，下潛黄泉，揮而斥之八極之外，神氣不變，非强之也，中有養焉耳。嘗觀虚弱之人，夜則夢飛墮地，則駭汗洽背，此便是神氣怯細之徵。古之人多以夢寐卜所學之淺深。若乃猨舞竿頭，魚潛水底，山頭建塔，水面架樓，此輩工匠有何神氣？只緣平日習慣危機，便成絶技。此箇慣習，亦是他神在此處存，氣在此處守，若移之他處，却又不能，所以但爲偏術小巧，與列子之射同論。至人則雖未嘗歷試諸艱，然一神定而萬事畢矣。然是定也，豈易言哉？

肩吾問於孫叔敖曰：「子三爲令尹而不榮華，三去之而無憂色。吾始也疑子，今視子之鼻間栩栩然，子之用心獨奈何？」孫叔敖曰：「吾何以過人哉？吾以其來不可却也，其去不可止也，吾以爲得失之非我也，而無憂色而已矣。我何以過人哉？且不知其在彼乎？其在我乎？其在彼耶？亡乎我。在我耶？亡乎彼。方將躊躇，方將四顧，何暇知乎人貴人賤哉？」仲尼聞之曰：「古之真人，知者不得説，美人不得濫，盜人不得劫，伏戲、黄帝不得友。死生亦大矣，而無變乎己，況爵禄乎？若然者，其神經乎大山而無介，入乎淵泉而不濡，處卑細而不憊，充滿天地，既以與人，己愈有。」戲，羲。

栩栩，鼻踵息而不粗也。孫叔敖亦幾乎知道者，觀其言，知來去之無常，知得失之非我，而又審其輕重兩在之權：若果重在令尹，則我無與〔一〕；果重在我，則令尹無與；既然兩不相干，夫復何生欣戚？方將爲之躊躇，爲之四顧，審乎無假，以求所謂「不可得而貴，不可得而賤」者，何暇論夫人

〔一〕「我無與」：原作「與我無與」，據校本删前一「與」字。

貴人賤哉？「既以與人，己愈有」一句，出老子。

楚王與凡君坐，少焉，楚王左右曰「凡亡」者三。凡君曰：「凡之亡也，不足以喪吾存。夫凡之亡不足以喪吾存，則楚之存不足以存存。由是觀之，則凡未始亡而楚未始存也。」

君子所性，雖大行不加焉，窮居不損焉，凡雖亡矣，而不足以喪吾存，此凡君見道之言也。由是觀之，凡亡不足以喪存，楚未亡，寧足以存存乎？凡固未嘗亡，而楚固未嘗存也。凡未嘗亡，雖亡何害？楚未嘗存，雖存奚益？明乎内外輕重之辨者，當不以身外之物爲欣戚矣。

方壺外史説是篇已，作亂辭：

遜矣順子，虚緣葆真。至哉温伯，目擊道存。
回也步趨，夫子絶塵。故吾可忘，無死其心。
聃遊物初，敦兮若朴。得此大常，洵美且樂。
肅肅者陰，赫赫者陽。交通成和，生此百昌。
莫見其形，莫知所窮。且也非是，孰爲之宗？
至德不脩，奚假言説？無爲自然，天地日月。
夫子發覆，號魯一人。百里飯牛，無心得君。

畫史解衣，宋君善之。丈人持釣，文王得師。
禦寇引矢，伯昏履危。神用者王，小技安施？
得令匪榮，失凡奚惡？審其存亡，任彼來去。

外篇知北遊第二十二

此篇所論道妙，斷言語，絶名相，混溟晦昧，迥出思議之表。讀南華者，知北遊最爲肯綮，從此悟入，則大乘法藏皆可迎刃而解矣。

知北遊於玄水之上，登隱弅之丘，而適遭無爲謂焉。知謂無爲謂曰：「予欲有問乎若：何思何慮則知道？何處何服則安道？何從何道則得道？」三問而無爲謂不答也。非不答，不知答也。知不得問，反於白水之南，登狐闋之上，而覩狂屈焉。知以之言也問乎狂屈。狂屈曰：「唉！予知之，將語若。」中欲言而忘其所欲言。知不得問，反於帝宮，見黄帝而問焉。黄帝曰：「無思無慮始知道，無處無服始安道，無從無道始得道。」知問黄帝曰：「我與若知之，彼與彼不知也，其孰是耶？」黄帝曰：「彼無爲謂真是也，狂屈似之，我與汝終不近也。夫知者不言，言者不知，故聖人行不言之教。弅，紛。唉，烏來。處，上聲。

知與無爲謂、狂屈，皆假名也。道之爲物也，無名無相，無有知者，無不知者，故不可以思慮知；無有安者，無不安者，故不可以服而安；無有得者，無不得者，故不可以從而得。知之問，所謂無風起浪，頭上安頭，故無爲謂不答。此機正與佛典世尊不答外道之問者仝〔一〕。昔有外道問佛：「不問有言，不問無言。」世尊良久，外道讚歎作禮而去。阿難却問：「外道得何道理讚歎而去？」佛言：「如良馬見鞭，追風千里。」今無爲謂之不答也，莊老急爲提點兩句：非不答也，不知答也。此意却又明顯。若使知答，則是墮於疑網，落於言荃，起於知識，生於見解，而去道益遠矣。北遊者却不解此，復往問於狂屈，狂屈謂：予知之，欲言而忘其所以言。此一答雖若近似，却不能使之路絶道斷，猶爲引犬上堂而逐之。及見黄帝而問焉，則已太泄天機矣。而知復問三者孰是，豈知知者未必爲真知，而不知者正所以爲知耶？故黄帝曰：彼無爲謂真是也，狂屈似之，我與若終不近也，所以老子之言曰，「知者不言，言者不知」，「故聖人行不言之教」。以上説話分明是莊子撰出，以爲此三言之疏義。大抵此種不言的學問，要人直下領悟，擬議即差，商搉即乖。又使説透天機，談盡玄妙，自耳根入者終無受用。禪家往往以此勘人，一擊粉碎。有問「如何是西來意」者，德山、臨濟之徒非喝即棒，直是絶人之路，斷人之道，使人迷悶莫前，久之各各自有透悟。昔南泉斬貓，舉示〔二〕趙州，趙州脱却草履，頭頂而出，南泉却説：「使趙州當機，恰救得此貓在。」〔三〕於此薦得，方知聖人行

〔一〕「仝」：同「同」。

〔二〕「示」：原作「似」，據文意改。

〔三〕景德傳燈録卷八池州南泉普願禪師：「師因東西兩堂各争貓兒，師遇之，白衆曰：『道得即救取貓兒，道不得即斬却也。』衆無對，師便斬之。趙州自外歸，師舉前語示之，趙州乃脱履安頭上而出。師曰：『汝適來若在，即救得貓兒也！』」

不言之教者，其旨深，其意遠，等閒不得拈示，直令自悟可也。

「道不可致，德不可至，仁可爲也，義可虧也，禮相僞也，故曰：『失道而後德，失德而後仁，失仁而後義，失義而後禮，禮者道之華而亂之首也。』故曰：『爲道者日損，損之又損之，以至於無爲，無爲而無不爲也。』今已爲物也，欲復〔一〕歸根，不亦難乎！ 其易也，其唯大人乎？」相，去。易，異。

此亦老子註疏。儒者皆謂學以致道，不知道者無爲而常自然，不可致也。儒者皆謂聖人至德，不知德本純純全全，人人具足，有何不至而有至之名？ 故曰：德不可至。道德之下而有仁義。仁猶近也，爲之可也。義則過於分別，去道遠矣，虧之可也。禮則相助爲僞而已。故曰：失道而後德，失德而後仁，失仁而後義，失義而後禮，禮者道之華而亂之始也。夫爲道者，虛靜恬淡寂寞無爲而已矣，奚取於是而爲之也？ 故曰：爲道者日損，損之又損，以至於無爲，則道德幾矣。今已樸散而爲器矣，復欲歸根，不亦難乎？ 歸根，謂返於道德。其易也，唯大人。大人也，損之又損也，無爲也。

「生也死之徒，死也生之始，孰知其紀？ 人之生，氣之聚也，聚則爲生，散則爲死。若生死爲徒，吾又何患？ 故萬物一也。其所美者爲神奇，其所惡者爲臭腐，臭腐復化爲神

〔一〕「欲復」：經文註文皆作「復欲」，據校本改。

奇，神奇復化爲臭腐，故曰：通天下一氣耳。聖人故貴一。」

造化之機，成功者退，將來者進，而萬物之生之死莫不出入乎此機，故方生方死，方死方生，而不知其孰綱維是。其氣之聚散爲之乎？蓋盈天地之間，只是渾芒一氣，以息相吹，如野馬絪緼〔一〕，有所附麗，則塵塵相聚而物生，散則復歸於氣而物死，喻如漚因浪發，冰自寒凝，散則復歸於水。知生死之爲一氣耳，則任其陶冶，夫復何患？今人但以生爲神奇也而美之，死爲臭腐也而惡之，大非也。豈知神奇化爲臭腐，臭腐復爲神奇，反覆相因，無有窮已，何美可歆？何惡可厭？在聖人則處之一如，不起分別，所貴乎一者，以通天下萬物皆一氣也。一氣，則「火傳也，不知其盡也」。

知謂黃帝曰：「吾問無爲謂，無爲謂不應我，非不我應，不知應我也。吾問狂屈，狂屈中欲告我而不我告，非不我告，中欲告而忘之也。今予問乎若，若知之，奚故不近？」黃帝曰：「彼其真是也，以其不知也。此其似之也，以其忘之也。予與若終不近也，以其知之也。」狂屈聞之，以黃帝爲知言。

此即章首之説，義更明白，無勞箋解。

天地有大美而不言，四時有明法而不議，萬物有成理而不説。聖人者，原天地之美而達萬物之理，是故至人無爲，大聖不作，觀於天地之謂也。今彼神明至精，與彼百化物，已

〔一〕「緼」：原作「昷」，據校本改。

死生方圓〔一〕，莫知其根也，扁然而萬物，自古以固存。

凡人有大美則言之，而天地有大美而不言；有法則議之，而四時有明法而不議；有理則說之，而萬物有成理而不說。大美，猶言大功。成法，謂節候氣序。成理，謂各有成性。不言、不議、不說者，無爲而常自然也。聖人原天地之變，達萬物之理，故亦以無爲而成妙用，故曰：至人無爲，大聖不作，觀於天地而效法焉耳。今彼神明至精，與彼百化之物，生死萬變，方圓〔一〕異象，莫有知其根者，但見神奇化爲臭腐，臭腐復化神奇，翩然萬物而無物之不有，自古固存而無時之不然，所謂萬古此天地則萬古此造化，萬古此造化則萬古此人物，而求其所謂根則不可得而知。非不可得而知也，沖漠無朕，超於色相形聲之外，夫固無所容吾知也。既無所容吾知矣，何所容吾言哉？何所容吾議哉？何所容吾說哉？聖人所以行不言之教，成無爲之化者，觀此而已。淵乎微哉！

六合爲巨，未離其內；秋毫爲小，待之成體；天下莫不浮沉，終身不故；陰陽四時運行，各得其序；惛然若亡而存，油然不形而神，萬物畜而不知。此之謂本根，可以觀於天矣。

承上，遂指本根。蓋本根者道也，道無往而不在，故六合雖大而此道不離於其內，秋毫爲小而其體必待而後成，萬物得此則浮沉上下、日新又新而不已，造化得此則陰陽四時各得其序而不忒，

〔一〕「圓」：原作「員」，據校本改。

惛然若亡也而實存，油然不形也而自神，萬物自生自畜自養自育而不知誰之所爲。以是觀天，則天之所以爲天居然可知矣。聖人以之而行不言之教，成無爲之化也，有以哉！

齧缺問道乎被衣，被衣曰：「若正汝形，一汝視，天和將至；攝汝知，一汝度，神將來舍。德將爲汝美，道將爲汝居，汝瞳焉如新生之犢而無求其故。」言未卒，齧缺睡寐。被衣大說，行歌而去之，曰：「形若槁骸，心若死灰，真其實知，不以故自持，媒媒晦晦，無心而不可與謀。彼何人哉！」媒，昧。說，悅。

正汝形，身不妄動也，一汝視，目不妄視也，如是則專氣致柔而天和將自至矣。攝汝知，不起思慮也，一汝度，出入以度也，如是則心不外馳而神將來舍矣。將見德爲汝美，道爲汝居，汝於此時瞳瞳焉如新生之犢而不得其心之所以〔一〕如此，形容有道者無心之狀，老氏所謂「如嬰兒之未孩」，意蓋如此。故齧缺因被衣之言，莫逆於心，無所疑問，直下收聽返視，凝神內守，不覺相對而睡寐。此箇景象直是相悅以解，無心之甚，故被衣大悅，行歌而去之。真其實知，言此人真是實知此理，故質任自然，不循師弟子舊套而以故自持。媒媒，即昧昧也。彼何人哉，乃幾於道而能若此！歎之深，美之至也。

舜問乎丞曰：「道可得而有乎？」曰：「汝身非汝有也，汝何得有夫道？」舜曰：「吾身

〔一〕「以」：各本作「之」，據文義改。

非吾有也，孰有之哉？」曰：「是天地之委形也。生非汝有，是天地之委和也。性命非汝有，是天地之委順也。孫子非汝有，是天地之委蜕也。故行不知所往，處不知所持，食不知所味，天地之强陽氣也，又胡可得而有耶？」

委，積聚也。夫人，地火風水四大假合而有此身，故曰：身非汝有，天地之委形。陰陽二五交通成和，而後始有生氣，故曰：生亦非汝有，天地之委和。既生，則有性命，而二五之妙順則成人，故曰：性命非汝有，天地之委順。形形相禪，無有窮盡，故孫子非汝有，天地之委蜕。其行也，孰往之？其處也，孰持之？其飯食也，孰味之？天地之彊陽氣也。彊陽，即健動之義，天地以之而生物者。夫舉吾之身而皆非吾之所有，則今者幻身復在何處，又胡得而私有夫道耶？蓋知身之非我〔一〕有，則貪着此身以爲有常者妄矣，知道非我有，則執着此道以爲有得者妄矣。細味此語，不惟可以消人鄙吝之私，而佛氏所謂「人法雙忘，乃成空到」者，其義亦可想矣。

孔子問於老聃曰：「今日晏閒，敢問至道。」老聃曰：「汝齋戒，疏瀹而心，澡雪而精神，掊擊而知。夫道，窅然難言哉！將爲汝言其崖略：夫昭昭生於冥冥，有倫生於無形，精神生於道，形本生於精，而萬物以形相生，故九竅者胎生，八竅者卵生，其來無迹，其往無崖，無門無房，四達之皇皇也。邀於此者，四枝彊，思慮恂達，耳目聰明，其用心不勞而應物無方。

〔一〕「我」：原無，據校本補。

天不得不高，地不得不廣，日月不得不行，萬物不得不昌，此其道與！間，閒。知，去。窅，窈。

疏瀹而心，通其滯也。澡雪而精神，滌其舊也。掊擊而知，去其識也。窅然，深奧之義。崖，邊際也。略，粗略也。夫上天之載，無聲無臭，至無也而至有生焉，至虛也而至實形焉，故曰：昭昭生於冥冥，有倫生於無形。精神生於道，形本生於精，何以故？無極之真，二五之精，妙合而凝，而人生焉；其所謂神，即無極之真也，其所謂精，則二五之精也；知精神之生於道，則知性之所自出矣，知形本之生於精，則知命之所由立矣。上下二「精」字，要有分曉：蓋精神之「精」，即道家所謂「先天之精」，清通而無象者也；形本之「精」，即易繫所謂「男女媾精」之「精」，有氣而有質者也。萬物皆以形形相禪而生，故胎生卵生總爲生類。既生矣，則不能以無死，然而其來也不知何所來，其去也不知何所止，無門無房，而死生來去四達之皇皇也，道之物物有如此者。人能邀而得之，則肢體强健，思慮恂達，耳目聰明，莫非道妙之顯發，是故其用心也不勞，而應物也無方。道德有於身，而符徵見於外，理之自然，無足異者。是道也，天不得則不高，地不得則不廣，日月不得則不行，萬物不得則不昌，而況於人乎？信乎其不可不邀而得之也。

「且夫博之不必知，辯之不必慧，聖人以斷之矣。若夫益之而不加益，損之而不加損者，聖人之所保也。淵淵乎其若海，魏魏乎其終則復始也，運量萬物而不匱，則君子之道，彼其外與？萬物皆往資焉而不匱，此其道與！」魏，平聲。

今之求道者，類博之以知，辯之以慧，而不知知慧之開，道之鑿也，聞見之多，理之障也，以故聖人斷之。老子曰：「絶聖棄知。」蓋斯道之妙，不在辯博，一言以盡之曰：冥冥而已。雖則冥冥，而實爲昭昭之本。故出而生萬有也，舉世益之而不能爲之益，入而歸於無也，舉世損之而不能爲之損，此則聖人之所保者。保，如佛語「保任此事，終不虛也」之「保」。淵乎若海，言其莫測也。魏乎終則復始，言其無端也。是道也，洋洋乎發育萬物，不得君子以爲之運量，則造化幾無全功。運量者，裁成輔相以成物曲之利者也。是道雖貫乎物之中，而又有行乎物之外者，故曰：君子之道，彼其外與！若夫資之以生，資之以始，亘宇宙而不見其終窮，則天地自然之道，物之所以爲本根者也。此段補出「天非[一]人不成」，意更周匝。

「中國有人焉，非陰非陽，處於天地之間，直且爲人，將反於宗。自本觀之，生者，喑醷物也，雖有壽夭，相去幾何？須臾之説也，奚足以爲堯桀之是非？喑，蔭。醷，意。

中國有人焉，謂至人也。非陰非陽，言其出乎二五陶鑄之外。直且爲人，謂其形直人而已。將反於宗，遊於物初也。反於宗，則其德與冥冥者合矣。若自其宗而觀之，非惟無形，抑且無生，非惟無生，抑且無氣。氣動而有生，生者氣之聚也，如人之有喑醷者然，故曰：生者喑醷物也。雖有壽夭，相去幾何？同歸於散而已。人生百年，直須臾耳，何足是堯非桀，嘵嘵焉於須臾之頃乎？蓋堯桀終有是非，游心物初者直且與之相忘耳。

[一]「非」：各本作「不」，據義改。

果蓏有理，人倫雖難，所以相齒。聖人遭之而不違，過之而不守。調而應之，德也；偶而應之，道也。帝之所興，王之所起也。——

木實曰果，草實曰蓏。言果蓏之物雖微，而其卑高之相亞，大小之相綴，亦自有理而不亂。人道之大，雖難與果蓏比倫，然其所以相齒之序，則固未嘗有異。故觀果蓏之出於自然，則人道從可知矣，是以聖人遭之而不違，過之而不守。遭之而不違者，如父子之無所解，君臣之無所逃，聖人處此，亦惟盡所當盡而已，然過矣而化，未嘗苦節以爲貞，蓋亦順其自然，而不加以一毫人爲之私。常人則貪着其事，臀困株守，不自解脱者抑又多矣。調而應之，德也，調謂調和，善處「爲之而有以爲」者也，德也。偶而應之，則無心爲之者也，道也。蓋知其自然，而一以無心處之，則雖爲之而無以爲矣。帝之所興，王之所起，世出世法莫不由此。

人生天地之間，若白駒之〔一〕過郤，忽然而已。注然勃然，莫不出焉，油然漻然，莫不入焉，已化而生，又化而死，生物哀之，人類悲之。解其天弢，墮其天袠，紛乎宛乎，魂魄將往，乃身從之，乃大歸乎！——郤隙同。漻，流。弢，韜。墮，隳。

郤、隙，古通用。白駒，隙中之光影也。言人生歲月直如隙駒，注然勃然出者，油然漻然入，出則生也，入則死也，已化而生，又化而死。其死也，則爲生物所哀，其在人也，則爲同類所悲。而其

〔一〕「之」：原無，據校本補。

哀也悲也，死者不得而知也，在彼則以爲解其天弢而隳其天袠云爾。囊弓曰弢，囊衣曰袠。蓋人之有軀殼，如物之有弢袠者然，一受其成形，即爲軀殼所累；解而墮之，彼方適然自以爲快，又如旅人之赴家，此其大歸焉耳。天下有歸而不樂者乎？而我噭噭然從而號之，何爲者哉？

「不形之形，形之不形，是人之所同知也，非將至之所務也，此衆人之所同論也。彼至則不論，論則不至，明見無值。辯不若默，道不可聞，聞不若塞，此之謂大得。」

形者，色身也，幻相也，假合者也。不形者，法身也，實相也，無假者也。圓覺經云：「幻身滅故，幻根亦滅；幻根滅故，幻塵亦滅；幻塵滅故，幻滅亦滅；幻滅滅故，非幻不滅。」以是而論，亦衆人之所同知，然却非將至者之所務。何者？至則不論，論則不至，若待擬議商量，猶爲夢中說夢，故道不可見；若使相遇而後見，猶有二也，故曰：明見無值。道不可辯，辯不若默，道不可聞，聞不若塞。默焉塞焉，黜去見聞辯説之支離，則於道得矣。

東郭子問於莊子曰：「所謂道，惡乎在？」莊子曰：「無所不在。」東郭子曰：「期而後可。」莊子曰：「在螻蟻。」曰：「何其下耶？」曰：「在稊稗。」曰：「何其愈下耶？」曰：「在瓦甓。」曰：「何其愈甚耶？」曰：「在屎溺。」東郭子不應。莊子曰：「夫子之問也，固不及質正獲之問於監市，履豨也，每下愈況。屎，兮〔一〕。溺，去聲。豨，喜。

〔一〕「屎兮」：校本「屎」字下音叶云「音矢」。

夫道無不在，問道者每每求之於高遠，則非矣。故莊子因東郭之問而以每下者答之，欲其知糟粕煨燼無非至教，所謂「洒掃應對與精義入神，貫通只一理」，而東郭不知也。於是莊子曉之曰：夫子之問也，固不及取正於正獲之問監市乎？履豨愈下，則比況愈明。豨，大豕也。履，以足蹩之也。蓋豨之肥瘠，蹴其臀則自可知。臀，物之底也，故以爲下。正，司市之官。獲，其名也。監市，猶今之當行者。

「汝惟莫必，無乎逃物。至道若是，大言亦然。周、徧、咸三者，異名同實，其指一也。嘗相與遊乎無何有之宮，同合而論無所終窮乎？嘗相與無爲乎？淡而静乎？漠而清乎？調而閒乎？寥已吾志，無往焉而不知其所至，去而來不知其所止；吾已往來焉而不知其所終，彷徨乎馮閎，大知入焉而不知其所窮。」閒，閑。馮，憑。

必，期必也，因有期而後可之問，故曰：汝惟莫必，謂不必指定道在何處，則天下豈有逃乎物而得謂之道者乎？畢竟道之與器兩不相離，故至道若是，至言亦然。周、徧與咸，三字何異？其指一而已矣。終日説玄説妙，却與糟粕煨燼何殊？雖然，我以其言言道，子以其問問道，言與問皆非道也。將更與子進上一步，遊乎無何有之宮，同合而論無所終窮之學乎！同合，則我既無説，子乃無聞。無爲乎？淡而静乎？漠而清乎？調而閒乎？寥遠哉，吾之志也！遠則似有所往而實無所往，無所往也故不知其所至，無往則湛然常住矣。其有去來，則適來時也，適去順也，安其時，處其順，而不知其所止。蓋一有所止，則知去而不知來，或知來而不知去，皆爲貪着，而非自然。故吾已往來焉，而不知究竟之何似，則是以有爲爲應迹，以無住爲自然，彷徨乎馮於閒曠之野，入於大知之中而不知其所窮，所謂「與子遊乎無何有之宮，同合而論無所終窮」者，意蓋如此。大知，猶言大道。

「物物者與物無際，而物有際者，所謂物際者也。不際之際，際之不際者也。謂盈虛衰殺，彼爲盈虛非盈虛，彼爲衰殺非衰殺，彼爲本末非本末，彼爲積散非積散也。」

物物者，道也。道無在而無不在，故與物無際。際，謂邊際。有際則謂之物，故曰：物有際者，斯謂物際。道則不際之際，然非離此物而別謂之道也，特際之不際者耳。所謂際者，謂盈虛也，衰殺也，皆有兩邊。道，則謂彼爲盈虛也而非盈虛，謂彼爲衰殺也而非衰殺，謂彼爲本末也而非本末，謂彼爲積散也而非積散。張子所謂「兩在，故不測」，意蓋指此。

妸荷甘與神農同學於老龍吉。神農隱几闔户晝瞑，妸荷甘日中奓户而入，曰：「老龍死矣！」神農隱几擁杖而起，嚗然放杖而笑，曰：「天知予僻陋慢訑，故棄予而死。已矣夫子！無所發予之狂言而死矣夫！」弇堈吊聞之，曰：「夫體道者，天下之君子所繫焉。今於道，秋毫之端萬分未得處一焉，而猶知藏其狂言而死，又況夫體道者乎？視之於無形，聽之於無聲，於人之論者，謂之冥冥，所以論道而非道也。」妸，阿。奓，車上聲。嚗，剥。訑，誕。弇，奄。堈，岡。

爹，開也。天者，推尊老龍之詞。無所發予之狂言，言無復以大言振我也。秋毫之端萬不得一，言神農未爲知道，猶知夫子之藏其狂言。即此「藏」之一字，便是「知者不言」。體道者有見於此，是以昏昏默默，收吾之視也而視於無形，返吾之聽也而聽於無聲。若與人論道而謂之曰冥冥，直言荃耳，冥冥，豈爲道耶？蓋道而可以冥冥名，則道又可名矣。

於是泰清問乎無窮曰：「子知道乎？」無窮曰：「吾不知。」又問乎無爲，無爲曰：「吾知道。」曰：「子之知道，亦有數乎？」曰：「有。」曰：「其數若何？」無爲曰：「吾知道之可以貴，可以賤，可以約，可以散，此吾所以知道之數也。」泰清以之言也問乎無始曰：「若是，則無窮之弗知與無爲之知，孰是而孰非乎？」無始曰：「不知〔一〕深矣，知之淺矣；弗知内矣，知之外矣。」於是泰清中而歎曰：「弗知乃知乎！知乃不知乎！孰知不知之知？」無始曰：「道不可聞，聞而非也；道不可見，見而非也；道不可言，言而非也。知形形之不形乎，道不當名。」無始曰：「有問道而應之者，不知道也。雖問道者，亦未聞道。道無問，問無應。無問問之，是問窮也；無應應之，是無内也。以無内待問窮，若是者，外不觀乎宇宙，内不知乎太初，是以不過乎崑崙，不遊乎太虛。」

〔一〕「不知」：原作「不知者」，據校本删「者」字。

此段亦自上透下。大意謂不知乃知，知乃不知。泰清問道於無窮，無窮以不知答之，是矣。既又問於無爲，則爲失問。無爲自以爲知而舉其數，不知道無名數，凡可舉可陳，皆外也，而非内也，外而非内，則淺之乎其言道矣。大抵道不可言，言之則非；道不可聞，聞之則非；道不可見，見之則非；道不可形，形之則非；道不可名，名之則非；道不可問，問之則非；道不可答，答之則非。故無始重重掃净，直到不知地位，而後始爲究竟。崑崙，山之最高者，不過乎此，則不能挾日月、淩倒景而遊乎太虚，以喻無内而待問窮者。

光曜問乎無有曰：「夫子有乎？其無有乎？」光曜不得問，而孰視其狀貌，窅然空然，終日視之而不見，聽之而不聞，搏之而不得也。光曜曰：「至矣，其孰能至此乎？予能有無矣，而未能無無也。及爲無有矣，何從至此哉？」

能有無矣，而未能「無無」，以道經參之，是「所空既無」而未到「無無亦無」也，所以尚落「無」之一邊。既落於無，無復爲有，及其爲無所有，則清净之中着了一物，何從而得窅然空然，不見不聞乎哉？大抵性體真空，加一「無」字不得，加一「無無」不得，佛語所謂：「如剥蕉然，直至層層俱盡，而後始爲空到。」妙哉！妙哉！

大馬之捶鉤者，年八十矣，而不失豪芒。大馬曰：「子巧與？有道與？」曰：「臣有守也。臣之年二十而好捶鉤，於物無視也，非鉤無察也。」是用之者假不用者也，以長得其用，而況乎無不用者乎？物孰不資焉？」

大馬，大司馬也。鉤，劍名。捶，鍛也。言大司馬之屬有善捶鉤者，老而精絶，無毫芒之失。臣有守也，守即所謂「純氣之守」。非鉤無察，察即所謂「唯蜩翼之知」。如此用志不分，是皆假不用者以爲用之，是以長得其用。蓋用者技也，不用者神也，神則無所不用，況小技乎？萬事萬物莫不資焉。

冉求問於仲尼曰：「未有天地可知耶？」仲尼曰：「可。古猶今也。」冉求失問而退。明日復見，曰：「昔者吾問『未有天地可知乎？』夫子曰：『可。古猶今也。』昔日吾昭然，今日吾昧然，敢問何謂也？」仲尼曰：「昔之昭然也，神者先受之；今之昧然也，且又爲不神者求耶？無古無今，無始無終，未有子孫而有子孫，可乎？」冉求未對。仲尼曰：「已矣，未應矣！」

未有天地之先，在人則爲思慮未起、鬼神莫知之時，本不可以致吾思、容吾喙者，冉求驟然以是爲問，蓋有難於爲言者，而夫子直曰可知，蓋亦因今推古而姑以是爲證，欲冉求之自悟焉耳。蓋今日之今即往日之古，未有有今而無古者，即是而觀，有天地即今也，未有天地即古也，使其無古，則亦做今不出矣。此夫子於難言之中而姑發其可言之端，而冉求未喻也。明日復見，謂昔也昭然，今也昧然，敢問何故？想其一問之初，略覺有些領悟，久則愈思愈塞。夫子爲語其故：昔之昭然者，是汝初問之時，胸中廓然無物，方爾虚心受教，神者受之，故虚靈之天稍覺透露，譬之雲破月映；頃之，落了言荃，添了見解，虚靈之天反生理障，是爲不神者求之之故。爲字，去聲。道家原説「此神不是思慮神」，此箇「不神」，最能遮障本體，故令昧然。既又爲狀未有天地之先空相，如此前言古猶今也，此却分明説出無古無今、無始無終、無子無孫。試將太極圖來參看：太極圈中陰陽分對，相待而生，静極而動，動極復静，便是古今始終；下五行、男女、萬事、萬物便是子孫；最上一圈空寂無有，便是無古無今、無始無終、未有天地之先的空相。此中若加求索，將無作有，便不是未有天地之先。所以先儒説：「纔説性，便已不是性。」又謂「求中於喜怒哀樂未發之先不得」，蓋亦有見於此。而冉求未對，畢竟難悟，再加思索，則去之愈遠。故夫子曰：已矣，未應矣！猶言「罷了，不消對了！」此箇「已矣，未應」真是好！絶了思慮，罷了言説，一直造到未有天地之先，是真脱悟。如其未悟，已矣未對，不起見解，他日自有恍然處。所以告子「不得於言，勿求於心」，便緣此以得心之不動。此一機要，等閒拈以示人，適遭疑貶，儒者却説「問之弗知弗措也，辯之弗明弗措也」，如何罷得？不知夫子直爲鈍根者説箇下學之事。若是上根，一聞千悟，縱有未悟，亦不肯於耳根上去討分曉，何以問辯爲哉？

「不以生生死，不以死死生。死生有待耶？皆有所一體。有先天地生者物耶？物物者非物，物出不得先物也，猶其有物也。猶其有物也無已，聖人之愛人也終無已者，亦乃取於是者也。」

承上意，遂撰出此段。蓋死生事大，吾人真實受用正在於此。然須要知得：適來，時也，適去，順也，安時而處順，死生不能易也。今之學老氏者，但以生爲可求，益生厚生，裨益於有常之外，不知滅爲幻滅，生亦幻生，以生生死，終未離幻。唯知道者以生死爲旦莫〔一〕，適去順也，死則已耳，故不更求所以生者以生其死。今之學釋氏者，但知生滅滅已，寂滅爲樂，一切捐棄有爲之法，不知落於頑空，淪於斷滅，槁木死灰，無有是處。唯知道者，以其知之所知養其知之所不知，而不滅生事以死其生。所以然者，蓋以死生有時，吾人則當順以待之。當生之時，本體在生，不當更作死觀。當死之時，本體在死，不當更作生想。此之謂順化。又此死生變化皆屬後天形質。有先天地而生之物耶？故物物者非物，自物出者有生有死，不得謂之先天地。先天地者，無生死、古今、終始之謂也。夫天地間之有物也，猶人性空中之有物也，有物則生生無已。即是而觀，聖人之愛人無已者，亦其性空之中添了愛緣，故令輾轉相續不絕。此箇聖人還有意必固我，亦大道之所不取。

顏淵問乎仲尼曰：「回嘗聞諸夫子：『無有所將，無有所迎。』回敢問其遊？」仲尼曰：「古之人外化而內不化，今之人內化而外不化。與物化者，一不化者也。安化？安不化？安與之相靡？必與之莫多。

將者，承奉之義，迎者，邀致之義，皆應物之涉於有迹者。回問：無將無迎，何以得遊此無心之天乎？古之人，外化而內不化。外化者，應感無迹也。內不化者，不與物遷也。然亦必有箇不化

〔一〕「莫」：即「暮」，徐鉉説文解字敘曰：「暮，本作莫，日在茻中也。」

者存，然後能化物，如人胸中必有箇不淫不移者在，然後能輕富貴；必有箇不憂不懼者在，然後能一死生。故曰：與物化者，一不化者也。「安化？」、「安不化？」二句是詰辭，言安所化乎？安所不化乎？安與之相靡相順而俱化乎？必與之莫多，其一不化者乎？莫多，即一不化者。此解，外史以意測之，當得如此，諸解直是無謂。

「豨韋氏之囿，黄帝之圃，有虞氏之宫，湯武之室。君子之人，若儒墨者師，故以是非相䪢也，而況今之人乎？聖人處物不傷物。不傷物者，物亦不能傷也。唯無所傷者爲能與人相將迎。」——䪢，齊。

古之人若豨韋、黄帝、有虞、湯、武，數聖之學皆能自成一家，故曰囿圃宫室。與彼儒墨之中抗顔稱師者，皆不能與物俱化，但見是是非非互相溷濁，何況今人，抑何怪其然乎？故唯聖人善處萬物而不傷。惟不傷物也，故物亦不能傷。不傷者，與物俱化，相忘於是非同異之辯而兩不相䪢也。惟無所傷者，然後能將迎焉。畢竟將之以無將，迎之以無迎，無將無迎，此謂將迎也已。

「山林與？皋壤與？使我欣欣然而樂與？樂未畢也，哀又繼之。哀樂之來，吾不能禦，其去弗能止，悲夫！世人直爲物逆旅耳！夫知遇而不知所不遇，知能能而不能所不能。無知無能者，固人所不免也。夫務免乎人之所不免者，豈不亦悲哉！至言去言，至爲去爲。齊知之所知，則淺矣。」——

夫人遊乎山林皋壤之間，既自欣然而樂矣，感今傷昔，則又不能無哀，所謂「情隨事遷，感慨係之」，故曠然怡情之中，而又有泫然泣下者存。哀樂之來，吾不能禦，其去也，吾不能止，悲夫！何無定情之若是耶？遡其生哀生樂之由，良以吾身直萬物之逆旅，萬物常在而吾身不常，以故喜其相值而又悲其不能留，誠無益哉！今人但知今日之遇，而不知他日之不遇，但知今日之能遊、能樂，而不知他日之不能，是不達於「無常」之説者也夫！是無知無能者，固人之所不免也。今務免夫人之所不能免者，庸可得乎？爲計日拙，爲心日勞，又自悲已。所以至言不落於荃蹄，至爲不牽於世故，順其自化，聽其自然。必欲齊其知之所知，而不能養其所不知，則其知亦淺矣。

方壺外史説是篇已，重宣此義而作亂辭：

北遊三問，無爲不知。帝也弗近，狂者似之。
言者不知，知者不言。不言之教，聖人貴焉。
道不可致，仁或可爲。德不可至，義則可虧。
損之又損，其惟大人。能以散朴，而歸於根。
生也死徒，死兮生始。臭腐神奇，孰知其紀？
一氣所通，油然聚散。生死爲徒，吾復何患？

成理不説，大美不言。至人無爲，達觀於天。
被衣論道，齧缺睡寐。彼何人哉，媒晦若是？
道非身有，窅固難名。以彼昭昭，生於冥冥。
萬物皆往，資焉不匱。博不必知，辯不必〔一〕慧。
須臾夭壽，奚以是非？解弢墮袠，及此大歸。
形之不形，論者不至。際之不際，非即非離。
窅然光曜，藏矣老龍。何哉無内，以待問窮。
履狶可喻，捶鉤作程。每下愈況，有守斯精。
未有天地，古今可求。無有將迎，回也請遊。
無知無能，人固不免。齊知所知，所知則淺。

〔一〕「必」：原作「以」，據校本改。

南華真經副墨卷之六　寘字集

雜篇庚桑楚第二十三

雜篇，莊子雜著也，章句有長有短，總之則推本道德，爲老子一經之疏註。此篇中有苦心極力之語，大類張子正蒙，疑莊子平生緒言綴拾於内外二篇之後者。其不可解處，諸家率多影響，然已爲外史氏窺破八分矣，尚俟後也。

老聃之役有庚桑楚者，偏得老聃之道，以北居畏壘之山，其臣之畫然知者去之，其妾之挈然仁者遠之，擁腫之與居，鞅掌之爲使。居三年，畏壘大壤。畏壘之民相與言曰：「庚桑子之始來，吾洒然異之。今吾日計之而不足，歲計之而有餘。庶幾其聖人乎！胡不相與尸而祝之、社而稷之乎？」庚桑子聞之，南面而不釋然。弟子異之。庚桑子曰：「弟子何異於予？夫春氣發而百草生，正得秋而萬寶成。夫春與秋，豈無得而然哉？大道已行矣。

吾聞至人尸居環堵之室，而百姓猖狂不知所往。今以畏壘之細民而竊竊焉欲俎豆予於賢人之間，我其杓之人耶？吾是以不釋於老聃之言。」

役，執弟子之役者也。庚桑，姓。楚，名。偏得，謂獨得其道。臣、妾，指左右之事楚者而言。畫然知，以經畫爲知者也。挈然仁，以挈度爲仁者也。蓋老聖絕仁棄知，故學其道者，一皆遠而去之。擁腫、鞅掌，皆朴而無能之貌。壤，猶治也，一作大穰，以爲歲登者近之。洒然異之，言見其胸次洒洒，有異常人。日計不足，歲〔一〕計有餘者，言其無小利，亦無近功，而久則方見其有益也。尸祝、社稷，嚴敬之至也。畏壘之民，蓋欲尊之爲君。庚桑子聞之，南面而不釋然，則以天道春生秋成，有大美而不言，所以得而然者，大道行之也。道則無爲而常自然，故天地不尸其功而化自忘焉。至人與道爲體，故尸居環堵之室，虛靜恬淡，寂寞無爲，而百姓猖狂焉不知所往。不知所往者，率其性之自然而無方無隅，是乃所以爲道也。今也畏壘之細民竊竊焉欲俎豆予於賢人之間，是我必也爲淺夫小人有以自見，故使民尊我敬我若此，吾愧有負於師教，是以不能釋然也。「俎豆」字，自「尸祝」中來。杓之人，以喻褊淺。

弟子曰：「不然。夫尋常之溝，巨魚無所還其體，而鯢鰌爲之制；步仞之丘陵，巨獸無所隱其軀，而蘖狐爲之祥。且夫尊賢授能，先善與利，自古堯舜以然，而況畏壘之民乎？

〔一〕「歲」：各本作「月」，據經文改。

夫子亦聽矣！」庚桑子曰：「小子來！夫函車之獸，介而離山，則不免於罔罟之患；吞舟之魚，碭而失水，則蟻能苦之。故鳥獸不厭高，魚鱉不厭深。夫全其形生之人，藏其身也，不厭深眇而已矣！且夫二子者，又何足以稱揚哉？是其於辨也，將妄鑿垣牆而殖蓬蒿也。簡髮而櫛〔一〕，數米而炊，竊竊乎又何足以濟世哉？舉賢則民相軋，任知則民相盜。之數物者，不足以厚民。民之於利甚勤，子有殺父，臣有殺君，正晝爲盜，日中穴阫。吾語女：大亂之本必生於堯舜之間，其末存乎千世之後，千世之後，其必有人與人相食者也。」還，旋。

八尺曰尋，倍尋曰常。六尺曰步，七尺曰仞。祥，妖孽也。無所還，無所隱，言巨者不至也，喻如褊小之〔二〕地，大賢不居，則小人得以恣縱而爲非。故尊賢授能以善利天下，堯舜之世蓋已然矣。夫堯舜大聖尚不能以一人治天下，而猶必假於賢能，況畏壘之細民乎？今畏壘之尊先生也，其亦望治之心有所不能自已者，先生盍亦聽之，而胡以不懌爲哉？於是庚桑復即前喻，深爲譬說。言魚獸賦形愈大，則取禍愈速，故函車之獸與吞舟之魚，獨行離山則罟網羅之，蕩而失水則螻蟻苦之。以故深居簡出，自託於高深者，物之所以自全也，況全其形生之人而知反不逮此乎？且夫尊賢授能，善利天下，則堯舜之事大道者，又何足稱乎？垣牆不可鑿，鑿之則渾朴者傷；蓬蒿不可植，植

〔一〕「櫛」：原作「澤」，據註文及校本改。
〔二〕「小之」：原作「之小」，據校本改。

之則生類者亂。堯舜之遠於道也，其辨若此。又如簡髮而櫛，數米而炊，斗筲之量，何示弗廣耶？故舉賢則民皆以賢相軋矣，任知則民皆以知相盜矣，相軋則相爭，相盜則相殘，不知以善利先天下而適以大亂倡天下，民之趨利也甚勤，況可得而先乎？利在子先則後其父，利在臣先則後其君，於是子有棄父之心，臣有叛君之行，取天下之所謂名器者而分裂之，於日中正晝之間，恬不知畏，是大亂之本萌於堯舜之時，而大壞極弊於千世之後。論其世，特隱而未見耳。或謂莊老之言過於激亢天下有人與人相食者，不觀之衆暴寡、强凌弱、知罔愚與吮民之膏血者乎？則又甚矣！

南榮趎蹵〔一〕然正坐曰：「若趎之年者已長矣，將惡乎託業以及此言耶？」庚桑子曰：「全汝形，抱汝生，無使汝思慮營營。若此三年，則可以及此言也。」南榮趎曰：「目之與形，吾不知其異也，而盲者不能自見；耳之與形，吾不知其異也，而聾者不能自聞；心之與形，吾不知其異也，而狂者不能自得。形之與形亦辟矣，而物或間之耶，欲相求而不能相得？今謂趎曰：『全汝形，抱汝生，勿使汝思慮營營。』趎勉聞道達耳矣！」庚桑子曰：「辭盡矣。曰奔蜂不能化藿蠋，越雞不能伏鵠卵，魯雞固能矣！雞之與雞，其德非不同也，有能與〔二〕不能者，其才固有巨小也。今吾才小，不足以化子。子胡不南見老子？」趎，疇。蠋，蜀。

〔一〕「蹵」：原作「蹷」：，據校本改。全書同改

〔二〕「與」：原作「有」，據校本改。

南榮趎，庚桑弟子也。惡乎託業以及此言，言我將何所學而能到此乎？全汝形者，謂體其受而不虧。抱汝生者，謂守其性而不離。無使而思慮營營者，謂去其知識而不鑿。如此積久而純，乃幾於道，故曰：三年而後可以及此。南榮一聞其言，自愧開悟之晚，乃復於師曰：夫天下無異目也，而盲者乃不能見，天下無異耳也，而聾者乃不能聞，天下無異心也，而狂者乃不能得，今吾之形與人之形可謂相近矣，宜其無盲聾與狂之病，乃爲物欲所間耶，欲相求而不相得？是則踐形惟肖〔一〕之學，趎蓋不能無歉焉。今夫子教我全形抱生之説，勉而聞之，道已達於吾耳矣！達耳，即所謂自耳根入者。自耳根入者，終未渾融，惡可以及化？故庚桑子曰：夫我之教子也，其辭則已盡矣，爾之不能化也，以吾鼓鑄之力微焉耳，故曰：奔蜂不能化藿蠋。奔蜂，小蜂也。藿蠋，豆間大青蟲也。蓋聞蜾蠃能祝螟蛉而化之，似其才力相當也。奔蜂藿蠋能之乎？越雞不伏鵠卵，亦復如是。子盍南見老子乎？往見我師，庶乎目擊道存，有不言而自喻者矣。

南榮趎贏〔二〕糧，七日七夜至老子之所。老子曰：「子自楚之所來乎？」南榮趎曰：「唯。」老子曰：「子何與人偕來之衆也？」南榮趎瞿然顧其後。老子曰：「子不知吾所謂

〔一〕「踐形惟肖」：孟子盡心上：「形色，天性也；惟聖人，然後可以踐形。」朱熹註：「人之有形有色，無不各有自然之理，所謂天性也。踐，如踐言之踐。蓋衆人有是形而不能盡其理，故無以踐其形；惟聖人有是形而又能盡其理，然後可以踐其形而無歉也。」張載西銘：「其踐形，惟肖者也。」

〔二〕「贏」：原作「裹」，據校本改。

乎？」南榮趎俯而慚，仰而歎，曰：「今者吾忘吾答，因失吾問。」老子曰：「何謂也？」南榮趎曰：「不知乎？人謂我朱疑衍，或趎字。愚；知乎？反愁我軀。不仁則害人，仁則反愁我身。不義則傷彼，義則反愁我己。安逃此而可？此三言者，趎之所患也。願因楚而問之。」老子曰：「向吾見若眉睫之間，吾因以得汝矣。今汝又言，而信之。若規規然若喪父母，揭竿而求諸海也。汝亡人哉，惘惘乎！汝欲反汝情性而無由入，可憐哉！」

子何與人偕來之衆，言何子與人來歸之衆乎？非謂南榮率衆而來也。蓋庚桑推尊其師，凡有疑而未化之人，皆令南見老子，故老聖因南榮之續來而發是語。南榮不察其旨，却謂己未嘗率衆而來，故瞿然而顧其後。忘吾答，失吾問，只此便見南榮身分。老子曰：子不知吾所謂乎？所謂，即指平日所言「絶聖棄知，絶仁棄義」之語。絶知則人謂我愚，任知則反爲身累，以至絶仁則恐至於害人，絶義則恐至於傷彼。絶之不可，不絶不可，故嘗以三言爲患。不知絶聖棄知，絶仁棄義，則反於虛静恬淡寂寞無爲矣，又焉得有不知不仁不義之足患乎？趎之芒也若此。故老聖見眉睫而知，因言而決，爲發大慈憫，故言：汝規規然若喪父母，揭竿而求諸海，其失所天也若此，真亡人哉！欲反汝情性而無由入，正謂迷頭棄父，佛語所謂「可憐愍者」。求諸海者，廣求之義，非謂求之海中也。

南榮趎請入就舍，召其所好，去其所惡。十日自愁，復見老子。老子曰：「汝自洒濯，孰哉？鬱鬱乎，然而其中津津乎猶有惡也。夫外韄者不可繁而捉，將內揵；內韄者不可繆而捉，將外揵；外内韄者，道德不能持，而况放道而行者乎？」孰熟同。韄，獲。揵，蹇。

請入就舍，假先生之館舍而卒業也。召，求也。求其所好，即欲反其情性之意。所惡，即指所絶所棄之事。十日自愁者，困於其心，求得而未得也。汝自洒濯孰哉，是老子問詞，言子洒濯身心功夫還熟也未？但見鬱乎其愁，其中津津乎猶有惡也。鬱而有惡，則是胸中尚未洒然。直至愁無可愁，召無可召，求無可求，而後始爲純熟。此段細密功夫，柰何責以十日？此南榮趎之所以欲速而不逮也。於是老子因其復見也而告之曰：夫人之學也，其要則内外兩忘盡之矣。凡人内有所桎則謂之内韄，外有所桎則謂之外韄。韄者，以皮束物之稱。言人之心貴乎虚静恬淡，一接於物而不能「過而不留」，則奪於攻取，心受外韄而繁矣，就此憧憧煩擾之中尋求本體，其如物拒於中，内者已實，故内揵而不開；一動於欲而不能與化俱徂，則思慮營營，心受内韄而繆矣，就此綢繆縈結之中尋求本體，其如已涉於感，外緣難斷，故外揵而難解。捉者，尋求之義。揵者，牢關之義。此等新奇之語，如霞外雜俎，必非食煙火者之所能道。内外韄者，道德不能持，言内外交韄，則雖道德有於身者尚不能以自持，况遵道而行者乎？要知道德有於身，則洒濯已熟，自無所韄，此殆其設言耳。

南榮趎曰：「里人有病，里人問之，病者能言其病，然其病病者，猶未病也。若趎之聞大道，譬猶飲藥以〔一〕加病也。趎願聞衛生之經而已矣。」老子曰：「衛生之經，能抱一乎？

〔一〕「以」：原作「而」，據校本改。

能勿失乎？能無卜筮而知吉凶乎？能止乎？能已乎？能舍諸人而求諸己乎？能翛然乎？能侗然乎？能兒子乎？兒子終日嗥而嗌不嗄，和之至也；終日握而手不掜，共其德也；終日視而目不瞚，偏不在外也。行不知所之，居不知所爲，與物委蛇而同其波。是衛生之經已。」嗄，沙去。掜，藝。瞚，瞬。

里人問病，病者能自言其狀，是其病猶未甚也，喻言己能自狀，其病尚淺，緣此病自十日自愁上得來，所謂無病而灸者。若再聞夫子之言，愈自驚疑，是猶飲藥而反加病。今不敢復進於是矣，所願得衛生之常法而已矣，此正佛經所謂願樂小法者。不知衛生之經非道德不能也，故老子難之曰：能抱一乎？能勿失乎？二句即道德經所謂「載營魄抱一，能無離乎」之意。能無卜筮而知吉凶乎？此箇吉凶，即道德經所謂「福兮禍所倚，禍兮福所伏」、「正復爲奇，善復爲妖」者，本不待於卜筮而後知。若民之迷，日固久矣，故以此發問，欲其有以自審。能止乎？知止也。能已乎？知足也。能舍諸人而求諸己乎？急於自治而不暇於及人也。能翛然乎？無所累也。能侗然乎？無所知也。能兒子乎？專氣致柔如嬰兒也。此皆反朴還淳之道。至如兒子，則其德厚矣。故以下遂言：兒子終日嗥而嗌不嗄，氣之和也；終日握而手不掜，德之共也；終日視而目不瞬，精之專也。長哭曰嗥，聲啞曰嗄，卷手曰握，撫手曰掜，目動曰瞬，一而不分曰共，精有所移曰偏。行不知所之，居不知所爲，言無心也。與物委蛇而同其波，隨順而無忤也。「含德之厚，比於赤子」，則衛生之經孰有外於此哉？

南榮趎曰：「然則是至人之德已乎？」曰：「非也，是乃所謂冰解凍釋者。夫至人者，相與交食乎地而交樂乎天，不以人物利害相攖，不相與爲怪，不相與爲謀，不相與爲事，翛然而往，侗然而來，是謂衛生之經也。」

至人之德，無能所，去執着，渾然無迹。如上數箇「能」字，便是佛經所謂「能所〔一〕」，道經所謂「執着」。譬則冰已解矣，凍已釋矣，中間渣滓〔二〕尚未渾化，安得竟到澄然湛然地位？所以南榮問：是至人之德已乎？而老子曰：非也，若論至人，則上德不德，相與斯世斯人交食乎地，交樂乎天，但見人食亦食，人樂亦樂，食樂皆與人同，而不受利害，不立詭異，不與謀事，翛然而往，侗然而來，則與人異。此衛生之經，在至人者如此而已。較之前言，則所謂「安排而去，化乃入於寥天一」者。

曰：「然則是至乎？」曰：「未也。吾固告汝曰：『能兒子乎？』兒子動不知所爲，行不知所之，身若槁木之枝而心若死灰。若是者，禍亦不至，福亦不來。禍福無有，惡有人灾也？」

然則若是至乎？謂我之學當至是已乎？曰未也，言尚未到此。吾固告汝曰：能兒子乎？

〔一〕「能所」：佛教術語。二類事物相對待時，自動的一方稱爲能，不動的一方稱爲所，如能見、所見。
〔二〕「渣滓」：各本作「查滓」，據義改。

只槁爾之形，灰爾之心，如兒子之動不知所爲，行不知所之，則禍亦不至，福亦不來，而人災可免，是汝衛生常道。此段學問，即佛乘中所謂「二乘做死心功夫」者，尚有捉摸，亦趓之身分所易及者。此處林鬳齋解皆不得其旨。

宇泰定者，發乎天光。發乎天光者，人見其人，人有脩者，乃今有恒。有恒者，人舍之，天助之。人之所舍，謂之天民；天之所助，謂之天子。一

以下皆莊子雜著。宇，心宇也。泰定者，泰然而定。定則生慧矣，故發乎天光。天光者，謂於事物之來，不逆不億而自然先覺，故謂之曰天。人但見其人耳，而不知其即天也。脩而得此，則常德不離矣，故曰：乃今有恒。人舍，謂人之所歸。舍，訓曰止。

學者，學其所不能學也；行者，行其所不能行也；辯者，辯其所不能辯也。知止乎其所不能知，至矣。若有不即是者，天鈞敗之。一

夫人皆有能、有不能，於其所不能者而勉之，則人事盡矣。故學其所不能學，則其學也進；行其所不能行，則其行也卓；辯其所不能辯，則其辯也精。至於知，則不必知其所不能知。蓋人知〔一〕所不能知，則天也，吾人則當以其所知養其所不知，斯得爲知之盛。故止其所不能知，至矣。不即是者，是逆天也，必爲天鈞敗之。敗，猶棄也。天鈞，猶言鴻鈞。蓋不即是，則故作誤爲而僥倖於其

〔一〕「知」：原作「有」，據校本改。

所難必者抑又多矣。

備物以將形，藏不虞以生心，敬中以達彼，若是而萬惡至者，皆天也，而非人也，不足以滑成，不可內於靈臺。靈臺者有持，而不知其所持而不可持者也。——內，納。

將之爲言，奉也。言人備物以奉其身，思患豫防，常恐其有不測之事，而又敬而無失，與人恭而有禮，宜乎足以自全。若是而衆惡交至者，則天也，而非人之所致，正如伯牛之疾，顏子之夭，皆非人之所能知，又何足以滑吾之盛德而内吾之靈臺乎？夫靈臺者有持，有持，猶言有主。而不知其所持而有所不可持者，畢竟無主則虛，一有所主，則必不能以其所知養其所不知，而煩惱障礙皆從此起矣。

不見其誠己而發，每發而不當，業入而不舍，每更爲失。——

夫人必有諸中，而後發諸外，故君子脩辭立其誠，然後言而有中。今也不見其誠己而發，但見每發而不當於事理之情實。不當於事理之情實，則亦妄發而已。痛自改悔，舍其舊而圖其新，可也。今也業入而不能舍，業入，謂業已入於不誠不信之中，而又屢屢更變以自掩飾，不知轉更轉失，所謂「過而不改，是謂過矣」，恥過作非者往往如是。讀莊子者，寧不惕然？

爲不善乎顯明之中者，人得而誅之；爲不善乎幽閒〔一〕之中者，鬼得而誅之。明乎人、

〔一〕「閒」：各本作「間」，據宋本改。

明乎鬼者，然後能獨行。

人誅，謂刑罰。鬼誅，謂奪其魄而益之疾。獨行，謂獨脩於人所不見之地。

券内者，行乎無名；券外者，志乎期費。行乎無名者，唯庸有光；志乎期費者，唯賈人也，人見其跂，猶之魁然。與物窮者，物入焉；與物且者，其身之不能容，焉能容人？不能容人者無親，無親者盡人。

券内外，即老子所謂「左右契」也。蓋券内者，藏券於内，券外者，行券於外。主人券藏於内，而券之中主人無名焉，故曰：券内者，行乎無名。雖則無名，而實大聲宏，人皆仰之，譬則君子之學，專務於内，不爲名譽，而其爲道也「闇然而日章」，故曰：行乎無名者，惟庸有光。若券外者，則志於求人之費而已，期費，則賈人之事也，盜夸之徒也，人見其跂而高也，以爲渠魁，不知一賈人耳，何足尚哉？大抵良賈則深藏若虚，盛德則容貌若愚，君子之與物也，深自儉約，不爲侈大，如寒士然，是之謂與物窮者。然虚則能容，謙乃受益，故物莫不入焉。若與物苟且，漫然而來者汗然而去，在學者則爲道聽塗説之人，此尚不能自容一身，安能廣受衆人也？夫無容人之量者，人將離之，故無親。無親，則與物暌絶，而盡人之類皆不能與之爲徒，其病源正在一箇務外好高而悦於近利耳，可不戒哉？

兵莫憯於志，鏌鋣爲下；寇莫大於陰陽，無所逃於天地之間。非陰陽賊之，心則使之

也。一

此言幾微之害。蓋人有一念不謹而貽終身之憂者，故兵莫憯於志。嗔忿之心甚能自戕，比之鏌鎁，其禍尤慘，無能避者，故鏌鎁爲下。寇莫大於陰陽，衽席之間干戈生焉，然而陰陽，男女無所逃於天地之間。陰陽豈能賊人？心貪則自賊耳。知此，則人當懲忿窒慾，持其志，養其心，而不使有自失之悔可也。

道，通其分也，其成也，毁也。所惡乎分者，其分也以備；所以惡乎備者，其有以備。故出而不反，見其鬼；出而得是，謂是死；滅而有實，鬼之一也。以有形者象無形者而定矣。一

此准物理而論造化。道者，先天道朴。分，謂分陰分陽。成毁，謂盈虛消息。言一氣周流，初無間斷，而道實通乎其間；既毁矣，於是貞元會合，絶後再甦，所謂「無平不陂，無往不復」，物理人事莫不皆然。其不能不分者，以備故分也。老子曰，「朴散爲器」，「復歸於朴」，則分而不分，斯無惡矣，其如有以備何？故曰：所惡於分者，其分也以備；所惡於備者，其有以備。有以備者，居其備也。有以備，則其理其勢不得不分，而成毁變滅皆入於定數而不可逃。聖人知其如此，以故生而不有，爲而不恃，長而不宰，功成而不居，是謂無備則無分，無分則無成無毁，故能劫外獨存，而長久之道端在於此。大抵造化物理，出者貴反。出而不反，鬼道也，死道也。若乃滅而有實，然後爲鬼之得一者耳，鬼神得一則靈。不反，則罥掛輪綱，永失真性，何從而得一哉？有形謂物理，無形謂造

化，故以有形者象無形者，而論斯定矣。〔一〕

出無本，入無竅，有實而無乎處，有長而無乎本剽，有所出而無竅者有實。有實而無乎處者，宇也。有長而無乎本剽者，宙也。有乎生，有乎死，有乎出，有乎入。出入無見其形，是謂天門。長，上聲。剽，甫小反，末也。

此言造化之妙。出，生出也。入，死而歸也。言造化之顯藏，默運於無聲無臭之表，而不見其迹，莫知其然，故其出也無本，其入也無竅。非無本也，非無竅也，但無方所之可求耳，故曰：有實而不見其處。故將自其變者而觀之，亘古亘今有長矣，而無乎本剽；自其不變者而

〔一〕按：此段註文，校本完全不同，云：「道者，先天道朴，朴散則分，分則有成有毀，而道未始與之相離，故通其分也，通其成也，通其毀也。既莫非道矣，則當其分也，道在於分，不必求備於其合也，當其成毀亦復如是。隨其本分而各安於分之所當得，斯無惡矣。所以惡於分者，凡以求備之心累之也；所以惡於求備者，其有以備之謂也。有以備，則有見於備而無見於分，故分之則憂，有見於成而無見於毀，故毀之則悲，是皆不知道之無所不通，故不能『無入而不自得』。在知道者則以爲，吾當其毀則安於毀，而不必更求其備於成，吾當其分則安於分，而不必更求其備於合，如人之當其死則安於死，而不必更求其備於生。故出而不反見其鬼，鬼者，出而不反之喻，出而不反者，一意在此而不更向於彼也。夫人出而得是，不反之道也，人皆謂是死耳，豈知死之中而有不死者存，故滅而有實，鬼之一也。一即所謂道者，道則實際理地，故滅而不滅，空而不空。蓋雖以鬼喻，而造化之至理實不外是，故以有形者象之無形，而人事定矣。蓋定則無求備之心，而成毀分合一聽其自然，而無不安之分矣。」

觀之，無門無旁無竅矣，而有乎實理。有實而無處，上下四方一如也；有長而無本末，往古來今一如也；實有乎生，實有乎死，實有乎出，實有乎入，幻相實相一如也。然而不見其形也，而出入生死由是焉，是以謂之天門。天則虛無自然而已矣，誰能不由〔一〕此門乎？何莫非〔二〕由斯道也？故下文見意。

天門者，無有也，萬物出乎無有。有不能以有爲有，必出乎無有，而無有一無有，聖人藏乎是。

老子云：「天地萬物生於有，有生於無。」而無有之先又復有無無者焉，即齊物論中所謂「未始有無也者」是也。聖人有見於此，故藏神乎是。蓋惟藏，則虛靜寂寞，而萬有之根基於是乎立矣。

古之人，其知有所至矣。惡乎至？有以爲未始有物者，至矣盡矣，弗可以加矣。其次以爲有物矣，將以生爲喪也，以死爲反也，是以分已。其次曰始無有，既而有生，生俄而死；以無有爲首，以生爲體，以死爲尻。孰知死生有無之一守者，吾與之爲友。是三者雖異，公族也。昭、景也，著戴也；甲氏也，著封也：非一也。

未始有物者，無死生，無終始，溟溟涬涬而已，此在太極未分之先。其次則言有物，有物則方生

〔一〕「能不由」：原作「由不能」，據校本改。
〔二〕「非」：各本無，據義補。

方死，方始方終，故以生爲喪，以死爲反。喪，謂亡失於外。反，返其真也。齊物論云「弱喪而不知歸」，亦是此意。蓋至是而渾淪之體判矣，故曰：是以分已。又其次者則言始而無有，既而有生，生俄而死，是以無有爲首，以有生爲體，以死爲尻。尻，尾也，物之終也。孰知有無死生之一守者，吾與之爲友，是既知其分又知其一者也。三者之言，雖次第不同，而皆未離於宗，譬則楚之公族，昭氏也，景氏也，以戴而著者也；甲氏也，以封而著者也。戴，謂人所推戴。三氏雖分，本之則一公族而已，非一也，而亦何嘗不一哉？

有生，黬也，披然曰「移是」。嘗言「移是」，非所言也。雖然，不可知者也。臘者之有膍胲，可散而不可散也。觀室者周於寢廟，又適其偃焉。爲是舉「移是」。請嘗言「移是」：是以生爲本，以知爲師，因以乘是非；果有名實，因以己爲質；使人以爲己節，因以死償節。若然者，以用爲知，以不用爲愚，以徹爲名，以窮爲辱。「移是」，今之人也，是蜩與鷽鳩同於同也。黬，於咸反。膍，毗。胲，古來反。二「散」字，上上聲，下去聲。

此章鄙人之見小，而廣以一體同觀之義。言有生，聚氣耳，如釜底煙氣聚而成黶。既云聚氣，則凡同類者，舉相似也，何得妄有分別？今披然而曰「移是」，非所言也。披然，解散之貌。移，即孟子所謂「居移氣，養移體」之「移」，謂變其常也。夫人自有常耳，而嘗言「移是」，豈言之當乎？雖然，亦有移者，則時之所遭，人不可知也。取諸其譬，如臘祭之有膍胲，有可散，有不可散者，故以爲可移而不可移之喻。膍，牛之百葉也。足指曰胲。二「散」字，上作上聲讀，下作去聲讀，其義自明。可散，謂散置於鼎俎之間。不可散，謂分散於人也。又如室之有廟、有寢、有偃，觀室者遍而造之，則見其移祖於廟，移憩於寢，移溲於偃，偃，屏廁也。以爲有卑高貴賤之分，爲是舉「移是」，而不知膍胲一體也，廟偃一地也。今人但見其可移耳，而不見其有不可移者在，故嘗言「移是」，非所言也。請嘗言「移是」，是以有生者爲本，而以其所知者爲師，因乘之以生是非。以生爲本者，謂以己作主，知己之貴則賤人，知己之知則愚人，知己之榮則辱人，是皆以知爲師而乘是非者。用是因實求名，循名責實，謂果有名實，莫不以己爲質，而使人皆取節焉。以己爲質，即以有生爲本之義。質，如「義以爲質」〔一〕之「質」。節，準則也。夫以知爲師，便以生是非；果有名實，便以己爲質；使人節己，便以死償節；直至鐘鳴漏盡〔二〕，而猶不悟本來之無我：人心之移，一至於此！今人少有得志，便謂今非昔比，常將我身作主，要使人人承奉於我，山林遊戲，行尚辟人，索居閒處，尚御冠服，得非以死償節之謂乎？若然者，是以己之用者爲知，而以人之不用者爲愚，以己之通者爲榮，而以人之窮者爲辱。古之達人不作是觀。言「移是」者，今之人也，是蜩與鷽鳩同一自足於枋榆之下者也，何見之小哉！夫惟蜩與鷽鳩乃同一見，而我又與之同，故曰同其同，鄙亦甚矣！此條，不知從前諸老作何見解？

〔一〕「義以爲質」：典出論語衛靈公，皇侃疏：「質，本也。」

〔二〕「夫以知爲師」至「鐘鳴漏盡」：校本作「直至鐘鳴漏盡，以死償節」。

蹍市人之足，則辭以放驁，兄則以嫗，大親則已矣。故曰：至禮有不人，至義不物，至知不謀，至仁無親，至信辟金。—蹍，女展反。

蹍，踏也。踏市人之足，則辭謝以放驁。兄踏弟足，則以氣而嘘，嫗拊之而已，無庸謝也。若父母踏子之足，則並與嫗拊而忘之，故曰：大親則已矣。夫蹍足而辭謝，禮也，禮以相僞。至禮則質任自然，不見人我而生遜讓，故知親之已矣，真至禮也。至義則不待物物裁制而皆得其宜。至知則自然先覺而已，故至知不謀。至仁則無所不愛而已，故至仁無親。至信則不待金玉以爲質，故至信辟金。此皆因「至禮不人」而緒及之者。

徹志之勃，解心之謬，去德之累，達道之塞。貴富顯嚴名利六者，勃志也。容動色理氣意六者，謬心也。惡欲喜怒哀樂六者，累德也。去就取予知能六者，塞道也。此四六者不盪胸中則正，正則靜，靜則明，明則虛，虛則無爲而無不爲也。—

徹，撤而去之也。勃，悖亂也。謬與繆同。塞，障礙也。君子之志也，則當志於道德，一有富貴嚴顯名利之心，則奪於外誘，而吾之志因以亂矣。容，身相也。動，舉四體而言。色，容色也。理，言之文也。氣，則兼聲與色而言之。意，思慮也。六者在心，則綢繆糾結，不能自解，故曰心謬。德者，渾淪不分之謂；淆之以情，則竅鑿多矣，故足以爲德之累。道則虛無自然而已，無去就，無取予，無知能；有之，則適足以障道。此四六者，不盪於胸中則胸中正。正，如「各正性命」之「正」，言

「適得吾體」也。正，則攻取不得而奪之。故正則静，静則定而生慧矣；故静則明，明則表裏瑩然，渣滓渾化而虚矣，虚則恬然淡然寂然寞然，而一無所爲矣。然無爲也而無不爲也，萬變不足爲之撓，豈復爲四六所累哉？

道者，德之欽也，生者，德之光也，性者，生之質也，性之動，謂之爲，爲之僞，謂之失。—

天下莫不尊道而貴德，故道者爲德之欽。降本流末，人物乃生，生則品物咸章，而光輝發越矣，故生者爲德之光。有生者，有生生者，故性者爲生之質。率性而動，則百爲出焉，故性之動謂之爲。爲而根於性，則雖爲而實無所爲矣，加之以人則僞，僞則失。失，即老子所謂「失道」、「失德」、「失仁」、「失義」之「失」。莊子分明是老子疏註。

知者，接也；知者，謨也。知者之所不知，猶睨也。動以不得已之謂德，動無非我之謂治，名相反而實相順也。—

知者，與物爲構而生。謨，謀謨，謀生於意識。德性之知則不如是，蓋德性之知有所不知，如赤子之睨然視物而不起於分別，其有所動，又皆不得已而後動者，故不得已而動謂之德，動無非我謂之治。我，即釋氏〔一〕所謂「真我」。治，謂五官效職，百體從令。此便是性之動者，是皆出於自然，而不以一毫人爲參之。德與我皆在内，動與治皆在外，其名若相反而實則相順者也。相順，謂外皆順

〔一〕「釋氏」：原作「什氏」，據校本改。

於内。

羿工乎中微而拙乎使人無已譽，聖人工乎天而拙乎人。夫工乎天而俍乎人者，唯全人能之。俍，良同。

羿巧於中的而拙乎使人無已譽，謂其有以自見也，聖人亦然。若工於天而又俍乎人，唯全人能之。全人者，至人也。至人無己，至人無名。

惟蟲能蟲，惟蟲能天。全人惡天？惡人之天？而况吾天乎人乎？惡，烏。

能，即孟子所謂「良能」。物有萬不齊，皆謂之蟲。惟蟲能蟲，謂能不失其本性也，如鳶之飛，魚之躍，鷇之鳴，馬牛之蹄齧，皆能自率其天性而不失其爲蟲，故曰：惟蟲能蟲，惟蟲能天。然蟲而謂之能天者，進物而言之也。人則一天而已，况全人乎？若全人，則不知何者爲天，何者爲人，故曰：全人惡天？且天之未始不爲人，人亦未始不爲天，知天人之爲一體者，自爾不生分别。此尚不知人之能天，而况天之在我者乎？故曰：惡人之天？而况吾天乎人乎？何相異也？若使其知我之能天，則終有我見，斯不得謂之全人矣。全人，即至人也，至人無己。

一雀適羿，羿必得之，威也；以天下爲之籠，則雀無所逃。是故湯以庖人籠伊尹，秦穆公以五羊之皮籠百里奚。是故非以其所好籠之而可得者，無有也。介者拸畫，外非譽也；胥靡登高而不懼，遺死生也。拸，與紙反。

羿必得雀，威力使然也，故有力者得人。雖然，亦必因其所好，可籠而致也，如伊尹、百里奚有志於霸王之業，然後湯與穆公得而有之。若使胸中洒洒，一塵不掛，烏得而有之哉？介者拸華美而弗飾，外毀譽也；胥靡登危險而不懼，遺死生也。彼二子者非其人也，烏得不爲所籠哉？介，兀者。胥靡，刑徒人也。畫，畫衣也。拸者，棄意。

夫復謵不餽而忘人，忘人，因以爲天人矣。故敬之而不喜，侮之而不怒者，唯同乎天和者爲然。出怒不怒，則怒出於不怒矣[一]；出爲無爲，則爲出於無爲矣。欲靜則平氣，欲神則順心，有爲也欲當，則緣於不得已。不得已之類，聖人之道。復謵，與服習同。

復謵，猶言服習。夫人不能忘情於人，於是始有餽遺，不餽而忘人，則無人之情矣。有人之形，無人之情，非天人乎？無人情者，敬而不喜，侮而不怒，無喜無怒，同乎天和。天和者，自然之沖氣，人得之以爲生者。然非無喜無怒也，謂出怒而不怒也。出怒不怒，則怒出於不怒矣。此箇不怒，乃未發之中，在未怒之先者；常能養得此中，然後發而皆中。出怒如此，出喜可知，其有爲也亦然。故出爲無爲，則爲出於無爲矣。無爲非塊然也，不得已而應之，雖爲猶不爲也。故欲靜則須平其氣，欲神則須順其心，欲有爲而得其當，則必緣於不得已。「欲靜」二句，起下之詞。平氣者，謂調息而後歸於靜也。欲神則順心者，心無物忤，然後存神而應妙，以喻有爲而欲當者則必緣於不得

〔一〕「矣」：經文與註文原無，據校本補。

已。不得已者，自然也，天也，聖人之道類是也。

於是方壺外史爲作亂辭：

庚桑居壘，匪杓之人。南面不釋，柰此細民。鳥不厭高，魚不厭深。藏之深眇，乃全其身。賢能善利，奚足以濟？亂首唐虞，末流千世。南趎託業，庚桑盡辭。南見老子，三患生疑。十日自愁，内外兼韄。飲藥加病，衛生而足。能抱一乎？能兒子乎？槁形灰心，莫知所圖。宇泰定者，發乎天光。止所不知，天鈞弗傷。敬中達外，備物將形。人不勝天，奚以滑成？不誠而發，每更爲失。明懼人非，幽虞鬼責。券内無名，物則入之。賈人期費，人見其跂。兵憯於志，寇大於心。道通成毁，所惡於分。無本無竅，出入天門。藏心無有，美厥靈根。有生者黬，移是則非。蜩鳩也哉，胡見之微？

蹍足辭驁，大親則已。至禮不文，至人無己。
四六不盪，歸於静明。無爲無失，惟德之欽。
惟蟲能蟲，惟雀可籠。不餽忘人，天和乃同。

雜篇徐無鬼第二十四

此篇多有隱晦難解之語，如層巒疊嶂，争奇獻怪，遊涉此者，甚可新人耳目，長人意見。讀莊子到此，不得草草，三復愈有深味。

徐無鬼因女商見魏武侯，武侯勞之曰：「先生病矣！苦於山林之勞，故乃肯見於寡人。」徐無鬼曰：「我則勞於君，君有何勞於我？君將盈嗜欲，長好惡，則性命之情病矣；君將黜嗜欲，掔好惡，則耳目病矣。我將勞君，君有何〔一〕勞於我？」武侯超然不對。少焉，徐無鬼曰：「嘗語君吾相狗也。下之質，執飽而止，是狸德也；中之質，若視日；上之質，若亡其一。吾相狗又不若吾相馬也。吾相馬，直者中繩，曲者中鉤，方者中矩，圓者中規，是國馬也，而未若天下馬也。天下馬有成材，若卹若失，若喪其一，若是者，超軼絶塵，不知其所。」武侯大悦而笑。掔，苦田反。勞，去聲。長，上聲。軼，逸。

夫山林之士，虚静恬淡寂寞無爲，各安其性命之情，自適其適而已，無所病苦，安所取勞哉？而武侯則固勞之，故無鬼借其意而反之曰：我則有勞於君。蓋君將盈嗜欲，滋好惡，則逐物喪真而

〔一〕「有何」：原作「何有」，據上下文及校本改。

内者病矣；黜而去之，則耳無所聞，目無所見而外者病矣；内外交病，君之可勞莫甚焉。而武侯超然未有以對也。少焉，無鬼語之以相狗焉，蓋因論狗馬，而相士之道實寓言表。狗之下者執飽而止，執飽，謂以搏執求飽，得飽則止，是狸德也，不可用也。中之質若視日，視日者，蒿其目，其心若有思乎，然神已專於内矣。上之質若亡其一，蓋並其思而亡之，嗒然如南郭子綦之喪耦，㴈子養雞所謂「望之如木雞」者，蓋亦類是。蓋執飽者見可欲而動，精神發露，一試便休，此喻士之無養者。視日，則似有所養矣，是故可以迫之而動也。若亡其一，則全不欲試者也。全不欲試者，然後能大有所試。孟子言：「人有不爲也，而後可以有爲。」準之相馬，亦復如是。夫國馬者，方圓曲直，動合矩度，即國士也。若夫天下馬者，若卹若失，若亡其一，卹與失者，惛惛悶悶，全無發揚厲蹈之意。莊老立論，主意只在凝神守氣，千言一旨。吾儒所謂「不專一則不能直遂，不翕聚則不能發散」，只爲有見於此。武侯一聞此言，大悦而笑，笑不笑，一時則不可知，然著書者直是自信，具耳目者可以相悦而解耳。

徐無鬼出，女商曰：「先生獨何以説吾君乎？吾所以説吾君者，横説之則以詩書禮樂，從説之則以金板六弢，奉事而大有功者不可爲數，而吾君未嘗啓齒。今先生何以説吾君，使吾君説若此乎？」徐無鬼曰：「吾直告之吾相狗馬耳。」女商曰：「若是乎？」曰：「子不聞夫越之流人乎？去國數日，見其所知而喜；去國旬月，見所嘗見於國中者喜；及期年也，見似人者而喜矣。不亦去人愈久，思人滋深乎？夫逃虚空者，藜藋柱乎鼪鼬之逕，踉位其空，聞人足音跫然而喜矣，而况乎昆弟親戚之謦欬其側者乎？久矣夫，莫以真人之言謦欬吾君之側乎！」橫説、從説，二音稅，餘如字。藋，徒弔反。鼪鼬，生由。欬，苦愛反。踉，郎。跫，曲恭反。

夫詩書禮樂之文，與金板〔一〕六弢之略，文則可以經邦，武則可以戡亂，故曰奉事而大有功者。而君未嘗説之者何？蓋以腐儒之空談與策士之勸説，人主厭聞久矣，今也一聞狗馬之論，無所因襲，獨見之言，以之相士則得士，以之養心則得心，誠哉其爲真人之言、空谷之謦欬也，焉得不跫然而喜、大説而笑乎？虚空，即空谷也。柱，塞也。鼪鼬之逕，山蹊之間，鼪鼬所由之處也，而藜藋塞之，荒涼可知。踉，欲行貌。位，處也。言行行且止之時，偶聞足音，已自不勝其喜，况又聞親戚昆弟之謦欬乎側，其喜又殆有甚焉者。此段曲體物情，以喻武侯久不聞人言，今又幸得聞至言，分明譏笑魏國無人，而前之所説，從橫捭闔〔二〕，皆非人言也。

徐無鬼見武侯，武侯曰：「先生居山林，食芧栗，厭葱韭，以賓寡人，久矣夫！今老耶？其欲干酒肉之味耶？其寡人亦有社稷之福耶？」徐無鬼曰：「無鬼生於貧賤，未嘗敢飲食君之酒肉，將來勞君也。」君曰：「何哉，奚勞寡人？」曰：「勞君之神與形。」武侯曰：「何謂耶？」徐無鬼曰：「天地之養也一，登高不可以爲長，居下不可以爲短。君獨爲

〔一〕「板」：各本作「匱」，據經文改。
〔二〕「闔」：各本作「闟」，據義改。

萬乘之主，以苦一國之民，以養耳目鼻口，夫神者不自許〔一〕也。夫神者，好和而惡姦。夫姦，病也，故勞之。唯君所病之，何也？」

言先生老矣，若就寡人之養而來，則當備酒肉之味以奉先生，若有意於寡人，則相與以圖社稷之福。於是無鬼又就「養」之一字生下意來，言君勿謂萬乘之養與匹夫不同，凡天地之養一也，其以爲萬乘、匹夫者，所處異焉耳，猶之登高、居下者然。夫物有各足，登高不能長，居下不能短也，而君獨以爲高爲長，而苦短者下者之民，唆其膏血，以養在己之耳目口鼻，自以爲得矣，而不知己之神不自許也。夫神也者，虚静恬淡寂寞無爲，和之至也，故好和而惡奸。奸之爲言，亂也。今以聲色臭味之塵，蔭其六根，賊其天和，不謂之病而何？夫是數者，皆有生之養所不能免，人則不病也，而君獨病之，何哉？於此深思而自得之，則知老子所謂「生而動之死地者，以其生生之厚」，而「益生曰祥」之旨，可以引伸而得之矣。

武侯曰：「欲見先生久矣！吾欲愛民而爲義偃兵，其可乎？」徐無鬼曰：「不可。愛民，害民之始也；爲義偃兵，造兵之本也。君自此爲之，則殆不成。凡成美，惡器也；君雖爲仁義，幾且僞哉！形固造形，成固有伐，變固外戰。君亦必無盛鶴列於麗譙之間，無徒驥於錙〔二〕壇之

〔一〕「許」：原作「計」，據校本改。
〔二〕「錙」：經文註文，原均作「緇」，據校本改。

宮，無藏逆於得，無以巧勝人，無以謀勝人，無以戰勝人。夫殺人之士民，兼人之土地，以養吾私與吾神者，其戰不知孰善？勝之惡乎在？君若勿已矣，修胸中之誠，以應天地之情而勿攖。夫民死已脱矣，君將惡用夫偃兵哉？」

此下正言圖謀社稷之福。愛民，仁也。偃兵，義也。仁義以爲國，無不可者，而無鬼則以爲不可者，謂其爲之以有心也。何者？有心愛民，則姑息之政行焉，是雖曰愛之，而其實害之也，故曰：愛民者，害民之始。有心偃兵，則警備之防弛焉，是雖曰偃之，而適以造之也，故曰：偃兵者，造兵之本。大抵天下事，最不可以有心爲之。若自此爲之以有心，則雖足以成仁義之美名，而不知反爲不成之始。故成美，惡器也；弗成可也，又況成之以有心乎？有心，則雖爲仁義，而且幾於僞矣，君得無僞乎哉？蓋當時之諸侯，多有假借仁義之名以求濟其貪欲之私者，故無鬼言此以警之。何謂成美惡器？凡造化物理，成之於先者，必虧於後，故始於治，常卒乎亂。至人深達化權，故一以無名之朴鎮之，而不以成美自居。夫形固有造形者，無形則無造矣；成固有伐之者，無成則無伐矣；變固有外戰者，心平則爭息矣。是蓋「不爲禍首，不爲事先」，無心順應，修胸中之誠而勿攖，則既無害民之端，又無造兵之本，所以爲得。君亦必無盛鶴列於麗譙之間，徒驥於錙壇之宮。麗譙，宮樓名。鶴列，陳兵也。徒，步卒也。驥，騎射也。錙壇之宮，社稷之地也。夫嚴肅之所，自合清虚，神明之舍，本宜靖謐，以況心本無生，忽然起念，則是鶴列於麗譙之間，徒驥於錙壇之宮，失常之變，莫此爲甚。原其愛民偃兵之初心，不過藏仁要人以爲强國之計，是謂藏逆於得，以智爲謀，以巧取勝，以戰天下於才術仁義之中，以兼人之土地，而殺人之士民，收其子女玉帛，以養吾耳目口鼻之私，以快吾神，而不知吾神受内戰之傷亦已多矣。如是，則所獲不能補其所亡，所得不能濟其所傷，其戰也，果孰爲勝？勝安在乎？君若勿已矣，勿已，即無已之意，謂欲已〔一〕之而不止，則莫若修吾之誠以應天地之情，而勿與物攖。修吾之誠，則絶去仁義之幾僞者，一味虚静恬淡寂寞無爲，自然與天地之實理相應，而凡事物之去來順逆，自然各適其適而不相攖亂。夫民命生死皆懸於君之一念，如是不與物攖，則無心變外戰之患，而民之死脱矣，又何懼夫兵之爲害而以偃兵爲哉？蓋直説到箇「行無行，攘無臂，仍無兵」的地位，非至德，其孰能與於此？

黄帝將見大隗於具茨之山，方明爲御，昌寓驂乘，張若、謵朋前馬，昆閽、滑稽後車，至於襄城之野，七聖皆迷，無所問塗。遇牧馬童子，問塗焉，曰：「若知具茨之山乎？」曰：「然。」「若知大隗之所存乎？」曰：「然。」黄帝曰：「異哉小童！非徒知具茨之山，又知大隗之所存。請問爲天下。」小童曰：「夫爲天下者，亦若此而已矣，又奚事焉？予少而自遊於六合之内，予適有瞀病，有長者教予曰：『若乘日之車而遊於襄城之野。』今予病少痊，予又且復遊於六合之外。夫爲天下亦若此而已矣。予又奚事焉？」黄帝曰：「夫爲天下者，則誠非吾子之事。雖然，請問爲天下。」小童辭。黄帝又問。小童曰：「夫爲天下者，亦奚以異乎牧馬者哉？亦去其害馬者而已矣！」黄帝再拜稽首，稱天師而退。隗，魏。瞀，茂。

〔一〕「已」：各本作「言」，據義改。

方明、昌寓、張若、謵朋、昆閽、滑稽兼帝爲七聖，皆寓言也。大隗，即大道也。兩「亦若此而已矣」，皆指牧馬而言。少而自游於六合之内，言予少有知覺，便自遊於有方之内，與物爲搆，漸覺瞀昧，長者教予乘彼方升未艾之日車，遊諸襄城之野，無物可見，障礙少除，今又且復遊乎六合之外，喻彼學問無盡，進得一步又有一步，透得一層更有一層。黄帝見童子之言，知其非凡，固請問爲天下之道。爲天下，亦是寓言，老子所謂「將欲取天下而爲之，吾知其不得已」。蓋爲天下，即治身也。童子大朴未彫，無事返還歸復，故曰：爲天下者，誠非童子之事。雖然，有道存焉，敢問爲天下之道而已。小童曰：夫爲天下者，奚以異於牧吾馬哉？齧草飲水，順其自然，去其所以害吾馬者而已。今於百姓日用之中，而去其所以害吾身者，則治身之道豈復有餘藴哉？於是黄帝稽首再拜曰：天人也，真吾師也！作禮而退。

知士無思慮之變則不樂，辯士無談説之序則不樂，察士無淩誶之事則不樂，皆囿於物者也。誶，信。〔一〕

夫人情樂於自見而喜於有所試，故知士無思慮之變，辯士無談説之序，察士無淩誶之事，則己之才一無所試而不能以自見，故不樂，然皆爲物所囿者也。至人則虚静恬淡寂寞無爲，奚樂奚不樂哉？淩，淩轢也。誶，如今之誶語。

招世之士興朝，中民之士榮官，筋力之士矜難，勇敢之士奮患，兵革之士樂戰，枯槁之士宿

〔一〕「誶信」：原爲雙行小字，置於註文之末。據全書體例移於此。

名，法律之士廣治，禮樂之士敬容，仁義之士貴際。—中，去聲。難，平聲。

招世者，招摇於世以自見者也，其人也，砥礪名節，卓然興起於朝廷之上。中民之士，務求得民之心者也；榮官，謂以官守爲榮。筋力之士，則孟賁、烏獲之徒也；矜難，謂勝人之所難勝，舉人之所難舉。勇敢之士，聶政、荆軻之類也；奮患，謂自奮於憂患之中，而威武有所不能屈。兵革之士，士之急功者也，故得戰而樂。枯槁之士，士之苦節者也，故得名而止。法律之士，法家者流也；廣治，謂廣其治世之具。禮樂之士，縫掖、章甫之輩也；敬容，謂飭其動作之容。仁義之士，居天下之廣居，行天下之大道者也，不得志則不能與民由之，故貴在際時。言士之品不同，而志之所存各異，然皆非尊道而貴德者，特有方之士云耳，非至人也。

農夫無草萊之士則不比，商賈無市井之士則不比。庶人有旦莫之業則勸，百工有器械之巧則壯。—

比，即比周之意。草萊之士，辟除草萊以自封植者也。農夫秉耒耜以求食者，故非此人不比。市井之士，招集商賈之人也，故商賈非市井之士不比。庶人有常居之業則旦暮勸，百工有一藝之精則精神王。通前後所論，皆易於物者。

錢財不積則貪者憂，權勢不尤則夸者悲，勢物之徒樂變。

貪夫所重在積，故錢財不積則貪者憂。夸者所貴在權，故權勢不甚則夸者悲。物謂物力，勢即權勢，總上二者而言。樂變，謂喜於更張以自夸耀。此去虛静恬淡寂寞無爲者，何啻天壤！

遭時有所用，不能無爲也，此皆順比於歲，不物於易者也。馳〔一〕其形性，潛之萬物，終身不反，悲夫！」

夫出爲無爲，則爲出於不爲，聖人不能違時，遭時之我用而不能以無爲者，順也。比於歲功，當春而生，當夏而長，當秋而殺，當冬而藏，物則有變有易，而化工元氣則有不物於易者存，此便是出爲無爲之意。若夫外馳其形，内馳其性，汩没於萬物之中，而終身無所歸復，此則所謂物於易者，逐於末而喪其真，悲夫！細味此，亦前數條之結語。

莊子曰：「射者非前期而中，謂之善射，天下皆羿也，可乎？」惠子曰：「可。」莊子曰：「天下非〔二〕有公是也，而各是其所是，天下皆堯也，可乎？」惠子曰：「可。」莊子曰：「然則儒、墨、楊、秉四〔三〕，與夫子爲五，果孰是耶？或者若魯遽者耶？其弟子曰：『我得夫子之道矣，吾能冬爨鼎而夏造冰矣！』魯遽曰：『是直以陽召陽，以陰召陰，非吾所謂道也。吾示子乎吾道。』於是乎爲之調瑟，廢一於堂，廢一於室，鼓宫宫動，鼓角角動，音律同矣。夫或改調，一弦於五音無當也，鼓之，二十五弦皆動，未始異於聲，而音之君已。且若是者耶？」

〔一〕「馳」：原無，據注文及校本補。
〔二〕「非」：原無，據注文及校本補。
〔三〕「四」：原無，據校本補。

夫射者以鵠爲期，故射必中鵠而後始見其爲巧。若非有前期，則凡舍矢者皆云善射，而天下皆羿矣，而可乎哉？以喻天下必有公理以爲是非之準的。若非有公是，而各是其是，則人人皆堯矣，而可乎？而惠子均謂之曰可，此便是惠子强辯，要與莊子相反處。於是莊子詰之曰：若不論公是而但各是其是，則設以儒、墨、楊、秉四人合夫子而五，相與上下其議論，學既不同，論當各别，使無公是者以正之，則未知果孰爲是也？或者若魯遽耶？遽之弟子曰：我得夫子之道矣，吾能冬爨鼎而夏履冰。魯遽曰：非吾所謂道也，是直以陽召陽，以陰召陰耳。蓋冬至陽生，陽生則人皆喜熱，故爨鼎而無燥渴之煩；夏至陰生，陰生則人皆喜冷，故履冰而無栗烈之患。吾之道則不然，吾將示之，乃爲之調瑟。蓋魯遽捏怪，因其弟子之無識，而故以此誑之。廢一於堂，廢一於室，廢者，廢其兩瑟之柱而使之調不成聲也。瑟既廢矣，我却從外命之鼓宫，則堂上室中之弟子自然移其柱而調宫；命之鼓角，則堂上室中之弟子自然移其柱而調角；又或改調，一弦於五音不合也，則堂上室中二十五弦一時齊動，必使其聲未始有異，而後音之君已。君即柱也。已，止也。如此隔壁而調，音響相應，如合符節，大是奇特，不知非關己有道術，彼自知音，彼自移柱，有不期同而自同者，故此亦是死法，與彼召陰召陽者，夫何以異？而遽也以之誇示弟子，無亦各是其是，而未知其果孰爲是者耶？楊，楊朱也。秉，公孫龍名。

惠子曰：「今夫儒、墨、楊、秉，且方與我以辯，相拂以辭，相鎮以聲，而未始吾非也，則奚若矣？」莊子曰：「齊人蹢子於宋者，其命閽也不以完，其求鈃鍾也以束縛，其求唐子也而未始出域，有遺類矣。夫楚人寄而蹢閽者，夜半於無人之時而與舟人鬬，未始離於岑而足以造於怨也。」

鉼，刑。

相拂以辭，謂抗其辭以相諍也。相鎮以聲，謂厲其聲以相壓也。言儒、墨、楊、秉之徒，與我相辯若此，而卒屈服於我，未始吾非，則吾之是何如耶？不知道以無諍爲貴，相抗相鎮非道也，無有是處。莊子且不說破，直連舉三事作譬，用以戲劇惠子。齊人蹢子於宋以爲閽，其命閽也不以完，蓋古者以刖守門，故子欲爲閽，則必蹢之而不欲其完；至求鉼鍾，則束之縛之，惟恐缺壞而不完。夫在己子則不欲其完，而在鍾也則必責其完，自恕於己而求備於物，惠子之與人辯也，亦復如是。又有求唐子者，唐，亡也，子已亡〔一〕失，則當遠求他郡，今乃求不出境，終亦遺失而已，故曰：有遺類矣。求唐子者，將求而出域乎？將不求而出域乎？又楚人寄而蹢閽，夜半逃歸，足未離岸而即與舟人相鬭，鬭可得乎？吾恐夜半無人之時，必爲舟人所擠，適足造怨而已。爲蹢閽者，將鬭而造怨乎？將不鬭而求容乎？此時此地分明鬭不去矣。今惠子守其一說，而不知深究精微，遠討訓典，與求亡而不出域者何異？然其說終不能行也，則亦夜半鬭舟之蹢子耳，不亦誠可笑哉！末篇言惠施日以其知與天下之辯持，說而不休，多而無已，猶以爲寡，益之以怪，以反人爲實，以勝人爲名，則惠子之爲人可知矣。又按：求唐、鬭舟二喻，深可紬繹，一則喻其失之也遠，一則笑其雖夜半無人亦將鬭不去也。莊子之文善於戲劇，此類可見。

莊子送葬，過惠子之墓，顧謂從者曰：「郢人堊漫其鼻端若蠅翼，使匠石斲之。匠石運斤成

〔一〕「亡」：各本作「忘」，據義改。

風，聽而斲之，盡堊而鼻不傷，郢人立不失容。宋元君聞之，召匠石曰：『嘗試爲寡人爲之。』匠石曰：『臣則嘗能斲之。雖然，臣之質死久矣！』自夫子之死也，吾無以爲質矣，吾無與言之矣！」

堊，烏路反。

堊，白泥也。漫其鼻端如蠅翼，言薄之甚也。鼻端固難斲，而堊薄又爲難之尤難者，乃匠石運斤如風，堊盡去而鼻不傷，匠石之技可謂精絶矣！然非有立不失容之郢人，則匠亦無所施其巧者。是郢人者，匠石之質也。質，如「繪工以素爲質」之「質」。此喻必有惠子之强辯，然後我得以其説窮之。自惠子死，則天下無與我相持者，而我亦無與之言矣。蓋惠子真是木强，説他不倒，如郢人之立不失容者，若一折便倒，則何俟多言？今天下之爲惠子者豈少哉？獨使至人費詞以窮之，難矣！難矣！

管仲有病，桓公問之曰：「仲父之病病矣，可不謂云至於大病，則寡人惡乎屬國而可？」管仲曰：「公誰欲與？」公曰：「鮑叔牙。」曰：「不可。其爲人潔廉善士也，其於不己若者不比之，又一聞人之過，終身不忘。使之治國，上且鉤乎君，下且逆乎民。其得罪於君也，將弗久矣！」公曰：「然則孰可？」對曰：「勿已，則隰朋可。其爲人也，上忘而下畔，愧不若皇帝，而哀不己若者。以德分人謂之聖，以財分人謂之賢。以賢臨人，未有得人者也；以賢下人，未有不得人者也。其於國有不聞也，其於家有不見也。勿已，則隰朋可。」

病病，言病甚也。可不謂云至於大病，猶云：設有不諱，至於大故，則寡人何以託國？公之意，蓋已屬意於叔牙，而仲則固謂之不可。牙之爲人，潔廉善士也，廉潔之人，率多峻峭，而無休休有容之度，故善不已若者不比，一聞人過則終身不忘。相臣之道，受國之不祥，含人之垢，納人之汚，惟恐先己而後人也。今也以若人而託之國，彼必將以皦皦之行，上鉤其君以致聲譽，而下强人以所難，强則逆下，逆則無與無輔，吾恐不久將得罪於君矣。勿已，則隰朋可。隰朋之爲人也，上忘而下畔，正言若反，故此等言語大能警俗。上忘者，忘其勢分之榮也。下畔者，使人忘我，若畔而去之也。皇者，脩夫道者也。帝者，脩夫德者也。人有不由於道德，則是不若於皇帝矣，故愧之。使人人皆由於道德者己之心也，不若於己心者則矜之。分人以德謂之聖，朋其聖人也；分人以財謂之賢，朋其賢人也；以賢下人則得人，朋其下人者也。之人也，於國有不聞也，於家有不見也，漠然而無爲，寂然而無名，是隰朋之行也，故以之屬國而可。

吳王浮於江，登乎狙之山。衆狙見之，恂然棄而走，逃於深蓁。有一狙焉，委蛇攫〔一〕抓，見巧乎王。王射之敏，給搏捷矢。王命相者趨射之，狙執死。王顧謂其友顏不疑曰：「之狙也，伐其巧，恃其便以敖予，以〔二〕至此殛〔三〕也。戒之哉！嗟乎！無以汝色驕人

〔一〕「攫」：原作「攖」，據校本改。註文同改。
〔二〕「以」：原無，據校本補。
〔三〕「殛」：原作「極」，據校本改。

哉！」顔不疑歸而師董梧，以鋤其色，去樂辭顯，三年而國人稱之。攫，具縛反。抓，素報反。

委蛇，自得之貌。攫抓，便捷之狀。見巧，以巧自見也。王射之敏，使疾射之也。射之者疾，而狙之搏其捷矢者亦甚給，狙之能若此，宜乎足以自全，而不知適以速其死。故王命左右相者趨射之，狙執死。王顧顔不疑而戒之曰：惟此〔一〕狙伐其巧，恃其便以驕予，故至此殛也。嗟乎，汝無以色驕人哉！色字所包甚廣，富貴則有驕泰之色，賢勞則有矜誇之色，施予則有恩德之色，尊上則有傲慢之色，是皆内無所養，故不能忘己而忘物，取禍速戾正在於此。不疑一聞其君之戒，親賢友善，鋤去在己舊習之荒穢，深自貶損，去樂辭顯，三年而國人稱之。嗟嗟！顔不疑可謂勇於從善者矣。

南伯子綦隱几而坐，仰天而噓。顔成子入見曰：「夫子，物之尤也。形固可使若槁骸，心固可使若死灰乎？」曰：「吾嘗居山穴之口矣，當是時也，田禾一覩我，而齊國之衆三賀之。我必先之，彼固知之；我必賣之，彼固鬻之。若我而不有之，彼惡得而知之？若我而不賣之，彼惡得而鬻之？嗟乎！我悲人之自喪者，吾又悲夫悲人者，吾又悲夫悲人之悲者，其後而日遠矣。」

物之尤，言夫子於人物之中稱之爲最，而灰心槁形若此，亦將何以自見耶？子綦言：我固不

〔一〕「此」：原作「汝」，據校本改。

欲其自見也。蓋昔者居於山穴之中，齊侯田禾一來覩我，而國人三賀。三賀者，賀其得賢也。是我必有〔一〕以自見，如人之鬻物者然，是以聞名而來。名之所由著，實之所由喪也。吾嘗悲夫人之自喪者，人皆明於責人而暗於責己；吾又悲夫悲人者，知悲人之悲而不悲己之悲，則所以自治者疏矣；吾又悲夫悲人之悲者，其後乃日遠矣，始覺所造之進也。

仲尼之楚，楚王觴之，孫叔敖執爵而立，市南宜僚受酒而祭曰：「古之人乎！於此言已。」曰：「丘也聞不言之言矣，未之嘗言，於此乎言之。市南宜僚弄丸而兩家之難解，孫叔敖甘寢秉羽而郢人投兵。丘願有喙三尺。」彼之謂不道之道，此之謂不言之辯。故德總乎道之所一，而言休乎知之所不知，至矣。

古人於此言矣，言古人飲酒，於此率多以言陳善納誨，蓋啓夫子有言之教。而夫子則言：吾聞聖人有不言之教，而吾未嘗語人，今則於此語之。夫宜僚弄丸而難解，叔敖寢羽而投兵，乃知天下之事，無心於爲者得之，丘亦何言之有哉？願有喙三尺而已矣！凡鳥喙長者多不能言，如鸛鶴之類。夫子之言止此。莊子斷之曰：彼之謂不道之道，此之謂不言之辯。彼之，謂二子是也；此之，謂夫子是也。夫太上立德，其次立言，德而總乎道之所一，言而止於知之所不知，至矣。而今之爲德者曰仁曰義，則不能總乎道之所一也；今之言者高論廣談於六合之外，則不能休其所不知也，謂之何哉？

〔一〕「有」：原無，據校本補。

道之所一者，德不能同也；知之所不能知者，辯不能舉也。名若儒墨而凶矣。——

承上緒論，道者，先天道朴，一而不分，失道而後德，於是始有「四端」〔一〕、「萬善」之名，要皆有心爲之，而去自然者遠矣，故曰：德不能同。知既非人之所能知，則雖有强辯，而亦不能舉之以示人，故曰：辯不能舉。今之以儒墨名者，類同其所不能同，舉其所不能舉，曰「吾斯之謂道也，斯之謂知也」，豈不裂道畔知而以其學術禍天下哉？故曰：而凶矣。

故海不辭東流，大之至也。聖人并包天地，澤及天下，而不知其誰氏，是故生無爵，死無謚，實不聚，名不立，此之謂大人。——

海不擇衆流，無所不納，而後爲大之至。大人兼包天地，潤澤萬物而不知其誰何。一海也，蕩蕩乎，民無能名焉，故生無爵而死無謚，實不聚而名不立。大之難名也如此。

狗不以善吠爲良，人不以善言爲賢，而况爲大乎？夫爲大不足以爲大，而况爲德乎？夫大備矣莫若天地，然奚求焉而大備矣？知大備者，無求，無失，無棄，不以物易己也。反己而不窮，循古而不摩，大人之誠。——

善言，即今之所謂能辯者，人尚不以爲賢，而况許之爲大乎哉？蓋大無名相，迥出言語思議之也。

〔一〕「四端」：孟子公孫丑：「惻隱之心，仁之端也；羞惡之心，義之端也；辭讓之心，禮之端也；是非之心，智之端也。人之有是四端也，猶其有四體也。」

表，不可爲也，有心爲之則不足以爲大矣。夫爲大尚不足以爲大，而况爲德乎哉？德，則指仁義聖知而言。大則道也，德則道之降焉者也，爲德，則所謂「下德執德」而德非其德矣，其可謂德乎哉？夫大則備矣，大備者莫若天地，然天地奚求焉而大備也？無心自然而已矣。知大備者，無求也，無失也，無棄也。何者？性分之中，萬物皆備，何假於外而曰求？何所遺忘而曰失？何可〔一〕舍置而曰棄？是故知大備者，不以物喪己，反之於身而各足也，循乎邃古而不摩也，此大人之誠也。誠，即釋氏所謂「實際理地」。大人之大，大於是而已。

子綦有八子，陳諸前，召九方歅曰：「爲我相吾子，孰爲祥？」九方歅曰：「梱也爲祥。」子綦瞿〔二〕然喜曰：「奚若？」曰：「梱也，將與國君同食以終其身。」子綦索然出涕曰：「吾子何爲以至於是極也？」九方歅曰：「夫與國君同食，澤及三族，而况父母乎？今夫子聞之而泣，是禦福也。子則祥矣，父則不祥。」子綦曰：「歅，汝何足以識之？而梱祥耶？盡於酒肉入於鼻口矣，而何足以知其所自來？吾未嘗爲牧而牂生於奥，未嘗好田而鶉生於宎，若勿怪，何耶？吾所與吾子遊者，遊於天地。吾與之邀樂於天，吾與之〔三〕邀食於地；吾不與之爲事，不與之爲謀，不與之爲怪；吾與之乘天地之誠而不以物與之相攖，吾與之一委蛇而不與

〔一〕「何可」：校本作「何所」。
〔二〕「瞿」：校本作「瞿」。
〔三〕「之」：原無，據校本補。

之爲事所宜，今也然有世俗之償焉。凡有怪徵者必有怪行，殆乎！非我與吾子之罪，幾天與之也！吾是以泣也。」無幾何而使梱之於燕，盜得之於道，全而鬻之則難，不若刖之則易，於是乎刖而鬻之於齊，適當渠公之街，終身食肉而終。一歎，因。宎，夭。梱，困。

夫非望之福，有道之憂也，惟知者能深知之。梱有國君同食之相，常人方自慶幸，而子綦則固憂之，何者？謂其非所致而致也。古之人積功累仁，如禹稷之躬稼，大王之遷豳，莫不有深厚之澤及於天下萬世，而後子孫陰受其福，是謂牧也而牂生，田也而禽獲，有所自來，無足怪者。且夫盡酒肉之香味入於鼻口而不知其所自來，寧無怪耶？今吾之於世也，淡然漠然，一無所爲，遨樂於天，邀食於地，即所居之位，樂日用之常，不與之爲事功，不與之爲謀慮，不與之爲怪異，乘天地之自然而不與物相攖亂，委委蛇蛇，不見其有宜人之事，而天乃以世俗之福償之，何耶？殆怪徵也！非我之致，其天與之而不能逃焉者乎？此便是老子所謂「禍兮福所倚，福兮禍所伏」，「正復爲奇，善復爲妖〔一〕」。惟有道者知之而不處焉。未幾而梱爲盜獲，刖之而鬻於齊，爲蹢闇者，食肉之相果驗，而怪徵之説信不誣矣！牂，牝羊也。室西南曰奧，西北爲宎。渠公，註：屠者也。當其街，故常有肉食。

齧缺遇許由，曰：「子將奚之？」曰：「將逃堯。」曰：「奚謂耶？」曰：「夫堯，畜畜然仁，吾恐其爲天下笑，後世其人與人相食與？夫民不難聚也，愛之則親，利之則至，譽之則

〔一〕「正復爲奇，善復爲妖」：各本作「正復爲妖，善復爲祥」，據道德經改。

勸，致其所惡則散。愛利出乎仁義，捐仁義者寡，利仁義者衆。夫仁義之行，唯且無誠，且假夫禽貪者器，是以一人之斷制利天下，譬之猶一覕也。夫堯知賢人之利天下也，而不知其賊天下也。夫惟外乎賢者知之矣。」一覕，薄結反。

夫聖人之爲仁義，非以利天下也，而其究也，適爲開利之端，蓋仁義則不能不愛利乎斯人。而天下之人，愛之則親，利之則至，凡其親愛我者，皆其利賴我者也。是天下之利仁義者多，而捐仁義者寡。捐仁義者，與之相忘而不知帝力之何有者也，是在隆古則然，而今則利之者衆矣。以利相悦者，利盡則散，寧能保其後之不人相食耶？夫使仁義而以誠實行之，則雖無心於感人，而人之應之也尚不能已，又況煦煦焉畜畜焉有心爲之？惟且無誠，則貪我之仁義而來者可勝言哉？貪禽者本無厭心，假之以器，則愈貪而愈無厭矣。器，謂網罟罾弋之類。民之利賴於上者亦本無厭心，招之以仁義，則亦愈貪而愈無厭矣。以仁義爲利，是猶以一人之斷制利天下，譬之一覕也。覕，註訓曰：割。言工人以刀斧斷制物料，非不稱利於一覕之頃，然一覕則朴散爲器，生意斬然矣，此便是利中之害。仁義亦然。夫堯知賢人之仁義足以利天下，而不知適以賊天下，唯高出賢人一等者知之，其他則未免驚其耳目，駭其見聞。齧缺之所以逃堯者，意見如此。

有暖姝者，有濡需者，有卷婁者。所謂暖姝者，學一先生之言，則暖暖姝姝而私自悦也，自以爲足矣，而未知未始有物也，是以謂暖姝者也。濡需者，豕蝨是也，擇疏鬣自以爲廣宫大囿〔一〕，奎蹄曲隈、乳間股脚，自以爲安室利處，不知屠者之一旦鼓臂、布草、操煙火，而己與豕俱焦也。此以域進，此以域退，此其所謂濡需〔二〕者也。卷婁者，舜也。羊肉不慕蟻，蟻慕羊肉，羊肉羶也。舜有羶行，百姓悦之，故三徙成都，至鄧之墟而十有萬家。堯聞舜之賢，舉之童土之地，曰：「冀得其來之澤。」舜舉乎童土之地，年齒長矣，聰明衰矣，而不得休歸，所謂卷婁者也。婁，寠。

暖姝、濡需、卷婁六字，叶音成文。暖，柔貌。姝，妖貌也。學一先生之言，則暖暖姝姝，既以自媚，而因以媚人，不知虚静之中未始有物，居然着此，翻成理障，所以老聖有「絶學無憂」之訓，語上乘者誠不當以外入者而自足也。濡需者，喻諸豕蝨，擇豕之疏鬣而棲之，自以爲廣宫大囿；奎蹄曲隈，乳間股脚，自以爲安室利處；不知屠者一旦屠其豕、燎其毛，則將與之俱焦也。人之託身於權豪富貴之門，而一旦與之同禍者，何以異此？故曰：由此域而進者，亦由此域而退，此之謂濡需也。卷婁者，則舜是也。夫肉必羶也，而後蟻聚之。舜所居，三徙而成都，是舜之行必羶矣，堯故舉之童土之地。童土，即童山，山不生草木曰童，則陋之甚也。堯之舉舜也，曰：冀其方來之澤，可以保我子孫黎民而已。而舜反爲所苦，蓋自三十登庸之後，年齒日長，耳目聰明之用日衰，猶不得歸

〔一〕「囿」：原作「圃」，據註文及校本改。

〔二〕「需」：此處及下面註文均原作「須」，據上文及校本改。

息，而日競業於萬幾之煩，此所謂卷婁者也。三等人品，雖有清濁高下之不同，以言乎不安性命之情，則其失均也。

是以神人惡衆至，衆至則不比，不比則不利也。故無所甚親，無所甚疏，抱德煬和，以順天下，此謂真人。

承上言，神人惡衆至，衆至，謂衆人所歸。人各異情，最難得其和同，故以堯舜之世不能無「庸違」、「方命〔一〕」之徒，待其不和而思以處之，則所損多矣，故不利。莫若無心於天下，而無所甚親，無所甚疏，抱德養和，以順天下之來去，庶乎得以全吾之真，此之謂真人。然真人即神人也，以其無假故曰真，以其不測故曰神耳。

於蟻棄知，於魚得計，於羊棄意。以目視目，以耳聽耳，以心復心。若然者，其平也繩，其變也循。古之真人，以天代之，不以人入天。古之真人，得之也生，失之也死；得之也死，失之也生。

「於蟻」三句皆隱語，叶韻成文，亦自奇特，表真人之忘情也。蟻雖甚微，而猶有慕羶之知，是不能忘情於物也，故於蟻則棄其知。若魚之相忘於江湖，則爲計得矣。於羊棄意，羊以氣羶而聚蟻，人以美行而致人，亦羶意也，棄其意則無羶行矣。如此與物相忘，將使目忘乎色，而所視者惟目；

〔一〕「庸違」、「方命」：典出尚書堯典。蔡沈傳：「庸違，用則違背也。方命者，逆命而不行也。」

耳忘乎聲，而所聽者惟耳；心忘乎識，而所復者惟心。「復」字最妙，易卦所謂「敦復」。抱德煬和之學蓋如此。若然者，則不見物我有不平之處，而其平也如繩；不見事相有失常之變，而其變也若循。古之真人，一天而已，故曰：以天代之。不以人入天者，無爲自然而不以己與之也。是故古之真人生亦得，死亦得，方生之時得在生，即死之時得在死，直是無死、無生、無得、無失，此便是其平也繩，其變也循。無生死則無生滅，無得失則無增減。此箇不二法門，等閒道出，妙哉，妙哉！真人遊之矣！

藥也其實，堇也，桔梗也，雞壅〔一〕也，豕零也，是時爲帝者也，何可勝言！勝，升。

承上文言，即以藥喻其實徵矣。堇毒而梗浮，雞補而零利，當其用也，則各爲帝君；爲帝，則用之者得，而不用者失矣。然亦豈有常帝乎哉？即舉數品，其他不可勝言，是可以觀死生得失之故矣。所以如繩而如循者，意蓋如此。堇，烏頭也。雞壅，即本草所謂芡實。豕零，即豬苓，韓子所謂「進之豨苓」者是。

句踐也以甲楯三千棲於會稽〔二〕，唯〔三〕種也能知亡之所以存，唯種也不知其身之所以

〔一〕「壅」：校本作「癰」，他本又作「廱」。釋文：「廱，本亦作壅。音同。」
〔二〕「稽」：原作「嵇」，據校本改。
〔三〕「唯」：原作「惟」，據校本改。

愁。故曰：鴟目有所適，鶴脛有所節，解之也悲。—

以下數段，皆莊子雜著。緒言越王句踐困棲於會稽之山，大夫種能於越亡之中而知越之所以存，故能爲句踐報吴以成興復之功；而其既也，反以自殺其身，是知越之所以存而不知身之所以愁，明於謀國而暗於保身。何哉？人固無全知也。故曰：鴟梟夜能撮蚤而晝不見太山，目有所適也；鶴脛長而解之則悲，足有所節也。節者，止而不過之意。

故曰：風之過，河也有損焉；日之過，河也有損焉。請只風與日相與守河，而河以爲未始其攖也，恃源而往者也。—

風日之過，皆以三字爲句。河也有損，謂枯竭其流也。然此三者日與相守而河未嘗其攖亂者，以水有源本故也。苟爲無本，其涸也可立而待也。

故水之守土也審，影之守人也審，物之守物也審。—

水得土則相守而不流，故曰守土也審。審，猶定也。影之長短反側一視乎人，故守人也審。物則各以氣類相守，如磁石吸鐵、狸犬守鼠、陽燧取火、方諸取水，要皆一定而不移，故曰物之守物也審。知其審則守其審，而天下無不安之分矣。

故目之於明也殆，耳之於聰也殆，心之於殉也殆，凡能於其府也殆。殆之成也不給改，

禍之長也兹萃，其反也緣功，其果也待久。而人以爲己實〔一〕，不亦悲乎！故有亡國戮民無已，不知問是也。一

目之於明也殆，「五色令人目盲」也。耳之於聰也殆，「五聲令人耳聾」也。心之於殉也殆，「鑒於濁水而迷於清淵」也。不特是也，凡一有所能者，皆足以殆吾之府。吾之府，虚静淡漠，不容一有伎倆，釋家以「能所」爲障礙，障礙非殆乎？及其未殆而改之，可也；殆成，將不及改而禍日滋萃矣。然物豈能殆人哉？人自取之耳，故曰：其反也緣功。反，即殆意。緣功者，由人自取以爲功能，故不覺其徇象而至於喪心。而殆之成也，又非一朝一夕之故，故曰：其果也待久。然我雖曰殆，而人更不以爲殆也，以爲吾實當有是耳，如有目則曰吾當視色，有耳則曰吾當聽聲，有心則曰吾當與接爲搆；如云好勇、好貨、好世俗之樂，皆天理之所有而人情之所不能無者，何殆之有？其爲是言也，是以殆成禍萃，亡國戮民而無已。國指吾身，民則指吾身中之所有者而言。精太用則竭，氣太用則耗，神太用則罷，戮民無已者，則其國必亡。不知問是者，謂不曾講求於是，是以坐視其亡而莫之救也。

故足之於地也踐，雖踐，恃其所不蹍而後善博也；人之知也少，雖少，恃其所不知而後知天之所謂也。知大一，知大陰，知大目，知大均，知大方，知大信，知大定，至矣！大一通

〔一〕「實」：宋本作「寶」。

之，大陰解之，大目視之，大均緣之，大方體之，大信稽之，大定持〔一〕之。

夫足必取踐於地，而不踐之地，踐者取資焉，故恃其有不躧之地而後行者能致遠。使以容足之外皆爲無用，必欲削而去之，其何以放步而前，以收善博之功耶？以譬人之知物，所知幾何，亦恃其有所不知者，而後知天之所謂。有所不知，謂心領神會而有出於見解之外者。知天之所謂者，知其有大一也，知其有大陰也，知其有大目也，知其有大均也，知其有大方也，知其有大信也，知其有大定也。此等名目，皆莊子所自命。大一者渾淪未判之謂也，大陰者至静無感之謂也，大目則分而有名矣，大均者同而不殊，大方者廣而不禦，大信則「其中有信」之「信」也，大定則「以止衆止」之「止」也，是皆天之所謂，至矣！盡矣！無復有餘藴矣！於大一則通之，通之也者，未始有物之先，可以潛乎而不可以思慮求，故曰通。於大陰則解之，解之也者，至静無感之時，可以心融而不可以名相得，故曰解。大目則可以容吾視矣，大均則可緣而求矣，大方則可兼而體矣，大信則可稽其方動之期，大定則可執其有常之柄，知天之所謂者，蓋如此。

盡有天，循有照，冥有樞，始有彼。則其解之者似不解之者，其知之也似不知之也，不知而後知之。

從上補下意來：人皆謂天不可知，一應委棄人事，而不知：人事之能盡，即天也，天理人事何

〔一〕「持」：原作「恃」，據校本改。

相遠哉？故曰：人事盡乃見其有天，循自然乃見其有照。照，謂知照。冥有樞，樞，謂主張綱維之者，是在冥漠之中，有非見聞之所能及。始有彼，始即「未始有始」之「始」，彼即齊物論中所謂「非彼無我」之「彼」。蓋始之彼，即冥冥之樞也。照也者，照此者也。然我雖知之解之矣，而以聞見思慮爲大非也，故其解之也似不解之也，其知之也似不知之也，斯得謂之知之至者。畢竟是知耶？不知耶？解耶？不解耶？如何理會？咦！稱娘作母從他喚，認母原來不是娘。

其問之也，不可以有崖，而不可以無崖。頡滑有實，古今不代，而不可以虧，則可不謂有大揚搉〔一〕乎？闔不亦問是已，奚惑然爲？以不惑解惑，復於不惑，是尚大不惑。闔盍同。

又爲初機立箇方便法門。設欲講求此理，則不可以有崖，而又不可以無崖，蓋大方似無崖，而大定又似乎有崖，如釋氏所謂「空而不空，不空而空」。如此理會，故見其頡也，又見其滑也。頡，謂升降上下。滑，謂流動旋轉。然其頡也實頡，其滑也實滑，所謂「化育流行，上下昭著」，莫非此理之實，「自古及今，以閱衆甫」，更無代易，亦無虧損，於此不可有大商搉〔二〕乎？盍亦問是而已，奚以惑然爲哉？以此不惑之實理，解我妄惑之邪見，而復歸於實際而不惑，夫是之謂大不惑也。蓋問則

〔一〕「揚搉」：原作「揚摧」，據校本改。廣雅：「揚搉，都凡也。」淮南子許慎註：「揚搉，粗略也。」漢書叙傳下：「揚搉古今，監世盈虛。」王念孫雜志：「揚搉古今，猶言約略古今，非舉而引之謂也。」

〔二〕「搉」：原作「確」，據義改。

自外而入，與不知而知、不解而解者，何啻天壤！但下學鈍根者，非問則無門可入耳。

方壺外史說是篇已，爲作亂辭：

偉哉無鬼，空谷足音。發其謦欬，以勞寡君。狗馬有相，若亡若喪。守氣凝神，萬物同狀。厲民以養，萬乘之主。好和惡奸，神不自許。愛人偃兵，亂始攸生。仁義幾僞，孰與脩誠。七聖迷塗，問諸牧者。童子何知，去其害馬。遭時有爲，順比於歲。出爲無爲，奚以貴際？魯遽調瑟，蹢子鬬舟。何哉强辯，惠也其儔。匠石運斤，郢人質我。桓公屬國，隰朋而可。射狙設戒，隱几生悲。自伐則禍，自見非宜。弄丸解難，寢羽投兵。有喙三尺，天下太平。德知所總，言止其窮。善言非賢，儒墨而凶。綦泣子祥，缺逃主聖。駭此怪徵，嗤彼僞行。暖姝濡需，及以卷婁。人品則異，滅性何殊？

於蟻棄知，於羊棄意。抱德煬和，於魚得計。以目視目，以心復心。其平也繩，其變也循。風日守河，未始其攖。役心守物，禍長殆成。冥兮有樞，始焉有彼。知以不知，不解而解。頡滑有實，古今不虧。盍亦問是，奚惑然爲？

雜篇則陽第二十五

此篇多有精到之語，却與内篇何異？

則陽遊於楚，夷節言之於王，王未之見，夷節歸。彭陽見王果曰：「夫子何不譚我於王？」王果曰：「我不若公閱休。」彭陽曰：「公閱休奚爲者耶？」曰：「冬則擉鱉於江，夏則休乎山樊。有過而問者，曰：『此予宅也。』夫夷節已不能，而況我乎？吾又不若夷節。夫夷節之爲人也，無德而有知，不自許，以之神其交，固顛冥乎富貴之地，非相助以德，相助消也。夫凍者假衣於春，暍者反冬乎冷風。夫楚王之爲人也，形尊而嚴；其於罪也，無赦如虎；非佞人正德，其孰能撓焉？故聖人，其窮也，使家人忘其貧；其達也，使王公忘爵禄而化卑。其於物也，與之爲娱矣；其於人也，樂物之通而保己焉，故或不言而飲人以和，與人並立而使人化。父子之宜，彼其乎歸居而一間其所施，其於人心者若是其遠也，故曰『待公閱休』。」擉，觸捉二音。暍，謁。間，閑。

則陽，彭姓，名陽，欲因夷節以見楚王，弗果見而夷節歸，復因王果以求見。王果曰：我不若公孫閱休。休，楚之賢人也。冬則擉鱉於江，夏則休乎山樊，有過而問之，則曰：此予宅也！言予之所安若此。蓋公閱以恬退爲事，而則陽嗜進不已，故王果稱道其賢，意欲使之自悟。曰：是人也，夷節已不能及矣，而况於我乎？然我不惟讓德閱休，抑且難比夷節。節之爲人也，雖無恬退之德，而有干進之智，若苟不以氣節自許，而與之滑和以神其交，則其氣味之所薰，必將顛倒昏昧於富貴之地，非徒無益，實相損也，故曰：非相助以德，相助消也。夫凍者假衣於春，暍者反冬乎冷風，言人苦凍而無衣，則暴於春陽而自暖；傷暑而成暍，則披於冷風而自寒。人有不足之病者，非造化不足以移之，聖人之化人亦猶是也。請言楚王之爲人也，其自處也嚴而峻，其處人也刻而猛，非有辯才正德，誰能動之？「佞人」下「正德」二字甚有分曉，蓋當時之人以佞爲賢，加以正德，則爲有用之才而不邪，言楚王凶暴，必非常人之所能化。故惟聖人有善世之用，進退隱見無所不宜，是故：其窮也，能使家人忘其貧；而其達也，能使王公忘其貴；其與物也，樂與之群而無有乎猜忌之心；於人也，樂人之通而無有乎自失之意；其和氣之所薰蒸，有不飲而自醉，並立而自化者。其於鄉於國有如此者。彼其歸而居乎家，則父子以正，恩義以篤，從容暇豫，而一聞其所施，有雝雝之美而無嗃嗃之厲，即此幽閒之心與彼人心之躁競者，何啻天壤！故曰：其於人心若是其遠也。於稽其德，則公閱休其人也。待此人而與之以見楚王，則彼必有以上化其君，下助於友矣。之人也，豈予之所能及哉？章内二「不若」詞語，婉媚可諷。

聖人達綢繆，周盡一體矣，而不知其然，性也。復命搖作而以天爲師，人則從而命之也。

此言聖人盡性致命之學。聖人以天地萬物爲一體，故其達綢繆以盡一體之愛者，似乎有心，而不知其出於天性之自然，非有所勉焉而爲之也。夫性，根極於命者也，盡性則致命矣。故聖人復命摇作而以天爲師，摇作，即動作之義。天，普萬物而無心，聖人師天，亦愛周萬物而無情，是謂天師。以天爲師〔一〕，則聖人者天之徒也，謂聖人爲天可也，而猶曰人者，因其有形而命之也。其實聖人也、天也，一也。

憂乎知，而所行恒無幾，時其有止也，若之何？——

承上言，聖人師天，庸人師心，故嘗憂乎知之所不及者，以百年而作萬年之計，不知百年之中所行幾何？我方欲行而時其有止，時，即所謂生死之期。時其止矣，我將若之何哉？不若師天而順應之爲得也。

生而美者，人與之鑑，不告則不知其美於人也；若知之，若不知之，若聞之，若不聞之，其可喜也終無已，人之好之亦無已，性也。聖人之愛人也，人與之名，不告則不知其愛人也；若知之，若不知之，若聞之，若不聞之，其愛人也終無已，人之安之亦無已，性也。

有生而美者，不自知其美也，人與之鑑，又爲之告，知若不知也，聞若不聞也，然而其美也不以不知不聞而遂失；故其可喜也終無已，而人之好之也亦無已，此皆自然而然，故曰性也。以喻聖人

〔一〕「以天爲師」：原作「以爲天師」，據文意及校本改。

愛人，亦不自知其能愛人也，人與之名，又爲之告，而聖人知若不知，聞若不聞，其愛人也終無已，而人之安之也亦無已。大抵天下事，忌有能所，有能所則非自然矣。此因上文「師天」之説而緒及之。

舊國舊都，望之暢然。雖使丘陵草木之緡，入之者十九，猶之暢然，況見見聞聞者也？以十仞之臺縣衆間者也！——縣，玄。

夫人之情，莫不喜於得見聞而還舊觀，故舊國舊都，望之無不暢然。雖使丘陵高下，草木緡合，入之者十忘其九，猶之暢然，而況見如所見、聞如所聞者乎？喻諸其暢，猶以十仞之臺而縣衆間者也。十仞，臺之至高者，臺高則無所蔽虧而音聲四達。衆間，即「合止柷〔一〕敔，笙鏞以間」〔二〕之「間」。所聞所見若此，則一時耳目何如哉？當必有異常者矣。以況聞知者不若見知之爲真，影響形似者不若心領神會之爲切也。

冉相氏得其環中以隨成，與物無終無始，無幾無時。日與物化者，一不化者也，闔嘗舍之？——

環中，虛浄無物之處，真空之本體也。得此以隨萬物之成，則無始無終，無幾無時。日與物化，而彼一不化者以爲之樞紐，盍亦嘗舍是乎？舍之言，止也，止於其所則能止衆止矣。冉相氏，古之聖君。

〔一〕「柷」：原作「祝」，據校本改。

〔二〕語出尚書益稷。

夫師天而不得師天，與物皆殉，其以爲事也若之何？夫聖人未始有天，未始有人，未始有始，未始有物，與世偕行而不替，所行之備而不洫，其合之也若之何？

夫人皆曰「吾復命搖作以天爲師矣」，而不得師天，與物皆殉，則其爲事也若之何哉？蓋師天者，無心而順應之謂也；殉物者，有情而私感之謂也。殉物，則不得謂之師天矣。夫師天者，未始有天也；既未始有天矣，安得有人？非惟未始有天，抑且未始有始；既未始有始矣，安得有物？是師天者，師其未始有而已矣，是之謂「得其環中以應無窮」，故與世偕行而不替，所行之備而不洫。替之言，廢也。洫，如「老洫」之「洫」，言奸而深也。所行之備，言任汝千變萬化，皆是順應而不深洫。如此，則既不絕乎物，而又不殉乎物，正與天地之「心普萬物而無心」者脗合而無間，此聖人之善於師天也。欲求合於聖人也，若之何其合之哉？意則見下。

湯得其司御，門尹登恒爲之傅之，從師而不囿，得其隨成；爲之司其名，之名、嬴法，得其兩見。仲尼之盡慮，爲之傅之。容成氏曰：「除日無歲，無内無外。」

湯武者，反之〔一〕而成聖者也，故以湯立教。湯得其司御，司御，猶云司牧。言天以湯爲君，而又

〔一〕「反之」：孟子盡心下：「堯、舜，性者也；湯、武，反之也。」朱熹集註：「性者，得全於天，無所汙壞，不假修爲，聖之至也。反之者，修爲以復其性而至於聖人也。程子曰：『性之、反之，古未有此語，蓋自孟子發之。』呂氏曰：『無意而安行，性者也。有意利行而至於無意，復性者也。堯、舜不失其性，湯、武善反其性，及其成功則一也。』」

命門尹登恒以主教民之職，此人當是伊尹，恒字疑作衡。言湯爲司御，尹登阿衡治之教之，一順衆人之所欲，而未始合圍以驅人之必從，故曰：從師而不囿。斯亦可謂得其隨成之道者矣。其曰爲之司御，名焉而已，湯不願得之也。何者？之名也，嬴法也，兩見也。嬴法，猶老子所謂「餘食贅行」。蓋以大道無名，名相一立，則天下皆殉名而求，相率而爲疣贅之行。名則有是非，名則有美惡，名則有生滅。「高下相傾，長短相形」，皆自名始，天下皆落於兩見之中，故曰：得其兩見。所以仲尼立萬世之教，爲之盡慮以傅之，盡慮者，舉天下而入於何思何慮之中，無意必固我之地。思慮尚無，何況名相？一尚不立，安有兩見？所以容成氏有言：除日則無歲矣，無內則無外矣，無思慮則無名相矣，是謂得其環中。師天而不與物殉，皆盡慮之道也。篇中錯舉成湯、仲尼，一則反之之聖，一則集大成之聖，意亦精到。

魏瑩與田侯牟約，田侯牟背之，魏瑩怒，將使人刺之。犀首聞而恥之，曰：「君爲萬乘之君也，而以匹夫從讎！衍請受甲二十萬，爲君攻之，虜其人民，繫其牛馬，使其君內熱發於背，然後拔其國。忌也出走，然後抶其背，折其脊。」季子聞而恥之，曰：「築十仞之城，城者既十仞矣，則又壞之，此胥靡之所苦也。今兵不起七年矣，此王之基也。衍，亂人，不可聽也。」華子聞而醜之，曰：「善言伐齊者，亂人也。善言勿伐者，亦亂人也。謂『伐之與不伐亂人也』者，又亂人也。」君曰：「然則若何？」曰：「君求其道而已矣。」抶，秩。

魏使刺齊，以萬乘之君而爲盜賊之事，故犀首恥之，而願爲之戰攻。犀首，官名，衍其名也。忌而出走，言畏忌而走也。抶，擊也。抶背折脊，猶言扼吭拊背之意。魏固非齊敵也，而犀首敢爲誇大之言，以故季子恥之。恥之者，恥其邀無實之虛功，而壞垂成之實績也，故以築城爲喻。言築城十仞，既已成矣，而又從而壞之，則必貽其苦於胥靡。胥靡者，城旦舂〔一〕也。今魏已休養七年矣，罷兵息民，此致王之基而垂成之績也，而今復壞之，何哉？故曰：衍，亂人，不可聽也。夫季子之言善矣，而華子醜之者何？謂其猶有功利之心，而不知求其道也。道則無人我、無恩怨、無大小强弱，而戰争攻守之事皆不在所論矣。

惠子聞之而見戴晉人。晉人〔二〕曰：「有所謂蝸者，君知之乎？」曰：「然。」「有國於蝸之左角者曰觸氏，有國於蝸之右角者曰蠻氏，時相與争地而戰，伏屍數萬，逐北旬有五日而後反。」君曰：「噫！其虚言與？」曰：「臣請爲君實之。君以意在四方上下有窮乎？」君曰：「無窮。」曰：「知遊心於無窮，而反於通達之國，若存若亡乎？」君曰：「然。」曰：「通達之中有魏，於魏中有梁，於梁中有王，王與蠻氏有辨乎？」君曰：「無辨。」客出，而君惝然

〔一〕「城旦舂」：按秦律，男子服築城等苦役，女子服舂米等勞役，合稱爲城旦舂。漢書惠帝紀註引應劭曰：「城旦者，旦起行治城；舂者，婦人不豫外徭，但舂作米。」

〔二〕「晉人」：校本作「戴晉人」。

若有亡也。客出，惠子見。君曰：「客，大人也，聖人不足以當之。」惠子曰：「夫吹管也，猶有嗃也；吹劍首者，吷而已矣。堯舜，人之所譽也；道堯舜於戴晉人之前，譬猶一吷也。」

惝，敞。嗃，嚻，又淍。吷，血。

王不知道，故惠子以戴晉人見，諭之以道。夫梁自視者大，不自量力，故晉人設爲極小之喻以劌之。蝸，蝸牛也。蝸牛固小，而左右二角之觸、蠻，則小之又小矣。以俗眼觀者，無小不大；以道眼觀者，無大不小，天下一蝸也，梁國一蠻也，奚以辨哉？知遊心於無窮而反於通達之國，則道之本鄉在是矣。於無窮無極無人無我之鄉而忽起觸蠻之鬬，何其微哉，宜君之惝然若有所亡也。客出，而惠子以大人誦晉人，復爲設譬：吹管者猶有嗃也，吹劍首則吷而已矣。何故？管孔小，猶以形氣相戛而有聲；若劍首之環，吹之則吷然過矣，不得有聲也。今道聖人於大人之前，則聖者將失其爲聖，安得有聲乎哉？夫以揖遜之堯舜尚不能以有聲，而況鬬爭之蠻觸乎？大晉人，正以小梁國也。

孔子之楚，舍於蟻丘之漿。其鄰有夫妻臣妾登極者。子路曰：「是稯稯何爲者耶？」仲尼曰：「是聖人僕也。是自埋於民，自藏於畔，其聲銷，其志無窮，其口雖言，其心未嘗言，方且與世違，而心不屑與之俱，是陸沉者也，是其市南宜僚耶？」子路請往召之。孔子曰：「已矣！彼知丘之著於己也，知丘之適楚也，以丘爲必使楚王之召己也，彼且以丘爲佞人也。夫若然者，其於佞人也羞聞其言，而況親見其身乎？而何以爲存？」子路往視之，其室虛矣。——稯，總。極，屋極。登極猶云。〔一〕

蟻丘，地名。蟻丘之漿，蟻丘之賣漿者家也。鄰有夫妻爲人臣妾而與人登極者，登極，乘屋也。稯稯，髮亂不整之貌。子路見此稯稯者狀貌必異，故問於夫子，而夫子曰：是謂聖人僕，言其有聖德而隱於僕隸之中。故曰：自埋於民，自藏於畔，其聲雖隕而心則無窮焉，其口雖言而心則嘗默焉，方且與世違而不屑與彼齷齪者俱，是陸而沉者也。藏於畔，謂不南面而爲君，不北面而爲臣，又不與主人分庭抗禮而爲客，惟自藏於左右兩畔而供臣妾之役於他人。曰埋曰藏，深言其不自見也。陸而沉者，言其當見而反隱。蓋登極者，亦丈人、沮溺之徒，夫子以市南宜僚當之。前言「宜僚弄丸而兩家之難解」，註：以僚楚之勇士，楚白公將作亂，使人召僚，僚不應，憯之以劍，弄丸如故，後白公殺令尹子西，而難不及僚，其人必有以自守而不慕夫人爵之榮者，故夫子以之而律是人。子路請往召之，蓋欲使見夫子以寓汲引之意，而夫子則曰：已矣！彼亦知丘之知彼也，往見楚王，必將屬王召之矣，是則以丘爲佞。有德者之遠佞人也，惟恐其影響之不幽，而況肯我見乎？將無以存爲而去矣！子路往視之，則其室已虛。虛其室者，挈妻子而去之也。其絕人逃世有如此者。夫子何以取焉？謂其不自聖、不自見，而有幾於道也。

〔一〕「登極猶云」：原如此，校本無，疑語有闕略。

長梧封人問子牢曰：「君爲政焉勿鹵莽，治民焉勿滅裂。昔予爲禾，耕而鹵莽之，則其實亦鹵莽而報余；芸而滅裂之，其實亦滅裂而報余。予來年變齊，深其耕而熟耰之，其禾繁以滋，予終年厭飧。」莊子聞之曰：「今人之治其形，理其心，多有似封人之所謂：遁其天，離其性，滅其情，亡其神，以衆爲故。鹵莽其性者，欲惡之孽，爲性萑葦蒹葭，始萌以扶吾形，尋擢吾性，並潰、漏、發，不擇所出，漂疽疥癰、内熱、溲膏是也。」—萑，丸。

鹵莽，土塊大而草根盛也；滅裂，滅善類而地膚坼也，皆耕耨不善之病。來年變齊，謂盡易舊歲之法，而其報卒倍於常，終歲飽食。封人蓋以治田喻政，莊子却借其言以明治身之道，言今之人治其形，理其心，亦多有似於封人之所謂。遁其天者，遁其自然之天也。離其性者，離其無生之性也。滅其情者，滅其順應之情也。亡其神者，亡其盡慮之神也。以衆爲故，作一句讀，意見下〔一〕。鹵莽其性者，克治功疏，物欲交雜，虚静之中忽起欲惡。「欲惡之孽爲性萑葦蒹葭，始萌以扶吾形，尋擢吾性」：萑葦蒹葭，皆蘆屬。扶之言，助也。言其性地荒穢，衆欲叢生以扶吾形，則耳目口鼻充滿色塵，尋擢吾性離其本位，於是百病交攻，是故有潰者、漏者、發者。潰謂内潰，漏則諸竅不收，發則擁腫膿血。漂疽疥癰，則發也；内熱，則潰也；溲膏，則漏也。蓋性得其養則形神與之俱妙，失其養則形神與之俱病，理之自然，無足異者。此便是鹵莽之報。

〔一〕「以衆爲故，作一句讀，意見下」：校本作「以衆爲，言多也。故……」。

柏矩學於老聃，曰：「請之天下遊。」老聃曰：「已矣！天下猶是也。」又請之，老聃曰：「汝將何始？」曰：「始於齊。」至齊，見辜人焉，推而强之，解朝服而幕之，號天而哭之，曰：「子乎子乎！天下有大菑，子獨先離之，曰〔一〕莫爲盜，莫爲殺人。榮辱立然後覩所病，貨財聚然後覩所爭。今立人之所病，聚人之所爭，窮困人之身，使無休時，欲無至此，得乎？强，上。號，平。離，去。

夫欲窮則病作，民窮則盜起，治國治身之道，則虚静恬淡寂寞無爲，均貴之矣。柏矩學老聃之道，至齊而遊，重有感於辜人之事，爲之呼天而哭之曰：嗟乎！天下自此不復見太平矣！天下有大菑，而子獨先罹之，無乃爲盜乎哉！無乃殺人乎哉！所以致此，有由也：榮辱立然後覩所病，貨財聚然後覩所爭。何以故？太古淳質之時，民不知有榮辱；自聖人立之章服以榮之，置之刑辟以辱之，於是乎天下之病於榮者有驕恣之失，病於辱者罹幽囚之苦，是民之多病，聖人致之也。貨財不聚之時，飢求飽，棄民不知有爭奪；自聖人用天之道分地之利以聚貨財，於是乎爭禄於朝，爭地於野，農有兼併之心，士無推讓之行，而民之有爭，又聖人致之也。故爭而不已必盜，盜而不已必殺。欲無至此，先遏亂源。今也立人之所病者，聚人之所爭者，以操天下之大柄，以謂吾可以此而賞罰利益乎天下，不知天下之病者爭者日甚一日以就窮困而無休時，欲其不盜不殺，庸可得乎？

〔一〕「曰」：原無，據校本補。

信乎虛静恬淡寂寞無爲者之爲得也！

「古之君人者，以得爲在民，以失爲在己；以正爲在民，以枉爲在己，故一形有失其形者，退而自責。今則不然，匿爲物而愚不識，大爲難而罪不敢，重爲任而罰不勝，遠其塗而誅不至。民知力竭則以僞繼之，日出多僞，士民安取不僞？夫力不足則僞，知不足則欺，財不足則盜。盜竊之行，於誰責而可乎？」

通前總是一意，作爲柏矩之言亦得。古之人君，動必責己，以爲民本得也而我悞之使有失，民本正也而我矯之使有枉，舉天下有一物之失其則者，皆退而反諸己，如云「一夫不獲，時予之辜」、「萬方有罪，罪在朕躬」。古之人其不敢罔民有如此者。今則不然，匿爲物者，匿其情以爲物也，物，即所謂物采、物軌之類，豈不知其無用？但以愚彼不識之人，如以黄葉而止兒啼，得其啼止便了，不論其有用無用也。大爲難而罪不敢，重其任而罰不勝，天下有難爲之事、難勝之任，今也曾不量人之才，曾不恤人之私，竭其忠，盡其情，爲子便欲其死孝，爲臣便欲其死忠，臨敵便欲其死鬪，事必欲求其可，功必欲求其成，如是則天下之人誰敢向前，誰能勝任？因其不敢不勝而加以罪罰，是人之有罪，我陷之也。遠其途而誅不至，至，如朝聘會同之期。古者天子巡狩，諸侯各朝於方岳，蓋以道途紆遠，恐有後至之愆；今也省方之典不行，故遠其途，而誅人之不至，則可乎？是以人人竭知殫力，猶恐不足以避誅，則以巧僞繼之，蓋以爲人上者日出多僞，其下安所取則而不以僞應之哉？凡僞生於不足，力不足以勝上之任則僞，知不足以供上之用則欺，財不足以應上之需則盜。僞也，欺也，盜也，皆生於不足之故，而民之所以不足，非自不足也，其所由來者誰耶？故欺僞竊盜之行，必於誰責而可？信乎在人上者有所不得辭也！

蘧伯玉行年六十而六十化，未嘗不始於是之而卒詘之以非也。未知今之所謂是之非五十九非也？——

夫聖人之進德也無已，蘧伯玉行年五十而知四十九年之非，知有是非，猶未化也；行年六十而六十化，化則無是非矣，是知六十而化，則六十者是，而五十九年亦非也。凡人之行，其始未嘗不自以爲是，而卒詘之以非者，蓋是在事初，非在覺後，今又安知六十之所謂化者，非五十九年之非耶？自覺其化，所覺亦非，如何究竟？曰：化無可化，忘無可忘，覺無可覺，無無可無，方爲空到。此段文有拙中之巧，學莊子者要須識得。

萬物有乎生而莫見其根，有乎出而莫見其門。人皆尊其知之所知，而莫知恃其知之所不知而後知，可不謂大疑乎？已乎已乎，且無所逃。此所謂然與？然乎！——

萬物有箇無名之始，既曰無矣，則其生也不見其根，其出也不見其門。非無門無根也，但虛寂而有所不可覺耳。故人皆尊其知之所知，而莫知恃其知之所不知而後知，可不謂大疑乎？知之所知者，如有目則能視，有耳則能聽，有口則能言，有身則能動，人皆尊之，而不知有超於形體之外者以主張綱維乎其間，是謂知之所不知，是必恃之而後能知也。此而不知，不尊於此而反尊於彼，可不謂大惑乎哉？已乎已乎，誰能逃此而獨爲知乎？陰符經云，「人知其神之神，而不知不神之所以神」，意蓋如此。既又自詰之云：然與？而復應之曰：然乎！始則自審，而終則自決，亦莊文之奇者。

仲尼問於太史大弢、伯常騫、狶〔一〕韋曰：「夫衛靈公飲酒湛樂，不聽國家之政，田獵畢弋，不應諸侯之際，其所以爲靈公者何耶？」大弢曰：「是因是也。」伯常騫曰：「夫靈公有妻三人，同濫而浴。史鰌奉御，而進所搏幣而扶翼。其慢若彼之甚也，見賢人若此其肅也，是其所以爲靈公也。」狶韋曰：「夫靈公也死，卜葬於故墓，不吉；卜葬於沙丘而吉。掘之數仞，得石槨焉，洗而視之，有銘焉，曰：『不馮其子，靈公奪而埋之。』夫靈公之爲靈也久矣，之二人何足以識之？」湛，耽。

天下有稱實之名，有無實之名，有前定之名。即舉衛靈公之得謚者而觀，太史大弢以爲因是，言靈之謚本無意義，但因衆人之是而是之，因是，與齊物論所謂「因是」者其意頗同，此無實之名也。伯常騫又舉一端，謂於男女濫浴之時而猶知有禮賢之敬，是人欲橫流之中而良知之天猶有覺悟，夫是以謂之曰靈，此稱實之名也。狶韋則言，公之葬沙丘也，下有石槨焉，洗而讀其銘曰：不馮其子孫，靈公奪而埋之。則公之得爲靈也，不待於身歿之後而已預定於地下之銘矣。此之謂預定之名也。畢戈者，田獵之器。不應諸侯之際，言與諸侯無交際也。進所搏幣而扶翼，謂於濫浴之時，史

〔一〕「狶」：各本作「稀」，據宋本改。

魚進御，公恐賢者見之，故進所搏之幣，扶而翼其左右以自蔽也。不憑其子，謂此地子孫不足憑藉，將有靈公奪葬。蓋古人多有讖詞，地下之銘是也。

少知問於太公調曰：「何謂丘里之言？」太公調曰：「丘里者，合十姓百名而以爲風俗也，合異以爲同，散同以爲異。今指馬之百體而不得馬，而馬係於前者，立其百體而謂之馬也。是故丘山積卑而爲高，江河合水而爲大，大人合并而爲公。是以自外入者，有主而不執；由中出者，有正而不距。四時殊氣，天不賜，故歲成；五官殊職，君不私，故國治；文武大人不賜，故德備；萬物殊理，道不私，故無名，無名故無爲，無爲而無不爲。時有終始，世有變化。禍福淳淳，至有所拂者而有所宜；自殉殊面，有所正者有所差。比於大澤，百材皆度；觀乎大山，木石同壇。此之謂丘里之言。」

夫天下事物雖有萬殊，而理無二致，得其理而言之，則統之有宗，會之有元，雖異而不得謂之異矣，是之謂丘里之言。丘里者，合十姓百名以爲風俗者也，或合異以爲同，或散同而成異，異乃同中之異，同爲異中之同。譬之馬相，散爲百體，立爲一體，散則其異，而立則其同也，然而百體無馬，立爲一體然後稱馬，正喻異不見道，合而爲同，方始見道。積水成河，積土成山，異者不合，則同者不顯，會道之言亦復如是。所以大人之言，貴乎合并，萬事萬物總歸一原，而後謂之天下之公言，公言者，丘里之言也。夫既合并天下以爲公言，則自不當有執拒之意。何以故〔一〕？自外入者，有主而不執；自内〔二〕出者，有正而不拒。何以故？自外入者，聽言者也；自内出者，立言者也；聽人之言，吾心雖有所主，而不可執定一己之見；立言垂訓，吾心雖有取正，而不可距逆他人之意；蓋以理無定在，有所執之距之，則終有我見，不得合異而歸之同矣。載觀諸天，四時殊氣，於穆者運之，天不以爲恩也而歲自成；五官殊職，端拱者主之，君不以爲私也而國自治；大人文以經邦，武以戡亂，大人不自以爲功也而貞順之德備；萬物殊理，而道生之畜之，不自以爲私也，故無名無爲而無不爲。此便是不執不拒的樣子。所以不可執不可拒者，蓋以時有終始，世有變化，而事之禍福淳淳焉流行反覆，互相倚伏，有所拂於彼者而或宜於此，若一以我見自殉，執而拒之，則事理之變無窮，誠如人面，千態萬狀，面面各殊，有所正者必有所差，豈能使之一一盡同於己乎？須知同中有異，不可一作同想；異必歸同，不可一作異想；同不在己，異不在己，不可一作己想。比之大澤，百材皆度；觀於大山，木石同壇。百材非異乎？而同度於大澤之中；木石非異乎？而同萃於大山之上。則同中有異，而異之未始不歸於同也，居可知矣。此之謂丘里之言。此段專辟同異兩見，只以不執不拒作主，轉譬轉精，却與内篇何異？

少知曰：「然則謂之道，足乎？」太公調曰：「不然。今計物之數，不止於萬物而期曰

〔一〕「何以故」：原作「所故」，據校本改。
〔二〕「内」：原作「外」，據經文及校本改。

萬物者，以數之多者號而讀之也。是故天地者形之大者也，陰陽者氣之大者也，道者爲之公，因其大以號而讀之可也。已有之矣，乃將得比哉？則若以斯辯，譬猶狗馬，其不及遠矣。」

承上，少知問：同中有異，異而卒歸於同者，便謂之曰道，足乎？太公調曰：不可，道本無名，不可以同異名也。今爲設喻：天下皆言萬物，而物之數不止於萬，其曰萬者，不過以其數之多號而讀之耳。是故天地者形之大者也，陰陽者氣之大者也，而道爲之公。故在天地亦可以言道，在陰陽亦可以言道，因其大，以道之名號而讀之可也；以喻在同者亦可以言道，在異者亦可以言道，道爲之公，故隨在皆可號而讀之。其實道無名相，非言同言異者之所能盡。今既已有同異之名矣，乃將得比於道哉？以斯而辯，其猶狗馬之大小，其不相及遠矣。

少知曰：「四方之内，六合之裏，萬物之所生惡起？」太公調曰：「陰陽相照，相蓋相治，四時相代，相生相殺；欲惡去就，於是橋起；雌雄片合，於是庸有。安危相易，禍福相生，緩急相摩，聚散以成。此名實之可紀，精之可志也。隨序之相理，橋運之相使，窮則反，終則始，此物之所有。言之所盡，知之所至，極物而已。覩道之人，不隨其所廢，不原其所起，此議之所止。」橋，居表反。片，判。

少知又問：萬物之所生，從何而起？於是公調爲從起處説起：太極既判，陰陽乃分，縣象著明莫大乎日月，參同契所謂「窮神以知化，陽往則陰來。輻輳而輪轉，出入更卷舒」，是故有相照者；陰陽之精互藏其宅，是故有相蓋者，蓋之爲言，藏也；陰主翕受，陽主施與，是故有相治者。四時之氣，生剋嗣續，循環不窮，是故有相代、有相生、有相殺者。此時萬物莫不乘此氣機以出入，萬物既生，則萬事萬化一時同起，故生則有情，有情則欲惡去就於是橋起，雌雄片合於是常有。橋起，即突然而起之義。片合，猶言分合。既有情矣，則不能無事，故安危、禍福、緩急、聚散，相易相生，以摩以成。此名實之可紀而精微之可志者也，而皆不外乎陰陽。故隨序之相理，橋運之相使，窮則反，終則始。造化如此，物理亦然，故曰：此物之所有，乘氣機以出入者也。「隨序」、「橋運」四字甚新，而義亦精密。隨序即循序也，循序即有所理而不亂，故曰相理。橋者，有升有降，故謂氣運爲橋運，屈伸相感，若或使之，故曰相使。故論道者，言之所盡，盡此而已，知之所至，至此而已，故曰：極物而止。然以言言道，以知知道，非實覩道者也，故覩道之人，不隨其所廢，不原其所起。蓋道無名相，無名相，安有廢起？分明提上一步，說到箇未始有始也者，此處方爲究竟，故曰：此議之所止。

少知曰：「季真之莫爲，接子之或使，二家之議，孰正於其情，孰偏於其理？」太公調曰：「雞鳴犬吠，是人之所知。雖有大知，不能以言讀其所自化，又[一]不能以意其所將爲。

〔一〕「又」：經文註文，原均作「人」，據校本改。

斯而析之，精至於無倫，大至於不可圍。或之使〔一〕，莫之爲，未免於物而終以爲過。

季真、接子，二人名。莫爲、或使，二人各持之一説也。少知問：兩家之議，孰當於其情？孰偏於其理？太公調言：造化之妙難言哉，非若雞鳴犬吠，爲人所易知；雖有大知，不能以言讀其所自化，又不能以意見臆其所將爲。若將此理精而析之，小至於無倫，大至於不可禦，豈彼二人之説所能盡乎？或之使、莫之爲，是論物而非以論道也，論物則未免爲物所囿，而終有失言之過矣。

「或使則實，莫爲則虚。有名有實，是物之居；無名無實，在物之虚。可言可意，言而愈疏。

何故言有過咎？蓋言或使，則明明説有箇主使之者，太説實了；言莫爲，則全是偶然聚散，適然生死，太説虚了。此二家豈無影響？但都只説得造化一邊。何者？造化未嘗使物，物自乘氣機以出入耳。故説莫爲，雖或近是，但不曾説有箇莫爲之者；説或使，又似物物而彫琢之。大抵天下無道外之物，而道未嘗倚於物也，故張子云：「天地無心而成化。」定性書云：「天地之常，以其心普萬物而無心。」普物即是實，無心即是虚，合而言之，方爲精確。故有名有實者，是物之居也。名實，猶言名相。居，謂一定而不移。若無名無實者，在物之虚。老子云：「有之以爲利，無之以爲用。」此箇虚寂却是道之本體。萬物之生，莫不以虚實相乘而正性命，是以有無邊見，類皆失之。此

〔一〕「使」：原作「始」，據校本改。

箇天機，視之不可見，聽之不可聞，搏之不可得。可意可言，則愈言之而愈遠矣，季真、接子之謂也。「未生不可忌，已死不可阻，死生非遠也，理不可覩。或之使，莫之爲，疑之所假。吾觀之本，其往無窮；吾求之末，其來無止。無窮無止，言之無也，與物同理；或使、莫爲，言之本也，與物終始。道不可有，有不可無。道之爲名，所假而行。或使、莫爲，在物一曲，夫胡爲於大方？言而足，則終日言之而盡道；言而不足，則終日言而盡物。道，物之極，言默不足以載。非言非默，議其有極。」

且物乘氣機以出入，其出曰生，其入曰死，其生也不可禁忌，其死也不可阻遏。一生一死，只在目前，非甚遠也，而其理不可覩。故曰或使，曰莫爲，皆疑情也。一爲疑之所假，是以或失則實，或失則虚，終落邊見。以我觀之，其本也往而無窮，其末也來而無止，只在一箇無窮無止上定得造化，全是一段虚無自然。萬物得之，與之同理，故往亦無所窮，來亦無所止。以是知造化之妙，説無則得，説莫爲、或使則不得。何者？言莫爲、或使者，其立言之本旨始終要在物上見道，不知覩道之人不隨其所廢、不緣其所起，曾不提起一步，只説虚無自然，自是無過。所以者何？道不可有，有則沉着於名相，又自有上説歸於無，則有無俱落邊見，故曰：道不可有，有不可無。若究而言之，則道上安不得一字，説無猶是贅語，説道寧非假名？況或使、莫爲，在物一邊説者，又胡足以與大方乎？故言而足，則終日言之而所言者盡是道；言而不足，則終日言之而所言者盡是物。足，即上文所謂「正於其情，偏於其理」者。結意正以答少知兩家之問。又恐人落於言詮，只在有言無言上理會，急掃一句：道，物之極，言默不足以載。載，如「經以載道」之「載」。既不要有言，又不要無言，然則如何而可？在非言非默上，自有極處。此段大類禪語，故予嘗言：南華經，中國之佛經也。林鬳齋似識此意，註引佛語：「如我按指，海印發光；似汝舉心，塵勞先起。」又曰：「我爲法王，於法自在。」「蓋言造道之人，説亦是，不説亦是；汝未造道，説得是，也不是。」他亦看得透徹。

方壺外史説是篇已，重宣此義而作亂辭：

何謂夷節，讓德閱休？相助而消，奚以爲謀？聖達綢繆，周至一體。復命搖作，師天而已。憂而用知，所行幾多？時其有止，將若之何？亶美亶愛，告亦芒若。實見實聞，仞臺縣樂。冉得環中，隨物之成。湯得尹傅，司御其名。鬩鬩者誰？蝸角之觸。稷稷者誰？聖德之僕。離性滅情，蒹葭乃生。聚貨立名，殺盜橫行。失不在民，得奚在己？日出多僞，盜竊攸起。惟彼聖脩，進德無期。六十而化，五九猶非。

不知而知，將無大惑。弗靈而靈，預定於卜。
丘里之言，合并爲公。不執不距，奚以異同？
四方六合，物生烏起？不隨不緣，議之所止。
或使則實，莫爲則虛。可言可意，言而愈疏。
胡爲大方，在物一曲？議其有極，非言非默。

南華真經副墨卷之七　無字集

雜篇外物第二十六

外物不可必，故龍逢誅，比干戮，箕子狂，惡來死，桀紂亡。人主莫不欲其臣之忠，而忠未必信，故伍員流於江，萇弘死於蜀，藏其血三年而化爲碧。人親莫不欲其子之孝，而孝未必愛，故孝己憂而曾參悲。一

大意謂，外來之禍，不惟惡者不能免，而善者亦未必能免，不惟不忠不孝者不能免，而忠者孝者亦未必能免，故均謂之曰：外物不可必。大抵天下只理數二字。在常理則曰：積善餘慶，積惡餘殃，此其所可必者；而不知所遭之不偶，則有數存焉。補此一段，正以見吾人當爲其所當爲，而不可必其所難必。關龍逢，桀臣。箕子、比干、惡來，皆紂臣。子胥，吴臣，被戮，裹以鴟夷之皮，沉之於江。萇弘，周靈王時臣，被放歸蜀，刳腸而死，蜀人哀之，藏其血於地，三年化爲碧玉。孝己，殷高

宗之子，逐於後母；曾參，爲父芸瓜，誤斷其根，大杖幾死：故以爲有憂悲之事。

木與木相摩則然，金與火相守則流，陰陽錯行則天地大絯，於是乎有雷有霆，水中有火，乃焚大槐。絯，駭。

此論造化五行，暗影人事。五行之氣，惟火最烈。參同契云「木火同侶」，火陰根陽，寄位於木，因動而發，反傷其母，故木與木相摩則然，陰符經云「火生於木，禍發必克」是也。即雖金性至堅，與火相守亦爲所爍。若使陰陽錯雜，其氣鬱而不伸，則雷擊霆奮，水中起火，乃焚大槐。槐者，東方之木，老而生火，在人身則所謂「龍雷之火難以直折」是已。火之爲害如此，意則見下〔一〕。

有甚憂兩陷而無所逃，螴蜳不得成，心若縣於天地之間，慰暋沈屯，利害相摩，生火甚多，衆人焚和，月固不勝火，於是乎有僓然而道盡。螴蜳，音陳淳。縣，玄。暋，昏。僓，頹。

所以修真體道之人，虛静恬淡寂寞無爲，五志之火一時俱伏，是故有利害不干於心而生死無變於己者。不知道者，則不耐世故，甚憂兩陷於利害之中無所逃遁，螴螴蜳蜳，坐亦不安，睡又不寧，若將此心縣於天地之間，鬱暋屯邅，不自解脱，利害相摩，生火甚多，焚其天和，於是乎有陰陽之患，以其不知外物之不可必而交戰於利害之場，故自焚若此。故道人養和，衆人焚和。焚者，煎熬之義。月固不勝火，「月」字下得奇。月者，水也，水不勝火，即醫家所謂「一水不能勝五火」之

〔一〕註文「乃焚大」以下至此，底本文字缺損，據校本補足。

意。又解月古篆文，肉字也，言血肉之軀不勝熬爍，於是乎有僨然而道盡者。僨，衰斃之義。道，謂生道。道盡，則形神與之俱盡矣。與上連爲一章，發此一段，於人有大利益。欲人静消心火，自處恬淡無爲之鄉，然後盡其天年而不中道夭折，蓋救世之仁也。佛經法華「火宅」〔一〕之喻，可與參看。

莊周家貧，故往貸粟於監河侯。監河侯曰：「諾。我將得邑金，將貸子三百金，可乎？」莊周忿然作色曰：「周昨來，有中道而呼者。周顧視車轍，中有鮒魚焉。周問之曰：『鮒魚來，子何爲者耶？』對曰：『我，東海之波臣也。君豈有升斗之水而活我哉？』周曰：『諾，我且南遊吴越之王，激西江之水而迎子，可乎？』鮒魚忿然作色曰：『吾失我常與，我無所處。吾得升斗之水然活耳，君乃言此，曾不如早索我於枯魚之肆！』」

生事蕭疏，窮途仗友，仁者當亟賙之，乃復爲此紆緩不急之談，友道之薄莫此爲甚。筆記於此，見世俗之益偷也。常與，指水而言。「波臣」二字奇。

任公子爲大鉤巨緇，五十犗以爲餌，蹲乎會稽，投竿東海，旦旦而釣，期年〔二〕不得魚。

〔一〕「火宅」：法華經譬喻品：「三界無安，猶如火宅。衆苦充滿，甚可怖畏。常有生老病死憂患，如是等火，熾然不息。」

〔二〕「期年」：其後原有「而」字，據校本删。

已而大魚食之，牽巨緇，鉻没而下，騖揚而奮鬐，白波若山，海水震蕩，聲侔鬼神，憚赫千里。任公子得若魚，離而腊之，自制河以東〔一〕，蒼梧以北，莫不厭若魚者。已而後世輇才諷説之徒皆驚而相告也。夫揭竿累，趣灌瀆，守鯢鮒，其於得大魚難矣。飾小説以干縣令，其於大達亦遠矣。是以未嘗聞任氏之風俗，其不可與經於世亦遠矣。——犗，界。鉻，陷。腊，昔。制，浙。輇，權。縣，玄。

喻言有大抱負者必有大設施，有大設施者必有大成就。巨緇，大黑繩也。犗，犍牛也。離，剖之也。乾肉曰腊。制，讀曰淛。厭，飽飫也。輇才，小才也。累，小繩也。灌瀆，田中灌水之瀆。鯢、鮒，皆小魚。縣令，縣賞令以待言者。一段文氣跌宕，與巨魚争雄，摛文之士允宜熟讀。

儒以詩禮發冢。大儒臚傳曰：「東方作矣，事之何若？」小儒曰：「未解裙襦，口中有珠。詩固有之曰：『青青之麥，生於陵陂。生不布施，死何含珠爲？』」「接其鬢，擪其顪，儒以金椎控其頤，徐别其頰，無傷口中珠。」——擪，壓。顪，歲。别，編去。

此段戲劇世儒無實得而專以剽竊古人爲事者。蓋古人即地下之陳死人也，古人所言，即陳人所含之珠也。小儒者，大儒之弟子。自上語下曰臚。言大儒呼小儒而語之曰：東方作矣，相與從

〔一〕「制」：原作「淛」，據註文及校本改。

事若何？事即暗指發冢之事。小儒言：未須解其裙襦，口中有珠在焉。又引詩爲證。詩有之曰「青青之麥，生於陵陂」，興也；「生不布施，死何含珠？」言人生前不知重義樂施，死猶秘其金珠以爲地下含銅臭之夫，鄙吝若此。以下云云，相與計議取珠之法。脣上曰鬚，頤下曰顪，口旁曰頤，頤旁曰頰。接，撮也。擪，以手按之也。控，別開也。夫儒以詩禮名家，而所以教其弟子者，不過日夜剽竊古人之緒餘，斯不謂之盜儒乎哉？此段寓言，意亦奇特。凡爲儒者讀之，皆當泚顙。

老萊子之弟子出薪，遇仲尼，反以告曰：「有人於彼，脩上而趨下，末僂而後耳，視若營四海，不知其誰氏之子？」老萊子曰：「是丘也，召而來。」仲尼至。曰：「丘，去汝躬矜與汝容知，斯爲君子矣。」仲尼揖而退，蹙然改容而問曰：「業可得進乎？」老萊子曰：「夫不忍一世之傷而驁萬世之患，抑固窶耶？亡其略有弗及耶？惠以歡爲驁，終身之醜，中民之行進焉耳，相引以名，相結以隱。與其譽堯而非桀，不若兩忘而閉其所譽。反無非傷也，動無非邪也。聖人躊躇以興事，以每成功，柰之何[一]其載焉？終矜爾！」趨，促。驁，傲。

脩上，上長也。趨下，下促也。末僂，背微僂也。後耳，耳帖腦後也。目若營四海，蒿目而憂當世之患也。矜，矜持也。容，動容也。知，思慮也。老萊之教，即前所謂「離形去智」之意。業可得進，言夫子之道可得而學乎？萊謂夫子：汝不忍一世之傷而驁然放心於萬世之患，蓋一時之傷乃

〔一〕「柰之何」：校本作「柰何哉」。

政教之下衰，而萬世之禍則學術不明之過也。汝之窮，其固然耶？抑其經略有所不及耶？夫以恩惠結人之歡心而驁然自得者，醜行也，中民之行進焉耳，非大道所取也。何者？至人無恩，至人無名，至人無私。若相惠以歡，相引以名，相結以隱，皆中民之行。結以隱，謂以心腹相結。當時之君，不忍一世之傷者莫若堯，而坐至一世之傷者莫若桀，人皆知之，往往是堯而非桀，是爲大道生是非也。故與其譽堯而非桀，不若兩忘而閉其所譽。豈不以堯桀終有是非，而我不生毀譽，不起憎愛，渾然與善惡相忘，然後與道相應。今之人皆曰「吾將反斯世於唐虞之盛」，而不知反之無非傷也；皆曰「吾將鼓舞振作乎一世之民」，而不知動之無非邪也。何者？爲其有心也，不若虛靜恬淡寂寞無爲，與天下相安於無事之天。設有所爲，欲爲而爲之以不爲，故躊躇以興事，而往往見其成功。今汝也，柰何哉不忍一世之傷而以天下之事自任哉？終見其矜持費力焉耳。此等説話，儒者直謂其與接輿、沮溺、丈人之見同科。然以至理而論，有心做事者亦做不出甚事，不得例以習見非之。

宋元君夜半而夢人被髮闚阿門，曰：「予自宰路之淵，予爲清江使河伯之所，漁者余且得予〔一〕。」元君覺，使人占之，曰：「此神龜也。」君曰：「漁者有余且乎？」左右曰：「有。」君曰：「令余且會朝。」明日，余且朝。君曰：「漁何得？」對曰：「且之網得白龜焉，

〔一〕「予」：原作「余」，據上文及校本改。

其圓[一]五尺。」君曰：「獻若之龜。」龜至，君再欲殺之，再欲活之，心疑，卜之，曰：「殺龜以卜，吉。」乃刳龜，七十二鑽而無遺筴。仲尼曰：「神龜能見夢於元君而不能避余且之網，知能七十二鑽而無遺筴，不能避刳腸之患。如是，則知有所困，神有所不及也。」余且，豫趨。筴，策。

阿門，曲側之門。宰路，淵名。龜爲清江之神，使於河伯之所，爲漁者余且所得，故見夢以求脱，而卒不能脱者，龜有數也。數定，則雖有神知不能移。故有所困、有所不及者，蓋囿於數也。神知根於有生之前，數定於有生之後。老子曰：「自吾無身，復有何患？」外其身則不囿於數矣。

「雖有至知，萬人謀之。魚不畏網而畏鵜鶘。去小知而大知明，去善而自善矣。」

雖有至知，亦須畢舉群策而後爲謀允臧，蓋用知則自私，自私則有情識、有機變，人斯畏而避之矣。故魚網雖密，魚不畏也。鵜鶘所食幾何，魚反畏之者何？網無情而鵜鶘有情也。聖人能與天下相安者，亦無情順應而已。故去小知則大知明，去其善則自善。今之人見小知以自賢，其亦未聞道耶？

「嬰兒生，無石師而能言，與能言者處也。」

石，疑作「所」。言熏習之移人有如此者。

[一]「其圓」：原作「箕圜」，據宋本改。

惠子謂莊子曰：「子言無用。」莊子曰：「知無用而始可與言用矣。夫地非不廣且大也，人之所用容足耳，然則廁足而墊之致黄泉，人尚有用乎？」惠子曰：「無用。」莊子曰：「然則無用之爲用也，亦明矣。」廁，側。墊，店。

夫至理之言無可揀擇，故碎拱璧則塵塵是玉，折沉檀則片片皆香。顧言之所該者無窮，而人之所用者有限，以不盡用而遂謂其無用，則非矣。彼天地亦大矣，人之用天地者幾何？即以步履而論，則容足之外皆爲無用，以爲無用側足而掘之至於黄泉，尚有用乎？畢竟是無用也，故惠子亦曰無用。不知地雖無用，而所以助吾之足者實多，若以爲無用而廢之，不使容足之外更有餘地，則將日見其狹隘而不能行矣。知此，則無用之用得非天下之大用乎？前云「足也踐，恃其所不蹍」，亦是此意。

莊子曰：「人有能遊，且得不遊乎？人而不能遊，且得遊乎？夫流遁之志，決絶之行，噫，其非至知厚德之任與？覆墜而不反，火馳而不顧，雖相與爲君臣，時也，易世而無以相賤。故曰至人不留行焉。夫尊古而卑今，學者之流也。且以狶韋氏之流觀今之世，夫孰能不波？唯至人乃能遊於世而不僻，順於人而不失己。彼教不學，承意不彼。一

遊，即首篇所謂「逍遥遊」之「遊」。言人之志趣各有不同，有生而能遊者，且得不遊乎？有生而不能遊者，且得遊乎？生而遊者，胸次洒洒，一塵不掛，雖未嘗遍迹於有方之外，而此心直與天地萬物上下同流，且得不遊乎哉？不能遊者，根塵太重，罥掛世網，昌黎所謂「持被入省中，顧婢子

語刺刺不休」，雖與之遊，安得而遊乎哉？ 大抵世緣難斷，私欲易牽，流遁之志、决絶之行，乃至知厚德之所任，常人不能也。 夫墮物者誰不反顧？ 火逸者希不顧家。 若也覆墮而不反，火馳而不顧，則是真有流遁之志、决絶之行者。 是人也，而後可以與遊。 今之不能者，只爲於世緣上看得不透，遇富貴則貪富貴，遇功名則戀功名，不知雖有南面之尊、北面之榮，一時相與以爲君臣，極其際遇，而易世之後無以相賤也，直等耳。 貴己而賤人，先己而後人，何爲者哉？ 以故至人之行不留於此，直將等爲浮雲，視爲儻來，有天下而不與焉。 又學者多尊古而卑今，大非也。 古今，逝波耳，上溯狶韋，下及今世，前浪後浪也，後之視今猶今之視昔，是古而非今，得乎？ 至知之人達觀若此，是以遊於世而不僻於行，順於人而不失乎己，直將乾坤世界劇爲戲場，古今旦莫逝爲流浪，挫其鋭，解其紛，和其光，同其塵，與彼所謂世教者雖不屑屑焉學之，然亦承其意而不彼。 彼者，外詞。 不彼，言不外之也。 何者？ 世出世法原無兩件，有所揀擇去取，則非遊於世而不僻，順於人而不失者矣。 即是而觀，先生之所謂遊者，定非絶物忘世之學，有隨順而不自失者在焉，此所以爲至知厚德也。

「目徹爲明，耳徹爲聰，鼻徹爲顫，口徹爲甘，心徹爲知，知徹爲德。 凡道不欲壅，壅則哽，哽而不止則跈，跈則衆害生。 物之有知者恃息，其不殷，非天之罪。 天之穿之，日夜無降，人顧塞其竇。」顫，羶。 哽，耿。 跈，蹍。

夫目蔽於色則不明，耳亂於聲則不聰，鼻奪於香則不顫，口嗛於味則不甘，心起於識則不知，知有分別，非德知也。 是皆夫人六根所起之六塵，必須徹而净之，然後能復其本然之靈覺。 然六根門頭，頭頭是障，須下幾箇徹字，實則一了百當，一處徹則處處皆徹矣。所以道不欲壅，不徹則自爲外物所壅，如人之哽者，哽而不已則跈，跈則衆害生之。跈，足陷泥淖之迹也。言人之虚靈既爲物所壅塞，則將陷於物欲之中不能自拔，而衆欲交攻，其有存焉者寡矣。夫物之有生，恃此生息之理，而今之存焉者寡，則生息微眇而不盛。其不盛，非天之罪也，天之穿之者日夜無降，人顧自塞其竇耳。蓋此段靈光，人人透露，有耳自聰，有目自明，乃天所穿，日夜無止，譬則室之有竇，日光自穿，人顧自塞其竇，乃光明虧蔽而不見耳。此段文頗艱澀難解，然以意逆之，理當如此。

「胞有重閬，心有天游。室無空虚則婦姑勃谿，心無天游則六鑿相攘。大林丘山之善於人也，亦神者不勝。」谿，奚。

此言虚之爲用。胞，人身脬膜也。重閬，空曠之地，所以行氣者。人身如此，人心亦然。故清淨之中一物不着，常與太虚相爲游衍，故曰：心有天游。於室亦然。故室有空虚，然後長幼尊卑各遂其私，各得其所。無空虚，則婦姑勃谿。勃，怒争也。谿，亦空意。以况人心而無天遊，則六鑿攘奪，終無寧已。六鑿，即六賊之義，命字之奇也。既爲六賊所攘，則吾所謂元神者不勝其擾，欲求幽静之地以自安，故大林丘山一見即以爲善，謂其少得以自憩耳。所以學道之人常須静養。清静經云：「人神好清而心擾之，人心好静而欲牽之。常能遣其欲而心自静，澄其心而神自清，自然六欲不生，三毒消滅。」虚静天師大道歌云：「要得身中神不出，莫向靈臺留一物。物在心中神不清，耗散真精損筋骨。」道德經云：「致虚極，守静篤，萬物並作，吾以觀其復。」脩真之訣無出乎此，亦足以相發明矣。

德溢乎名，名溢乎暴，謀稽乎誸，知出乎争，柴生乎守，官事果乎衆宜。誸，弦。

溢者，過也。名勝則實衰，故德溢乎名。而名之所以溢者，謂其不能自藏而有心於暴白也，故溢。謀稽於誸，誸者，急義，御下弦急，則人思以知巧當之，故謀用是稽。知出乎争，彼此争勝，故人各用知。柴生乎守，守即「守而不化」之「守」，執滯於物，故柴塞於胸中而與物爲梗。官事果乎衆宜，果，結果也，又核實也；衆宜，謂衆情稱便，此亦莊子漫事。

「春雨日時，草木怒生，銚鎒於是乎始脩，草木之到植者過半而不知其然。」銚，七遥反。鎒，乃豆反。

日時，謂以時日而雨。有雨有暘，與久陰者不同，草木得之勃然而生。「怒生」二字甚奇。於是乎農人始修銚鎒之器，草木之到植者過半，到植，註云：謂更生也，言草木皆蘖芽於種，發條於根，而移接之類太多，更不知其所以然者。可見萬類只是一氣周流貫徹，有所附麗則自然生長。知一氣之相禪，則同氣者可以相求，而神仙大藥所謂「同類易施功」者，亦略可識矣。

「静然可以補病，眥搣可以休老，寧可以止遽。雖然，若是勞者之[一]務也，非佚者之所，未嘗過而問焉。」眥搣，恣滅。

[一]「之」：各本無，據註文及宋本補。

病者，焚和所致。凡人有病，只求一真静，則火自降，水自升，真氣自復，邪氣自退，藥餌之補皆第二義，故曰：静然可以補病。眥𡟱，猶云翦滅。翦滅男女聲色之欲，則老境自是康豫，故曰：眥𡟱可以休老。寧可以止遽，事若急遽，一以安静鎮之，則一止可以止衆止，而事無不理矣。雖然，若是勞者之務也，非佚者之所也。所，如「所其無逸」〔一〕之「所」。蓋病而補静，補亦晚矣，佚人則不待病而先居於静。老而眥滅，滅亦遲矣，佚人則不待老而先證於滅。遽而止寧，止亦殆矣，佚人則不待遽而先安於止。故勞者之務，佚者未嘗過而問焉。

「聖人之所以駴天下，神人未嘗過而問焉。賢人所以駴世，聖人未嘗過而問焉。君子所以駴國，賢人未嘗過而問焉。小人所以合時，君子未嘗過而問焉。」駴，戒。

承上而言，勞者之務，佚者不問，則聖人之事，神人不問可知，賢人之事，聖人不問可知，君子之事，賢人不問，小人之事，君子不問，又可知矣。駴，與駭同，謂改百姓之觀聽也。聖人之所以駭世，無過仁義而已，賢人君子則愈失愈下，故其所以駭世者，不過脩飾乎禮樂文物之具，小人則權謀術數而已。道不同不相爲謀，是故有過而不問者。問，講求之意。

演門有親死者，以善毁爵爲官師，其黨人毁而死者半。堯與許由天下，許由逃之；湯

〔一〕「所其無逸」：尚書無逸：「君子所其無逸。」孔安國註：「歎美君子之道，所在念德，其無逸豫。」鄭玄云：「所，猶處也。君子處位爲政，其無自逸豫也。」

與務光，務光怒之；紀他聞之，帥弟子而踆於窾水，諸侯吊之。三年，申徒狄因以踣河。

踆，存。

演門，地名。有親死而哭之哀者，上之人以爲善毀，爵之而爲官師，其黨慕之，毀而死者過半。不得爵而反以喪其生，則好名之過也。若乃許由避堯，紀他聞之而踆窾，務光赴淵，申徒狄因之而自沉，何爲者哉？則二子俑之也！名也者，非聖人之所貴也，故至人無名，人不得而慕之焉。

「荃者所以在魚，得魚而忘荃。蹄者所以在兔，得兔而忘蹄。言者所以在意，得意而忘言。吾安得夫忘言之人而與之言哉？」

荃，魚笱也，蹄，兔罝也，在道則爲言説之喻，得其意則言説可忘。上乘之學，不自外入，專一自家理會，有脱然處，則有言無言皆成荃蹄。得是人而與之言，庶可以行不言之教矣。

方壺外史説是篇已，爲作亂辭：

外不可必，玉石俱焚。忠遭剖戮，孝亦憂辛。

利害相摩，生火實多。甚憂兩陷，以焚其和。

任公釣魚，莊生活鮒。大器晚成，而友弗顧。

東方作矣，事之何如？蚩彼大儒，竊此含珠。

去汝躬矜，與汝容知。非譽兩忘，躊躇興事。

知有所困，神龜則刳。至言無用，畫地以趨。
游而不僻，順而不失。心有天遊，六鑿不入。
道不欲壅，竇不欲塞。凡彼有知，恃此生息。
春雨日時，草木生之。到植强半，而然莫知。
老因滅休，病以静補。勞者務之，非佚之所。
神不謀聖，聖不問賢。小人所合，君子恥焉。
演門善毁，由光潔身。慕名者累，胡死而踆？
得意忘言，得魚忘荃。安得斯人，吾與之言？

雜篇寓言第二十七

寓言十九，重言十七，卮言日出，和以天倪。寓言十九，藉外論之。親父不爲其子媒，親父譽之不若非其父者也。非吾罪也，人之罪也。與己同則應，不與己同則反。同於己爲是之，異於己爲非之。重言十七，所以已言也，是爲耆艾。年先矣，而無經緯本末以期年耆者，是非先也。人而無以先人，無人道也。人而無人道，是之謂陳人。卮言日出，和以天倪，因以曼衍，所以窮年。不言則齊，齊與言不齊，言與齊不齊也，故曰無言。言無言，終身言未嘗不言，終身不言未嘗不言。有自也而可，有自也而不可，有自也而然，有自也而不然。惡乎然？然於然。惡乎不然？不然於不然。惡乎可？可於可。惡乎不可？不可於不可。物固有所然，物固有所可，無物不然，無物不可。非卮言日出，和以天倪，孰得其久？萬物皆種也，以不同形相禪，始卒若環，莫得其倫，是謂天均。天均者，天倪也。曼，萬。種，上。

此篇先生自叙立言之意。言我此書之中，寓言者十九，重言者十七，卮言則日日出之。寓言者，謂己之言未能直證，往往藉外物以相比論。彼親父不能爲子媒者，以親父之譽之不若非其父者之譽之也，人不信其父而信非其父者之言，則我之藉外而論，其亦不得已焉，而姑有所託以啓人之信者乎！此非我之罪也，不信我者之罪也。又凡人之情，直喜其與己同而惡其與己異，同則是之，異則非之，是以是非同異卒莫有定，故吾以重言止之。重言十七，所以止言也。重言者，借重古人以爲質，如人有聞見而取正於耆艾者然。雖然，年先矣，而經緯本末漫無所知，徒以年稱，非所先也。年本先而曰無所先者，謂其不知立人之道也，不知人道則亦陳人而已，陳人即古詩所謂陳死人。陳死人，何重之有？卮言者，卮酒之言，和理而出，却非世俗卮酒間譃浪笑傲争論是非之言，曼曼衍衍，盡可以消歲月。夫理本至齊，而人則各執其所見，於是乎是非同異紛然不齊，因其不齊而吾復以言齊之，則我之所言之齊與彼之所言之不齊皆成不齊。何者？彼我之見原自不齊，故不若不言以待其自齊。不言者，非箝其口而不言也，不争是非，不論同異，雖言之而未嘗有言也，故曰：終身言未嘗言〔一〕，終身不言未嘗不言。終身言者，無心而任天理之便，即「和以天倪」之謂也。既曰卮言日出，和以天倪，則終身言之而未嘗不言矣。若夫是非同異之辨，則實未嘗言也，雖未嘗言矣，而豈緘默不言之謂哉？夫天下之可與不可、然與不然，皆有自也。惡乎然乎？然於我之然也。惡乎不然乎？不然於我之不然也。可與不可，亦復如是。物固有所然者，物固有所可者，無物不然，無物不可，則天下之論齊矣。何者？物各有理，惟不以己之獨見主張是非，而徐觀萬物自然之理，則見物物皆有然者、可者，一一隨而順之，則是非自泯。夫人既不能以無言，自非卮言日

〔一〕「終身言未嘗言」：原作「終身言未嘗不言」，據校本删「不」字。

出，和以天倪，且孰得而久乎？ 久，謂定論不易。 又自物理而論，胎卵濕化，物種有萬，雖或不齊，皆自無始以來一氣而生，始終循環，莫能得其比擬，要皆以氣聚而生，氣散而死，於不齊之中而有至齊者在焉，是謂天均。 天均者，天倪也。 巵言之所出，和是而已。 和，如「和羹」之「和」，「和」字於「巵」字上下得最有情。

莊子謂惠子曰：「孔子行年六十而六十化，始時所是，卒而非之，未知今之所謂是之非五十九非也？」惠子曰：「孔子勤志服知也。」莊子曰：「孔子謝之矣，而其未之嘗言。 孔子云：『夫受才乎大本，復靈以生。』鳴而當律，言而當法。 利義陳乎前，而好惡是非直服人之口而已矣。 使人乃以心服而不敢蘁立，定天下之定。 已乎，已乎！ 吾且不得及彼乎！」 蘁，悟。

勤志，即敏求之意。 服知，謂行其所知。 惠子亦據吾夫子之所自許者而信其如是。 莊子言：夫子六十而化，則已謝是矣。 因引夫子之言「受才乎大本」，受才即「降才」之「才」，大本猶太初也。「復靈以生」，謂人莫不復此靈覺之性以有生。 若鳴而當律，言而當法，利義陳於前，而好惡是非皆合其宜，夫固靈性之所顯發。 然以言教者，直服人之口而已，惡可以及化？ 夫子則能使人心悅誠服而不敢迕立，是謂以一止而止衆止，非盛德至善何以致此？ 宜莊子深歎其弗及也。 蓋莊子與惠子語，猶覺有辨〔一〕，夫子則未見有與之辨〔二〕者。 此尚不能得其口服，何況於心？ 以之自愧，所以愧惠子也。

〔一〕〔二〕「辨」：校本均作「辯」。

曾子再仕而心再化，曰：「吾及親仕，三釜而心樂。後仕，三千鍾〔一〕不洎，吾心悲。」弟子問於仲尼曰：「若參者，可謂無所縣其罪乎？」曰：「既已縣矣，夫無所縣者可以有哀乎？彼視三釜三千鍾，如觀雀蚉蝱相過乎前也。」觀，作鸛。縣，玄。

再化，謂心化於禄也。洎，與「及」相映。不洎，謂厚禄不及於其親。無所縣其罪，謂無所縣其忘親之罪。夫子言，曾子雖無所縣其罪，而已有所縣於禄矣。何則？無所縣者，可以有哀乎？彼無所縣者，其視釜鍾〔二〕之禄若鸛雀與蚉蝱之過吾前也，何大何小，任其來去，而亦何足以攖吾念哉？故因其哀而知其心有所縣，因其縣而知其心有所化，必進此一步，然後爵禄不入於其心，而胸次洒洒，一塵爲之不掛矣。

顏成子游謂東郭子綦曰：「自吾聞子之言，一年而野，二年而從，三年而通，四年而物，五年而來，六年而鬼入，七年而天成，八年而不知死、不知生，九年而大妙。」

夫道者，虛静恬淡寂寞無爲，然無爲也而無不爲，無不爲則天矣，故發顏成子游一段〔三〕説話。言吾自聞子綦夫子之言，一年之中，去其機械變詐之心，還於朴野。二年而從，從，謂隨順衆志，不起愛憎取舍。三年而通，通者，無人無我，比「從」更進一步。四年而物，物者，如槁木，如死灰，不起

〔一〕〔二〕「鍾」：各本作「鐘」，據義改。
〔三〕「段」：原作「端」，據校本及底本前文用字而改。

絲毫情識，一味寂滅。五年而來，來者，幻滅滅故，非幻不滅，如往之有來。六年而鬼入、七年而天成，鬼入，謂與鬼神同其屈伸；天成，謂與天同其造化。學而至於天成，則不當復有進步，然又有箇未始有天、未始有人、未始有物、未始有始也者，故八年九年工夫愈細，不知有死，不知有生，乃入於妙，入於大妙則與道合真矣。此段學問，豈可以歲月而計？此但言其漸次云耳。

「生有爲，死也。勸公，以其死也，有自也；而生陽也，無自也。而果然乎？惡乎其所適？惡乎其所不適？

此自上文「不知有生、不知有死」上透下意來，以生死而論有爲無爲。言人生則不能無爲，如富貴則有富貴之爲，貧賤則有貧賤之爲，死則同歸於無爲而已，故曰：生有爲也，死也。勸公，公之爲言，同也。下一「勸」字，勸人灰心滅意以還造化。人皆以生爲樂，以死爲悲，急爲勸慰，要人解其天弢，墮其天袠，同證寂滅，以返吾真。夫人皆以其死也有自也，而不知其生陽也無自也。死也有自，謂自有形而返於無形，始見其有，倏見其無，故含情之類不能無悲，而不知遡其生陽之始，實無所自，如是則其始也亦返其無所自者而已。而果然乎？而，汝也。言汝果以爲然乎？以爲然，則惡乎其所適，惡乎其所不適，而生欣戚於其中耶？適者，快適之意。

「天有曆數，地有人據，吾惡乎求之？莫知其所終，若之何其無命也？莫知其所始，若之何其有命也？有以相應也，若之何其無鬼也？無以相應也，若之何其有鬼耶？」

此以造化之不可知者反覆徵問。言天則有曆數矣，地則有人據矣，吾惡乎求之？曆數，謂日月星辰之數，甘、石、巫氏之書是也。人據，謂據人耳目聞見之所及者，禹貢、圖經、地理之類是也。夫天地文理似乎有定，然以其故求之，又不盡然。夫理必有終，而今則莫知其所終，莫知其終則必有始終相生者以主乎其間，若之何其無命耶？而遡之無始，則莫知其始，全然不見其端倪，又烏得而謂之有命耶？蓋命則實有，而曰不得謂之有者，所以遣去執有之病。造化之妙，有屈有伸，鬼神乃氣機之屈伸往來者，故曰：有以相應，若之何〔一〕其無鬼？然而未必盡然。如善者未必福，惡者未必禍，仁者不盡壽，暴者不盡夭，又似無以相應者，若之何其有鬼耶？造化之妙，其不可知者若此。吾人則當以其所知養其所不知，信其有而不敢蔑其無，又知其無而不敢執其有，則世出世法不外是而得之矣。

衆罔兩問於景曰：「若向也俯而今也仰，向也括而今也披髮，向也坐而今也起，向也行而今也止，何也？」景曰：「叟叟也，奚稍問也！予有而不知其所以。予，蜩甲也，蛇蜕也，似之而非也。火與日，吾屯也；陰與夜，吾代也。彼，吾所以有待耶，而況乎以有待者乎？彼來則我與之來，彼往則我與之往，彼强陽則我與之强陽。强陽者，又何以有問乎？」景，影。

此一段與内篇齊物論頗同，但添上火日之喻，更覺新奇。叟叟，景稱罔兩之詞。稍問，猶云末

〔一〕「何」：原無，據校本補。

論。言我之俯仰行止皆有所待，而叟獨不知其所以耳。予則蜩之甲也，蛇之蛻也，又似之而實非。蓋甲與蛻，一離於形則不相聯屬，無復俯仰行止之相肖。又吾之與形，其離其合亦自有時。火與日，吾屯也，屯謂聚而有景；若陰而無日，與夜而無火，吾則代而去之。彼形也，非吾所以有待者耶？然彼亦不能自主，必有所以使之如此者。夫彼之不能自主者尚爲我之所待，而況主張有待之造化者將獨不爲彼之所待乎？彼來則我與之而俱來，彼往則我與之而俱往，彼健動則我與之俱健動，此箇造化又是自然而然，而人不知其所以然者，又何以有問乎？三「彼」字，即齊物論中「非彼無我」之「彼」。有疑則須問，不消疑，又何問之有乎？蓋罔兩問景，正欲求得所以之故，而景答之如此，則信乎可以無疑矣。

陽子居南之沛，老聃西遊於秦。邀於郊，至於梁而遇老子。老子中道仰天而嘆曰：「始以汝爲可教，今不可也。」陽子居不答。至舍，進盥漱巾櫛，脱屨户外，膝行而前，曰：「向者弟子欲請夫子，夫子行不閒，是以不敢。今閒矣，請問其故？」老子曰：「而睢睢盱盱，而誰與居？太白若辱，盛德若不足。」陽子居蹵然變容曰：「敬聞命矣！」其往也，舍者迎將，其家公執席，妻執巾櫛，舍者避席，煬者避竈。其反也，舍者與之爭席矣。盱，虛。

睢睢盱盱，矜持不自在之貌。而誰與居，言人將畏而去之。「太白」二句見道德經。辱者，恥而自藏之義。太白者，明於道德之人；若不足，不自滿也。老聖之教如此。於是陽子去其矜持，深自昧晦，忘形混世，歸來而舍者與之争席，此便是列子見壺子，歸爲妻執爨，食豕食如人食之意。道言「和光」、「同塵」、「挫鋭」、「解紛」，正是此意。

方壺外史篇卒復爲亂辭：

寓言十九，重言十七。和以天倪，巵言日出。父不媒子，陳不先人。不言而齊，和此天均。勤志服知，夫子則謝。情懸釜鍾，惡可及化？進覺前非，德與年造。鬼入天成，及此大妙。生死奚自？鬼命有無？彼强陽者，何以問乎？太白若辱，盛德不足。去汝睢盱，舍者争席。

雜篇讓王第二十八

讓王以下數篇，眉山蘇長公以爲非莊子所作〔一〕。看此老讀莊子甚仔細，其着眼處只在語意背馳。既言「不以天下之故而傷其生」，何故却將赴淵枯槁之士續記其後？或謂：葆真則一生或重於太山，立節則一死或輕於鴻毛。然一節一行又非大道所取，終是不可曲解。予直謂後人竄入者，斷自「舜讓北人無擇」以下三條。若盜跖以下，則駁雜膚淺，尤爲易見。

堯以天下讓許由，許由不受。又讓於子州支父，子州支父曰：「以我爲天子，猶之可也。雖然，我適有幽憂之病，方且治之，未暇治天下也。」夫天下至重也，而不以害其生，又况他物乎？惟無以天下爲者，可以託天下也。

幽憂，謂心有隱疾。此箇隱疾，總在爲物所累上。治之之方，虚静恬淡寂寞無爲而已矣。

舜讓天下於子州支伯，子州支伯曰：「予適有幽憂之病，方且治之，未暇治天下也。」故天下大器也，而不以易生，此有道者之所以異乎俗者也。

上言不以重務而傷吾生，此言不以外物而易吾生，總重養生上，所以爲道德之書。

〔一〕蘇軾東坡全集卷三六莊子祠堂記：「余嘗疑盜跖、漁父則若真詆孔子者。至於讓王、説劍皆淺陋不入於道。」

舜以天下讓善卷，善卷曰：「予立於宇宙之中，冬日衣皮毛，夏日衣葛絺，春耕種，形足以勞動，秋收斂，身足以休食，日出而作，日入而息，逍遥於天地之間，而心意自得，吾何以天下爲哉？悲夫，子之不知予也！」遂不受。於是去而入深山，莫知其處。衣，去。

舜以天下讓其友石户之農，石户之農曰：「捲捲乎，后之爲人，葆力之士也。」以舜之德爲未至也。於是夫負妻戴攜子以入於海，終身不反也。捲，權。

捲捲，動勞之貌。葆力，謂窮力以養人，非以德者，故德爲未至，德則虚静恬淡寂寞無爲而已矣。

「舜讓」數條總記一處，不應以後復記「北人無擇」一條，故斷「北人」條爲竄入者。

大王亶父居邠，狄人攻之。事之以皮帛而不受，事之以犬馬而不受，事之以珠玉而不受。狄人之所求者，土地也。大王亶父曰：「與人之兄居而殺其弟，與人之父居而殺其子，吾不忍也。子皆勉居矣！爲吾臣與爲狄人臣，奚以異？且吾聞之：不以其所用養害所養。」因杖筴而去之。民相連而從之，遂成國於岐山之下。夫大王亶父可謂能尊生矣。能尊生者，雖貴富，不以養傷身，雖貧賤，不以利累形。今世之人居高官尊爵者，皆重失之。見利輕亡其身，豈不惑哉？

大王事〔一〕，與孟子所言者同，而意則殊旨。孟子謂不爭土地以害人，此則斷其爲尊生之故，故不以身外之物而爭馳於利害之場。議論却甚正，真可以藥鄙夫患得患失之病。此種學問，人人煞有用處。

越人三世弑其君，王子搜患之，逃乎丹穴。而越國無君，求王子搜不得，從之丹穴。王子搜不肯出，越人薰之以艾，乘以王輿。王子搜援綏登車，仰天而呼曰：「君乎！君乎！獨不可以舍我乎？」王子搜非惡爲君也，惡爲君之患也。若王子搜者，可謂不以國傷生矣。此固越人之所欲得爲君也。呼，去。

所謂「無以天下爲者，可以託天下」。

韓魏相與爭侵地〔二〕，子華子見昭僖侯，昭僖侯有憂色。子華子曰：「今使天下書銘於君之前，書之言曰：『左手攫之則左手廢，右手攫之則右手廢，然而攫之者必有天下。』君能

〔一〕「大王事」：孟子梁惠王下：「滕文公問曰：『滕，小國也，竭力以事大國，則不得免焉。如之何則可？』孟子對曰：『昔者大王居邠，狄人侵之；事之以皮幣，不得免焉；事之以犬馬，不得免焉；事之以珠玉，不得免焉。乃屬其耆老而告之曰：「狄人之所欲者，吾土地也。吾聞之也：君子不以其所以養人者害人。二三子何患乎無君，我將去之。」去邠，踰梁山，邑於岐山之下居焉。邠人曰：『仁人也，不可失也。』從之者如歸市。或曰：『世守也，非身之所能爲也，效死勿去。』君請擇於斯二者。」

〔二〕「爭侵地」：原作「侵爭地」，據校本改。

攫之乎？」昭僖侯曰：「寡人不攫也。」子華子曰：「甚善！自是觀之，兩臂重於天下也，身亦重於兩臂。韓之輕於天下亦遠矣，今之所爭者其〔一〕輕於韓又遠，君固愁身傷生以憂戚不得也！」僖侯曰：「善哉！教寡人者衆矣，未嘗得聞此言也！」子華子者可謂知輕重矣。

銘，誓約也。攫，攘而取之也。廢，斷而去之也。攫其銘而可以有天下，憂斷臂者且不攫之。何則？臂重而天下輕也。韓輕於天下，而韓之所爭又輕於韓，乃以其故而愁身傷生，是亦重於失一臂矣。爲至輕而傷至重，可不謂惑乎？宜韓僖聞之而稱善也。

魯君聞顔闔得道之人也，使人以幣先焉。顔闔守陋閭，苴布之衣，而自飯牛。魯君之使者至，顔闔自對之。使者曰：「此顔闔之家與？」顔闔對曰：「此闔之家也。」使者致幣。顔闔對曰：「恐聽者謬而遺使者罪，不若審之。」使者還，反審之，復來求之，則不得已。故若顔闔者，真惡富貴也。飯，上。遺，去。

苴布，粗布之衣。還，與旋同。

故曰：道之真以治身，其緒餘以爲國家，其土苴以治天下。由此觀之，帝王之功，聖人之餘事也，非所以完身養生也。今世俗之君子，多危身棄生以殉物，豈不悲哉？土，敕雅反。苴，側雅反。

〔一〕「者其」：原作「也甚」，據校本改。

此數語，莊子自爲之詞，常人亦説不出。道者，虛静恬淡寂寞無爲，其真也，故以其真治身，其緒餘土苴則皆有爲之法，故聖人用之以治天下國家。帝王之功，聖人之餘事，所謂「糠粃糟粕陶鑄堯舜」者。土苴，糞草也。

凡聖人之動作也，必察其所以之與其所以爲。今且有人於此，以陏侯〔一〕之珠彈千仞之雀〔二〕，世必笑之。是何也？則其所用者重而所要者輕也。夫生者，豈特陏侯之重哉？要，平。

所以之，謂心之所往。所以爲，謂事之所爲。如人意在得雀，則雖以珠彈而不顧，世人笑之，而彼不以爲非也，其所以者〔三〕之差也。凡事之得失，起於一念。幾微之際，可不審哉？

子列子窮，容貌有飢色。客有言之於鄭子陽者，曰：「列禦寇，蓋有好之士也，居君之國而窮，君無乃爲不好士乎？」鄭子陽即令官遺之粟。子列子見使者，再拜而辭。使者去，子列子入，其妻望之而拊心曰：「妾聞爲有道者之妻子，皆得佚樂。今有飢色，君過而遺先生食，先生不受，豈不命耶？」子列子笑而謂之曰：「君非自知我也。以人之言而遺我粟，至其罪我也，必且以人之言。此吾所以不受也。」其卒，民果作難〔四〕而殺子陽。

〔一〕「陏」：校本作「隋」。
〔二〕「雀」：原作「鵲」，據註文及校本改。
〔三〕「所以者」：各本作「所者」，據上文義補「以」字。
〔四〕「難」：原作「亂」，據校本改。

有好，上聲讀，謂有美德之士。子陽，嚴酷無道之人，其粟本不宜受。一旦子陽爲國人所殺，而禍不及於列子，可謂有見幾之明者矣。此段與列子同。

楚昭王失國，屠羊説走而從於昭王。昭王反國，將賞從者，及屠羊説。屠羊説曰：「大王失國，説失屠羊。大王反國，説亦反屠羊。臣之爵禄已復矣，又何賞之有？」王曰：「强之。」屠羊説曰：「大王失國，非臣之罪，故不敢伏其誅。大王反國，非臣之功，故不敢當其賞。」王曰：「見之。」屠羊説曰：「楚國之法，必有重賞大功而後得見。今臣之知不足以存國，而勇不足以死寇。吴軍入郢，説畏難而避寇，非故隨大王也。今大王欲廢法毁約而見説，此非臣之所以聞於天下也。」王謂司馬子綦曰：「屠羊説居處卑賤而陳義甚高，子其爲我延之以三旌之位。」屠羊説曰：「夫三旌之位，吾知其貴於屠羊之肆也；萬鍾之禄，吾知其富於屠羊之利也。然豈可以貪爵禄而使吾君有妄施之名乎？説不敢當，願復反吾屠羊之肆。」遂不受也。説，悦。强，上。

三旌之位，諸侯之三卿也。屠羊氏亦爲小官，春秋有羊舌職，是其證也。

原憲居魯，環堵之室，茨以生草，蓬户不完，桑以爲樞，而甕牖二室，褐以爲塞，上漏下濕，匡坐而弦。子貢乘大馬，中紺而表素，軒車不容巷，往見原憲。原憲華冠縰履，杖藜而應門。子貢曰：「嘻！先生何病？」原憲應之曰：「憲聞之：『無財謂之貧，學而不能行謂之病。』今憲貧也，非病也。」子貢逡巡而有愧色。原憲笑曰：「夫希世而行，比周而友，學以爲人，教以爲己，仁義之慝，車〔一〕馬之飾，憲不忍爲也。」比，去。

茨，苦屋之草也。生草，亂而不芟之草。甕牖，破甕爲牖，以褐塞之。匡坐，正坐也。弦，鳴琴也。履不着根曰縰。華冠，裂如開花〔二〕也。希世，謂希望世人之聞譽。比周，謂相與爲黨。學以爲人而教人則曰爲己〔三〕，此便是學問不真實處。仁義之慝，謂假借仁義以文其姦慝。

曾子居衛，緼袍無表，顔色腫噲，手足胼胝，三日不舉火，十年不製衣，正冠而纓絶，捉衿而肘見，納屨而踵決，曳縰而歌商頌，聲滿天地，若出金石，天子不得臣，諸侯不得友。故養志者忘形，養形者忘利，致道者忘心矣。胝，衹。

緼袍，衣之有絮者。無表，外破也。腫噲，虚浮之貌。正冠而纓絶，言冠之久也。捉衿而肘見，言袖之短也。納屨而踵決，見履之敝也。聲出金石，言歌之有節奏也。「養志者忘形」三句，甚妙。忘形者，謂不以養身之故而累其志，如孟子所謂「無以小害大、賤害貴」之意。養形者忘利，不逐外物以勞其形也。道者，無心自然之謂，故致道者忘心。此三句，非莊子道不出。

〔一〕「車」：校本作「輿」。
〔二〕「花」：原作「華」，據校本改。
〔三〕「學以爲人」、「爲己」：論語憲問：「子曰：古之學者爲己，今之學者爲人。」朱熹註：「爲，去聲。程子曰：『爲己，欲得之於己也。爲人，欲見知於人也。』程子曰：『古之學者爲己，其終至於成物。今之學者爲人，其終至於喪己。』」

孔子謂顔回曰：「回，來！家貧居卑，胡不仕乎？」顔回對曰：「不願仕。回有郭外之田五十畝，足以給飦粥，郭内之田十畝，足以爲絲麻，鼓琴足以自娱，所學夫子之道者足以自樂也。回不願仕。」孔子愀然變容曰：「善哉，回之意！丘聞之：『知足者不以利自累也，審自得者失之而不懼，行修於内者無位而不怍。』丘誦之久矣，今於回而後見之，是丘之得也。」

丘之得，謂得其友。

中山公子牟謂瞻子曰：「身在江海之上，心居乎魏闕之下，奈何？」瞻子曰：「重生。重生則利輕。」中山公子牟曰：「雖知之，未能自勝也。」瞻子曰：「不能自勝則從，神無惡乎！不能自勝而强不從者，此之謂重傷。重傷之人，無壽類矣。」魏牟，萬乘之公子也，其隱巖穴也，難爲於布衣之士，雖未至乎道，可謂有其意矣。

公子牟，身雖居隱而此心猶有外慕之私，此便是信道之不篤者，故瞻子告之以重生。蓋知重有生之道，則生之外無可慕者，而公子牟知之而不能勝也，故瞻子教之曰：汝不能勝則從之乎？然而之神不善也。蓋人有元神，有識神。元神則虚静恬淡寂寞無爲，乃本然之性。識神則見境生情，貪着其事，氣質之性是也。所以學道之人務須降此識神，常使一念不起，萬緣皆空，而後吾之真性始得。否則，清静之中不勝擾雜，而神之惡之在所不免矣。夫我之元神既不能以勝欲，已自惡之，又强不從而使之從，是謂重被其傷。有重傷之人而得長有天壽者乎？分明神受傷之甚，故去人而死也。莊子既紀其事，因言魏牟以公子學道，比之韋布之士，熏習尤深，故其勝之也愈難。然雖未至於道，而已有向道之心矣。蓋與之也。

孔子窮於陳蔡之間，七日不火食，藜羹不糝，顔色甚憊，而弦歌於室。顔回擇菜，子路、子貢相與言曰：「夫子再逐於魯，削迹於衛，伐樹於宋，窮於商周，圍於陳蔡。殺夫子者無罪，藉夫子者無禁。弦歌鼓琴，未嘗絶音，君子之無恥也若此乎？」顔回無以應，入告孔子。孔子推琴，喟然而嘆曰：「由與賜，細人也！召而來，吾語之。」子路、子貢入。子路曰：「如此者，可謂窮矣！」孔子曰：「是何言也？君子通於道之謂通，窮於道之謂窮。今丘抱仁義之道以遭亂世之患，其何窮之爲？故内省而不窮於道，臨難而不失其德。天寒既至，霜露既降，吾是以知松柏之茂也。陳蔡之隘，於丘其幸乎！」孔子削然反琴而弦歌，子路扢然執干而舞。子貢曰：「吾不知天之高也，地之下也。」古之得道者，窮亦樂，通亦樂，所樂非窮通也。道德於此，則窮通爲寒暑風雨之序矣。故許由娱於潁陽，而共伯得乎丘首。推，吐雷。隘，阨。扢，許訖。共，恭。

藜羹不糝，純菜而無米也。藉，謂淩轢夫子。削然，孤高之貌。反琴，復鼓琴也。扢然，奮舞之貌。潁陽、丘首，皆山名。此條多有妙語，如「道德於此，則窮通爲寒暑風雨之序」，誰能道出？

舜以天下讓其友北人無擇，北人無擇曰：「異哉，后之爲人也！居於畎畝之中而遊堯之門，不若是而已，又欲以其辱行漫我。吾羞見之。」因自投於清泠〔一〕之淵。

復言舜讓，可見文字竄入。不若是而已，猶言不惟寧是。

湯將伐桀，因卞隨以謀。卞隨曰：「非吾事也。」湯曰：「孰可？」曰：「吾不知也。」湯又因瞀光而謀，瞀光曰：「非吾事也。」湯曰：「孰可？」曰：「吾不知也。」湯曰：「伊尹何如？」曰：「强力忍垢，吾不知其他也。」湯遂與伊尹謀伐桀，克之。以讓卞隨，卞隨辭曰：「后之伐桀也謀乎我，必以我爲賊也；勝桀而讓我，必以我爲貪也。吾生乎亂世，而無道之人再來漫我以其辱行，吾不忍數聞也。」乃自投椆水而死。瞀，務。數，朔。椆，音同。

湯又讓瞀光，曰：「知者謀之，武者遂之，仁者居之，古之道也。吾子胡不立乎？」瞀光辭曰：「廢上，非義也；殺民，非仁也；人犯其難，我享其利，非廉也。吾聞之曰：『非其義者，不受其禄；無道之世，不踐其土。』况尊我乎？吾不忍久見也。」乃負石而自沉於廬水。

按：三自沉，着實無謂。不就而去之，則亦已耳，何爲自傷其生一至是乎？吾知其定不爲大道之所取也。

昔周之興，有士二人處於孤竹，曰伯夷、叔齊。二人相謂曰：「吾聞西方有人，似有道

〔一〕「泠」：各本作「冷」，校本「音零」。後文底本作「泠」或「零」，校本則改作「泠」。

者，試往觀焉。」至於岐陽，武王聞之，使叔旦往見之。與之盟曰：「加富二等，就官一列，血牲而埋之。」二人相視而笑曰：「嘻，異哉！此非吾所謂道也。昔者神農之有天下也，時祀盡敬而不祈喜，其於人也，忠信盡治而無求焉，樂與政爲政，樂與治爲治，不以人之壞自成也，不以人之卑自高也，不以遭時自利也。今見殷之亂而遽爲政，上謀而下行貨，阻兵而保威，割牲而盟以爲信，揚行以説衆，殺伐以要利，是推亂以易暴也。吾聞古之士，遭治世不避其任，遇亂世不爲苟存。今天下闇，周德衰，其並乎周以塗吾身也，不如避之以絜〔一〕吾行。」二子北至於首陽之山，遂餓而死焉。若伯夷、叔齊者，其於富貴也，苟可得已，則必不賴高節戾行。獨樂其志，不事於世，此二士之節也。

叔旦，周公也。加富二等，倍其禄也。就官一列，尊其爵也。血牲而埋之，與之以河山帶礪之盟也。時祀盡敬而不祈喜，言盡其誠敬而無心於邀福，其事神也如此。忠信盡治而無求，言盡其忠信以出治，而不求民之我歸，其治民也如此。樂與治爲治、樂與政爲政，言政治一循其舊章，而無心於變更，其行事也又如此。不以人之壞而自成，言不幸人國之壞亂而乘之以收功，若見殷之亂而遽爲政是已。上謀而下行貨，謂上則用謀而下則用賄。阻兵而保威，謂險阻其甲兵以保固自己之威

〔一〕「絜」：校本作「潔」。玉篇：「絜，清也。」段玉裁説文解字註：「絜，又引申爲潔浄，俗作潔，經典作絜。」

嚴。揚行以説衆，謂自陳其功德以説衆人之心志。推亂而易暴，謂推尊亂德之周以易暴虐之殷。並，讀曰傍。塗，即「塗炭」之塗，言自汙也。苟可得已，言二子之於富貴，苟義在可受，必不賴此孤高亢戾之行以激於世，直〔一〕以義不可得〔二〕已，故甘隱而終餓耳。按：二子餓死，亦文士之甚詞。既曰「采薇」〔三〕，焉得長餓死？直老而死耳。此段文亦可觀。

〔一〕「直」：原作「真」，據校本改。

〔二〕「得」：原無，據經文補。

〔三〕「采薇」：見詩經小雅采薇。

雜篇盜跖第二十九

盜跖篇譏侮列聖，戲劇夫子，蓋效顰莊老而失之者。莊老推原道德，絶去聖智仁義，而一繩以大道之自然，的有至理。古德喝佛罵祖爲報深恩，丹霞燒木佛以求舍利，小兒不知，强作解事，亦復效之，豈不爲天下萬世之大僇乎？予故表而出之，使魚目真珠不得相混。

孔子與柳下季爲友，柳下季之弟名曰盜跖。盜跖從卒九千人，横行天下，侵暴諸侯，穴室樞户，穴室，謂穿人之屋。樞户，謂啓人之户樞。安有横行大盜而爲是者乎？驅人牛馬，取人婦女，貪得忘親，不顧父母兄弟，不祭先祖，所過之邑，大國守城，小國入保，小城曰保。萬民苦之。孔子謂柳下季曰：「夫爲人父者必能詔其子，爲人兄者必能教其弟。若父不能詔其子，兄不能教其弟，則無貴父子兄弟之親矣。今先生，世之才士也，弟爲盜跖，爲天下害，而弗能教也，丘竊爲先生羞之。丘請爲先生往説之。」柳下季曰：「先生言爲人父者必能詔其子，爲人兄者必能教其弟，若子不聽父之詔，弟不受兄之教，雖今先生之辯，將柰之何哉？且跖之爲人也，心如湧泉，意如飄風，强足以拒敵，辯足以飾非，順其心則喜，逆其心則怒，易辱人以言。先生必無往。」孔子不聽，顔回爲馭，子貢爲右，往見盜跖。盜跖乃方休卒徒太山之陽，膾人肝而餔之。孔子下車而前，見謁者曰：「魯人孔丘，聞將軍高義，敬再拜謁者。」謁者入通。盜跖聞之大怒，目如明星，髮上指冠，曰：「此夫魯國之巧僞人孔丘非耶？爲我告之：爾作言造語，妄稱文武，冠枝木之冠，木遇枝則多錯節，故可以爲冠。帶死牛之脅，謂革帶。多辭謬説，不耕而食，不織而衣，摇脣鼓舌，擅生是非，以迷天下之主，使天下學士不返其本，妄作孝悌，而僥倖〔一〕於封侯富貴者也。子之罪大極重，疾走歸！不然，我將以子肝益晝餔之膳。」孔子復通曰：「丘得幸於季，願望履幕下。」謁者復通。盜跖曰：「使來前〔二〕！」孔子趨而進，避席反走，再拜盜跖。盜跖大怒，兩展其足，案劍瞋目，聲如乳虎，曰：「丘來前！若所言順吾意則生，逆吾心則死。」孔子曰：「丘聞之，凡天下有三德：生而長大，美好無雙，少長貴賤見而皆説之，此上德也。知維天地，能辯萬物，此中德也。勇悍果敢，聚衆率兵，此下德也。凡人有此一德者，足以南面稱孤矣。今將軍兼此三者，身長八尺二寸，面目有光，脣如激丹，齒如齊貝，音中黃鐘，而名曰盜跖，丘竊爲將軍恥不取焉。將軍有意聽臣，無稱臣之理。臣請南使吴越，北使齊魯，東使宋衛，西使晉楚，使爲將軍造大城數百里，立數十萬户

〔一〕「僥倖」：原作「僥幸」，校本作「徼倖」。
〔二〕「來前」：此段凡三見，各本唯中間一處作「來前」，其餘作「前來」，據宋本改。

之邑，尊將軍爲諸侯，與天下更始，安得不上告天子？罷兵休卒，收養昆弟，共祭先祖。此聖人才士之行，而天下之願也。」盜跖大怒曰：「丘來前！夫可規以利而可諫以言者，皆愚陋恒民之謂耳。今長大美好，人見而説之者〔一〕，此吾父母之遺德也，丘雖不吾譽，吾獨不自知耶？且吾聞之：『好面譽人者，亦好背而毁之。』今丘告我以大城衆民，是欲規我以利而以恒民畜我也，安可長久也？城之大者，莫大於天下矣。堯舜有天下，子孫無置錐之地；湯武立爲天子，而後世絶滅。非以其利大故耶？且吾聞之，古者禽獸多而人民少，於是民皆巢居以避之，晝拾橡栗，暮棲木上，故命之曰『有巢氏之民』。古者民不知衣服，夏多積薪，冬則煬之，故命之曰『知生之民』。神農之世，卧則居居，起則于于，民知其母，不知其父，與麋鹿共處，耕而食，織而衣，無有相害之心。此至德之隆也。然而黄帝不能致德，與蚩尤戰於涿鹿之野，流血百里。堯舜作，立群臣，湯放其主，武王殺紂，自是之後，以强淩弱，以衆暴寡。湯武以來，皆亂人之徒也。今子脩文武之道，掌天下之辯，以教後世，縫衣淺帶，矯言僞行，以迷惑天下之主，而欲求富貴焉。盜莫大於子，天下何故不謂子爲盜丘，而乃謂我爲盜跖？子以甘辭説子路而使從之，使子路去其危冠，解其長劍，而受教於子。天下皆

〔一〕「者」：原作「曰」，據校本改。

曰：『孔丘能止暴禁非。』其卒之也，子路欲殺衛君而事不成，身菹於衛東門之上，是子教之不至也。子自〔一〕謂才士聖人耶？則再逐於魯，削迹於衛，窮於齊，圍於陳蔡，不容身於天下。子教子路菹。此患上無以爲身，下無以爲人。子之道奚〔二〕足貴耶？世之所高，莫若黄帝。黄帝〔三〕尚不能全德，而戰於涿鹿之野，流血百里。堯不慈，舜不孝，禹偏枯，謂傳子也。湯放其主，武王伐紂，文王拘羑里。此六子者，世之所高也，孰與熟同。論之，皆以利惑其真而强反其情性，其行乃甚可羞也！世之所謂賢士，伯夷、叔齊辭孤竹之君而餓死於首陽之山，骨肉不葬；鮑焦飾行非世，抱木而死；申徒狄諫而不聽，負石自投於河，爲魚鱉所食；介子推至忠也，自割其股以食文公，文公後背之，子推怒而去，抱木而燔死；尾生與女子期於梁下，女子不來，水至不去，抱梁柱而死。此四子者，無異於磔犬流豕、操瓢而乞者，皆離麗也。名輕死，不念本養壽命者也。世之所謂忠臣者，莫若王子比干、伍子胥。子胥沉江，比干剖心。此二子者，世謂忠臣也，然卒爲天下笑。自上觀之至於子胥、比干，皆不足貴也。丘之所以説我者，若告我以鬼事，則我不能知也；若告我以人事者，不過此矣，皆吾所聞知也。

〔一〕「自」：原無，據校本補。
〔二〕「奚」：校本作「豈」。
〔三〕「黄帝」：原無，據校本補。

今吾告子以人之情：目欲視色，耳欲聽聲，口欲察味，志氣欲盈。可以爲耆艾乎。人上壽百歲，中壽八十，下壽六十，除病瘦死喪憂患，其中開口而笑者，一月之中不過四五日而已〔一〕。笑有不同。若跖之笑，無取也。天與地無窮，人死者有時。操有時之具而託於無窮之間，忽然無異騏驥之馳過隙也。不能說其志意、養其壽命者，皆非通道者也。丘之所言，皆吾之所棄也。亟去走歸，無復言之！子之道，狂狂汲汲，詐巧虛僞事也，非可以全真也，奚足論哉？」孔子再拜趨走，出門上車，執轡三失，目芒然無見，色若死灰，據軾低頭，不能出氣。歸到魯東門外，適遇柳下季。柳下季曰：「今者闕然數日不見，車馬有行色，得微往見跖耶？」孔子仰天而嘆曰：「然。」柳下季曰：「跖得無逆汝意若前乎？」孔子曰：「然。丘所謂無病而自灸也。疾走料虎頭，扁虎須，幾不免虎口哉！」

又按：莊子「重言十七」，以爲耆艾人而無人道者，不以先人；若盜跖，可謂有人道者乎？而以之重言，其不然明矣。故此篇之贋，不攻而破。

子張問於滿苟得曰：「盍不爲行？無行則不信，不信則不任，不任則不利。故觀之名，計之利，而義真是也。若棄名利，反之於心，則夫士之爲行，不可一日不爲乎？」滿苟得

〔一〕「而已」：校本作「而已矣」。

曰：「無恥者富，多信者顯。夫名利之大者，幾在無恥而信。故觀之名，計之利，而信真是也。若棄名利，反之於心，則夫士之爲行，抱其天乎？」

滿苟得，蓋亦盜跖之徒，觀其寓言，謂但求苟得以滿其欲者。設爲子張問答。子張之意主於爲名，苟得之意主於爲利。盍不爲行，言汝何不脩行以爲名利之媒乎？蓋人而無行則不信。信，如「獲上信民」之類。信則人任，不信則人不任之以事矣，不任事則名從何來、利從何得？故觀之名、計之利，而人事之宜真在是也。若棄名與利而反之於心以自審，則夫士之爲行也，豈真有見於義理之當然而不可一日不爲者乎？分明是爲名利而脩行也。蓋子張務外，故所見若此；苟得則以爲，名利者不在於脩行而在於無行，往往見得無恥者致富，而多信者取顯。多信，謂以然諾取信於人。故名利之大者，其幾率在於無恥而多信。故觀之名、計之利而信其真在於是也。若棄名與利而反之於心以自審，則夫士之爲行也，豈真一無所爲而抱其天乎？抱，如「抱一」之「抱」，言與之相守而不離也。二子之見，苟得固不足論，而子張學道於聖人之門而其言若此，其亦干祿問達之病有未盡祛者歟？

子張曰：「昔者桀紂貴爲天子，富有天下，今謂臧聚曰『汝行如桀紂』，則有怍色、有不服之心者，小人所賤也。仲尼、墨翟，窮爲匹夫，今謂宰相曰『子行如仲尼、墨翟』，則變容易色，稱不足者，士誠貴也。故勢爲天子未必貴也，窮爲匹夫未必賤也，貴賤之分在行之美惡。」滿苟得曰：「小盜者拘，大盜者爲諸侯。諸侯之門，義士存焉。昔者桓公小白殺兄入嫂，而管仲爲臣；田成子常殺君竊國，而孔子受幣。論則賤之，行則下之，則是言行之情悖戰於胸中也，不亦拂乎？故書曰：『孰惡孰美，成者爲首，不成者尾。』」

子張又論人之貴賤不在於位而在於行，故臧聚而比之以桀紂則怍，宰相而美之以孔墨則辭，可見其勢爲天子[一]未必其貴也，窮爲匹夫未必其賤也，士而能脩則所貴者在我，如之何其不脩耶？苟得則以言行之貴賤卒無定論，即如盜賊之行，人之所賤也，小盜盜鉤，大盜盜國，小盜則拘，而大盜則爲諸侯，行之惡者果足賤乎？果不足賤乎？又大盜之門，義士存焉，故小白不義而管仲爲之臣，田常不仁而孔子受其幣。若使夷吾、孔子立論以準天下，曷嘗不賤二君之所爲？而考其所行，則實臣而下之。是聖賢之言行自相悖戰於胸中也，行之惡者果足賤乎哉？果不足賤乎哉？故書有之曰：「孰惡孰美，成者爲首，不成者尾。」此等説話，與大道所論全然不同，直是使人恣欲妄行，無所忌憚。不知記此何謂？故以爲非莊子手筆者，誠知言哉！

子張曰：「子不爲行，將疏戚無倫，貴賤無義，長幼無序，五紀六位將何以爲別乎？」滿苟得曰：「堯殺長子，舜流母弟，疏戚有倫乎？湯放桀，武王殺紂，貴賤有義乎？王季爲適，周公殺兄，長幼有序乎？儒者僞辭，墨子兼愛，五紀六位，將有別乎？

[一]「子」：原作「下」，據經文及校本改。

子張又言：子不爲行，將使人道滅絶，故疏戚無倫，貴賤無義，長幼無序，五紀六位失其分別。五紀，人道之五倫。六位，三綱中之六位也。苟得以爲，人道之盡者宜莫如聖，而堯舜以下數聖人者，皆有人倫之變，不知聖人者爲行乎哉？將不爲行乎哉？

「且子正爲名，我正爲利。名利之實，不順於理，不監於道。吾日與子訟於無約，曰：『小人殉財，君子殉名，其所以變其情、易其性則異矣，乃至於棄其所爲而殉其所不爲則一也。』故曰：無爲小人，反殉而天；無爲君子，從天之理。若枉若直，相爲天極。面觀四方，與時消息。若是若非，執而圓機。獨成而意，與道徘徊。無轉而行，無成而義，將失而所爲。無赴而富，無徇〔一〕而成，將棄而天。比干剖心，子胥抉眼，忠之禍也。直躬證父，尾生溺死，信之患也。鮑子立乾，申子不自理，廉之害也。孔子不見母，匡子不見父，義之失也。此上世之所傳、下世之所語以爲士者，正其言，必其行，故服其殃、離其患也。」

正，猶定也。言子之見與我不同，子則定於爲名，我則定於爲利，名利之實，不順於理，不鑒於道，終非定論，將與子訟於無約以求質成。觀其寓言，無約又是箇全無約束之人。其言曰：小人以身殉財，君子以身殉名，其所以變其情、易其性者，雖清濁不同，然棄其所當爲而殉其所不當爲，則一而已矣。故爲之言曰：無爲小人，以天而殉人；無爲君子，以人而從天。若枉若直以下，只是一

〔一〕「徇」：原作「殉」，下註文與校本同作「狥」。

箇無拘無束之意。若枉若直，猶云似枉而非枉，似直而非直也。天極者，天然自有之極；天然之極，非枉非直。面觀四方，一氣運轉，自有消息盈虛之數，吾故不論。若是若非，執而圓機，以運之大要。獨成而意，則從容而自中乎道矣，故曰：與道徘徊。無轉而行，不改其操也。無成而義，不以一節立行也。無赴而富，不淫於富也。無徇而成，不雄其成也。將棄而天，天〔一〕謂與天相合之理。比干、子胥以下，皆言立節尚行之患。此等説話，與莊子所論大道無爲之旨似之而非，正如佛經所謂「末法時世有説相似般若」者。於此辨得，許女具眼。

無足問於知和曰：「人卒未有不興名而就利者。彼富則人歸之，歸則下之，下則貴之矣。夫見下貴者，所以長生、安體、樂意之道也。今子獨無意焉，知不足耶？意知而力不能行耶？故推正不忘耶？」知和曰：「今夫此人，以爲與己同時而生、同鄉而處者，以爲夫絶俗過世〔二〕之士焉，是專無主，正所以覽古今之時、是非之分也，與俗化世，去至重，棄至尊，以爲其所爲也。此其所以論長生安體樂意之道，不亦遠乎？慘怛之疾、恬愉之安不監於體，怵惕之恐、欣懽之喜不監於心，知爲爲而不知所以爲，是以貴爲天子、富有天下而不免於患也。」

〔一〕「天」：原作「比」，校本作「天」，據經文及校本改。
〔二〕「世」：各本作「高」，據註文及宋本改。

無足，寓言不知足也。知和，知大道者也。無足言：天下之人未有不興名而就利者，故富則人歸之，歸則人下之，下則人貴之，以我之一身而見人之下我貴我，則安體樂意而長生之道亦不外是。柰何子獨無意，其亦知有不足耶？意者知雖足以及之而力有不能行耶？或故推求正理，爲理生縛而不忘耶？知和言：此等名利之人，自以爲與我同時而生、同鄉而處者皆不我若，我必絶俗過世之士矣，而察其胸中全無主意，不過能覽古今之成敗、知是非之分別而已。此等無頭學問，自口耳聞見中來，胸中有甚主張？故曰：是專無主。無主則隨俗冶化，同流合汚，以媚於世，去其至重至尊之天爵，以爲其所謂儻然而寄之名利，以是而論長生安體樂意之道，不亦遠乎？夫攝生之人，體自常安，未有以危爲安者也，意自常樂，未有以苦爲樂者也。此等興名就利之人，秖見其有慘怛之疾、怵惕之恐而已。今也慘怛之疾與恬愉之安不監於其體，怵惕之恐與欣懽之喜不監於其心，好亦不知，苦亦不知，但知爲其所爲而不知其所以爲〔一〕。所以爲者，則吾之真主人也。養生者知其有此，故不以其所爲者害其所以爲。今也不知有此，是以雖貴爲天子、富有天下而不免於患。夫以至富至貴者而尚不免於患，又況其下焉者乎？

無足曰：「夫富之於人，無所不利。窮美究勢，至人之所不得逮，聖人之所不能及。俠人之勇力而以爲威强，秉人之知謀而以爲明察，因人之德以爲賢良，非享國而嚴若君父。

〔一〕「不知其所以爲」：各本作「不知爲其所以爲」，據義删前一「爲」字。

且夫聲色滋味權勢之於人，心不待學而樂之，體不待象而安之。夫欲惡避就，固不待師，此人之性也。天下雖非我，孰能辭之？」知和曰：「知者之爲，故動以百姓，不違其度，是以足而不争。無以爲故不求，不足故求之，争四處而不自以爲貪；有餘故辭之，棄天下而不自以爲廉。廉貪之實，非以迫外也。反監之度，勢爲天子而不以貴驕人，富有天下而不以財戲人，計其患，慮其反，以爲害於性，故辭而不受也，非以要名譽也。堯舜爲帝而雍，非仁天下也，不以美害生也。善卷、許由得帝而不受，非虚辭讓也，不以事害己。此皆就其利、辭其害，而天下稱賢焉，則可以有之，彼非以興名譽也。」

極意形容富貴，口津津地，便不似有道者之言。窮美極勢，謂語其美利之極，雖聖賢有所不能及。何者？富無所用力而力者至焉，無所用謀而謀者至焉，無所用德而賢良者至焉，故未有享國而嚴若君父。且夫聲色貨利與權勢之在人，心不待學而自然樂之，體不待象而自然安之，欲惡去就不待師教而自然知之，此性也。以此爲性，正謂「認賊作子」。天下雖非我，孰能辭之，言天下之人雖不似我之貪着，然亦未見其有超然而獨辭者。知和言：知者之所爲，故動則如以百姓自處，不敢自放於禮度之外，是以常自知足而不争。何者？無以爲故不求，不求故不争也。乃若所求所争則有之，不足故求之，争四處而不自以爲貪，其争其求則求其在我者也。有餘故辭之，棄天下而不自以爲廉，棄則棄其在外者也。夫有餘而棄，不足而求，廉貪之實非在外也。又反而鑑之天理自然之法度，雖使勢爲天子、富有天下，直外物耳，以儻寄之物而以驕人戲人，豈常度哉？故計其違度而慮其反害於性命，故辭而不受，非以要譽也。堯舜不得辭而雍雍揖遜焉，非故仁天下也，不以美害生也。善卷、許由可以得帝而不受，非虚讓也，不以事害己也。若此者，可謂知利害之原，審去就之義，而天下稱賢焉，則可以有是名而無忝矣。然其有之也，非以興名譽也。聖人不自名而天下之名歸之，有所興則非也。

無足曰：「必持其名，苦體、絶甘、約養以待生，則亦久病長阨而不死者也。」知和曰：「平爲福，有餘爲害者，物莫不然，而財其甚者也。今富人，耳營鐘鼓筦籥之聲，口嗛於芻豢醪醴之味，以感其意，遺忘其業，可謂亂矣。侅溺於馮氣，若負重行而上也，可謂苦矣。貪財而取慰，貪權而取竭，静居則溺，體澤則馮，可謂疾矣。爲欲〔一〕富就利，故滿若堵耳而不知避，且馮而不舍，可謂辱矣。財積而無用，服膺而不舍，滿心戚醮，求益而不止，可謂憂矣。内則疑劫請之賊，外則畏寇盗之害，内周樓疏，外不敢獨行，可謂畏矣。此六者，天下之至害也，皆遺忘而不知察。及其患至，求盡性竭財、單以反一日之無故而不可得也。故觀之名則不見，求之利則不得，繚意絶體而争此，不亦惑乎？」侅，礙。馮，憤。單，丹。

〔一〕「爲欲」：原作「欲爲」，據校本改。

無足言：必持賢知之名，苦支體、絶旨甘、儉約以養其生，縱得久長，亦如久病長阨而不死者，雖生何益？此箇識見，始終還自安體樂意上來。於是知和準諸物理以告無足，言：凡物之理，平則能保，滿則必溢，故平爲福，有餘爲害，而財則其尤甚者。今富人有此六害，而汝不知。耳淫於聲，口嗛於味，言聲則色可知，言味則臭可知，以是感動其意，能使人違其百姓之度，忘其本分之業，可不謂亂乎？氣失其平，或咽於上而爲侅，或泄於下而爲溺，其行也若負重物而登高山，可不謂苦乎？貪財以慰無窮之求，貪權以竭天下之勢，居静則數溲而溺，體澤則馮氣而懣，可不謂疾乎？積聚多財，滿於阿堵，暴於耳目而不知避，馮於心志而不能舍，可不謂辱乎？滿心戚戚，憔悴形神，可不謂憂乎？居則疑劫盜之至，行則防殺傷之禍，故内則周其樓疏，外則盛其僕從，可不謂畏乎？富者犯此六患，則體亦安得謂之安？意亦安得謂之樂乎？然且不知警省，一旦患至，求盡其生理，竭其財貨，單求一日之無故，不可得也。到此之時，名亦不見，利又不得，覆轍昭然，曾不之監〔一〕，繚意絶體而爭此賈禍之物，不亦大惑乎哉？盜跖篇所設三段，膚淺鄙俚，至其破市井之見，語貨財之患，亦自有可觀者。

〔一〕「監」：校本作「鑒」。

雜篇說劍第三十

說劍篇類戰國策士之雄談，意趣薄而理道疏，識者謂非莊叟所作，誠然誠然。今但爲釋其字義，讀其句章，俟具眼者擇焉。

昔趙文王喜劍，劍士夾門而客三千餘人，日夜相擊於前，死傷者歲百餘人。好之不厭，如是三年，國衰。諸侯謀之。太子悝患之，募左右曰：「孰能悦王之意止劍士者，賜之千金。」左右曰：「莊子當能。」太子乃使人以千金奉莊子。莊子弗受，與使者俱往見太子，曰：「太子何以教周，賜周千金？」太子曰：「聞夫子明聖，謹奉千金以幣從者。夫子弗受，悝尚何敢言？」莊子曰：「聞太子所欲用周者，欲絶王之喜好也。使臣上説大王而逆王意，下不〔一〕當太子，則身刑而死，周尚安所事金乎？使臣上説大王，下當太子，趙國何求而不得也？」太子曰：「然。吾王所見，惟劍士也。」莊子曰：「諾。周善爲劍。」太子曰：「然吾王所見劍士，皆蓬頭突鬢，垂冠，曼胡之纓，短後之衣，瞋目而語難，王乃悦之。今夫子必儒

〔一〕「下不」：各本作「不下」，據宋本改。

服而見王，事必大逆。」莊子曰：「請治劍服。」治劍服，三日乃見太子。太子乃與見王。王脱白刃待之。莊子入殿門不趨，見王不拜。王曰：「子欲何以教寡人，使太子先？」曰：「臣聞大王喜劍，故以劍見王。」王曰：「子之劍何能禁制？」曰：「臣之劍十步一人，千里不留行。」王大悦，曰：「天下無敵矣。」莊子曰：「夫爲劍者，示之以虚，開之以利，後之以發，先之以至。願得試之。」王曰：「夫子休，就舍待命，令設戲請夫子。」王乃校劍士七日，死傷者六十餘人，得五六人，使奉劍於殿下，乃召莊子。王曰：「今日試使士敦劍。」莊子曰：「望之久矣！」王曰：「夫子所御杖，長短何如？」曰：「臣之所奉皆可。然臣〔一〕有三劍，唯王所用。請先言而後試。」王曰：「願聞三劍。」曰：「有天子劍，有諸侯劍，有庶人劍。」王曰：「天子之劍何如？」曰：「天子之劍，以燕谿石城爲鋒，齊岱爲鍔，晉魏爲脊，周宋爲鐔，韓魏爲鋏，包以四夷，裹以四時，繞以渤海，帶以常山，制以五行，論以刑德，開以陰陽，持以春夏，行以秋冬。此劍直之無前，舉之無上，案之無下，運之無旁，上決浮雲，下絶地紀。此劍一用，匡諸侯，天下服矣。此天子之劍也。」文王芒然自失，曰：「諸侯之劍何如？」曰：「諸侯之劍，以知勇士爲鋒，以清廉士爲鍔，以賢良士爲脊，以忠聖士爲鐔，以豪傑士爲鋏。

〔一〕「臣」：原作「且」，據校本改。

此劍直之亦無前，舉之亦無上，案之亦無下，運之亦無旁。上法圓天以順三光，下法方地以順四時，中知民意以安四鄉。此劍一用，如雷霆之震也，四封之内無不賓服而聽從君命者矣。此諸侯之劍也。」王曰：「庶人之劍何如？」曰：「庶人之劍，蓬頭突鬢，垂冠，曼胡之纓，短後之衣，瞋目而語難，相擊於前，上斬頸領，下決肝肺。此〔一〕庶人之劍，無異於鬬雞，一旦命已絶矣，無所用於國事。今大王有天子之位而好庶人之劍，臣竊爲大王薄之。」王乃牽而上殿，宰人上食，王三環之。莊子曰：「大王安坐定氣，劍事已畢奏矣。」於是文王不出宫三月，劍〔二〕士皆服斃其處也。鐔，淫尋二音。

蓬頭，謂不裹其頭，故鬢髮皆突然而上指。垂冠，束髮之冠，低垂於會撮也。曼胡纓，粗而反文也。衣短於後，所以便事。語難，作平聲讀，言其辭艱以重也。示之以虚，開之以利，誘其進也。後之以發，先之以至，鷙鳥將擊，其勢必伏也。設戲，劍戲也。敦劍，治劍也，敦〔三〕，如「使虞敦匠〔四〕」之「敦」。鋒，劍尖也。鍔，劍刃也。鐔，劍口也。鋏，劍把也。環食者三，環其所上之食，以示敬也，作自愧者非。

〔一〕「此」：原無，據校本補。
〔二〕「劍」：原作「壯」，據校本改。
〔三〕「敦」：各本無「敦」字，據義補。
〔四〕孟子公孫丑下：「使虞敦匠事。」焦循正義引孔廣森曰：「敦，治也。」

雜篇漁父第三十一

漁父篇論亦醇正，但筆力差弱於莊子，然非讀莊子熟者亦不能辨。此篇較盜跖、説劍諸篇頗勝，辭旨明白，無勞箋解。

孔子遊乎緇帷之林，休坐乎杏壇之上。弟子讀書，孔子絃歌鼓琴。奏曲未半，有漁父者下船而來，鬚眉交白，被髮揄袂，行原以上，距陸而止，左手據膝，右手持頤以聽。曲終而招子貢、子路二人俱對。客指孔子曰：「彼何爲者也？」子路對曰：「魯之君子也。」客問其族。子路對曰：「族孔氏。」客曰：「孔氏者，何治也？」子路未應，子貢對曰：「孔氏者，性服忠信，身行仁義，飾禮樂，選人倫，上以忠於世主，下以化於齊民，將以利天下。此孔氏之所治也。」又問曰：「有土之君與？」子貢曰：「非也。」「侯王之佐與？」子貢曰：「非也。」客乃笑而還，行言曰：「仁則仁矣，恐不免其身，苦心勞形以危其真。嗚呼！遠哉，其分於道也！」子貢還報孔子。孔子推琴而起，曰：「其聖人與？」乃下求之，至於澤畔。方將杖拏而引其船，顧見孔子，還鄉而立。孔子反走，再拜而進。客曰：「子將何求？」孔子曰：「曩者先生有緒言而去，丘不肖，未知所謂，竊待於下風，幸〔一〕聞咳唾之音，以卒相丘也。」客曰：「嘻！甚矣，子之好學也！」孔子再拜而起，曰：「丘少而修學，以至於今，六十九歲矣，無所得聞至教，敢不虛心？」客曰：「同類相從，同聲相應，固天之理也。吾請釋吾之所有而經子之所以。子之所以者，人事也。天子、諸侯、大夫、庶人，此四者自正，治之美也，四者離位而亂莫大焉。官治其職，人憂其事，乃無所陵。故田荒室露，衣食不足，徵賦不屬，妻妾不和，長少無序，庶人之憂也。能不勝任，官事不治，行不清白，群下荒怠，功美不有，爵祿不持，大夫之憂也。廷無忠臣，國家昏亂，工技不巧，貢職不美，春秋後倫不順，天子諸侯之憂也。陰陽不和，寒暑不時，以傷庶物，諸侯暴亂，擅相攘伐，以殘民人，禮樂不節，財用窮匱，人倫不飭，百姓淫亂，天子有司之憂也。今子既上無君侯有司之勢，而下無大臣職事之官，而擅飾禮樂，選人倫，以化齊民，不泰多事乎？拏，女平聲。

拏，橈〔二〕也。緒言，微而不盡之言。經子之所以，謂將子之所爲與子經略一番。春秋後倫不順，謂四時失序。齊民者，平等之民。

〔一〕「幸」：原作「卒」，據校本改。

〔二〕「橈」：各本作「撓」，據義改。司馬彪曰：「拏，橈也，音饒。」橈即船槳。

「且人有八疵，事有四患，不可不察也。非其事而事之謂之捴〔一〕，莫之顧而進之謂之佞，希言道意〔二〕謂之諂，不擇是非而言謂之諛，好言人之惡謂之讒，析交離親謂之賊，稱譽詐僞以敗惡人謂之慝，不擇善否、兩容顔適、偷拔其所欲謂之險。此八疵者，外以亂人，内以傷身，君子不友，明君不臣。

敗惡，作好惡字讀，謂敗人惡人也。慝，惡之匿於心者。以顔色投人之所好，曰顔適。無善無否，皆欲其悦己，曰兩容。揣人之所欲而潛引拔之以長其惡，曰偷拔。

「所謂四患者：好經〔三〕大事，變更易常，以挂功名，謂之叨。專知擅事，侵人自用，謂之貪。見過不更，聞諫愈甚，謂之狠。人同於己則可，不同於己，雖善不善，謂之矜。此四患也。能去八疵，無行四患，而始可教已。」

挂，高掛也。言喜爲非常之事，以立莫大之功。侵人自用，謂侵奪他人之事而用爲己有。

孔子愀然而嘆，再拜而起，曰：「丘再逐於魯，削迹於衛，伐樹於宋，圍於陳蔡。丘不知所失而離此四謗者何也？」客悽然變容曰：「甚矣，子之難悟也！人有畏影惡迹而去之走

〔一〕「捴」：校本作「摠」，宋本作「摠」。
〔二〕「希言道意」：校本作「希意道言」。
〔三〕「經」：原作「更」，據校本改。

者，舉足愈數而迹愈多，走愈疾而影不離身，自以爲尚遲，疾走不休，絶力而死。不知處陰以休影，處静以息迹，愚亦甚矣！子審仁義之間，察同異之際，觀動静之變，適受與之度，理好惡之情，和喜怒之節，而幾於不免矣。謹脩而身，慎守其真，還以物與人，則無所累矣。今不脩之身而求之人，不亦外乎？」孔子愀然曰：「請問何謂真？」客曰：「真者，精誠之至也。不精不誠，不能動人。故强哭者雖悲不哀，强怒者雖嚴不威，强親者雖笑不和。真悲無聲而哀，真怒未發而威，真親未笑而和。真在内者，神動於外，是所以貴真也。其用於人理也，事親則慈孝，事君則忠貞，飲酒則歡樂，處喪則悲哀。忠貞以功爲主，飲酒以樂爲主，處喪以哀爲主，事親以適爲主。功成之美，無一其迹矣。事親以適，不論所以矣。飲酒以樂，不選其具矣。處喪以哀，無問其禮矣。禮者，世俗之所爲也。真者，所以受於天也，自然不可易也。故聖人法天貴真，不拘於俗。愚者反此。不能法天而恤於人，不知貴真，禄禄而受〔一〕變於俗，故不足。惜哉，子之早湛於人僞〔二〕而晚聞大道也！」湛，丁南反。

此段所論亦似醇正。禄禄，與碌碌同，老子云：「碌碌如石。」湛，沉溺也。

孔子又再拜而起曰：「今者丘得遇也，若天幸然。先生不羞而比之服役而身教之。敢

〔一〕「受」：原無，據校本補。
〔二〕「僞」：原作「欲」，據校本改。

問舍所在，請因受業而卒學大道。」客曰：「吾聞之：『可與往者，與之至於妙道；不可與往者，不知其道，慎勿與之，身乃無咎。』子勉之，吾去子矣，吾去子矣！」乃刺船而去，延緣葦間。刺，七亦反。

顏淵還車，子路授綏，孔子不顧，待水波定，不聞拏音而後敢乘。子路旁車而問曰：「由得爲役久矣，未嘗見夫子遇人如此其威也。萬乘之主，千乘之君，見夫子未嘗不分庭抗禮，夫子猶有倨傲之容。今漁父杖拏逆立，而夫子曲要磬折，再拜而應，無乃太甚乎？門人皆怪夫子矣，漁父何以得此乎？」孔子伏軾而嘆曰：「甚矣，由之難化也！湛於禮義有間矣，而樸鄙之心至今未去。進，吾語女：夫遇長不敬，失禮也。見賢不尊，不仁也。彼非至人，不能下人。下人不精，不得其真，故長傷身。惜哉！不仁之於人也，禍莫大焉，而由獨擅之。且道者，萬物之所由也。庶物失之者死，得之者生，爲事逆之則敗，順〔一〕之則成。故道之所在，聖人尊之。今漁父之於道，可謂有矣，吾敢不敬乎？」

「非至人不能下人」一句，指漁父，言彼非有大德，不能服人。下人不精，則指自己而言。湛於禮義有間矣，言由也，服禮義之教已久而猶未能變化氣質。

〔一〕「順」：原作「成」，據校本改。

南華真經副墨卷之八　爲字集

雜篇列禦寇第三十二

此篇的爲莊子著述將畢之語，觀末段自見。

列禦寇之齊，中道而反，遇伯昏瞀人。伯昏瞀人曰：「奚方而反？」曰：「吾驚焉。」曰：「惡乎驚？」曰：「吾嘗食於十饗而五饗先饋。」伯昏瞀人曰：「若是則汝何爲驚已？」曰：「夫内誠不解，外諜成光，以外鎮人心，使人輕乎貴老，而整其所患。夫饗人特爲食羹之貨，多餘之贏〔一〕，其爲利也薄，其爲權也輕，而猶若是，而況於萬乘之主乎，身勞於國而知盡於事！彼將任我以事而效我以功，吾是以驚。」伯昏瞀人曰：「善哉！觀乎〔二〕汝處已，

〔一〕「贏」：各本作「嬴」，據文義及宋本改。
〔二〕「乎」：原作「於」，據校本改。

人將保汝矣！」無幾何而往，則户外之屨滿矣。伯昬瞀人北面而立，敦杖蹙之乎頤，立有間，不言而出。賓者以告列子，列子提屨，跣而走，曁乎門，曰：「先生既來，曾不發藥乎？」曰：「已矣！吾固告汝曰人將保汝，果保汝矣。非汝能使人保汝，而汝不能使人無保汝也，而焉用之感豫出異也？必且有感，搖爾本才，又無謂也。與汝遊者又莫汝告也。彼所小言，盡人毒也。莫覺莫悟，何相孰也？巧者勞而知者憂，無能者無所求食而遨遊，泛若不繫之舟，虛而遨遊者也！」

漿，賣漿者之家也。十、五，舉成數而言。食十漿而五漿先饋，謂取一半之值而以其半作餽。愛之敬之故食之，食之故讓之也，賣漿者可謂賢矣。而列子則固驚焉者何？古之真人不以賢聖自見，故德盛而容貌若愚，人不知也。今也內誠不解而外諜成光，不解則不能渾而無迹，成光則不能光而不耀。諜，動作也。內外矜持，成此一段色莊之學，是故能外鎮人心，使人輕乎貴老而鳌其所患。凡人酒肉以尊高年，而賣漿之家所患不得利耳。今也十漿而饋五漿，則人將移其貴老之心以貴我，而鳌其爲利之心以享賓。夫漿人者特爲食羹之貨、多餘之贏，以飲食之故而求刀錐之利，其爲利也薄，其爲權也輕，而猶見我若是。若使萬乘之君，身勞乎國、知盡於事，倦勤若此，使其見我，必將委國而授之以政，一不副其所求，將若之何？吾是以驚也。於是伯昬瞀人曰：善哉，汝之處己若此，人將以汝爲保。保，謂師保。伯昬之善，雖若喜之，而實寓不足之意於其中。未幾而户外之屨滿，則保之者果若是其衆也。於是伯昏省之其家，住杖支頤，立而有間，不言而出。列子走而迎之，求言以藥其所病。瞀人曰已矣，言汝之病不可藥救矣。吾固告汝曰人將保汝，使汝聞我之言，退自警省，則必深自晦昧。今汝能使人保汝矣，而獨〔一〕能使人不保汝乎？使人保汝易，使人不保汝難，汝焉用保爲哉？夫大道以無心自然爲常，感人而至於豫出，大是異事。豫出，即孟子所謂「霸者之民驩虞如也」之意。且有心之感，摇爾本才，甚無謂也。本才，猶云本性。性本無生，生而有感，感而出豫，何謂乎道哉？且凡與汝遊者，皆淺見之人，莫有以大道之言盡心相告者。告，讀曰鵠。彼所小言，聆之盡爲人毒，毒即藥意。我昔所謂人將保汝，蓋警之也，而子莫覺莫悟矣，則惡復有與汝相誰何者哉？既又教之：凡天下之以巧知名者，其心皆有憂勞，不若自居於無能者，雖無所求食，而心常自在，故汎乎若不繫之舟，是以虚而遨遊者也。若不虚而稱遨遊，有觸而怒之者矣。憂勞，暗應「任事效功」。求食，暗應「饋饔」。數句皆韻叶可讀，蓋莊文之有節奏者。

鄭人緩也，呻吟裘氏之地。祇三年而緩爲儒，河潤九里，澤及三族。使其弟墨。儒墨相與辯，其父助翟。十年而緩自殺。其父夢之曰：「使而子爲墨者，予也。闔胡嘗視其良？既爲秋柏之實矣！」夫造物者之報人也，不報其人而報其人之天，彼固使彼。夫人以

〔一〕「獨」：校本作「亦」。

己爲有以異於人，以賤其親。齊人之井飲者相捽也。故曰：今之世皆緩也。自是有德者以不知也，而況有道者乎？古者謂之遁天之刑。聖人安其所安，不安其所不安。衆人安其所不安，不安其所安。良，註云「墓也」。捽，衰。

緩，鄭人名。呻吟，誦讀之聲。言鄭人誦讀於裘氏之地，三年而儒術成。河潤九里，澤及三族，言其利澤及人之遠也。又以潤澤之餘，使其弟翟學爲墨者。兄弟二人各以其學自相雄長，而父溺愛少子，從而助之。十年而緩以不勝其弟自殺，見夢於父曰：使而子爲墨者誰乎？我教之也。我與季子亦有恩矣，而父盍嘗視我之墓乎？我之墓木垂垂焉有秋柏之實矣。蓋緩嘗自持其有恩而無報者，以爲父尤。莊子則以造化之理而論天之報人也，不報於人之力而報於人之天。使彼爲墨，人之力也。彼得爲墨，人之天也。天，謂彼性分中帶得有此一段熏習之氣，故爲墨而墨成，佛語所謂「要知前世因，今生作者是」，故今生之作，前世之報也。是彼天者使彼爲墨，既已彰其報矣，而夫緩也固貪之以爲功，以爲己之處弟有以異於他人，而賤視其親，謂成彼者與生彼者等耶？齊人之井飲水者自相捽也，齊人即齊民，猶云衆人也，此井豈一人物耶？鑿地出泉，往來井井，造物者不自靳也，而人固專之以爲己私，何示弗廣耶？今之人凡有我相而市私恩者，皆緩之徒也。夫至人無恩，上德不德，有德者尚不自知也，而況有道者耶？不務道德而務施報，貪天之功以爲己力，古者謂之遁天之刑。刑者，成也。天刑，謂天之成理。故聖人安其所安而不安其所不安。安其所安，知有天也，如是〔一〕則不遁天之刑矣。小人反是。

莊子曰：「知道易，勿言難。知而不言，所以之天也。知而言之，所以之人也。古之人，天而不人。」

道者，無心自然而已。知之亦易，而勿言爲難。蓋言則涉於有心，非默而成之者矣。故知而不言，所以之天也。知而言之，一人而已。古之人，天而不人，故處無爲之事，行不言之教。不言之教也，深哉！

朱泙漫學屠龍於支離益，單千金之家，三年技成而無所用其巧。泙，當作汗。單作殫。

龍之爲物，神異變化，本不可屠，乃有學其技者，殫千金之產，費三年之功，技成而無所用其巧。寓言道不可學，學之至於有伎倆，則終無所用矣。惜今之學屠龍者多，而龍終不可屠也，徒自失耳。

聖人以必不必，故無兵；衆人以不必必之，故多兵。順於兵，故行有求。兵，恃之則亡。

天下之兵起於爭，而人心之爭起於必。必，期必也。一有期必之心，而人或不足以副之，則相尤相責而爭端自此起矣。爭之大則至於兵，故聖人以必不必，故無兵。必而不必者，謂知其理勢之必然，而猶以不然待之，如小之事大、弱之事强，其必然者當得如此，而聖人以不必待之，故雖或見

〔一〕「知有天也如是」：校本無。

忤，嘗與之相忘於無事而無兵。衆人反是。故順於兵之道，則行而有求矣，求即必之之意也。以取必而行有求之道，幾何而不恃兵而亡乎？此以世諦論者也。若以道法而言，聖人以必不必，上德而行無爲之事者也；衆人以不必必之，下德而行有爲之事者也。若順於兵，故行而有求，求則得之，不求則不得矣。然而「佳兵者不祥之器」，聖人「不得已而用之」，終不可恃也，故恃之者亡。莊子爲老子註疏，此解爲是。讀者得之言表可也。

小夫之知，不離苞苴、竿牘，敝精神乎蹇淺，而欲兼濟道物。太一形虛。若是者，迷惑乎宇宙，形累不知太初。彼至人者，歸精神乎無始，而甘瞑乎無何有之鄉。水流乎無形，發泄乎太清。悲哉乎，汝爲！知在毫毛而不知太寧！

苞苴，以禮物相遺饋者也，竿牘，以竹簡相問訊者也，皆世俗往來之常套，小夫之知不出乎此，乃敝其精神乎蹇淺而欲兼濟乎道物也。太一〔一〕形虛，虛則無有，苞苴、竿牘安在何處？虛則無情，若彼之憧憧往來，徒迷惑乎宇宙之間，爲形所累耳，而豈知太初之無有耶？太初，即太一也。彼至人者，歸精神乎無始而甘瞑乎無何有之鄉，其應物也，則如水之流乎無形，泄乎太清，逝者如斯，而卒莫之有心焉，要皆過矣而不留，物矣而能化，至人之所爲若此。悲哉，汝之所爲乎！知在毫毛而

〔一〕「一」：原作「乙」，據校本改。按：「一」字在道教天書雲篆中寫作ㄹ，形似「乙」。

不知太寧！毫毛，即蹇淺之意。太寧者，未始有物之初，無有乎紛紜轇轕之擾者也。此以苞苴竿牘四字說盡世情。欲學道者，斷緣簡事，莫此爲先。此入道初關也。

宋人有曹商者，爲宋王使秦。其往也，得車數乘。王悅之，益車百乘。反於宋，見莊子，曰：「夫處窮閭阨巷，困窘織屨，槁項黄馘者，商之所短也。一悟萬乘之主而從車百乘者，商之所長也。」莊子曰：「秦王有病召醫。破癰潰痤者得車一乘，舐痔者得車五乘，所治愈下，得車愈多。子豈治其痔耶？何得車之多也？子行矣！」馘，古獲反。痤，徂禾反。

困窘織屨〔一〕，謂窮居阨巷，生事蕭條，困窘於織屨之業也。槁其項者，項無餘肉而枯瘦也。黄其馘者，耳無潤澤而黄薄也。商自狀其昔之困也若此，而以今之所得者自驕，志則陋矣。故莊子因而鄙之。破癰潰痤猶爲中治，從而舐之則治愈下矣，治愈下則事愈難，故得車多。今也得車之多倍蓰〔二〕於舐創之醫，是必所治者愈下故所得者愈多也。子之所治〔三〕豈其痔耶？蓋以匹夫而遊說萬乘之君，自非有以大悅其心則不可以得志，而欲大悅其心，非阿諛逢迎不可也。孟子謂之爲「妾婦」，莊子鄙之爲「舐痔」，亦固其宜焉耳。

〔一〕「屨」：原作「縷」，據校本改。
〔二〕「倍蓰」：集韻：「蓰，物數也，五倍曰蓰。」
〔三〕「治」：原作「舐」，據校本改。

魯哀公問於顏闔曰：「吾以仲尼爲貞幹，國其有瘳乎？」曰：「殆哉圾乎！仲尼方且飾羽而〔一〕畫，從事華辭，以支爲旨，忍性以視民，而不知不信，受乎心，宰乎神，夫何足以上民？彼宜汝與予頤與？誤而可矣。今使民離實學僞，非所以視民也。爲後世慮，不若休之。」

飾羽而畫，以文物之美爲飾也。以支爲旨，以枝葉之言爲美也。忍性，猶云矯性。視，猶示也。言矯飾其自然之性，而不知其無實，其學蓋已受乎心、宰乎神，成窠臼矣，夫何足以長民乎？彼宜汝與予頤與，謂彼若與汝宜而與之以安養天下歟？誤而可矣，可者，僅可而有所未盡之詞，言誤而用之則可，若審而用之，則彼之學能使人離其實而學爲僞，非所以視民也。爲後世慮，不若休之，休之之言，勿用也。莊老譏侮聖人只在教人習於威儀文詞，故流弊至此。想其去聖人百有餘歲，一時學爲儒者大都離實學僞，莊子憤世嫉邪，亟遏亂源，未免歸咎夫子身上，如云「好箇僕，被東坡教壞」。知此意，然後許讀莊子。

難治也，施於人而不忘，非天布也，商賈不齒。雖以士齒之，神者弗齒。

民之所以難治者，以其上責報之深。施於人而忘其施，則將與天下相安於不識不知之天，而天下皆順治矣。今也施敬於人而不忘其敬，施信於民而不忘其信，則是以有心感天下，而天下皆以有

〔一〕「而」：原作「爲」，據下註文及校本改。

心應之，應而不給則欺則詐，微曖百出，難治之故率由於此，視天之普萬物而無心者，則有間矣，故曰：非天布也。布，猶「布濩」〔一〕之「布」。是以商賈不齒於大道，謂其有私心也。然士農工商，國之四民，雖使爲士者齒之，而神者齒之乎？神則天而已矣，道而已矣。人而不天，宜其不爲所齒也。

爲外刑者，金與木也；爲内刑者，動與過也。宵人之離外刑者，金木訊之；離内刑者，陰陽食之。夫免乎外内之刑者，惟真人能之。

爲外刑者金與木也，金謂刀鋸斧鉞，木謂桁楊桎梏。内刑，則心之不静而多過愆者。宵人，當作小人，以字義解，當爲昏昧不曉之人。離，麗也〔二〕。陰陽食之，即前内篇所謂「有陰陽之患」者。大抵外刑，人或可以倖免，而内刑則無得而逃之者。有能超然而不爲所累，其惟真人乎！

孔子曰：「凡人心險如山川，難於知天。天猶有春秋冬夏旦暮之期，人者厚貌深情，故有貌愿而益，有長若不肖，有順懁而達，有堅而縵，有緩而釬，故其就義若渴者，其去義若熱。故君子遠使之而觀其忠，近使之而觀其敬，煩使之而觀其能，卒然問焉而觀其知，急與之期而觀其信，委之以財而觀其仁，告之以危而觀其節，醉之以酒而觀其則，雜之以處而觀其色。九徵至，不肖人得矣。」懁，儇。釬，捍。

〔一〕「布濩」：漢書司馬相如傳下：「氾布濩之。」顔師古註：「布濩，言遍布也。」

〔二〕「離，麗也」：易經序卦傳：「離者麗也。」麗，附着也。成玄英疏：「離，遭也，罹也。」

引孔子一段，論觀人之術。言人之情貌每每相反，有外若謹慤而内實盈溢者，有内有偏長而外若不肖者，有巽順懁急而能相達者，相達即相濟之意，有外若堅持而内反纏繞者，有外若和緩而内實釬急者，有始進若鋭而終退反速者，故有若渴若熱之喻，人之不可知者如此。故君子使之遠以觀其欺否，使之近以觀其慢否，理之煩劇以觀其能否，問之倉卒以觀其知否；急期易至於失信，故急與之期以觀其信；臨財易至於私己，故委之以財以觀其仁；臨難易至於苟免，故告之以危以觀其節；中酒易至於失度，故醉之以酒而觀其則；雜居易至於惰慢，故雜與之處以觀其色。九徵備而不肖之情得矣。蓋小人之性無常定，矜持於此者或發露於彼，故以九徵盡〔一〕之。而九徵之德，要不外於五常而已，寧有他哉？或問：如此將無涉於有心乎？曰：聖人之應世也，有心而無情。世道不能無小人，使之盡廢而無用，非道也。且夫大道之世，不尚賢，不使能，絶去聖知仁義而一歸於無爲，勿論矣。今也於不能不爲之世，而使賢否混淆，用舍乖錯，幾何而不同歸於亂乎？故用世之法，以九徵得人而折中於孔子，孔子者，用世之宗主也。一部南華，論孔子者不一，而終之以此，亦猶人間世之言孔子、伯玉也。其旨微哉！

正考父一命而傴，再命而僂，三命而俯，循牆而走，孰敢不軌？如而夫者，一命而呂鉅，再命而於車上儛，三命而名諸父，孰協唐、許？

〔一〕「盡」：原作「蓋」，據校本改。

正考父，宋之公族。一命，士也。二命，大夫。三命，卿也。曲背曰傴，曲腰曰僂，身伏曰俯，循牆而走，言不敢當路也。夫其爵愈高而心愈下，考父之謙若此，乃所以爲道也，孰敢不取以爲法則乎？若而人者，一命而吕鉅，再命而於車上儛，三命而名諸父，其德協之唐許何如哉？唐堯、許由，皆以讓爲德者。吕鉅，驕矜之貌。諸父，不敢名人也，名之，倨傲可知。而夫，指今之人而言。

賊莫大乎德有心而心有睫，及其有睫也而内視，内視而敗矣。

道者，無爲自然而已矣。德亦道也。有心爲之則害於德矣，故曰：賊莫大於德有心。德既有心，心復有睫，睫者眼睫，雖眼之所不能無，而亦足以害眼，喻如真常應物，雖爲六用之必然，而爲其所累者多。及其有累也，而欲從事於内視之學，以求忘其所累，則是病而求藥，秃而施髢，多見其敗而已矣。所以學道之人墮其支體，黜其聰明，常使渾渾沌沌，復歸於樸，復歸於嬰兒，而後與道相應。否則，以有睫失之者抑又多矣。

凶德有五，中德爲首。何謂中德？中德也者，有以自好也而吡其所不爲者也。吡，匹爾。

凶德有五，眼、耳、鼻、舌、意識也。中德爲意。心起意識，有以自好也，而呰其所不爲，豈知不爲者近道而有以自好者爲伎倆也。此便是德有心而心有睫者。

窮有八極，達有三必，形有六府。美、髯、長、大、壯、麗、勇、敢，八者俱過人也，因以是窮。緣循、偃佒、困畏，不若人，三者俱通達。知慧外通，勇動多怨，仁義多責，達生之情者傀，達於知者肖，達大命者隨，達小命者遭。佒，於丈。傀，公回。

極者，究而言之者也。必者，決而言之者也。貌美則娟好，有鬚則瀟灑，長而大則魁偉，氣不委靡曰壯，口有微詞曰麗，有力强悍曰勇，膽有決斷曰敢。八者俱過人，未必窮也，而究其極，則多以恃壯取敗，故多以是窮。此箇病根，全在過人上。大抵過人者，人恒忌之，取於造物者多，則造物亦必忌之，此窮之所不免也。緣循，不能自立之貌。偃侠，隨起隨倒之義。心不能通曰困，心有所歉者畏。三者之人，俱不若人而却有必達之理。此箇達，亦是以謙而受造物之益者。此但論其理之當如是耳，非謂八者皆窮而今之所謂達者又皆此三等人也。知慧，一府也，知慧則多外通。勇動，一府也，勇動則取怨懟。仁義，一府也，仁義則多責任。達生，一府也，達生之情則造於實際，傀然而大解矣，此一府最爲上乘。達知，一府也，達於知則知天知人，天之肖子也。達命，一府也，大達則曰吾隨之，小達則曰吾遭之，蓋遭則猶有委命之意，隨則無容心矣，又達命之上乘也。或問：達生達命何所分別？生〔一〕則性也，命則天也，而氣數行乎其中矣。

人有見宋王者，錫車十乘，以其十乘驕稚〔二〕莊子。莊子曰：「河上有家貧恃緯蕭而食者，其子没於淵，得千金之珠。其父謂其子曰：『取石來鍛之！夫千金之珠，必在九重之淵而驪龍頷下。子能得珠者，必遭其睡也。使驪龍而寤，子尚奚微之有哉？』今宋國之深非直

〔一〕「生」：各本作「性」，據上下文改。
〔二〕「稚」：校本作「穉」。

九重之淵也，宋王之猛非直驪龍也。子能得車者，必遭其睡也。使宋王而寤，子爲韲粉矣。」

驕稚莊子，謂見莊子而驕，如有稚子之色者。緯蕭，以織葦爲業者。子尚奚微，言必爲驪龍所攫，無有遺類也。取石鍛之，碎其珠也，蓋珠有光彩，爲龍所覺則其禍不測。以比今之阿諛苟容、竊取權勢者，皆乘世主之不覺，使其一有悔悟，則此輩韲粉矣，蓋危之甚也。

或聘於莊子，莊子應其使曰：「子見夫犧牛乎？衣以文繡，食以芻菽，及其牽而入於太廟，雖欲爲孤犢，其可得乎？」

與前篇龜喻同旨。

莊子將死，弟子欲厚葬之。莊子曰：「吾以天地爲棺槨，以日月爲連璧，星辰爲珠璣，萬物爲齎送。吾葬具豈不備耶？何以加此？」弟子曰：「吾恐烏鳶之食夫子也。」莊子曰：「在上爲烏鳶食，在下爲螻蟻食，奪彼與此，何其偏也！」

天下大患爲吾有身，有身則有生死，有生死則有欣厭，然欣之不可留，厭之不可避，妄生貪着，無益也。古之至人知其幻妄不常，是以等身世爲逆旅，視生死如旦暮，夢、幻、泡、影、石火、電光，種種譬喻，不一而足，無非欲人解其天弢，墮其天袠，安時處順，利害不干於心而生死無變於己，蓋出世之法所當講者莫先於此。此關不撤，則出門有礙，撤則一了百當，頭頭自在矣。圓覺經云：「幻滅滅故，非幻不滅。」宗鏡云：「絕後再甦無一物，了知生死不相關。」易大傳云：「原始反終，故知死生之説」，「精氣爲物，遊魂爲變，是故知鬼神之情狀。」不讀三教之書者，不可以讀莊子。故知死生之不相關者，然後知此身之無用。知此身之無用，則烏鳶何疏、螻蟻何親？此等説話，直是悟到撤處，故衣薪葬野，不樹不封，古人之見高出後世，此不可與迂儒道之，達者可也。

以不平平，其平也不平。以不徵徵，其徵也不徵。明者唯爲之使？神者徵之。夫明之不勝神也久矣，而愚者恃其所見入於人，其功外也，不亦悲乎！

夫君子之立教也，易其心而後語。不平之言，不言也。若以不平平人，則其平也終於不平而已。文獻足而後言，無徵之言不言也。若以不徵徵人，則其徵也終於不徵而已。以是知不平之鳴不可以齊物，無稽之言不足以取信。若我之「卮言日出」，「和以天倪」，則非不平之平矣。「寓言十九，藉外論之」，「重言十七，以爲耆艾」，則非不徵之徵矣。且人之聰明，誰爲之使耶？無亦神者徵之乎？神則天性自然之靈覺，有不可以絲毫知力與乎其間。明之不勝神也久矣，而愚者顧恃其所見，以外爲功，不亦悲乎！外，謂己之乾慧黠識。蓋指一時談説之士，如惠施、公孫龍之徒，日以其辯與天下持者，其言既不平而理復無徵，獨謂之明，可乎？莊子篇終一段，分明檃括全經，後篇復爲自叙，甚有輕重條理，讀者不得草草。反覆紬繹，方見良工苦心〔一〕也。

〔一〕「苦心」：各本作「心苦」，據義改。

方壺外史爲作亂辭：

禦寇之齊，十饕餽五。中道而驚，人將保汝。心且有感，巧勞知憂。將焉用之？泛彼虛舟。造物使彼，報人之天。何哉緩也，天功是貪？知道亦易，勿言實難。知而言之，人而不天。屠龍底用？兵恃則亡。凡有伎倆，皆爲不祥。小夫之知，竿牘苞苴。乃爲形累，焉知太初？舐痔得車，使者可恥。施非天布，神者弗齒。真人無刑，內清外寧。曷軌三命？而庸九徵。賊起睫心，凶首中德。達占三必，窮究八極。大達者隨，小達者遭。食鳶何憾？得乘焉驕？不平焉平？不徵焉徵？愚者安恃？神能勝明。

雜篇天下第三十三

天下篇，莊子後序也，歷叙古今道術淵源之所自，而以自己承之，即孟子終篇之意。末舉惠施强辯之語而斷之以「存雄而無術」，闢邪崇正之意見矣。

天下之治方術者多矣，皆以其有爲，不可加矣。古之所謂道術者果惡乎在？曰：無乎不在。曰：神何由降？明何由出？聖有所生，王有所成，皆原於一。不離於宗，謂之天人。不離於精，謂之神人。不離於真，謂之至人。以天爲宗，以德爲本，以道爲門，兆於變化，謂之聖人。以仁爲恩，以義爲理，以禮爲行，以樂爲和，薰然慈仁，謂之君子。以法爲分，以名爲表，以參爲驗，以稽爲決，其數一二三四是也，百官以此相齒。以事爲常，以衣食爲主，蕃息畜藏，老弱孤寡爲意，皆有以養，民之理也。古之人其備乎！配神明，醇天地，育萬物，和天下，澤及百姓，明於本數，係於末度，六通四辟，小大精粗，其運無乎不在。其明而在曆數者，舊法，世傳之史尚多有之；其在於詩、書、禮、樂者，鄒魯之士、搢紳先生多能明之。詩以道志，書以道事，禮以道行，樂以道和，易以道陰陽，春秋以道名分。其數散於天下而設於中國者，百家之學時或稱而道之。天下大亂，賢聖不明，道德不一，天下多得一察焉以自好，譬於耳目鼻口皆有所明，不能相通者，猶百家衆技也，皆有所長，時有所用。雖然，不該不遍，一曲之士也，判天地之美，析萬物之理，察古人之全，寡能備於天地之美，稱神明之容，是故内聖外王之道闇而不明，鬱而不發。天下之人各爲其所欲爲以自爲方，悲夫！百家往而不反，必不合矣。後世之學者，不幸不見天地之純，古人之大體，道術將爲天下裂！

方術，道術之局於一方者也。言天下之治道術者，各爲其所欲爲以自爲方，又且各以爲至，故列而叙之，而總歸原於一，一即所謂道德也。神何由降，明何由出，神謂人之本性，降衷於天者，具有靈覺，謂之曰明。聖有所生，聖即内聖之德也。王有所成，王即外王之業也。言神明德業皆出一原，故不離於宗，謂之天人。宗，即所謂「未始有始也者」。不離於宗，是以無爲宗者也。謂之天人，天人即所謂「畸於人而侔於天」者。不離於精者，凝聚精神，萬古不朽，能感天地，能貫金石，如鬼神然，是則所謂人而神者，故謂之曰神人。不離於真者，本然之真，極純無疵，以言其德至矣極矣，無以加矣，故謂之曰至人。以天爲宗，以德爲本，以道爲門，兆於變化，謂以無爲爲體，以有爲爲用，此則聖修之能事能舉之者，非聖而何？故謂之曰聖人。以上所謂具有内聖之德者也。若夫以仁義禮樂爲事而薰然納天下於慈仁之中，則謂之曰君子。蓋仁義禮樂皆失道而下之事，賢人君子治世之法無過於此。以法爲分，以名爲表，法謂法度，所以齊天下者，名謂名器，所以别天下者。以參爲驗，以稽爲决，參者，以此而合彼，稽者，考古而準今，參稽之數則一二三四是也，百官以此相齒，於是乎有定秩而不越〔一〕，此治人者之事也。以庶事爲常，庶事如農工商賈之類，皆以衣食爲主，而蕃之息之藏之畜之，以養老弱孤寡，此乃治於人者之事，民之理也，所謂外王之業者也，皆道術也。則古之人其備乎！故配神明，醇天地，育萬物，和天下，澤及百姓，天德王道兼該並舉，莫不明於本數，係於末度，所謂「以其真治其身，而其土苴亦足以理天下」。故其明而在於曆數者，如帝王傳心之法，世傳之史尚多有之。散而在於六經者，則先王經世之迹，搢紳先生類能言之。其數散於天下而設於中國，則又流而爲百家，析〔二〕而爲衆技，亦一時有爲應迹之所不廢者，故君子時或稱而道之。自天下大亂而聖賢不明，功力既降而道德不一，百家衆技之流多得一察焉以自好。一察，猶云偏見小知。自好，自愛自媚也。譬之耳目口鼻，皆有所明而不能相通。雖然，不該不遍，一曲之士也，以故判天地之美，析萬物之理，察〔三〕古人之全，則能備焉者寡矣，應上「古之人其備乎」。因是内聖外王之道闇而不明，鬱而不發，天下之人各爲其所欲爲，自以爲方，往而不返，遂使後世學者不幸不見

〔一〕以下文字，校本不同，云：「庶事以此爲常，於是乎有定紀而不亂。大抵民之爲道也，以衣食爲主，故長民者爲之蕃之息之藏之畜之，而發政施仁，則老弱孤寡必使皆有所養，所謂外王之業，民之理也。古之人其備乎！」以下文字全同。

〔二〕「析」：原作「折」，據校本改。

〔三〕「察」：原作「察之」，據校本删「之」字。

天地之純，古人之大體，而道術將爲天下裂。此一段，乃叙文之冒頭，細玩則知方術之多，道術之裂也，而朴始散而爲器矣。

不侈於後世，不靡於萬物，不暉於度數，以繩墨自矯，而備世之急。古之道術有在於是者，墨翟、禽滑釐聞其風而悦之。爲之太過，已之大順，作爲非樂，命之曰節用，生不歌，死無服。墨子汜[一]愛兼利而非鬬，其道不怒，又好學而博，不異，不與先王同，毁古之禮樂。黄帝有咸池，堯有大章，舜有大韶，禹有大夏，湯有大濩，文王有辟雍之樂，武王、周公作武。古之喪禮，貴賤有儀，上下有等，天子棺槨七重，諸侯五重，大夫三重，士再重。今墨子獨生不歌，死無服，桐棺三寸而無槨，以爲法式。以此教人，恐不愛人；以此自行，固不愛己。未敗墨子道。雖然，歌而非歌，哭而非哭，樂而非樂，是果類乎？其生也勤，其死也薄，其道大觳，使人憂，使人悲，其行難爲也，恐其不可以爲聖人之道，反天下之心。天下不堪，墨子雖能獨任，柰天下何？離於天下，其去王也遠矣。

夫道術無所不在，而天下之人則各狃於所見，於是流而爲方術之衆多，以故不侈不靡，不自藻飾，以繩墨自矯，使自有餘，而一時之急有備。古之道術有在於是者，蓋道以淡泊爲宗，以儉嗇爲

[一]「汜」：原作「博」，據校本改。

賓，於是墨翟、禽滑釐聞其風而悦之，但爲之大過，已之大順，二子受用在此而受病處亦在於此。已，遏抑之也。順，慎，古字通用。非樂、節用，墨子書中篇名，言墨子著書立教，使人生無燕會而不歌，死者裸葬而無服，泛愛兼利而非鬭爭，其爲道也不怒，其爲學也尚同，雖同矣而不同於先王，毁古先王之所謂禮樂者，而獨以儉約爲事。蓋自黄帝至於武王，未始不用樂，而墨子則曰生不歌；自天子達於庶人，未始不行喪禮，而墨子則曰死無服，桐棺三寸而無槨，故以此教人，恐不愛人，以此自行，固不愛己。墨子之道如此。故雖不必毁敗其道之非，然歌而非歌，哭而非哭，樂而非樂，已非人情，不可近矣！其生也勤，其死也薄，其道大觳，使人憂悲，其行難爲也，恐其不合於聖人中正之道，不順於天下平常之心。今使天下不堪，墨子雖能獨任，奈天下何哉？道不通於天下，其去王道也遠矣。王道也，平易近民者也。

墨子稱道，曰：「昔者禹之湮洪水、决江河而通四夷九州也，名山三百，支山三千，小者無數。禹親自操橐耜而九雜天下之川，腓無胈，脛無毛，沐甚雨，櫛疾風〔一〕，置萬國。禹，大聖也，而形勞天下也如此。」使後世之墨者多以裘褐爲衣，跂蹻爲服，日夜不休，以自苦爲極，曰：「不能如此，非禹之道也，不足謂墨。」相里勤之弟子〔二〕，五侯之徒，南方之墨者

〔一〕「沐甚雨，櫛疾風」：各本作「沐甚風，櫛疾雨」，據宋本改。
〔二〕「弟子」：原作「子弟」，據註文及校本改。

苦獲、已齒、鄧陵子之屬，俱誦墨經，而倍譎不同，相謂別墨。以堅白同異之辯相訾，以觭偶不仵〔一〕之辭相應，以巨子爲聖人，皆願爲之尸，冀得爲其後世，至今不決。墨翟、禽滑釐之意則是，其行則非也。將使後世之墨者必自苦，以腓無胈，脛無毛相進而已矣，亂之上也，治之下也。雖然，墨子真天下之好也，將求之不得也，雖枯槁不舍也，才士也夫！九，糾。

墨子稱道，又自託於古之聖王曰：昔者神禹湮洪水，決江河，通四夷九州，皆親負橐操耜，糾率庶工，雜治天下之川，沐甚雨，櫛疾風，勤苦之甚，至於腓無胈，脛無毛。禹大聖人也，而勞形如此，況其下者乎？故其教意，使後世之爲墨者皆以裘褐爲衣，跂蹻爲服。跂與屐同，蹻與屩同，木履曰屐，麻履曰屩。日夜不休，以自苦爲極，曰不如此非禹道也，非禹之道曰不足以爲墨。而相里勤之弟子，散出於五侯之門者，與南方之墨者苦獲、已齒、鄧陵子之屬，俱各誦墨經，而其譎怪尤倍。又且其説各各不同，故相謂之別墨，別墨者，謂已乃墨學之別派。以堅白同異之辯相訾，觭偶不仵之辭相應。相訾則相反，相應則相合。巨子，上首弟子也。爲之尸，以之爲主也。冀得爲其後世，言人人皆願續其道脉，至今不決，決猶絶也。夫墨子之道，雖不同於先王之禮樂，而却有同於聖人之勤苦，但爲之大過，已之大甚，故曰：其意則是，其行非也。將使後之墨者以無胈無毛勤苦相進而已，是亂之上也，治之下也。亂，謂矯拂真性。雖然，矯拂人性，而天下却好之，往往宗其學術，求之

〔一〕「仵」：原作「忤」，據校本改。

惟恐弗得，極其枯槁而不能舍。墨子能以其教率天下，而天下至今宗之不決，其亦可謂豪傑之士也已，故曰：才士也夫。蓋始若抑之，而卒深予之也。

不累於俗，不飾於物，不苟於人，不忮於衆，願天下之安寧以活民命，人我之養畢足而止，以此白心。古之道術有在於是者，宋鈃、尹文聞其風而悅之。作爲華山之冠以自表，接萬物以別宥爲始。語心之容，命之曰心之行。以聏合歡，以調海内，請欲置之以爲主。見侮不辱，救民之鬭，禁攻寢兵，救世之戰。以此周行天下，上説下教，雖天下不取，强聒而不舍者也，故曰：上下見厭而强見也。雖然，其爲人太多，其自爲太少，曰：「請欲固置五升之飯足矣。」先生恐不得飽，弟子雖飢，不忘天下，日夜不休，曰：「我必得活哉！」圖傲乎救世之士哉！曰：「君子不爲苛察，不以身假物。」以爲無益於天下者，明之不如已也。以禁攻寢兵爲外，以情欲寡淺爲内，其小大精粗，其行適至是而止。鈃，刑。聏，而。

不累於俗，不以世俗爲累也。不飾於物，不以外物自飾也。不苟，謂無求於人。不忮，謂無害於衆。常願天下安寧，人我之養畢足而止，以此自白其心願。古之道術有在於是者，蓋道以損己利人爲事，以故宋鈃、尹文之徒聞其風而悅之。作爲華山之冠，華山，上下均平，其冠象之，庸以自表。其接物也，以別宥爲本，別宥者，分別善惡，嘉善而矜不能也。語心之容，謂形容此心之廣大，則曰心之行。以聏合歡，以調海内，聏者，和義。言其薰然慈仁，與物同春，直使天下一家，中國一人。

有能然者，請必置之以爲主君，是以見侮不辱以救民之鬭，禁攻寢兵以救時之戰，上以説其君，下以教其民，雖天下不取，猶然强聒而不舍也，故曰：上下見厭而强見。當時物議亦有不足於二子者，故引其言以證之。雖然，終是爲人太多，自爲太簡。今其言曰：請欲固置五升之飯以支一日足矣。夫五升之飯，師不得飽，弟子恒飢，自奉亦甚薄矣，將亦何求於世者？而猶不忘天下，日夜不休，曰：我豈必以此五升求活哉？所以自貶若此者，將以愧天下救世之士得志而驕矜自肆者也。「圖傲」二字頗奇。圖，謀也。傲者，矯義。其説又曰：君子不爲苛察，苛察則非别宥矣。不以身假物，假物則非不忮不求矣。以爲此身無益於天下而求備於天下，則不如其已也。其學之大旨，則外之欲其禁攻而寢兵，内之欲其約情而寡欲，雖其小大精粗不能備舉，其行則適至是而止矣。是，即指上内外二端，是宋鈃、尹文之學術也。

公而不黨，易而無私，決然無主，趣物而不兩，不顧於慮，不謀於知，於物無擇，與之俱往。古之道術有在於是者，彭蒙、田駢、慎到聞其風而悦之。齊萬物以爲首，曰：「天能覆之而不能載之，地能載之而不能覆之，大道能包之而不能辨之。」知萬物皆有所可，有所不可，故曰：「選則不遍，教則不至，道則無遺者矣。」是故慎到棄智去己而緣不得已，泠汰於物以爲道理。曰：「知不知，將薄知而後鄰傷之者也。」謑髁無任而笑天下之尚賢也，縱脱無行而非天下之大聖，椎拍輐斷，與物宛轉，舍是與非，苟可以免。不師知慮，不知前後，魏然而已矣。推而後行，曳而後往，若飄風之還，若羽之旋，若磨石之隧，全而無非，動靜無過，未嘗有罪。是何故？夫無知之物，無建己之患，無用知之累，動靜不離於理，是以終身無譽。故曰：「至於若無知之物而已，無用賢聖。夫塊不失道。」豪傑相與笑之曰：「慎到之道，非生人之行，而至死人之理。適得怪焉。」田駢亦然，學於彭蒙，得不教焉。彭蒙之師曰：「古之道人，至於莫之是、莫之非而已矣。其風窢然，惡可而言？」常反人，不見觀，而不免於輐斷。其所謂道非道，而所言之韙不免於非。彭蒙、田駢、慎到不知道。雖然，槩乎皆嘗有聞者也。髁，户寡。

大公而無黨，平易而不私，決然而無主，趣物而不兩。決然而無主者，言若水之決東而東，決西而西，更無主宰也。趣物者，與物同趣，不立人我，故云不兩。不顧不謀，言不起知慮。於物無擇而與之俱往，蓋道有「廓然而大公，物來而順應」。故曰：古之道術有在於是者，彭蒙、田駢、慎到之徒聞其風而悦之。其學以齊萬物爲首，齊萬物者，大小一如，不起分别也。其言曰：天能覆之，不能載之，地能載之，不能覆之，道能包之，不能辨之，言天地與道皆有所能，有所不能。萬物者，亦道中之一物耳，寧無所可與所不可者乎？吾人則當隨其材之所宜而用之，則天下無棄物；若選而擇之，則天下之物有不遍者矣，故曰：選則不遍。教則不至者，物物各具天性之良能，不待於教，若待教導而使之然，則吾之教必有所不及者矣，故曰：教則不至。若與之同歸於道，則道體物而未始有遺，故大以成大，小以成小，而無不遍不至之患矣。是故慎到之學，棄智慮、去己私，緣於不得已，而用天下之物，泠然汰然，無所選擇，以爲道理當如是而已。「曰知不知」以下數句頗難解，細玩則正見棄智之意。蓋天下自以分別爲知，而不知知識之開，混沌之鑿也，一鑿則傷，而渾沌死矣。故人皆曰知，而我不以爲知者，何以故？將薄夫知發之後，鑿而鄰於傷者也。鄰之言，近也。謑髁無任而笑天下之尚賢，縱脱無行而非天下之大聖。謑髁、縱脱，皆無知無能之貌。椎拍，輐斷，註云：刑截者所用之物。與物宛轉者，言隨其材質而割斷之，使各適於用也。舉世皆有是非而彼獨舍之，舉世皆師智慮而彼獨棄之，舉世皆有軒輊而彼不知先後，魏然而已矣。魏然，兀然不動之貌。而已矣者，無他能也。推而後行、曳而後往者，不得已而後動之意。若風、若羽、若磨石之隧，言其與物宛轉而無心也。以是之故，得以自全於世而無非，動静自如而無罪。何者？無知之物，無建己之患，無用知之累，動静不離於理，是以終身無譽於人。無譽於人，則人亦不得以過情而毀之，正乃所以自全也。故彼之言常曰：至於若無知之物而已矣，烏用賢聖爲哉？夫塊不失道，塊，土塊也，土塊不離於道塗，人而塊然如土，則亦不失其所當行之道。彼豪傑者，自負其建己之才，故相與笑之曰：慎到之道，非生人之行而至死人之理。人而如塊，非死而何？適得怪焉爾。田駢亦然，田駢學於彭蒙，得不教焉。不教，謂不待教訓而即與之相契。彭蒙之師曰：古之道人，至於莫之是、莫之非而已矣，其有言也，未始有言也，窢然而已矣，烏可而言乎？烏不可而不言乎？窢然，逆風過物之聲。夫其如是，是以常與人反，故人不見觀而不免於魭斷。魭斷，即輐斷，字之誤也。不見觀，猶言不取則也。人不見取則，未免宛轉遷就，故所言雖是，而不免於世人之非，僉曰：田駢、慎到不知道。雖然，槩乎其嘗有聞者也，蓋世人雖以爲非，而莊子猶有取焉者也。

以本爲精，以物爲粗，以有積爲不足，淡然獨與神明居。古之道術有在於是者，關尹、老聃聞其風而悅之。建之以常無有，主之以太一〔一〕，以濡弱謙下爲表，以空虛〔二〕不毁萬物爲實。關尹曰：「在己無居，形物自著。」其動若水，其靜若鏡，其應若響，芴乎若亡，寂乎若清，同焉者和，得焉者失，未嘗先人而常隨人。老聃曰：「知其雄，守其雌，爲天下谿。知其白，守其辱，爲天下谷。」人皆取先，己獨取後，曰：「受天下之垢。」人皆取實，己獨取虛，無藏也故有餘，巋然而有餘。其行身也，徐而不費，無爲也而笑巧。人皆求福，己獨曲全，曰：「苟免於咎。」以深爲根，以約爲紀，曰：「堅則毁矣，銳則挫矣。」常寬容於物，不削於人，可謂至極。關尹、老聃乎，古之博大真人哉！

本謂道，末謂器，道器雖不相離，然不容無本末精粗之則，故以本爲精，以末爲粗。既曰粗矣，則不應有積；其有積者，不足之心累之也，故曰：以有積爲不足。所以聖人不積，常使胸次洒洒，

〔一〕「一」：原作「乙」，據校本改。

〔二〕「空虛」：各本作「虛空」，據註文改。

一塵不掛，淡然獨與神明居。蓋古之道術有在於是者，關尹、老聃是以聞其風而悦之。建之以常無有，常無有即本也，未始有始也。主之以太一，太一即有始也。老子曰：「天下有始，以爲天下母。」故此太一，在易則謂之太極，二氣、五行、萬事萬化皆從此生。「道虚而用之或不盈」，是故以濡弱謙下爲表焉。表，謂應事接物，見之於外者，道之用也。以空虚不毁萬物爲實者，實，即佛氏所謂「實相」，蓋真空不空，故「不壞世相而成實相」。若毁壞萬物，則斷滅頑空，而非所謂道矣。又引關尹之言：「在己無居，形物自著。」居，即佛氏所謂「住心」，言己之心一無所住，而形形物物莫非己心之所顯發，此便是「無所住而生其心」，故其動也若水，其静也若鏡，其應也若響，芴乎其若亡而無所得也，寂乎其若清而無所淆也。同焉者得之，而與之同其同也。得焉者失之，而不居其得也。未嘗先人也，而常隨於人，濡弱謙下而不争也。又引老子之言「知其雄，守其雌」云云，二句出道德經。爲谿爲谷，皆謙虚不自滿足之義。夫人皆取先而彼獨處其後，以受國之垢，人皆取實而彼獨取其虚，巋然而有餘。其行身也，舒徐容與，常自儉嗇，漠然無爲，而嗤〔一〕笑世人之巧利。人皆求外至之福而彼獨曰：曲則全，苟免於咎而已矣。是皆以深爲根，以約爲紀。根者，根極之義。紀，紀法也。觀其言曰「古之爲道者，微妙玄通，深不可測」，得非以深爲根之謂乎？「治人事天莫如嗇」，「我有三寶，曰慈曰儉」，得非以約爲紀之謂乎？凡物太剛則折，太鋭則挫，故嘗挫其鋭，破其堅，

〔一〕「嗤」：各本作「媸」。據文義改。

虛心弱志，一味寬容遜順，而不敢過爲刻削之行，其道可謂至矣。故末復讚之云：關尹、老聃，古之博大真人哉！尹，關之官名。聃，老之謚名。關著文始真經，與道德相爲表裏，皆人間不可不讀之書。

寂漠無形，變化無常，死與？生與？天地並與？神明往與？芒乎何之？忽乎何適？萬物畢羅，莫足以歸。古之道術有在於是者，莊周聞其風而悅之。以謬悠之說，荒唐之言，無端崖之辭，時恣縱而不儻〔一〕，不以觭見之也。以天下爲沉濁，不可與莊語，以卮言爲曼衍，以重言爲真，以寓言爲廣。獨與天地精神往來，而不敖倪於萬物。不譴是非，以與世俗處。其書雖瓌瑋，而連犿無傷也。其辭雖參差，而諔詭可觀。彼其充實，不可以已。上與造物者游，而下與外死生、無終始者爲友。其於本也，弘大而闢，深閎而肆；其於宗也，可謂調適而上遂矣。雖然，其應於化而解於物也，其理不竭，其來不蛻，芒乎昧乎，未之盡者。

上言關、老，此下遂以自己承之。寂寞無形，言清虛而無象也。變化無常，言往來而無住也。以無相爲宗，以無住爲行，萬物一府，生死同狀，直與天地並而神明俱，芒乎不知其何之，忽乎不知其所適。古之道術有在於是者，當時西方貝典未入中國，而中國自有此種學術，若合符節。莊叟是以聞其風而悅之。著而爲書，其言謬悠荒唐而無端崖，莫非形容寂寞無形、變化無常的道理。謬

〔一〕「儻」：原作「黨」，據註文及校本改。

悠，言虛遠也。荒唐，言曠大也。無端崖，言無終始也。又時或放言自恣而不儻同於人，然又不欲以觭自見，觭與奇同，謂獨見也，見即老子「自見自伐」之意。以天下爲沉濁而不可與莊語，天下之人沉溺五濁，不可以莊重之語道之。故因之以曼衍，質之以重言，廣之以寓言，莊子之書，不出三者。所謂「非己之罪也，不信己之罪也」。其精神獨與天地往來而不敖倪於萬物。敖倪，即傲睨之意。與天地往來者，窮其神，知其化，直與造化者相爲游衍。天地無棄物，與道爲體者亦無棄物，故不敖倪。不敖倪，則與物無競，得者同於得，失者同於失，不譴是非，而與世俗同處，將與斯世斯民相忘於大順大化而不知，玄同之德有如此者。又其爲書，雖瓌瑋而連犿無傷也。瓌瑋，奇特之狀。連犿，相從之貌。犿，與貛同，玉篇：「牡貛也。」言其書雖若驚世駭俗，而却善體物情，連環宛轉，與物相從而不違，是以雖瓌瑋而不傷。不傷，即無嫌之義。其辭旨抑揚縱奪、參差不一，而滑稽詭譎之中却有可深思而得之理。此兩句說盡南華，非莊叟自道不出。彼其充實不可以已，如云胸中若有物積，必欲吐盡乃已。將上與造物者游，而下與外死生〔一〕、無終始者爲友，此等見解，常情未易窺測，大抵不出乎老氏所謂道術，「建之以常無有，主之以太一」者。建之以常無有，故其於本也，弘大而闢，深閎而肆。主之以太一，故其於宗也，調適而上遂。上遂，謂達本反始。調適者，調御閒適，放於自然，欲爲而爲之以不爲也。林鬳齋只爲「本宗」二字認得不真，是以性命之旨殊覺茫昧。「雖

〔一〕「死生」：原作「死亡」，據校本改。

然」，下一轉語，言雖是如此，其應化而解於物也，其理不竭，其來不蛻，蓋上達之妙未始離於下學之中，今之理會本宗者多有脱略世故之弊，此則天機人事不即不離，所謂「不壞世相〔一〕而成實相」者。順化而解於物，謂順天地自然之化以解萬物之縣結也，此便是調適上遂之意。不竭，謂其出無窮。不蛻，謂不離本宗。「來」字，或是「本」字。芒乎昧乎，未之盡者，此箇道理便是寂寞無形，變化無常。書以載道，故此書所言，直是芒昧無盡。若常人語下則遺上，語理則遺物，又安得謂之無盡乎？莊叟自敍道術，只在著書上見得句句是實，却非他人過爲誇誕者。

惠施多方，其書五車，其道舛駁，其言也不中。歷物之意曰：「至大無外，謂之大一；至小無内，謂之小一。無厚，不可積也，其大千里。天與地卑，山與澤平。日方中方睨，物方生方死。大同而與小同異，此之謂『小同異』；萬物畢同畢異，此之謂『大同異』。

天下之治方術者，類皆聞古人之風以自興起，各成一家之學。而惠施之學前無師授，不過騰辯博之口以與天下相持，故曰：惠施多方。多方則未免誇多鬭靡，著書雖滿五車，而其道舛駁，其言不中，當於理者或寡矣。歷歷舉起辨物之意，如云：至大無外謂之大一，至小無内謂之小一，今人但知一耳，而不知其有大一、有小一，此便是他强辭。又云：無厚者不可積也，其大可以千里。無厚是指超於形色之表者，至微至細，本不可積，若形形色色積而充滿天地，則無厚者亦滿天地，何啻

〔一〕「不壞世相」：各本作「不壞世法」。此一句，凡三見，唯此句不同，故改。

千里？又孰謂無厚者不可積耶？天尊地卑，其位定矣，而天道下濟，是天亦可以言卑也，故曰：天與地卑。山高澤深，其象陳矣，而山上有澤，則山不得名之爲高也，故曰：山與澤平。日方中矣，若晲而視之，則中者亦可謂之禺。物方生矣，而絶後再甦，則生者亦可謂之死。天下有大同異，有小同異，大同而與小同異者，謂之小同異，言非是大同異於小同，却是小同異於大同也，故謂之小同異。萬物畢同畢異者，然後謂之大同異。大同異，謂一氣混茫，分爲四時，以司化權，而萬物於中生長收藏，畢同畢異。小同異，謂如梅先而李後，草夭而木喬。惠子之説亦自有理，但支離纏繞，你説如此，他却如彼，畢竟如彼之理不出如此之中，但要伸己之强辯以與天下持耳。

「南方無窮而有窮。今日適越而昔至〔一〕。連環可解也。我知天下之中央，燕之北、越之南是也。氾愛萬物，天地一體也。」惠施以此爲大觀於天下而曉辯者，天下之辯者相與樂之。

天地東南匯爲巨浸，瀰漫浩渺，不知其窮，故人皆知南方之無窮。而不知既謂之方，則滯於有形，會有涯際。又地不足於東南，不足非窮乎？今日適越者，啓行雖在今日，而昔者已有適越之心，若以神用而不以形用，是不謂今日適越〔二〕而昔至乎？連環者，兩環相連，本不可解，然但能相連而不能相合，不相合則謂之解可也，故曰：連環可解。誰爲天下之中央？越之南、燕之北是也。

〔一〕「今日適越而昔至」：原作「今日適燕而昔來」，校本作「今日適越而昔來」，據註文及齊物論「今日適越而昔至」改。

〔二〕「越」：各本作「燕」。據上改。前兩「越」字，各本同。

夫南北本不可以言中，而天無定體，中無定在，如中庭月魄，寧分比鄰？燕越雖居南北之端，而越不見燕，燕不見越，各以所在而定之方中，故越之南、燕之北皆可以爲天下之中央。此句却是以强詞傍理而勝者。氾愛萬物，天地一體也，此句却好。惠施以此爲大觀於天下，「觀」字作去聲讀，示也。易曰「大觀在上」，此字只指「氾愛」一句。今之講學者，開口便説萬物一體，是以天下之人樂而趨之，却是落了惠子舊套，然理却純正，但行不踐言，可嗤耳。

卵有毛。雞三足。郢有天下。犬可以爲羊。馬有卵。丁子有尾。火不熱。山出口。輪不蹍地。目不見。指不至，至不絶。龜長於蛇。矩不方，規不可以爲圓。鑿不圍枘。飛鳥之景未嘗動也。鏃矢之疾，而有不行不止之時。景，影。

誰謂卵無毛？而孚生之鷇皆有毛。又以雞孚鴨，毛不成雞，是毛定卵中，謂卵有毛可也。人皆謂雞二足，不知以形用者，人皆見之，「孰主張是」，以神用者又一足也，故曰：雞三足。楚都於郢，何以有天下？天下者，天下之天下也，楚自爲王，則亦楚之天下矣，故曰：郢有天下。犬羊皆人所命之名，未有此名之先，呼犬爲羊，犬〔一〕亦未嘗不受也，故曰：犬可以爲羊。卵胎亦人所立之名，未立此名之先，謂胎爲卵，馬亦未嘗不生也，故曰：馬有卵。丁子者，蟆也，蟆無尾，而科斗有尾，壯則尾落而爲蟆，故丁子有尾。火不熱，寒熱皆人所立之名，人謂火爲熱，而火豈自知其熱乎？

〔一〕「犬」：原作「羊」，據校本改。

故曰：火不熱。山不出口，而空谷何以傳聲？故曰：山出口。輪雖蹍地，而脱輹則不能行，故曰：輪不蹍地。目能視物而不能以自視，手能指物而不能以自指，故曰：目不視，指不至。而手目之伎倆容有窮絶之時，使其俱視俱至，則不至窮絶矣，故曰：至不絶。龜短於蛇，而龜率其龜之性，則其長亦與蛇同，故曰：龜長於蛇。矩以爲方，而矩之體不方，故言方則不得謂之矩，言矩則不得謂之方，規圓亦然，故曰：矩不方，規不可以爲圓。鑿不圍枘者，枘形圓而鑿形方，今木工但謂竅物爲鑿耳，不知圍枘亦可以鑿名乎？故曰：鑿不圍枘。鳥飛於天，景落於地，但可謂之鳥動而不可謂之景動，何者？影也者，有待而能者也，無鳥則無景，景能自動乎？故曰：飛鳥之景未嘗動。矢安於弦則行，中於鵠則止，無有不行不止者，然使不至其地則不得謂之行，不貫於的則不得謂之止，是鏃矢雖疾而有不行不止之時矣。凡此，皆於言語名相間横生種種聰明意見以求異於人，惠子一生搬弄精魂只在於此，誠可惜哉！

狗非犬。黄馬驪牛三。白狗黑。孤駒未嘗有母。一尺之捶〔一〕，日取其半，萬世不竭。辯者以此與惠施相應，終身無窮。桓團、公孫龍，辯者之徒，飾人之心，易人之意，能勝人之口，不能服人之心，辯者之囿也。惠施日以其知與人之辯特，與天下之辯者爲怪，此其抵也。然惠施之口談，自以爲最賢，曰：「天地其壯乎施！」存雄而無術！

〔一〕「捶」：校本作「棰」。

一物可以兩名乎？故言犬則犬而已，又豈得復以狗名乎？故曰：狗非犬。黄馬驪牛三，兼形與色而合之，三也。馬、牛者，形也。驪、黄者，色也。色附於體，則一者可析而爲三，是故有驪馬也，黄馬也，又有驪黄馬也；驪牛也，黄牛也，又有驪黄牛也。白狗黑亦然，是皆一物而三。形者實也，色者虚也，虚實相乘，其理如此，此處諸家不知何解。孤駒未嘗有母，何以故？馬之有母者曰駒，無母者曰孤，言駒則不得稱孤矣，言孤則不復爲駒矣，今曰孤駒，是駒未嘗有母矣，豈理乎？夫一尺之捶，日取其半，則萬世用之可以不竭，言不盡用者之能善其用也。捶，搗衣之杵也，北方謂之棒捶。蓋捶有雙用，若日取其半而更用之，則世世常久，可無損壞之虞。以况惠施之辯，不全用十分道理，但略傍些須，是以任他左右躲閃，轉換不窮，而當時辯者如桓團、公孫龍之徒，以此之故，日與惠施相應，終身不窮。使其全用道理，則一到理屈，其辭便窮，安有許多强辯？惟其不然，是以只見終身嘵嘵聒聒，徒能飾人之心、易人之意、勝人之口而不能服人之心，徒爲辯者之囿而已。辯囿，言叢天下之辯而不能解也。夫惠施日以其知與天下之辯特，特恐作持，持謂相持而不下，不下則競爲諔詭怪異之説以相勝。歷舉其説，大抵如此，故曰：此其抵也。然惠施之口談自以爲最賢，他人未必賢也。觀其言曰：天地其壯乎施！言我之辯，天地爲我增氣，造物者爲我擊節，其自負如此。是蓋存雄而無術者也。夫守雌者，道也。存雄，非道也，故曰：無術。無術則去道遠矣。

南方有畸人焉，曰黄繚，問天地所以不墜不陷、風雨雷霆之故。惠施不辭而應，不慮而對，遍爲萬物説。説而不休，多而無已，猶以爲寡，益之以怪。以反人爲實，而欲以勝人爲名，是以與衆不適也。弱於德，强於物，其塗隩矣。由天地之道觀惠施之能，其猶一蚉一蝱之勞者也，其於物也何庸？夫充一尚可，曰愈貴道，幾矣！惠施不能以此自寧，散於萬物而不厭，卒以善辯爲名。惜乎！惠施之才，駘蕩而不得，逐萬物而不反，是窮響以聲，形與影競走也。悲夫！

畸人，異人也。黄繚之問亦邃矣，惠子乃不辭而答、不思而對者，自雄其辯才智慧之過人也。既又遍爲之説，説而不休，多而不已，猶以爲不足也，而益之以怪。益之以怪，是他躲閃出脱，以欺人耳目之所不及。大抵反人以爲實，勝人以爲名，是以其説雖長，而與衆不協，故曰：不適。夫有德者必有言，而惠子之能言未必其有德也，徒與物相競而已，故曰：弱於德而强於物。如是，則其於道也，亦終幽昧暗塞而不能以自明，故曰：其塗隩矣。室西北爲漏，西南爲奥，故以爲深昧不明之喻。夫由天地廣大易簡之道而觀惠施之能，其猶一蚉一蝱日薨薨於草莽之下，何補於物？何益於世？充一蚉一蝱之類而進之，雖大寧幾尚可許之，以是而曰愈於貴道者，豈不殆哉？蓋貴道之人，自以「多言數窮」爲戒，所以「知者不言，言者不知，辯者不善，善者不辯」。惠子不能以此道寧一其心志，緘默其言詞，以求進於太上忘言之域，而獨以其精神散於萬物而不厭其煩，卒以善辯自成其名。惜乎！有如是之才而不能善用，駘蕩而不得於心，逐物而不反其本，將欲止天下之辯歟？

言愈煩而辯愈起，是猶窮響以聲，而形與影競走也！悲夫！又按：莊叟所舉惠施之説，首簡數行猶爲近理。「卵有毛」以下，類支離纏繞，皆無足觀。今恨不見其全書，不知其説之何似。而司馬以下諸註，類皆妄臆。然以外史所測者而觀，又不知具眼者當何去取也？姑書此以俟來者。

起草於萬曆丙子六月六日，脱藁於戊寅八月八日

南華真經副墨後序

敏齋李茂年　譔

南華經者，道德之微言，性命之極致，三教之真詮，上乘之諦義也。其言汪洋自恣，曼衍而無竟。儒者習學聖經，步趨榘矱，言動稱先王，驟而讀之，如聞狂酲駡座，却步疾走，惟恐〔一〕影響之不幽；又如人間驕稚，不出户庭，乍見幻師幻物、天龍神鬼，應接不暇，則喜與懼并，直教越駭汗逃去，而不敢頃留。異哉南華！古今人士求其説而不得，則受其黮闇，直廢閣乃已。自非洞徹玄覽，優入密〔二〕門，奥旨微義，鮮克舉之，又況三藏絶詮、重玄妙竅、迥出思議之表者耶？方壺先生靈關朝徹，天門豁開，曩爲二氏經測，已振足音於空谷；晚註南華副墨，復爲我人開演法要。若謂「虛静恬淡寂寞無爲」，一經肯綮實在於是，故首舉八字以分卷帙，意在天人，開户見山，因標〔三〕

〔一〕「恐」：原無，據則陽篇註文補。
〔二〕「密」：原作「蜜」，據義改。
〔三〕「標」：原作「摽」，據義改。

指月。蓋自五千道德絶響人間，大道宗乘鬱而弗𠥓，廼有漆園者人，密説顯演，闡彼上德無爲之義意千言縱奪，一旨同歸，莫不尊於道而貴於德，退仁義而賓禮樂。攻儒術者未之前聞，律以侮聖畔道，奚然耶？夫太初無名，降而名相，皆朴散之器，法之所無用也。道則虛而無有，德則一而不分，爲道者原本返始，德至而同於初，不幾乎虛静無爲，與一世而得淡漠也耶？所謂「以其真治身，而出其緒餘，亦足以理天下」，世出世法莫不由此，故明於本度，係於末數，道術始勿之裂。准此以讀南華，心口應矣，破竹數節之後，迎刃解矣。予聆其言，始而懼，中而惑，卒而怠也。又渙若冰釋，廼取南華沉潛斯義，則見向之激亢者，今皆和順而莫之逆於吾耳；向之艱阻者，今皆平易而莫之咈於吾心；向之千蹊萬徑諔詭譎怪者，今皆同歸合轍而莫之畔於吾道。而後乃今知先生翼經之功於是爲大，而南華之有益於身心，誠不可一日而不讀也。

夫照乘之珠〔一〕，昏黑而投之人，則視者按劍。歌陽春白雪於郢中，屬而和者或寡矣。天下豈少耳目哉？莫爲之先而聞見惑也。今而既有先矣，具耳目者尚與共之！

季父參軍謂是書可以嘉惠來學，亟爲壽梓，梓成，屬茂年以言殿之，乃附諸末簡。

〔一〕「照乘之珠」：史記田敬仲完世家：「威王二十四年，與魏王會田於郊。魏王問曰：『王亦有寶乎？』威王曰：『無有。』梁王曰：『若寡人國小也，尚有徑寸之珠照車前後各十二乘者十枚，柰何以萬乘之國而無寶乎？』」

跋

不佞結髮慕古，雅愛南華，則日涉數首，竊願以文字交。歲庚辰，晤外史氏，講南華，讀副墨終篇，乃茫然失，蘧然覺，喟然歎：吾師乎？吾師乎？詎直文字之交云乎？設也不有南華，則道德幾晦，不有副墨，則南華幾晦；然則道德其南華之鼻祖，副墨其南華之正脉，外史氏其游莊生物化之天而大呼後來之眯夢者耶？不佞既幸外史氏呼，由是廣播兹刻，則同志之士咸揭白日行矣。

遂城誠軒鄭材謹跋

附録

四庫全書總目提要卷一四七子部五十七道家類存目

明陸西星撰。西星字長庚，號方壺外史，不知何許人。焦竑作莊子翼，引西星之説頗多，則其人在竑以前。書首有其從子律序，作於萬曆戊寅，則與竑相距亦不遠也。是書編次一依郭象本，而以天道篇「虚静恬淡寂寞無爲」八字分標八卷，每篇逐節詮次，末爲韻語，總論一篇之旨。其名副墨，即取大宗師篇「副墨之子」語也。大旨謂南華祖述道德，又即佛氏「不二法門」，蓋欲合老釋爲一家。其言博辨恣肆，詞勝於理。其謂「天下篇爲即莊子後序，歷叙古今道術，而以己承之，即孟子終篇之意」，則頗爲有見，故至今註莊子是篇者，承用其説云。

刻南華真經副墨序

太初散人孫大綬伯符　譔

孫生曰：余小子某，侗者也，又受性喜放曠而憚繩檢，於六籍百家言，寔無能窺其藩籬，何論堂奧？顧私心獨慕真經而篤嗜之，乃自結髮已然，匪今斯今也已。

蓋南華老仙，心并鴻濛，識越千古，用能結撰，懸殊奇傑，遼廓窔奧，汗漫變化縱横，較之剿説襲名附同著見者，不可齊年而論。夫既宗旨淵閎，則參會匪易。彼特惠或可頓悟，不假言詮，儻凡下靡託訓言，曷由超詣？乃若郭子玄非不妙析奇致，然少涉微茫；林鬳齋可謂洞朗玄窾，亦間參隱語，脱以陋劣之資，欲從二氏解義，以融妙旨，不亦難乎？又何取於異同互見、是非紛舛者哉？

故予小子某也，始閲郭註無異耳食，已讀口義亦鬱而未暢，固夫質極庸猥，或亦詁文深艱，故究之者難竟也。及受方壺陸先生真經副墨讀之，見其發凡持例，讀經之法詳；標綱隲議，立言之旨悉。推證於喝佛罵祖，則詆侮聖賢之寃白；取譬於海錯山肴，則浸淫沈溺之戒嚴。遡淵源，揭爲道德註疏而不獵其華；究大道，即爲不二法門而不跡其幻。統舉其概，不出無相無名，聯竟以爲一；條析其旨，各託一事一物，錯綜而非殊。或鉤玄而顯解，或矯反而直言，或探奇而明訓，或軌詭而正闡。意深則標表而示之淺，句險則批抉而向於夷。援引該而義確，敷暢明而氣疏，考覈審而辭著，叙事肆而旨精。祖述前哲，間出獨智，令學人士一開卷即宛然，若揖讓於漆園之上而受南華老仙提命者，先生嘉惠學人士之功，亦弘巨矣哉！余小子尋緒而研繹其義，無間宵旦，卒之蒙者振，悱者通，恍恍乎若寐者醒，而飲食者津津乎有味也。予小子寔大幸乎！

在昔漆園公胸宇高遠，忘世累而極天遊，其著作即矢口而譚，皆能殊絶百代。聞先生致虛守靜，復命知常，塵垢囂滓不能滑其和，故能窺契冥始，敝屣寵榮，博綜今古，淹貫天人，言言玄珠，與漆園公若旦暮遇之。惟是註釋一出，前無古人，猶謂「副墨」，何稱罔象？殆先生自道語爾。

雖已有善本行於世，顧若而人者，非思附往以博名，即高直以規利，非欲公之人人也。彼厚積者力能購奇，隱約高人或限而不獲究竟其玅。余小子傷之，因授梓人，思廣厥傳，以公同志。至若音義則準之玉篇，字畫則遵諸正韻，書法則取於平原，亦非敢苟而已也。刻成，爰叙所志如此云。

萬曆乙酉春王正月人日書

（採自蕭天石編纂道藏精華第十二集之一南華真經）

重刊南華真經副墨序

蕭天石　撰

一

易與老、莊，古稱三玄，博大高明，圓通閎肆，精義絶神，莫可究極，二千餘年來，世爲道家所祖。道家文化，肇自羲、黄，而由老子集大成，猶儒家之由孔子〔一〕集大成者然。老子之有莊子，亦猶孔子之有孟子，故後世學者於二家多老莊、孔孟併稱，認孟子直紹孔子之聖脉，而南華即爲道德之註疏；蓋莊子散道德放論，無不一歸之自然，以彰明老子之道統也。

惟解孔孟易，解老莊難；註孔孟易，註老莊難；解註孔孟老莊易，而通孔孟老莊難；求其能通易，而求得其所以通，并通其分爲一，使自與孔孟老莊合，且不期一而自一，不祈合而自合，則尤難之尤難矣！此所以千古來求通家之不易也。此亦一老莊，彼亦一老莊；解註自解註，老莊自老莊；欲得一真老莊之的解，不能起老莊於九泉，其誰定之？此所以莊子有「萬世之後而一遇大聖，得其解者，猶旦暮遇之也」之嘆！嘗試論之，於四子者，謂孟子承孔子之學可，謂孟學即孔學則不可；謂莊子承老子之學

〔一〕「子」：原誤作「大」，據上下文改。

可，謂莊學即老學則不可！聖脉相承同，道統相續同；深徹其神髓而細考之，則實各有其恢宏光大，各有其所得與各有其所立者存焉。讀莊子天下篇，即知其傲視衆流與自況無方爲何如也！莊子出入易、老而透出藩籬，不爲所範，有如神龍化去，無跡可尋者在也。

進之，博大簡古，醇樸精約，南華不及道德；閎暢超曠，縱横浩蕩，道德小遜南華；而皆非深於易者，不能得其真解也。尋字解句易，通經解道難，以老莊之爲老莊，自有其神之所以爲神，與不神之所以亦爲神者在；及道之所以爲道，與不道之所以亦爲道者存焉。明其體而不能達其用，契其道而不能通其功，仍難期直超頓入也。南華之爲書，道爲宇宙之達道，文爲天地之奇文，義爲萬世之了義，法爲不二之聖法，放言肆論，十日齊出，光耀寰宇，華彩奪目。或言在此而旨在彼，或言在彼而旨在此，鳳鳴神岡，意在瑶天。或爲寓言，或爲重言，或爲巵言，萬言並羅，而實無一言！寓言無寓，重言無重，巵言無巵，離其所言，反其所指，而遊神物外，會心言外，始易得其圜中，而逍遥自遊，冥然自化也。

至其言心性，淹貫天人，絶唱今古，涵融萬方，徹極究竟，實乃道門之性宗，且兼及命宗之無上寶笈；況之竺西大乘貝典，旨無二致；窮極三藏十二部千七百則公案，盡在箇中。流韻所及，衍而爲後世「中國禪宗」之所自出。夫道家者流，無不主性命雙修，生死同徹，道德雙融，形神并妙。易曰：「窮理盡性至命。」此乃三步功夫次第。理入性入，理修性修，均須由行證上以至於命，方爲了道合道，方能使人藉心性道德修養，由凡夫境界上超而聖化生命，再上超而神化生命，使我命與萬物之命一體，與天地之命同流，而與宇宙精神共往來！如是方能與虚爲徒，與化爲體，與道合一，無體而無不體，無在而無不在，無生而無不生，無神而無不神也。斯之謂物化，斯之謂命化，斯之謂聖化，斯之謂神化！此則千古來無人及此！

二

南華真經副墨，爲道家東派（丹鼎派）開祖潛虛真人陸西星長庚，繼道德經玄覽〔一〕、陰符經測疏等書後之不朽名著，太初散人孫大綬伯符重校，全書以「虛靜恬淡寂寞無爲」八字分集，刊行於世。伯符稱其「祖述前哲，間出獨智」，又云：「斯註一出，前無古人。」其激賞之深與品評之高，可知矣。

平實論之，歷代解註箋疏莊子之徒，可得而觀者百有餘家，大抵皆得其皮毛者多，而徹其神髓者尠，正前所謂解家易得而通家難求也。斯著則確可稱爲第一流解本，以其不但爲「莊子通」也，且通於易、老，尤能會通儒釋旨要，徹內外各篇真詮，而予以「一以貫之」，篇篇相串，如串銅錢，思想脉絡，體系井然，玄門祕鑰，獨契無關。緣督守中，藏神守氣，藏氣守精，藏精守形，杜門而塞竅，返樸以全真，法自然之化，因陰陽之用，順性命之理，通天人之數，爲歸根復命、聖功神化之坦途，亦長生久視、解脱逍遥之天樞，誠不失爲道家一代宗師。苟能自此契入，明其道術，得其隱訣，通其神用，符其天真，參而修之，鍥而不捨，自亦與天同化，自處超然，脱凡俗之氣，遣鄙吝之情，斷貪求之欲，泯知見之心；進而遺天下，外萬物，盡道德之養，通神明之用，達性命之真，一死生之化，忘言忘義，無思無念，玄同萬有，證合人天，神遊

〔一〕「道德經玄覽」：原作「道德經測疏」，依正確書名改正。

於宇宙之上，而與造物者獨往來也。渾沌不鑿，佛我不二，葆其先天真性，即是修合後天金丹。如如不動，萬古不壞，生死在乎手，萬化生乎身，身外有身，神外有神，玄妙莫測，方是得道真人。

三

老莊並稱，始自司馬遷，而盛於魏晉。宗老莊者，如王弼、何晏、向秀、郭象、王衍、司馬彪、崔譔、李頤〔一〕、李叔之、梁簡文帝、周弘正、張譏、杜弼等，其最著者也。註老子者，以王弼爲絶響；註莊子者，世人咸認千古來無逾向（秀）、郭（象），與王弼同被尊爲魏晉玄學之宗匠。實則郭、向之於莊子，向上真詮仍有其未入堂奥者在，故潛虛翁云：「郭象首註此經，影響支離，多涉夢語。」蓋以其不但於道家聖功神化、返樸全真之功夫多有未徹，且有欠圓通之妙用，於一貫之真詮，及超宇宙而與天地以俱化之體證，則尤隔閡未透也。此則歷代解者均有所失，尤以儒家中人爲然。次則爲林希逸（鬳齋）之莊子口義，洞燭玄微，獨樹一格，而潛虛翁則云：「鬳齋口義頗稱疏暢，而通方未徹，掛漏仍多。」舉此類彼，等而下之，當亦可以概見一斑矣。蓋陸子爲東派之開祖，徹道德之本源，因陰陽之大順，悟天地之樞機，入丹家之神室，又獲深窺二氏之最上了義，自證真如，故其註斯經也，得能補偏救弊，去蕪存真，發先賢之所未發，而匡歷代解家之所未逮也。

隋代註莊者，如張羨、何妥之流，實無足觀。有唐一代中，如盧藏用、陸德明、成玄英、文如海、張九

〔一〕「頤」：原誤作「頣」。

垓、元載、无道子等,要以陸德明之音義,成玄英之南華真經疏,與无道子之南華纂圖互註道解,較爲可觀,並可補陸(德明)、郭(象)之所闕略。惟除道解外,其所重者,類皆在莊子之文章,而不在莊子之道學,此則道其所道,而非莊子之所謂道也。莊子固雄於文,千古罕匹,然文所以載道也,遺其道則捨本而逐末矣。

宋代治莊學者,遠盛於隋唐,蘇子瞻首注意於鑑別其真僞,謂盜跖、漁父、讓王、説劍四篇不類莊文,而爲後人所僞入; 實則爲其門人假託,與七篇不稱者不僅此四篇文也。除蘇氏外,尚有王安石父子,及王應麟、王曙、陳景元、范應元、褚伯秀、林希逸、王雱〔一〕、李士表、玄同子等諸人,就中以褚氏之義海纂微,與玄同子之莊子玄義,最能圓融博引,而林氏之莊子口義,會通儒釋與禪宗,明其文字血脉而揭其縱橫變化,較爲卓具見地。然亦如前舉之潛虛翁所云,仍有其未徹真旨者存焉! 此外如葉水心、高似孫、黄東發三氏,非純治莊學者,未得入玄門之列,故評及之時,詆訾之處特多。未徹者,不罪也。

當金元明之季世,除趙秉文、李純甫、明太祖外,如楊升菴、朱得之、孫應鰲、葉秉敬、張位、潘基慶、方虚名、陳懿典、郭正域、譚元春、孫鑛、沈一貫、焦竑、釋德清,及本書作者陸西星氏,其最著者也。朱氏之莊子通義,於莊義多有自悟自得之妙。沈、焦與德清,均略後於陸氏。陸氏力融儒釋入道,德清法之。然其莊子翼則不如其老子翼〔二〕之精審。沈氏之莊子通,致力甚深,殊多新意。至若於大易窮理盡性至

〔一〕按: 王雱,王安石之子,與上文「王安石父子」重複。
〔二〕「老子翼」、「莊子翼」,焦竑著。原文此句前用逗號,語有脱略。

命之命宗，則諸大家均付闕如也。餘尚多未足取觀者，不及全舉。

迄乎清代，兼治莊學而復有著述鳴於時者，如吳世尚之莊子解，孫嘉淦之南華通，林屋洞之南華講録，宣穎之南華經解，林雲銘之莊子因〔一〕，王夫之之莊子解、莊子通，姚惜抱之莊子章義，王先謙之莊子集解，郭慶藩之莊子集釋〔二〕等，而要以夫之王氏之著爲能得血脉也。此外或爲考證，或爲評校，或爲論述，彼彼皆足，難足稱焉。

四

夫學問文章，祇是在理上尋箇究竟；身心性命，方是人生切己工夫。讀南華，切不可徒在理上體認，從文字上契入；而須力自以學道明道修道證道爲歸趨，篤實踐履，從修爲行證上去完成其人生；性命雙修，性命雙了，即身成就，方是究竟。

讀本書，宜先看其讀南華真經雜説十四條。次及其篇首之「解題」，藉明宗旨。篇末之「亂辭」，亦不可忽，以其多「意中生意，言外立言」之語，重宣全篇正義，而總發其要旨。

讀本書，先宜熟讀其内七篇，此爲全書頭腦所在處；如不能由此入門，而徹其玄微，悟其神髓，明其心法，得其真詮，則即能倒背南華，亦始終是箇門外漢，而無法直證大道也。次則宜默玩天下篇，此爲其全書總序，由之而得其綱旨。最後方及外雜各篇，并須均能會歸於内七篇，方能明其體系，暢其真旨。

〔一〕「林雲銘」：原作「林仲銘」。林雲銘先刊莊子因，二十七年後復爲增註莊子因，於序末落款「林雲銘西仲氏」。

〔二〕此兩句原文作「王謙之之莊子集釋」。語有脱略，徑予補足。

蓋外雜各篇，皆所以發揮内七篇之祕旨，而俱有脉絡可尋者也。

善讀莊者，應知宜以内七篇，貫通外雜諸篇；尤應知即内七篇，分之各有宗旨，獨立一義；合之則如環之無端，首尾互貫，圓通無礙。是以究竟言之，七篇應作一篇讀。大道無多子，總全書不外「道德」二字，此所以老莊可合而爲一也。老子經言道德，實則老子獨標一道，以道垂統，以道立教，以道淑世，以道化人；德者，道之德也。莊子，老子之徒者也。故徹底一句，合内外雜各篇，實衹不過一箇「道」字。明乎此，方足以言莊學，方足以明南華。

内七篇中，又以「逍遥遊」爲總綱，全書之大體大用均在此一旨歸，而其大本大根則隱在道化也。不能明道悟道修道證道，而與道偕化，則不能「逍遥遊」，以超天地而獨存也。欲能逍遥遊於無何有之鄉，則須能超是非、齊物論，以玄同萬不同，玄通萬不通，玄齊萬不齊，方能外物而自處清虚，無所住而不自在也。能「齊物論」，自能得「養生主」，因順自然，神運無方，無適而皆能自適其適，自主其主，自得其得，曠觀「刻意」、「繕性」、「達生」，而自樂其樂也。養生得主矣，則性命雙立，斯與道合，而不失真宰。能與道合，斯能入「人間世」而不滯不傷，即「人間世」而超「人間世」，以住爲不住，不住爲住，便能無所住而概能「逍遥遊」，以有真君存焉也。住「人間世」矣，則須「德充符」，德充於内，以德符道而化於道，則氣化而神全，此性命雙修，道德併臻，形神俱妙，道我同冥，而得全其真也。修道而至德充符境地，則可爲天地間之「大宗師」矣！能爲「大宗師」，上應天道而順天運，與天偕行，替天行道，而無虧無欠，則自可「應帝王」，使道行於天下，化成於天下，而「在宥」「天地」也。此内聖外王，由内及外，得時即駕，不得其時則蓬累而行，隱顯皆能自在「逍遥遊」之玄旨也。綜七篇之體用，無不一以「大」爲妙要。以其大，故能包舉天地，綱維萬類，生生無已，神化無方，超宇宙而獨立獨存！無名，無功，無己，而與生天生地生萬物之道，合而爲一矣。

讀南華真經副墨已，夫人曹哲士主持刊印發行事，雅愛莊子與副墨之文，復以此版本之難得，堅囑爲序，特書此以歸之，並藉以就正於海内外賢達君子之前也。

一九七三年十二月　文山遯叟於石屋艸堂

（採自蕭天石編纂道藏精華第十二集之一南華真經）

陸西星年表

四川綿竹周全彬　撰

明正德十五年(一五二〇)庚辰,陸西星一歲。十二月十四日,誕生於揚州興化縣。其父精於易學,其弟原博亦有文名。稍長,讀四書五經,習舉子業,與宗子相(宗臣)爲友。

嘉靖二十六年(一五四七)丁未,二十八歲。陸西星自稱於本年秋季,與姚四溟「同被師眷」,於北海草堂遇吕祖(吕洞賓),得授口訣。李春芳(李子實)舉進士,廷試點爲狀元。

嘉靖二十七年(一五四八)戊申,二十九歲。據三藏真詮記載,陸西星於本年得吕祖及劉海蟾傳授。

嘉靖二十八年(一五四九)己酉,三十歲。好友宗臣、同學趙宋,鄉試中舉人。

嘉靖二十九年(一五五〇)庚戌,三十一歲。爲「衣食奔走,與師契闊」數年。宗臣中進士,授刑部主事。

嘉靖三十一年(一五五二)壬子,三十三歲。宗臣因病回鄉,住百花洲,講求藥餌之法。陸西星時相過從,往往言終夜而不罷去。

嘉靖三十三年(一五五四)甲寅,三十五歲。陸西星外出歸鄉。

嘉靖三十四年(一五五五)乙卯,三十六歲。據興化縣志記載:「嘉靖三十四年,春蝗,夏大水,秋又蝗,食屋草殆盡。」陸西星困窮，拾取水中穗穧以充飢。好友禹鳳河英年早逝，西星有詩哀之。

嘉靖三十五年（一五五六）丙辰，三十七歲。頻得異人傳授丹法。

嘉靖三十六年（一五五七）丁巳，三十八歲。宗臣出任福建參議，過里省親，陸西星前後五次訪宗臣。其時倭寇犯浙江、福建，人皆倉惶而走，獨陸西星念老母年邁，不肯遠走。李春芳升太常寺少卿。

嘉靖三十七年（一五五八）戊午，三十九歲。至三十九年，連續三年，陸西星皆客居金臺。時李春芳在京官運亨通，「恩遇日隆」。

嘉靖三十八年（一五五九）己未，四十歲。趙宋中進士。趙宋累官至寧武兵備副使、山西行太僕寺卿，爲官守正不阿，歸里後，常與陸西星、伯兄趙遵陽研討丹法，自號昆丘外史。陸西星著作之梓行，多賴趙宋資助。興化知縣胡順華主修興化縣志，陸西星與其侄陸律皆參與修纂。揚州府志謂陸西星編有興化縣志，重修興化縣志亦云陸西星編有邑志，可知本年陸西星參修興化縣志出力獨多。

嘉靖三十九年（一五六〇）庚申，四十一歲。二月，好友宗臣病死於福建，享年僅三十六歲，西星有詩哀之。李春芳升禮部右侍郎，掌翰林院事。

嘉靖四十年（一五六一）辛酉，四十二歲。得地於灌河之濱，其東闢爲大園，建宅於高樹之西，陸西星自認爲「適合仙旨，事皆前定」。李春芳回禮部主事，次年升吏部左侍郎。

嘉靖四十三年（一五六四）甲子，四十五歲。十二月，撰成金丹就正篇，序謂：「甲子嘉平，予乃遁於荒野，覽鏡悲生，二毛侵鬢，慨勳業之無成，知時日之不待。復感恩師示夢，去彼掛此，遂大感悟，追憶囊所授語，十得八九。參以契論經歌，反復紬繹，寐寐之間，性靈豁暢，恍若有得，乃作是篇。孔子曰：『温故而知新。』今予所温者故也，而所知則新也。雖一時臆度之言，未敢就正有道，然亦庶幾不背吾師之旨乎！」侄兒陸律鄉試中貢生，爲龍遊訓導，著有從吾集，興化縣志稱陸律「與從父西星齊名」。

嘉靖四十四年（一五六五）乙丑，四十六歲。居灌河之濱，研讀老子，歎老子一書爲「聖人之微言而性命之極致也」。研究人元丹法，多有所得。

嘉靖四十五年（一五六六）丙寅，四十七歲。陸西星研究老子，「參以丹經，質之師授，恍然似有所得其要領者」，歷時三月而成老子玄覽。十月五日作自序。同門趙遵陽爲之作序，姚更生爲之作讀老子宗眼。十月，初輯三藏真詮。所謂「三藏」者，卽「一曰法藏，二曰華藏，三曰論藏。法言道，華言詞，論言論也」。三藏真詮一書，開端於嘉靖二十六年丁未（一五四七），終於隆慶六年壬申（一五七二）。是年，陸西星開始燒煉地元外丹。

隆慶元年（一五六七）丁卯，四十八歲。因妻兒病，研究醫藥之學。著成陰符經測疏一書，三月望後二日，序於安宜舟中；七月望後五日，作後序。並撰玄膚論。九月，序云：「玄膚論者，陸生所述也。陸生既聞性命之學於聖師，豁然有契於其衷，乃述所傳，爲論二十篇，總七千餘言，名曰玄膚。」同門太華山人姚更生贊爲「丹經萬帙，盡約玄膚數語」。趙宋作後序，並出資刻板行世。

隆慶二年（一五六八）戊辰，四十九歲。研究風律、堪輿地理之術，繼續燒煉地元外丹。七月十一日，至拱極樓祝同門趙遵陽五十壽誕。十月二十四日，陸西星五十壽誕，異人爲之作壽贊云：「知君者君，若何所負，竹底疏雲，梅梢清露，是耶非耶？雲歸何處？」是年，河南延津人、進士李戴任興化知縣，聞「興邑有畸士曰陸長庚氏者，譚性命之學而歸極於仙禪」。

隆慶三年（一五六九）己巳，五十歲。九月，撰周易參同契測疏，蓋因參同契註家雖多，以陳致虛之參同契分章註「得夫立言之旨」，但陳註「特其學問淵深，議論閎博，初學之士，驟爾讀之，未免厭多而廢，苦難而止」，於是陸西星「會文釋義，以義從文，剪去枝蔓，直見本根，詳略相因，義由一貫。其宗旨則上陽也，其文則己也」。陸西星此註力主人元陰陽丹法，多所發明，仇兆鰲推爲「發揮丹訣，疏暢條理，得呂祖親傳」。陶素耜則極贊「暗室之巨燈，迷津之寶筏」。陳攖寧亦謂：「古今所有參同契註解，余讀過四十餘種，應推潛虛子陸長庚之測疏、口義兩種爲最善。」十月，黃淮水溢，興化水災，陸西星借居開元觀，繼續研究風律、堪輿，燒煉地元外丹，多有所得。

隆慶四年（一五七〇）庚午，五十一歲。八月十九日，自虎墩（今東臺縣富安鎮）省親歸。十二月，於南沙之西禪精舍撰成金丹大旨圖，蓋因「四方聞道之士，謂某可教，各以師授，參互考訂，比予所聞，率多枘鑿。匪道有異同，户牖自别故也」。陸西星以爲「金丹之道，至易至簡，有所安排佈置，則涉邪僞而非自然」。於是作此金丹大旨圖，意在「根極化原，直指命術，舉綱説約，大義昭然，要在不背於師旨」。又著七破論七篇，盡述旁門外道之邪法。

隆慶五年（一五七一）辛未，五十二歲。五月，撰成心印經測疏、呂祖百字碑測疏、邱長春真人青天歌測疏。疑金丹四百字、入藥鏡、龍眉子金丹印證詩測疏及悟真篇小序均完成於本年。

隆慶六年（一五七二）壬申，五十三歲。十月初五日，至趙宅，與趙遵陽研究擇吉之術。是年，陸西星於人元丹法所得尤精。

萬曆元年（一五七三）癸酉，五十四歲。陸西星之妻久病不愈，「將還造化」。六月，陸西星重讀舊著參同契測疏，覺測疏雖「貫串經旨，斷絡章句，自謂庶幾不悖作者之意」，然「大義雖明，而微言未晰，將使後昆一字不逗，衷懷貳疑，縱予不咎，寧無歉乎？ 於是伸紙濡毫，信手成句，紛解義意，補塞遺漏，不復潤色辭藻，名之口義」。書中於人元丹法之精義闡發極爲顯明。

萬曆三年（一五七五）乙亥，五十六歲。陸西星始起草南華真經副墨。

萬曆四年（一五七六）丙子，五十七歲。趙宋重刻陸西星方壺外史。據亶懷逸史王部新梓方壺外史玄膚論序云：「君（陸西星）註疏甚富，窮於學道，不能自梓。梓其書者，上大夫方宇趙公，餘續就事……」可知趙宋之刊刻陸西星文集方壺外史當起於是年。

萬曆六年（一五七八）戊寅，五十九歲。四月，南華真經副墨脱稿，並作序。從侄陸律作序，云：「吾叔氏方壺先生，天誕之靈，夙有異骨，才雄學博，洞百氏外家語，童時卽志仙遊，嘗曰：『人世浮華石火耳！ 安用名爲？』一日，卽謝去親知，長嘯入棲霞山，彷徨乎塵垢之外，逍遥乎無爲之業，鶉居彀食，徐徐于于。舊註陰符、道德、參同、玄膚等書，頃著南華。」又云：「自先生註出，而諸家註可盡廢矣。」五月，青霞外史李齊芳（李子蕃）爲副墨作序云：「外史氏，予里閈先生也，聞性命之學於溟涬先生，遂屣棄舊所，棲真乎攝山之陽，註南華、道德，以適己志，明大道之要，俾後來者知鄉方。書成，予爲梓之。」進士鄭才、李茂年分別作跋與後序。

萬曆八年（一五八〇）庚辰，六十一歲。八月，趙宋序陸西星舊著老子玄覽，云：「長庚註老子二卷，名曰玄覽，二萬餘言，貫串一旨。要皆契悟於言語文字之外者，然非長庚之私言也……似當準此梓傳。」此可知玄覽雖作於嘉靖四十五年（一五六六），十餘年後方纔刻板印行於世。

萬曆十二年（一五八四）甲申，六十五歲。中極殿大學士李春芳病逝，享年七十五歲。陸西星有詩哀之。蓋李春芳自致仕歸興化故里，頤養天年數年間，陸西星嘗與之有交遊也。

萬曆十六年（一五八八）戊子，六十九歲。焦竑著成莊子翼，其中「引西星之説頗多」，可證副墨得到當時學術界之認可和推崇。

萬曆十九年（一五九一）辛卯，七十二歲。陸西星參與由興化知縣歐陽東鳳主修的興化縣新志。

萬曆二十四年（一五九六）丙申，七十七歲。陸西星開始着手爲楞嚴經作註，並撰寫楞嚴經説約引語，自謂於楞嚴經之旨「獨取衷於環師」，「間嘗載之毫楮，以志健忘」。所謂環師，即宋代温陵戒環，著有楞嚴經要解二十卷。

萬曆二十八年（一六〇〇）庚子，八十一歲。冬，陸西星遠遊京師，會李戴於京師官邸，質以學佛心得。

萬曆二十九年（一六〇一）辛丑，八十二歲。五月，撰成楞嚴經述旨題辭於潞河舟中。同月，李戴爲楞嚴述旨、楞伽句義通説二書作「題辭」於端揆公署。本年，陸西星等十二人參與纂修的興化縣新志完成。

萬曆三十年(一六〇二)壬寅,八十三歲。爲舊作楞伽經句義通説要旨作楞伽經句義通説要旨絜言八則,並刻成楞伽經句義通説要旨一書。

萬曆三十四年(一六〇六)丙午,八十七歲。陸西星卒。據重修興化縣志記載:「陸山人墓,北郭外十里平望鋪葬布衣陸西星。」

萬曆三十七年(一六〇九)己酉。太初散人孫大綬重刊南華副墨。

清嘉慶十一年(一八〇六)丙寅。四川樂山李西月(李涵虚)誕生,李涵虚以陸西星後身自居,推陸西星爲道教東派。並謂陸西星著作尚有終南山人集、賓翁自記、道緣匯録、淮海雜記等,並據之編纂吕祖全書。

民國十三年(一九二四)甲子,興化縣人任樹基、孔憲中、劉聖泉,集資在興化縣方壺島,興建南向正殿三間、北向三間、虹橋一座,以祀鄉賢陸西星。

按:陸西星之卒年,迄今尚無定論,此處所定陸西星之卒年,姑從李西月於海山奇遇卷六示冷生一則,推斷陸西星卒於萬曆丙午年(一六〇六)。